NATURZEIT *erleben*

Regina Stockmann

Normandie

Mit 38 Wander- und Erlebnistouren
die ***Highlights*** der Normandie entdecken

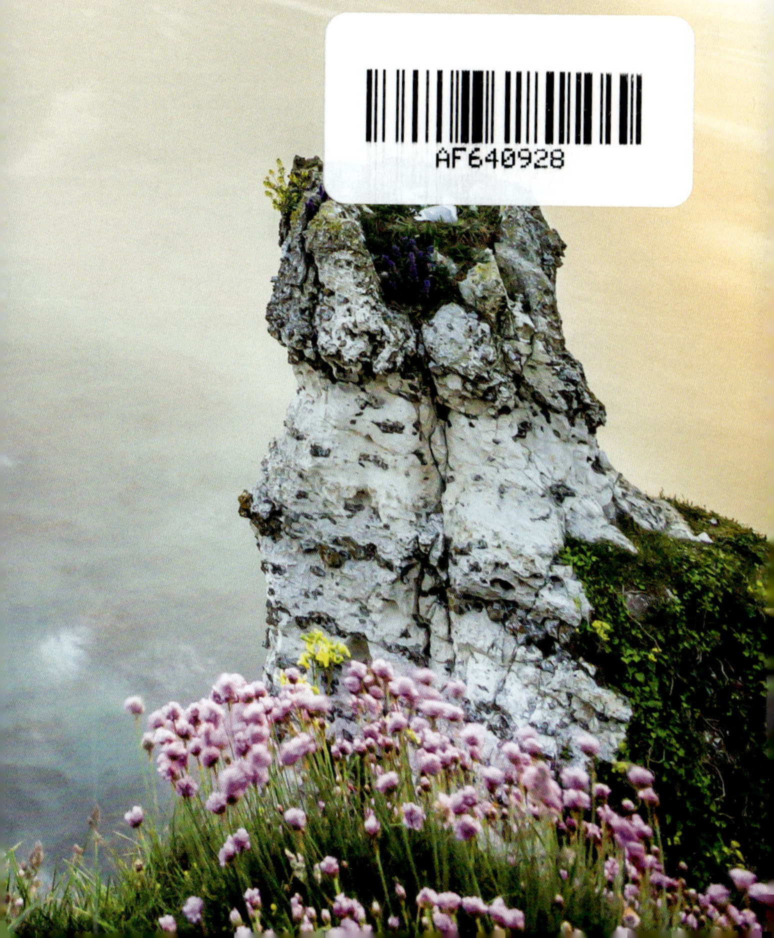

Unterwegs in der Normandie

Wander- und Erlebnistouren

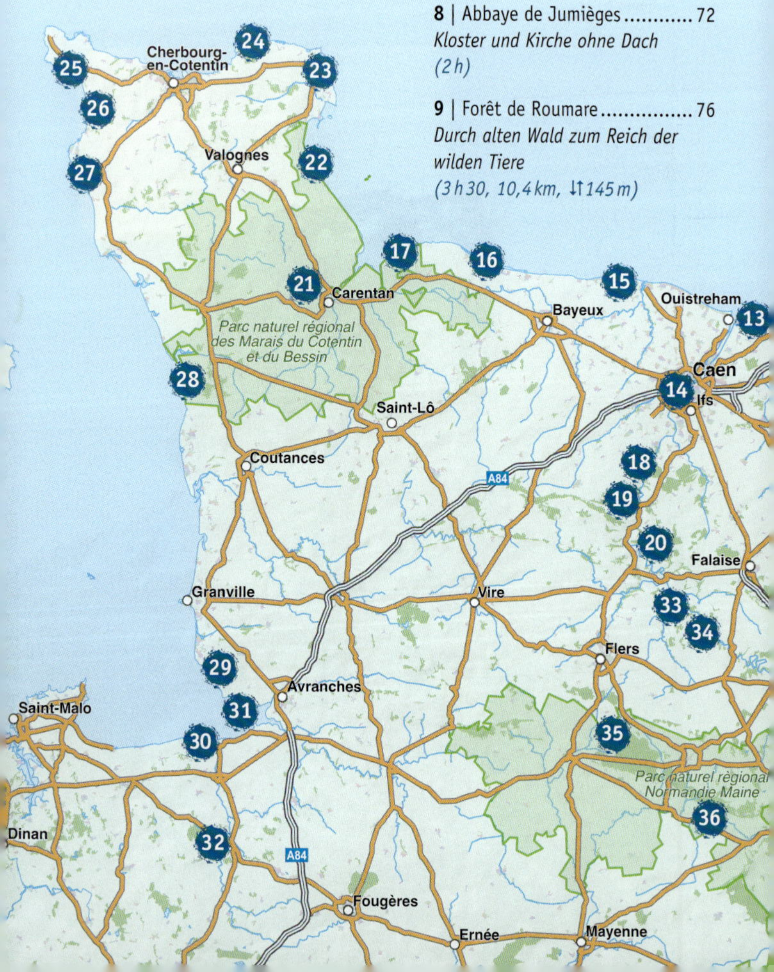

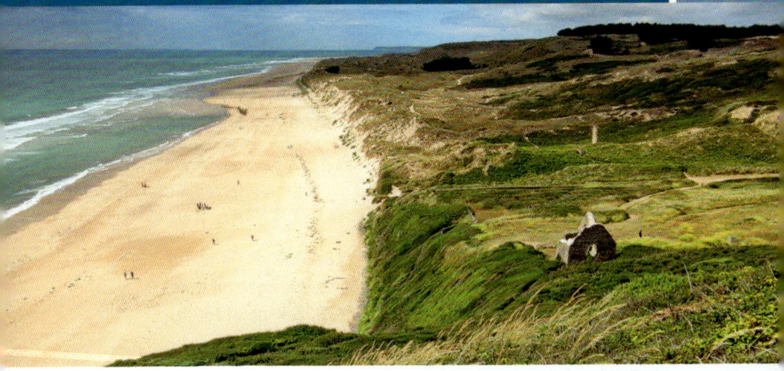

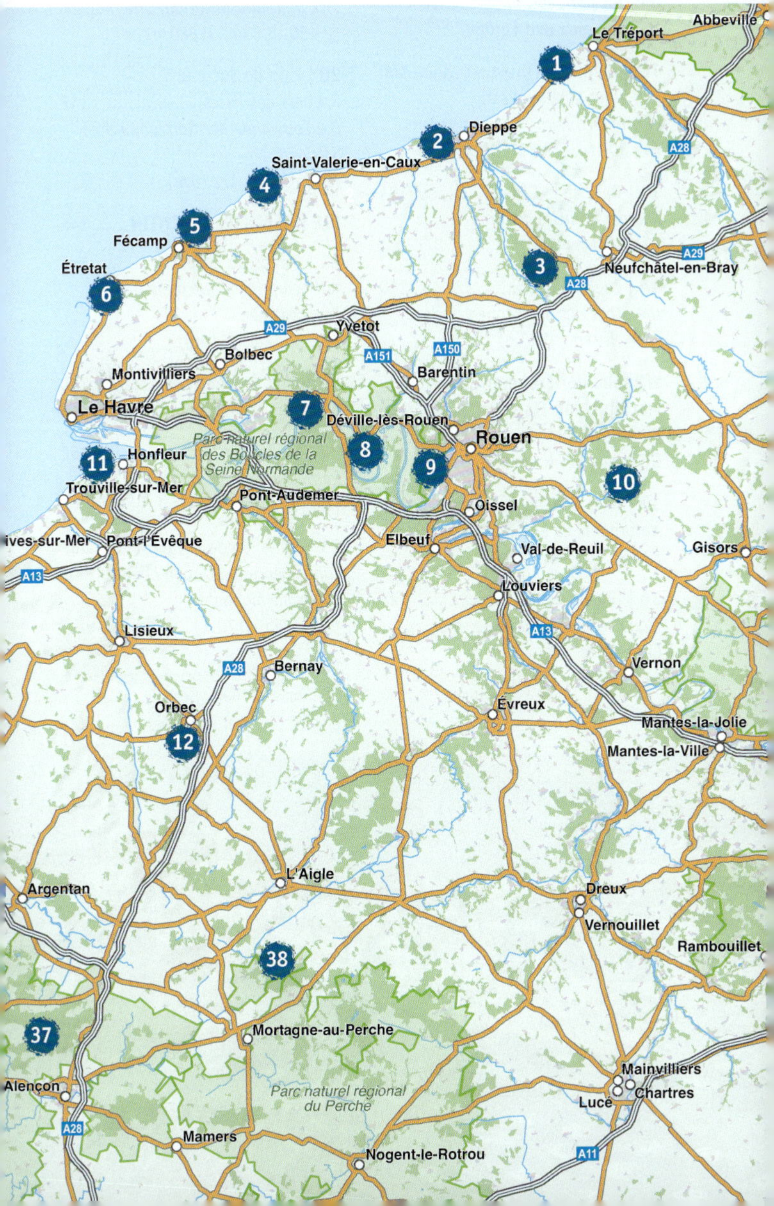
Abbeville
Le Tréport
1
Dieppe
2
Saint-Valerie-en-Caux
4
5
Fécamp
Étretat
6
3
Neufchâtel-en-Bray
A28
A29
A29
A28
Yvetot
Bolbec
A151
A150
Barentin
Montivilliers
Le Havre
7
Déville-lès-Rouen
Rouen
Parc naturel régional des Boucles de la Seine Normande
8
9
11
Honfleur
10
Trouville-sur-Mer
Pont-Audemer
Oissel
ives-sur-Mer
Pont-l'Évêque
Elbeuf
Val-de-Reuil
Gisors
A13
Louviers
A13
Lisieux
A28
Bernay
Vernon
Orbec
Évreux
12
Mantes-la-Jolie
Mantes-la-Ville
L'Aigle
Argentan
Dreux
Vernouillet
Rambouillet
38
37
Mortagne-au-Perche
Mainvilliers
Alençon
Parc naturel régional du Perche
Lucé
Chartres
A28
Mamers
Nogent-le-Rotrou
A11

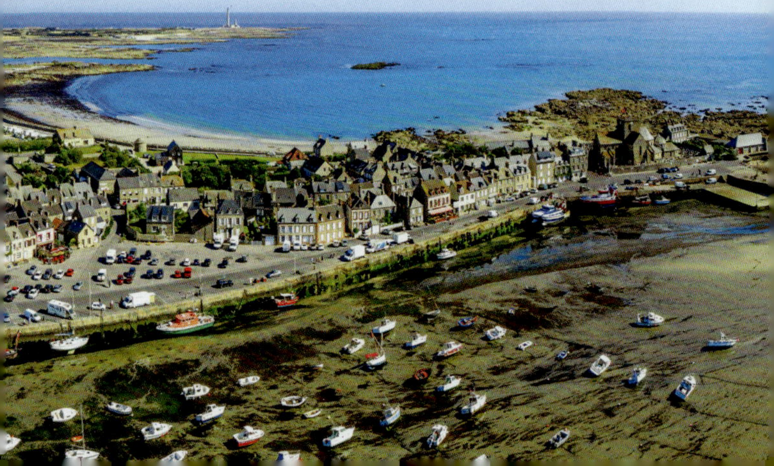

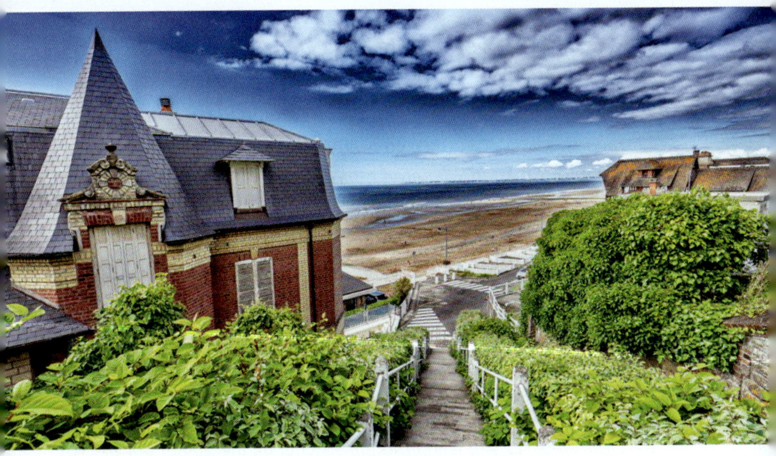

Reiseinfos

Eine Reise durch die Normandie

Spektakuläre Felsenkaps und lange Sand- und Kiesstrände, die teilweise gut versteckt vor hohen Klippen liegen, prägen die Küste der Normandie. Im Landesinneren gibt es wilde Heideflächen, alte Wälder, tief eingeschnittene Flusstäler und Schluchten zu entdecken. An den Flussmündungen nahe der Küste machen sich die Gezeiten stark bemerkbar. Hier erstrecken sich Feuchtgebiete weit ins Land hinein und bieten Wasservögeln einen wichtigen Lebensraum. Auf unseren Touren durch die Normandie könnt ihr ganz unterschiedliche Landschaften erleben.

Die Region hat aber auch kulturell viel zu bieten. Schon Anfang des 19. Jahrhunderts wussten Erholungssuchende die Schönheit der Normandie zu schätzen. Die ersten Seebäder entstanden und der Mont-Saint-Michel, Burgen und Abteien wurden zu beliebten Ausflugszielen. Ihr könnt hier durch malerische Dörfer schlendern, vor Belle-Epoche-Villen baden und die historischen Altstädte von Rouen, Lisieux und Caen auf den Spuren der normannischen Geschichte erkunden.

Wenn ihr also ein vielfältiges und abwechslungsreiches Reiseziel mit gemäßigtem Wetter und nicht zu langer Anreise sucht, dann seid ihr in der Normandie genau richtig!

Die Regionen der Normandie

Zur Normandie gehören die fünf Départements Seine-Maritime, Eure, Calvados, Orne und Manche. Wir haben die Normandie in diesem Buch in vier Regionen unterteilt, die sich ungefähr an den Départements orientieren. Im Nordosten, im **Département Seine-Maritime**, erwarten euch die Klippen der **Alabasterküste** mit den berühmten, äußerst fotogenen Felsbögen von Étretat. Im Hinterland zieht sich das Kreideplateau **Pays de Caux** bis zur Seine, die in großen Schleifen auf das Meer zufließt.

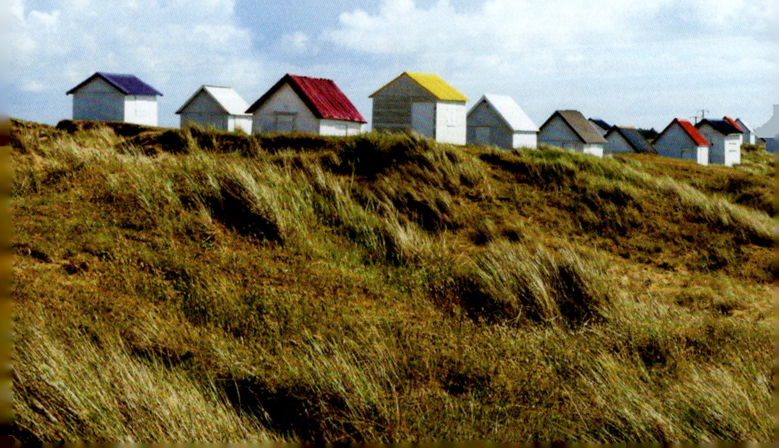

Westlich folgt das **Département Calvados** mit der Baie de Seine – der Bucht der Seine. Sie wird begrenzt von der Seinemündung im Osten und der Cotentinhalbinsel im Westen. Ihre kilometerlangen, feinen, flach abfallenden Sandstrände sind ein geschätztes Ziel für den Badeurlaub. Neben der **Côte Fleurie**, der Blumenküste, und der **Côte de Nacre**, der Perlmuttküste, sowie den **Landungsstränden** des D-Day sind hier eine ausgedehnte Dünenlandschaft und große Feuchtgebiete zu finden.

Das hügelige Hinterland **Pays d'Auge** ist durch Hecken und Wälle vor dem Wind geschützt und in Weiden und Obsthaine untergliedert. Bocage nennt man diese für Nordfrankreich typische Landschaft, die in kleinräumige Strukturen untergliedert ist und damit auch Lebensraum für viele Tierarten schafft. Die Bocage spielt eine wichtige Rolle für den Erhalt der biologischen Artenvielfalt.

Im Westen zeigt die **Halbinsel Cotentin** mit ihren felsigen Kaps deutliche Ähnlichkeiten mit der Bretagne, auch weil sie aus demselben Grundgestein des armorikanischen Massivs besteht. Sie gehört zum Département Manche. Hier könnt ihr in den Havres, den als Naturhäfen genutzten Mündungsgebieten der Flüsse, ebenfalls gut Vögel beobachten. Der Wasserstand ist stark abhängig von den Gezeiten. Bei Ebbe fallen weite Flächen trocken und bieten Wasservögeln einen reich gedeckten Tisch. Auf den angrenzenden Salzwiesen trefft ihr häufig auf Schafe. Dieser Bereich schließt Richtung Süden ab mit der Bucht des Mont-Saint-Michel, der wohl bekanntesten Sehenswürdigkeit der Normandie.

Im Landesinneren des Départements Calvados und im Département Orne warten weitere Highlights, wie die **Normannische Schweiz** mit ihren Schluchten und Klippen. Außerdem haben sich Reste der

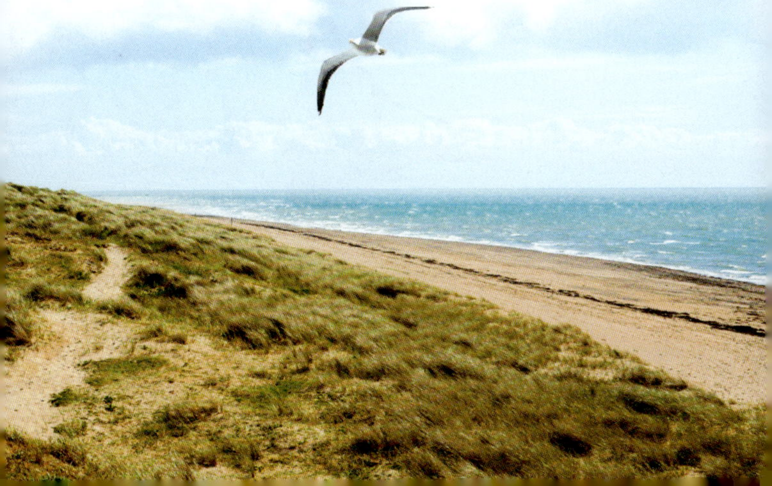

alten, dunklen Eichen- und Buchenwälder erhalten, die im Mittelalter von nur wenigen Verbindungswegen durchzogen waren.

Die Normandie ist auch ein Schauplatz wechselvoller Geschichte. Einzelne Megalith-Relikte vorzeitlicher Kulturen finden sich im Département Orne im Süden. Die Römer hinterließen schon deutlichere Spuren. Im 7. und 8. Jahrhundert wurden, ausgehend von den Bischofssitzen in Rouen und Avranches, Klöster gegründet, darunter das auf dem Mont-Saint-Michel. Im Mittelalter bauten die Normannen mächtige Burganlagen und stolze Kathedralen. Auch viele der beschaulichen Ortskerne aus dem Mittelalter sind erhalten geblieben. Traurige Berühmtheit erlangte der Küstenabschnitt durch den D-Day. Am 6. Juni 1944 begann hier die groß angelegte alliierte Invasion, welche die entscheidende Front gegen das nationalsozialistische Deutschland eröffnete und den Weg für die Befreiung Westeuropas ebnete.

Klima und Reisezeit

Das Klima in der Normandie ist geprägt vom Atlantik und dem wärmenden Einfluss des Golfstroms. Die Sommer sind warm mit durchschnittlichen Tagestemperaturen von 20 bis 25°C, aber nicht heiß. Da der Regen relativ gleichmäßig über das Jahr verteilt fällt, ist auch im Sommer immer wieder mit Niederschlag zu rechnen. Dafür ist es hier auch ganzjährig grün.

Wenn dann ein Tiefdruckgebiet durchzieht, ändert sich der Charakter der Küste komplett: Wellen türmen sich auf und Wolken fegen über das Land. Doch das hält nie lange an. Zumindest im Sommer zieht der Regen schnell weiter und bald strahlt wieder die Sonne vom Himmel. »*En Normandie, il fait beau plusieurs fois par jour*« – in der Normandie gibt es mehrmals täglich gutes Wetter, sagen die Einheimischen.

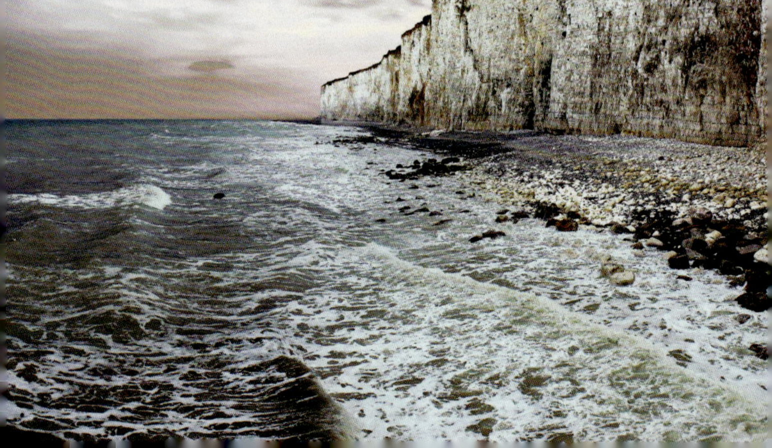

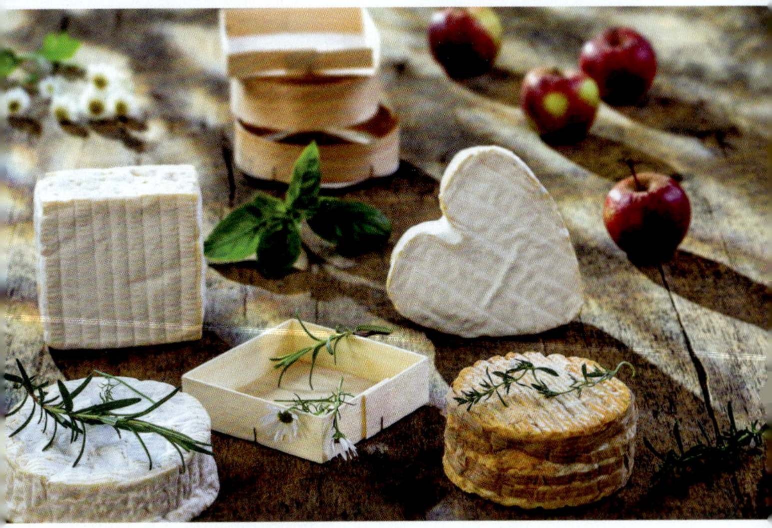

Im Winter schneit es selten in der Normandie und die durchschnittlichen Temperaturen bleiben bei etwa 5°C, es friert auch fast nie. So gedeihen in Gärten und Parks auch exotische Pflanzen wie Palmen und Bananen.

Gute Reisezeiten sind Frühling, Sommer und Herbst. Von etwa Mitte April bis Ende Mai blühen Obstbäume und Hecken und bedecken das Land mit einem bunten Blütenteppich. Die Temperaturen sind dann meist schon recht angenehm. Im Frühsommer sorgt die Sonne oft für Badewetter und Stechginster und Hortensien setzen farbige Akzente in die Landschaft. Ab Mitte Juli und bis in den August ist Hochsaison, in der vor allem Briten und Franzosen zum Urlaub am Meer anreisen.

Ruhiger, mit meist sehr angenehmem Wetter, klarer Luft und weiterhin warmen Temperaturen, zeigt sich die Region von September bis Mitte Oktober.

Normannische Spezialitäten

Die Landschaft im Hinterland der Normandie ist geprägt von Apfelgärten und kleinteiligen Weideflächen, auf denen vor allem Kühe grasen. Äpfel und Milch sind auch die Basis für die bekanntesten Produkte der Normandie – für die drei großen Cs: Cidre, Calvados und Camembert.

Sowohl Cidre als auch Calvados werden aus Apfelsaft hergestellt. Der Apfelschaumwein **Cidre** ist ein leicht vergorener Apfelsaft mit vergleichsweise geringem Alkoholgehalt. Es gibt ihn in den Geschmacksrichtungen »doux« und »brut«. Die sanfte Variante schmeckt noch deutlich nach Apfelsaft, in »brut« ähnelt der Cidre eher unserem Apfelwein. Cidre ist ein beliebtes und erfrischendes Getränk, das auch in der normannischen Küche zum Einsatz kommt.

Der **Calvados** ist ein Apfelbrandwein mit geschützter Herkunft. Nur Äpfel aus der Region Calvados dürfen zu seiner Produktion verwendet werden. Zugelassen sind 48 verschiedene Apfelsorten. Das Geheimnis eines guten Calvados ist die richtige Mischung aus süßen, leicht bitteren und sauren Äpfeln. Der Alkoholgehalt liegt zwischen 40 und 45 Prozent.

Eine Mischung aus Cidre und Calvados ist der **Pommeau**, ein leichter Aperitif. Bei seiner Herstellung stoppt man den Cidre in der Gärung, indem man Calvados zusetzt. Durch dessen hohen Alkoholgehalt wird der Gärprozess beendet. Anschließend reift der angegorene Apfelsaft für zwei bis drei Jahre im Fass. Pommeau hat einen hohen Gehalt an unvergorenem Fruchtzucker, einen besonders fruchtigen Geschmack und etwa 17 Prozent Alkohol.

Im Süden der Normandie bei Domfront gibt es auch ein großes Birnenanbaugebiet, wo der Poiré, ein Birnenschaumwein, gekeltert wird.

Der **Camembert** ist die bekannteste Käsesorte der Normandie. Er wird aus Kuhmilch hergestellt. Weitere typisch normannische Käsesorten sind der ebenfalls milde Pont L'Évêque und die im Geschmack intensiveren Sorten Livarot und Neufchâtel. Einen Neufchâtel erkennt ihr an seiner Herzform.

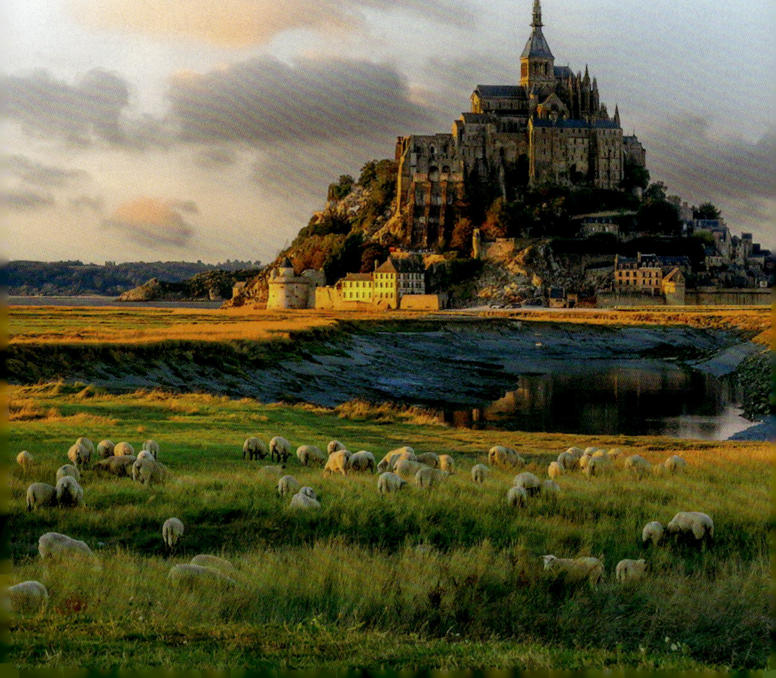

An der Küste werden Meeresfrüchte und Fisch in großer Auswahl angeboten. Tatsächlich gilt die Normandie als Frankreichs größte Erzeugerregion für Muscheln und Austern. In den Restaurants an der Küste bekommt man sie klassisch zubereitet »à la crème« mit Sahne, »marinière« mit Weißwein und »à la Normande« mit Cidre.

Auf den weiten Salzwiesen an der Küste, vor allem in der Bucht des Mont-Saint-Michel, grasen viele Schafe, die hier weitgehend frei leben. Lammfleisch gehört somit ebenfalls zu den normannischen Spezialitäten.

Zu den typischen Süßwaren der Region zählen Salzkaramell und Madeleines.

Naturparks der Normandie

In der Normandie gibt es vier regionale Naturparks sowie mehrere Naturreservate. Die Naturparks schützen Kulturlandschaften, die durch Bewirtschaftung entstanden sind und wertvolle Lebensräume bieten. Dazu gehören Feuchtwiesen und Heideflächen, die durch extensive Beweidung offen gehalten werden, sowie die typisch normannische kleinteilige Bocage-Landschaft, die mit ihren Wallhecken Schutz und Lebensraum für viele Tiere schafft.

In den Naturparks dürfen die Landschaften unter Aspekten des Naturschutzes bewirtschaftet werden. Außerdem werden sie touristisch vermarktet, um ihre Schönheit für Besucher zugänglich zu machen und damit die geringeren wirtschaftlichen Einnahmen zu kompensieren.

Parc naturel régional des Boucles de la Seine Normande

Der Naturpark der Normannischen Seine ist der östlichste der vier Regionalparks. Er schützt die Mäander der Seine zwischen Rouen und der Mündung und umfasst 810 Quadratkilometer. Zu seinem Gebiet gehören die Moore bei Marais-Vernier und drei Staatswälder. Zwei unserer Touren führen

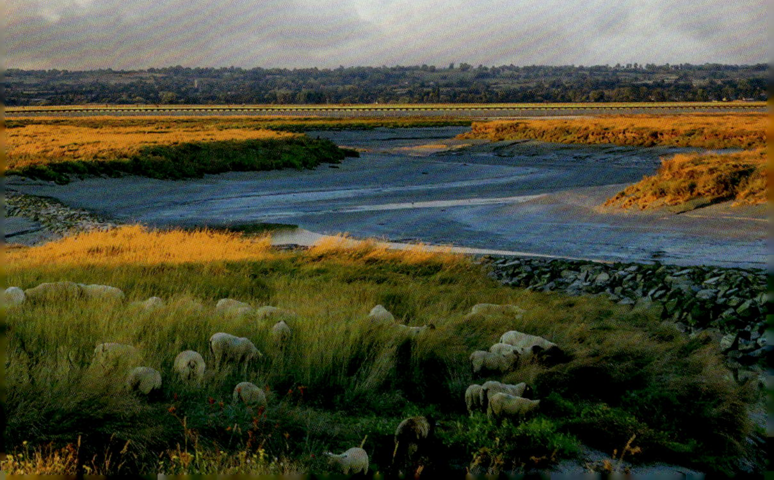

durch den Naturpark. Eine mit wunderbarem Blick auf die Seine, die zweite macht uns mit dem Staatswald von Roumare vertraut. **[› Touren 7 und 9]**
pnr-seine-normande.com

Parc naturel régional des Marais du Cotentin et du Bessin

Der Naturpark der Marschgebiete des Cotentin und des Bessin schützt 1.500 Quadratkilometer dünn besiedelte Fläche am unteren Ende der Cotentin-Halbinsel. Der ganze Landstreifen war früher sumpfig und von Wasserläufen durchzogen. Im späten 18. Jahrhundert baute man den Canal de Carentan, um die Wasserwege in der Region zu verbessern und den Transport von Waren zu erleichtern. Er diente auch dazu, die Sümpfe und Feuchtgebiete der Cotentin-Halbinsel zu entwässern. Heute wird der Kanal hauptsächlich von Freizeitbooten genutzt. Inzwischen prägen hier weite Marsch- und Sumpfgebiete und Salzwiesen die Landschaft. Im Sommer werden die Wiesen extensiv beweidet. Nach den ersten Herbststürmen stehen hier oft ganze Landstriche unter Wasser und bieten Millionen von Zug- und Wasservögeln Rastplätze und Lebensraum. An der Küste des Naturparks sind lange Sandstrände zu finden und in der Baie des Veys lebt Frankreichs zweitgrößte Robbenkolonie. Auf unseren Touren könnt ihr die unterschiedlichen Seiten dieses Naturparks kennenlernen.
[› Touren 17, 21, 28]
parc-cotentin-bessin.fr

Parc naturel régional et Géoparc Normandie-Maine

Der Naturpark Normandie-Maine liegt am Übergang zwischen dem Pariser Becken und dem armorikanischen Massiv, einem der ältesten Gebirge Europas. Zwei riesige Staatsforste und die typisch normannische Bo-

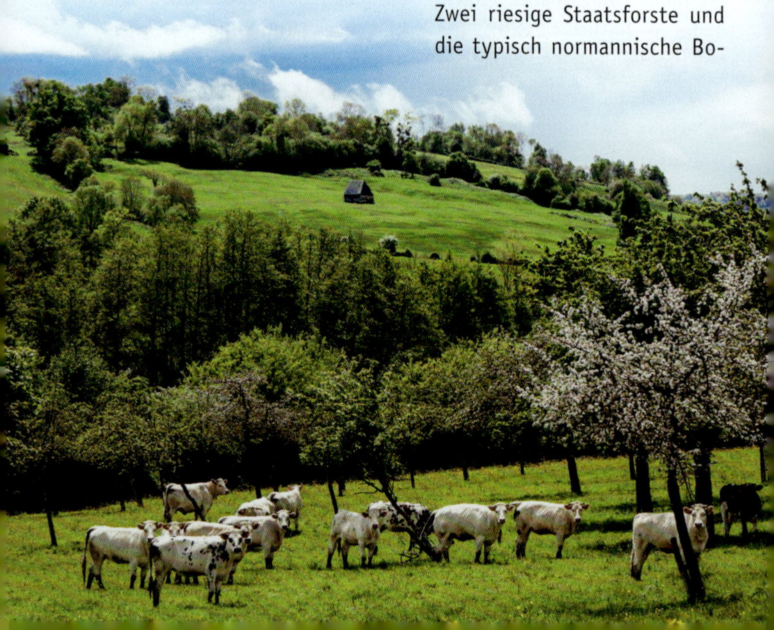

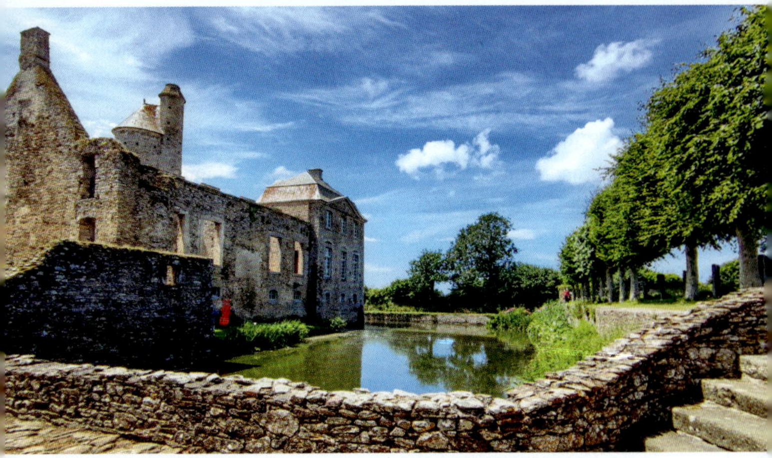

Eine der romantischen Ruinen der Normandie: Das Wasserschloss Gratot.

cage-Landschaft schützt der Park auf knapp 2.600 Quadratkilometern. Zu den 138 Gemeinden im Gebiet des Naturparks zählen auch einige Orte, wie zum Beispiel Domfront, Argentan und Alençon, in denen man sich ins Mittelalter zurückversetzt fühlt.

Drei unserer Touren führen durch Schluchten, zu Wasserfällen und durch die weiten Wälder des Geoparks.
[› Touren 35, 36, 37]
parc-naturel-normandie-maine.fr

Parc naturel régional du Perche
Der Naturpark Perche liegt ganz im Süden der Normandie etwas abseits der üblichen Tourismusziele. Mit seinen dunklen Wäldern, alten Bauernhöfen, mittelalterlichen Städtchen und vielen romantischen Obstwiesen wirbt er für sich als verwunschene »Landschaft der Märchen«. Wir streifen diesen Naturpark nur im Norden.
[› Tour 38]
parc-naturel-perche.fr

Zu den vielen Vogelschutzgebieten der Normandie gibt es ein eigenes Infokapitel auf **[› Seite 158]**.

Die Geschichte der Normandie im Schnelldurchgang

Auch wenn die Geschichtsschreibung der Normandie oft erst mit der christlichen Zeitrechnung beginnt, war die Region schon in der Steinzeit besiedelt. Die meisten der neolithischen Monumente wurden jedoch zerstört. Zu den wenigen verbliebenen Bauwerken gehört der Gangdolmen »La Table au Diable« bei Domfront **[› Seite 218]**.

Ab etwa 50 vor unserer Zeitrechnung waren die Gebiete der heutigen Normandie unter römischer Herrschaft. Der fränkische König Chlodwig I. schuf das Frankenreich und besetzte dabei 486/87 die gallo-römischen Gebiete. Damit einher gingen die Christianisierung und die Gründung von Klöstern im 7. und 8. Jahrhundert.

Ab 820 überfielen die Wikinger aus Norwegen und Dänemark immer wieder Gebiete an der Seine-Mündung und gründeten kleine Siedlungen. 841 plünderten sie Rouen und brannten die Stadt nieder. Um weiteren Ärger am Rande seines Imperiums zu vermeiden, übertrug der westfränkische König Karl III., auch genannt »der Einfältige«, die Ländereien der Grafschaft Rouen an den Wikinger Jarl Rollo. Im Gegenzug sollte Rollo sie gegen weitere Wikingerüberfälle verteidigen. Benannt wurde das neue Herzogtum nach den Nordmännern, den Normannen. Innerhalb der nächsten 20 Jahre wurden dem Herzogtum weitere Gebiete zugesprochen, sodass es weitgehend der heutigen Normandie entsprach.

Mit der Eroberung Englands 1066 durch den normannischen Herzog Wilhelm, einen Nachfahren Rollos, wurden die normannischen Herzöge auch Könige von England. Die Normandie galt für zwei Jahrhunderte als das mächtigste Herzogtum Europas und ihr König ging als Wilhelm der Eroberer (Guillaume le Conquérant de l'Angleterre) in die Geschichte ein. **[› Seite 116]**

1204 wurde das Herzogtum vom französischen König Philipp II. erobert, der als Symbol seiner Macht das gigantische **Château de Rouen** bauen ließ. Trotzdem behielt die Normandie einige Eigenheiten wie ein eigenes Steuer- und Gerichtsrecht.

Während des Hundertjährigen Krieges von 1337 bis 1453 war die Normandie als Spielball der Mächte am Ärmelkanal zweimal von England besetzt.

Im Zweiten Weltkrieg kam der Region noch einmal große geopolitische Bedeutung zu. Sie war von der deutschen Wehrmacht besetzt, die zur Verteidigung die Bunker des Atlantikwalls entlang der Küste bauen ließ. Am 6. Juni 1944 eröffneten die Alliierten die Westfront gegen Hitler-Deutschland von England aus. Für die *Operation Overlord* wählten sie die Strände der Côte de Nacre – weit westlich von Calais, wo die Deutschen die Invasion wegen des kurzen Seeweges erwarteten.

Während der ersten sieben Tage der Invasion landeten 326.000 Soldaten an und kämpften sich durch die Sümpfe vor zu militärischen Stellungen, Brücken und Ortschaften. Die Operation war bekanntermaßen erfolgreich, Europa und Deutschland wurden befreit. Viele Soldatenfriedhöfe dokumentieren die unglaublichen Verluste des D-Day. Es gibt außerdem mehrere Museen, die an den Angriff erinnern – und an das unendliche Leiden der Menschen im Krieg.

Kultur und Kunst

Aus ihrer Geschichte ergibt sich, dass die Normandie ein Schmelztiegel der Kulturen ist. Hier sind Festungen, Schlösser und Klöster verschiedener Stil-

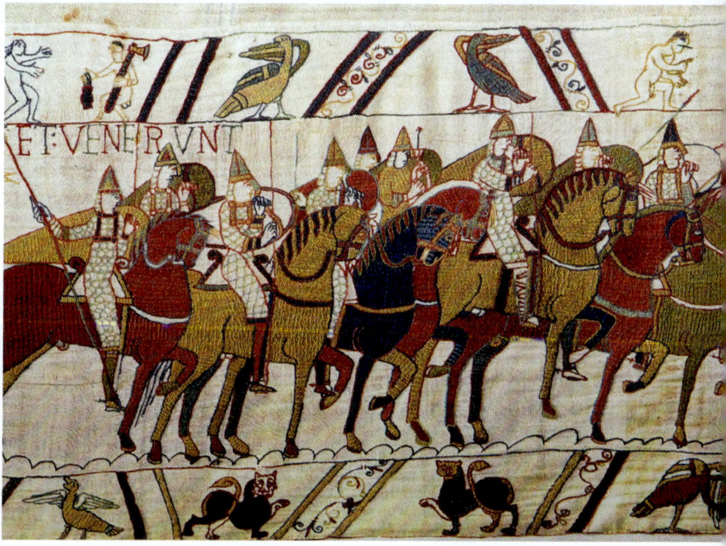

richtung und aus mehreren Jahrhunderten erhalten. Zu den berühmtesten Baudenkmälern gehören der *Mont-Saint-Michel* und die dachlose Ruine der großen Kirche des Klosters *Abbaye de Jumièges* **[› Tour 31 und 8]**. Mittelalterliche Festungsbauten sind in vielen Orten zu finden – die vielleicht bedeutendste ist das *Château de Caen*. Neben diesen wehrhaften Bauten gibt es auch viele prachtvolle Kirchen, Kathedralen und Schlösser, die in der Zeit von Gotik und Renaissance errichtet wurden.

Auch bedeutende Werke der bildenden Kunst sind in der Normandie zu sehen. Das größte Kunstwerk mit fast 70 Metern Länge ist mittelalterlichen Ursprungs: Auf dem **Teppich von Bayeux** ist die Schlacht von Hastings in vielen Einzelszenen in aufwendiger Stickerei dargestellt. **[› Seite 91]**

1872 malte Claude Monet in Le Havre das Bild *Impression, Soleil Levant*, seinen Eindruck der aufgehenden Sonne. Dieses Bild gab der Stilrichtung des Impressionismus ihren Namen, deren Entwicklung ab etwa 1860 in Paris begann. Der künstlerische Ausdruck des Impressionismus ist gekennzeichnet durch eine Fokussierung auf den spontanen, subjektiven Eindruck des Lichts und der Farbe in einer Szene, statt auf genaue Darstellung von Details. Künstler des Impressionismus, wie Claude Monet, Edgar Degas und Pierre-Auguste Renoir, nutzten lebendige Farben und kurze, sichtbare Pinselstriche, um flüchtige Momente und Bewegungen einzufangen. In Giverny ließ Claude Monet einen Garten nach impressionistischen Idealen anlegen.

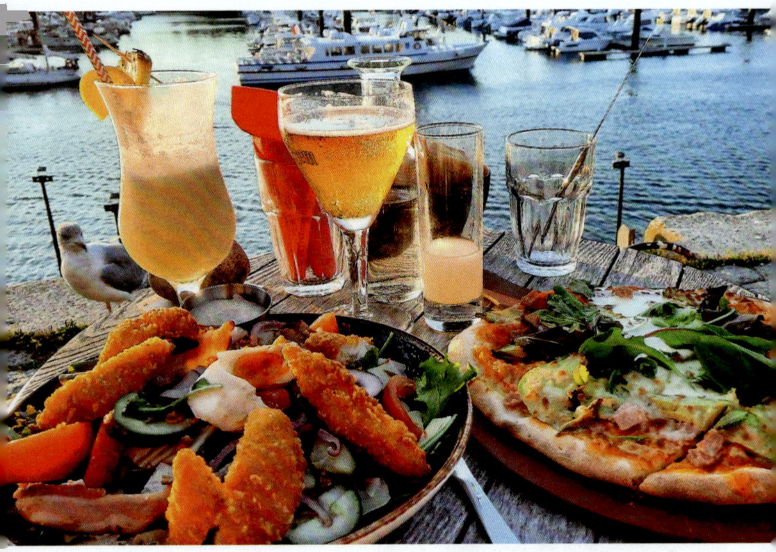

Festivals der Normandie

Mit vielfältigen Festivals werden die Produkte der Region, aber auch Ereignisse aus der Geschichte gefeiert. Einige Feste sind den Meeresfrüchten und dem Obstanbau gewidmet. Diese gastronomisch inspirierten Veranstaltungen finden in vielen Orten statt, meist im Herbst zur Erntezeit.

Aus der Seefahrtstradition leiten sich die Hafenfeste ab, bei denen oft auch historische Schiffe zu sehen sind. Die wechselhafte Geschichte der Normandie ist die Basis für verschiedene Mittelalterfeste. Der Wind ermöglicht Drachenfeste und der impressionistischen Kunst wird 2024 gleich ein ganzer Festivalsommer gewidmet.

Apfel- und Cidrefeste

Eines der größten Apfelfeste findet im Oktober in **Conches-en-Ouche** im Arboretum statt. Hier werden auch Käsespezialitäten angeboten und es gibt einen Bereich mit traditionellen normannischen Spielen.

Gastronomiefeste

In **Rouen** präsentiert *La Fête du Ventre et de la Gastronomie normande* Mitte Oktober kulinarische Traditionen der Normandie.

In **Port-en-Bessin** wird unter dem Namen *Le Goût du large* jedes Jahr im November eines der größten Meeresfrüchte- und Jakobsmuschelfeste der Normandie gefeiert.

Traditionelle **Heringsfeste** finden an den Novemberwochenenden wechselnd statt in Le Tréport, Fécamp, Étretat, Dieppe oder Saint-Valéry-en-Caux.

Das einwöchige Festival *Jazz sous les Pommiers*, Jazz unter den Apfelbäumen, in **Coutances** startet jedes Jahr im Mai.

Drachen- und Hafenfeste

In allen geraden Jahren findet im September in Dieppe ein riesiges **Drachenfest** mit angeleinten Flugobjekten aller Art statt. Kreative aus 40 Ländern zeigen hier ihre Drachenbaukünste.

Im Mai 2024 kann man zum zweiten Mal das große **Hafenfest** in Fécamp besuchen. An der Grand Escale am Hafen ankern dann prächtige alte Segelschiffe, die teilweise auch besichtigt werden können. Es gibt Livemusik und Vorführungen und natürlich reichlich zu essen.

Das Hafenfest **Armada von Rouen** wird etwa alle vier Jahre gefeiert. Auch hier liegen etliche historische Segelschiffe im Hafen und können besichtigt werde. Die nächste Armada ist für 2027 geplant.

Mittelalterfeste

Anfang Juli wird in Bayeux *Les Médiévales* gefeiert, eines der größten Mittelalterfeste Frankreichs. Neben dem Mittelaltermarkt gibt es jedes Jahr eine Parade zu einem mittelalterlichen Thema. 2023 stand das Thema »Nacht« im Vordergrund mit Feuerkunst, Jonglage, Drachenzähmung und fantastischen Kreaturen.

In Caen wird Anfang Juni im Park der Abbaye aux Dames beim **Banquet fantastique** das Mittelalter mit einem großen Markt, Reitspielen und Straßenkunst zum Leben erweckt.

Kunst

2024 findet von Mitte März bis Mitte September das fünfte **Festival Normandie Impressionniste** statt. 150 Jahre Impressionismus werden mit Sonderausstellungen in den Museen verschiedener Städte gefeiert. Dabei soll auch eine Verbindung hergestellt werden vom Impressionismus zu zeitgenössischer Kunst, sodass auch viele moderne Malerinnen und Maler ihre Werke präsentieren werden.

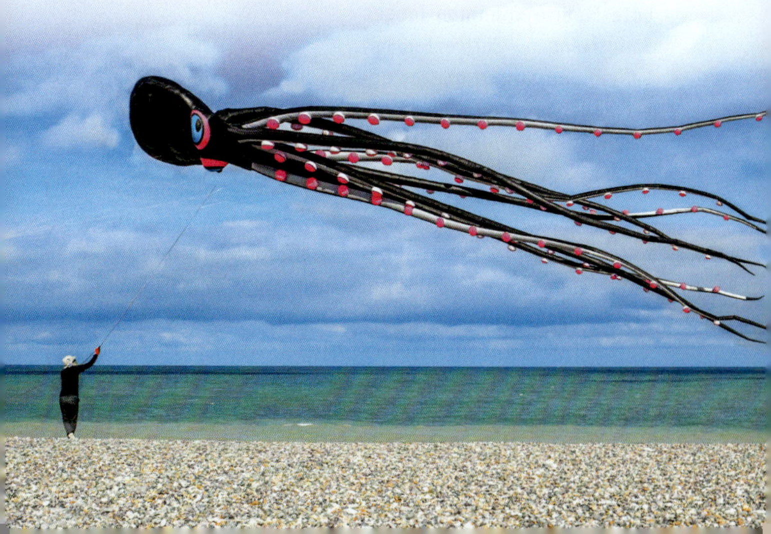

Die Normandie aktiv erleben

Für einen aktiven Urlaub gibt es in der Normandie vielfältige Möglichkeiten. 640 Kilometer Küstenlinie bieten sich nahezu für jede Wassersportart an. Die normannische Küste gilt überwiegend als gemäßigtes Revier. Allerdings sind Wind, Brandung und Gezeiten nicht zu unterschätzen. Der Tidenhub beträgt an der Westküste des Cotentin bis zu zwölf Meter und erzeugt gefährliche Strömungen. In der Bucht von Mont-Saint-Michel zieht sich das Wasser bei Ebbe bis zu 15 Kilometer weit zurück, sodass die komplette Bucht trocken liegt. Nirgendwo in Europa gibt es einen größeren Tidenhub.

Für Wanderungen bietet die Normandie ein abwechslungsreiches Terrain, wie ihr auf den Touren in diesem Buch feststellen werdet. Da das Inland keine zu großen Höhenunterschiede aufweist, finden sich viele schöne, wenig anspruchsvolle Radwege. An einigen Seen im Landesinneren kann man prima baden und angeln.

Surfen und Wellenreiten

Durch den Golfstrom bleibt die Wassertemperatur auch in den stürmischeren Monaten moderat und der Wind bläst eigentlich fast immer – ideale Bedingungen zum Windsurfen und Wellenreiten. Ein Neoprenanzug macht ganzjährig Sinn, auch wenn im Sommer ein Shorty reicht. Für Ungeübte eignen sich besonders die Orte an der Côte Fleurie mit ihren langen Sandstränden. Surfcenter mit Verleih und Kursen gibt es unter anderem in den Badeorten Deauville, Trouville und Ouistreham.

Étretat an der Alabasterküste gilt als Hotspot zum Wellenreiten ebenso wie Siouville auf der Cotentin-Halbinsel. Profis warten hier für einen besseren Wellengang die ersten Herbststürme ab.

Surfspots gibt es in verschiedenen Schwierigkeitsgraden, wobei die Wellen insgesamt moderater bleiben als zum Beispiel in der Bretagne. Der große Tidenhub darf unter Sicherheitsaspekten nicht vernachlässigt werden. Wenn ihr Material vor Ort leiht oder einen Kurs bucht, erhaltet ihr die notwendigen Sicherheitsinformationen. Wenn ihr Material mitbringt, solltet ihr euch gut informieren, wo sich der passende Spot für eure Erfahrung und Fähigkeiten befindet.

Kajak, Kanu und SUP

Besonders eindrucksvoll ist es, unter den Felsentoren der Alabasterküste bei Étretat mit dem Kanu oder SUP hindurch zu paddeln. Eine solche Tour sollte man möglichst außerhalb der touristischen Hochzeiten planen, da Boote in Étretat nicht reserviert werden können. An vielen anderen touristischen Stränden der Côte Fleurie könnt ihr ebenfalls Kanus leihen. Ein weiteres ungewöhnliches Erlebnis ist eine Kajaktour vorbei an den vielen kleinen Inselchen der Îles Chausey vor Granville an der Westküste des Cotentin.

Auch die Flüsse der Normandie laden zum Kajakfahren ein. Verleihstationen finden sich unter anderem an der Risle bei Montfort-sur-Risle, in verschiedenen Orten entlang der Orne, unter anderem Pont d'Ouilly, Clécy und Thury, und an der Vire zur Fahrt durch die Gorges de la Vire bei Pont-Farcy und bei Condé-sur-Vire. An der Seine bei Rouen können ebenfalls Kajaks und Kanus geliehen werden.

Baden und Schwimmen

Die Strände der Normandie sind vielseitig. Es gibt Kiesstrände unterhalb der Klippen der Alabasterküste und lange Sandstrände entlang der Côte Fleurie mit prächtigen Badeorten. Vor allem die Strände der Côte Fleurie fallen oft ganz flach ins Wasser ab und sind somit ideal für Familien, die ihren Nachwuchs natürlich trotzdem immer im Auge behalten müssen. Besonders gut gefallen haben uns die Sandstrände des Cotentin, denn hier geht es deutlich ruhiger zu.

Immer zu berücksichtigen ist auch hier der starke Tidenhub. Wer nicht nur baden, sondern auch schwimmen will, sollte sich einen überwachten Strand mit Flagge aussuchen. Auch hier ist mit starken Strömungen zu rechnen, sodass man sich in Ufernähe halten sollte.

Fahrradfahren

Zum Radfahren bietet die Normandie viele Möglichkeiten, angefangen bei Tagestouren, wie wir sie in diesem Buch vorschlagen, bis hin zu langen Radwanderungen. Auch wenn die Normandie keine großen Höhenunterschiede aufweist, sind manche Straßen, die aus den Flusstälern hoch auf das Plateau führen, erstaunlich steil. Das Netz der Radwege wird weiter ausgebaut, zur Zeit seid ihr mit dem Fahrrad aber auch oft auf Straßen unterwegs. Bei den kleinen Nebensträßchen ist das beschaulich und ge-

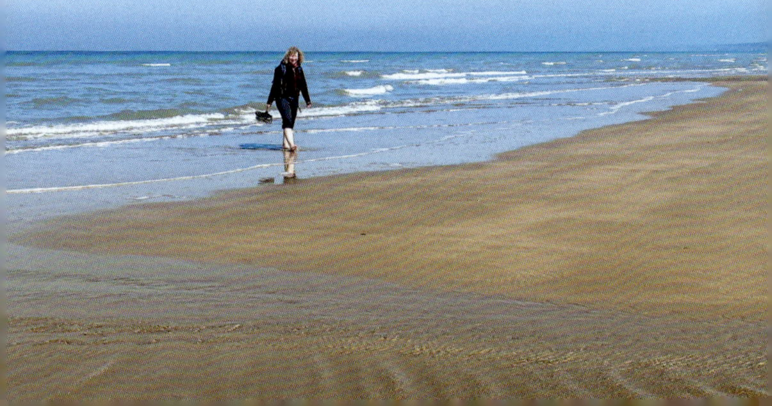

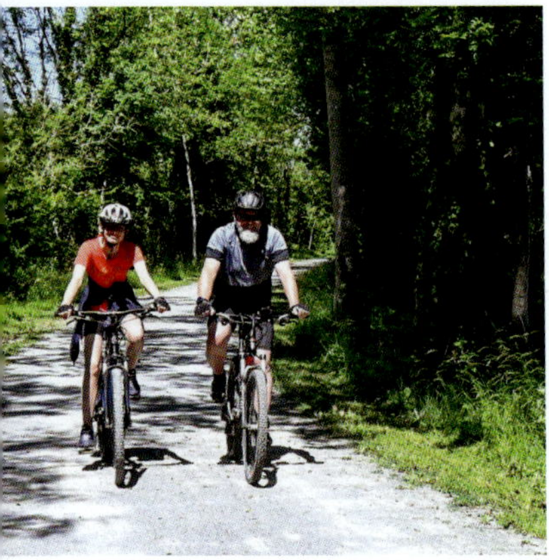

mütlich, auf den teils engen, stärker befahrenen Verbindungsstraßen kann das Radeln dagegen schnell unangenehm werden.

Zu reinen Radwegen oder Fahrradstraßen wurden viele alte Eisenbahntrassen ausgebaut. Diese Strecken heißen in Frankreich »Voies Vertes«. Auch diese lernen wir auf unseren Touren kennen. Außerdem durchqueren einige Radfernwege die Normandie. Zu den wichtigsten gehören diese fünf:

Vélo Francenette
Der Weg führt von Ouistreham bei den Landungsstränden über Caen, Domfront und die Normannische Schweiz bis zum Atlantik bei La Rochelle. Die Route wurde 2017 zur schönsten Radstrecke Europas gekürt.

Seine à Vélo
Der Seine-Radweg führt von Paris immer am Fluss entlang bis zur Mündung in Le Havre.

La Véloscénie
Die Route verbindet Paris mit dem Mont-Saint-Michel.

VéloWestNormandy
Der knapp 200 Kilometer lange Radweg führt von Bayeux bei den Landungsstränden zum Mont-Saint-Michel.

Avenue Verte London-Paris
Grenzübergreifend radelt man auf diesem Radfernweg von London nach Paris. Der Weg führt bei Newhaven per Fähre über den Kanal nach Dieppe und trifft dort auf die **Vélomaritime (EuroVelo 4)**. Diese Radroute beginnt in Dunkerque an der belgischen Grenze und führt an der Küste entlang bis nach Roscoff in der Bretagne. Dabei radelt ihr überwiegend auf kleinen Straßen mit Mischverkehr.
www.lavelomaritime.de

Mehr Infos zu den französischen Radfernwegen findet ihr bei francevelotourisme.com.

Wandern und Trekking

Die Normandie präsentiert sich als abwechslungsreiches, nicht zu schwieriges Wandergebiet mit vielen markierten Wanderwegen, die allerdings unterschiedlich gut in Schuss gehalten werden.

Außerdem durchziehen zwei der in rot-weiß markierten Weitwanderwege, die in Frankreich als GR (Sentier de Grande Randonnées) bezeichnet werden, unser Reisegebiet. Die GRs in der Normandie erschließen die Küste für Wanderungen. Folgenden Küstenwanderwegen werden wir auch auf unseren Touren begegnen.

Küstenwanderweg GR 21
Diese *Grande Randonnée* führt von Le Tréport bis nach Le Havre an der Alabasterküste entlang. Sie verläuft immer in der Nähe der Klippen. An einigen Abbruchstellen hat man die Route ein Stück ins Inland verlegt.

Cotentin-Küstenweg GR 223
Dieser Weg heißt auf Französisch *Sentier du Littoral*, Küstenweg, oder *Sentier des Douaniers*, Zöllnerpfad. Er führt über 446 Kilometer von Isigny-sur-Mer bis zum Mont-Saint-Michel und ist in 23 Etappen mit 15 bis 25 Kilometern aufgeteilt.

Schließlich sei noch auf das ehemals zusammenhängende Netz **historischer Wege** hingewiesen, die oft einen besonderen Reiz ausstrahlen: In der Normandie gibt es sowohl **Voies Romaines**, Wege aus der Römerzeit, wie auch **Vieilles Voies**, alte Verbindungswege zwischen den Dörfern. Letztere sind meist auf beiden Seiten von Mäuerchen gefasst, die grün überwuchert und mit Büschen und Bäumen bestanden sind. Wir mögen sie besonders, denn auf ihnen fühlt man sich immer ein bisschen zurückversetzt in frühere Zeiten.

Reiten

Mit den beiden Nationalgestüten Saint-Lô und Haras du Pin sowie vielen Reitställen gilt die Normandie als eine der wichtigsten Pferderegionen Frankreichs.

Ein Ausritt am Sandstrand, der Traum vieler Pferdefans, ist in der Normandie gut umsetzbar. Ein ebenso ideales Terrain für Ausritte bieten die ausgedehnten alten Wälder. Reitställe, die geführte Ausritte anbieten, gibt es an vielen Orten. Informationen dazu haben die örtlichen Tourismusbüros.

Wer durch die Bucht des Mont-Saint-Michel reiten möchte, kann sich an das **Centre Equestre La Tanière** wenden. Es bietet Reitausflüge in verschiedenen Schwierigkeitsgraden an, vom halbstündigen Spaziergang bis zur siebenstündigen Durchquerung der Bucht.
www.club-taniere.fr

Das **Centre Equestre de la Rotourelle** bietet Ausritte durch die normannische Bocage-Landschaft an.
larotourelle.jimdofree.com

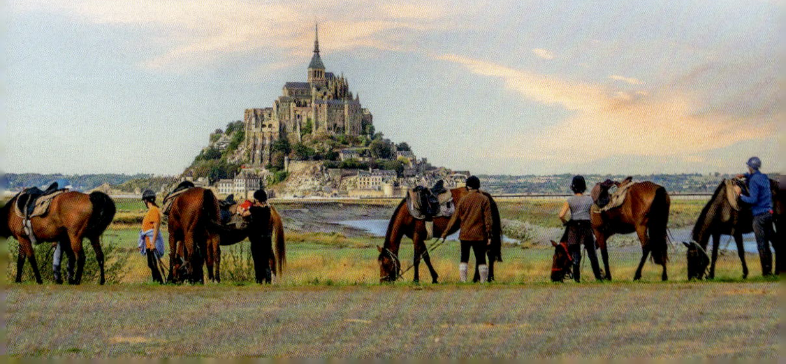

Familienurlaub in der Normandie

Aufgrund ihrer großen Vielseitigkeit eignet sich die Normandie ideal für einen aktiven Familienurlaub. Hier lassen sich entspanntes Nichts-Tun und Strand-Relaxen perfekt verbinden mit kurzen Wanderungen, Felsenklettern, im flachen Wasser planschen, kleinen Besichtigungen und einem Ausflug zum nächsten Markt.

Bei längeren Wanderungen haben wir immer eine gekürzte Variante für Familien mit Kindern angegeben, sodass ihr auch mit den Kleinsten entspannte Ausflüge in die schöne Natur der Normandie machen könnt. Einige Küstenwege führen an hohen Klippen entlang, die zwar nicht ausgesetzt, aber auch nicht speziell gesichert sind. Hier braucht es mit Kindern entsprechende Aufmerksamkeit. Wenn ihr wenig Wandererfahrung mitbringt, solltet ihr vorsichtig testen, wie viel ihr euch und euren Kids zutraut.

Ein weiterer Gefahrenaspekt sind die starken Meeresströmungen. Kinder sollten deshalb nicht ohne Aufsicht und besser nur an gekennzeichneten Badestränden schwimmen.

Dass es in der Normandie im Hochsommer nicht so heiß wird wie weiter im Süden, kommt vor allem Familien mit jüngeren Kindern oft entgegen. So wird zwar zu allen Jahreszeiten sicherheitshalber eine Regenjacke benötigt, im Gegenzug lässt das Wetter aber auch Aktivitäten während der Mittagszeit zu. Außerdem ist eine Anreise in die Normandie zumindest aus Nord- und Westdeutschland gut an einem Tag zu schaffen, was einen stressfreien Start in den Urlaub bedeutet, ebenso wie ein entspanntes Urlaubsende.

Am Cap Carteret

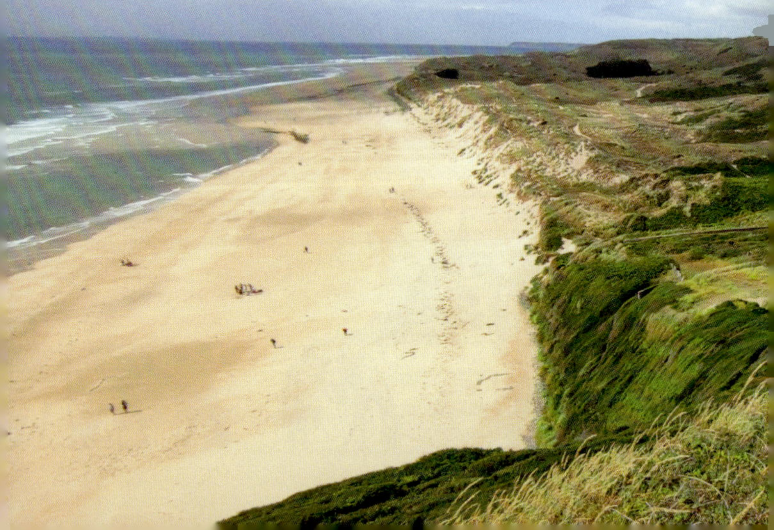

Die Touren in diesem Buch

Fahrradtouren

Bei unseren Fahrradtouren handelt es sich jeweils um knappe Halbtagestouren mit um die 30 Kilometer Tourenlänge. Die Touren sind so beschrieben, dass sie sich alle mit einem Straßenrad fahren lassen. Bei **[› Tour 4 und 30]** gibt es auch Abschnitte, die eher für Mountainbikes geeignet sind, aber Umfahrungen für Straßenräder sind jeweils angegeben. Als Grundlage für die Fahrzeiten sind wir von etwa zehn Stundenkilometern im Durchschnitt ausgegangen – eine großzügige Zeit für Räder ohne Elektroantrieb und mit reichlich Stopps zum Orientieren.

Einen Fahrradverleih bieten in der Normandie einige Campingplätze und Tourismusinformationen an. Unsere sehr empfehlenswerte **[› Tour 30]** startet an einem Naturparkhaus, das Fahrräder verleiht.

Für die Miete eines Fahrrades müsst ihr, abhängig von der jeweiligen Verleihstation, mit folgenden Preisen rechnen: Der Tagespreis für ein Straßenrad liegt etwa bei €20, für ein Kinderrad bei €15. Die Miete für ein E-Bike beginnt bei €40 pro Tag.

Wanderungen

In der Normandie gibt es sehr abwechslungsreiche Wanderwege. Hier ist fast alles dabei: Klippen, felsige Küsten, Dünen, Strände, Wälder, Heide und Sumpfgebiete. Wir durchqueren sogar kleine Schluchten, nur Hochgebirgstouren werdet ihr in diesem Buch nicht finden.

Die Wanderwege sind meist gut zu gehen, nicht zu steil, wenig geröllig, meist in gutem

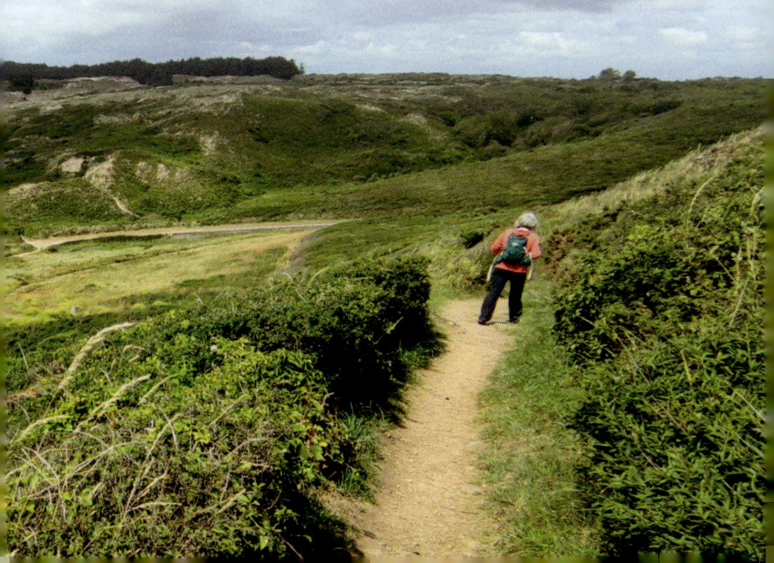

Zustand. Zwar kommen oft mehr Höhenmeter zusammen, als man vermutet, aber insgesamt sind die Wanderungen eher moderat im Anspruch. Es gibt an der Küste einzelne Passagen, die am Rand steiler Klippen verlaufen. Diese sind aber nie ausgesetzt.

Vor allem im Bereich von Heide und Dünen solltet ihr unbedingt auf den markierten Wegen bleiben, um die Vegetation zu schützen!

Ausrüstung

Wer nicht gerne in knöchelhohen Wanderschuhen unterwegs ist, kann die Wege auch mit gut sitzenden Halbschuhen mit rutschfestem Profil wandern. Immer ins Gepäck gehören dagegen eine Regenjacke und genug zu trinken.

Gehzeiten

Bei den Angaben im Tourensteckbrief handelt sich um reine, aber großzügig bemessene Geh- und Fahrzeiten. Aufgrund

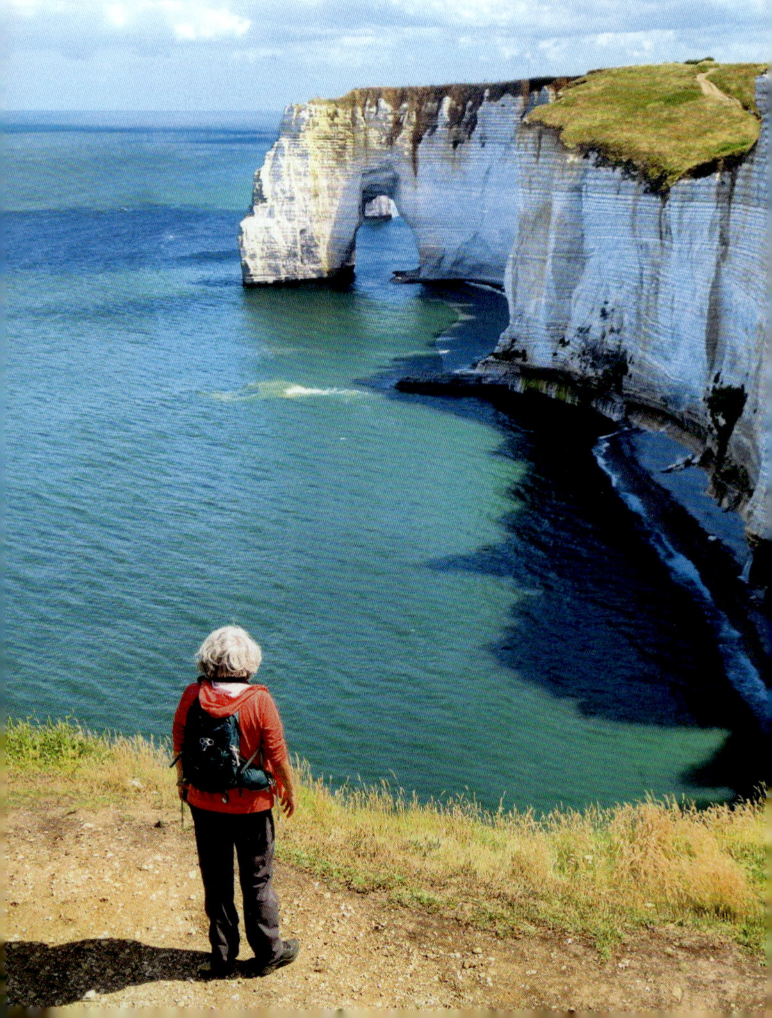

der vielen Highlights am Wegrand macht es aber Sinn, zusätzlich ausreichend Zeit für kleine Stopps und ausgedehnte Pausen einzuplanen.

Sicherheit

Die weiten, trockengefallenen Buchten laden förmlich zu einem Spaziergang ein. Bei einsetzender Flut läuft das Wasser jedoch in erstaunlichem Tempo zurück. Zuerst werden die Priele aufgrund des hohen Wasserstandes und der Strömung unüberquerbar. Wenn wir also zu Fuß in die Buchten gehen, queren wir niemals Priele und behalten immer im Blick, wo man auf ansteigendem Gelände zügig wieder aufs Festland kommt! In Unkenntnis der Situation vor Ort macht es für Urlaubsgäste unbedingt Sinn, in Küstennähe zu bleiben.

Achtet bitte zusätzlich zu unserer Wegbeschreibung auf die Gegebenheiten und Beschilderungen vor Ort. An den Küstenpfaden der normannischen Steilküste kommt es immer wieder mal zu Wegsperrungen und geänderter Wegführung wegen Abbrüchen am Küstenpfad. So kann es ab und zu vorkommen, dass in der Karte eingetragene Wege in natura nicht mehr passierbar sind und unsere Wegbeschreibung nicht mehr ganz stimmt.

Orientierung

Wanderwege sind in Frankreich mit Farbbalken gekennzeichnet. Ein Abzweig wird mit einem Winkel angekündigt, gekreuzte Farbbalken signalisieren einen verkehrten Wegabzweig. Der Küstenweg ist in der Regel weiß-rot markiert. Auch ein Teil der Inlandswege ist markiert, aber bei Weitem nicht alle. Deshalb solltet ihr in Beschreibung und Karte mitlesen, wo ihr euch befindet, oder unsere GPS-Tracks und eine Wander-App wie Locus maps oder Orux Maps verwenden. Zusätzliche Wanderkarten sind nicht notwendig.

GPS-Daten

Um den Parkplatz an einer Wanderroute einfach zu lokalisieren, könnt ihr die in der Anfahrtsbeschreibung genannten GPS-Daten in ein normales Navigationsgerät im PKW oder in Google Maps eingeben und euch bequem zum Start lotsen lassen.

Zu allen Wanderungen im Buch könnt ihr außerdem unter **www.naturzeit-verlag.de** GPS-Tracks herunterladen. Sie sind von der Autorin vor Ort erfasst und unterstützen, mit Hilfe der entsprechenden Handy-App, die Orientierung unterwegs.

Hier geht's zum Download:

Passwort: GPX524NR534

38 Wander- und Erlebnistouren

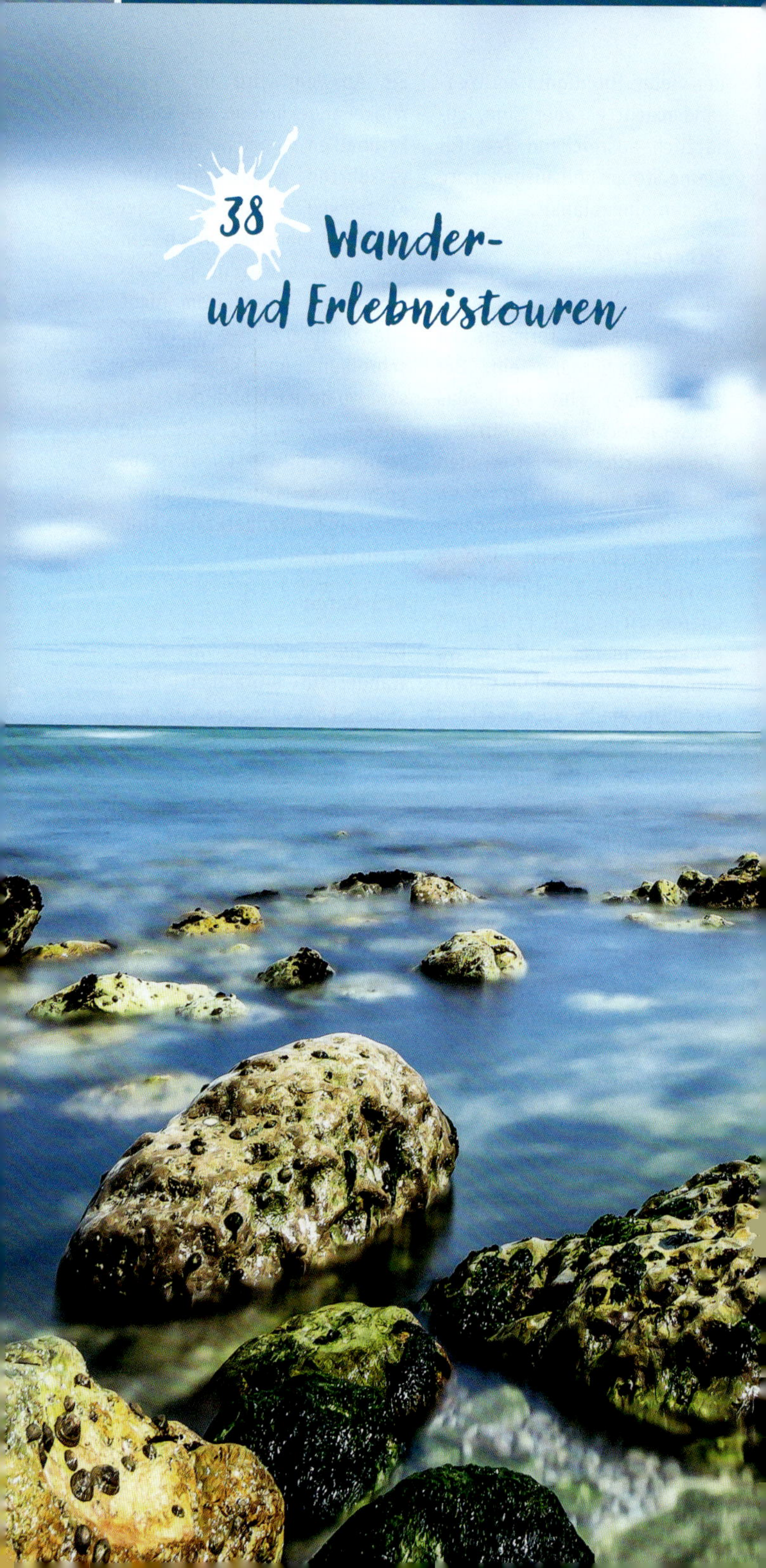

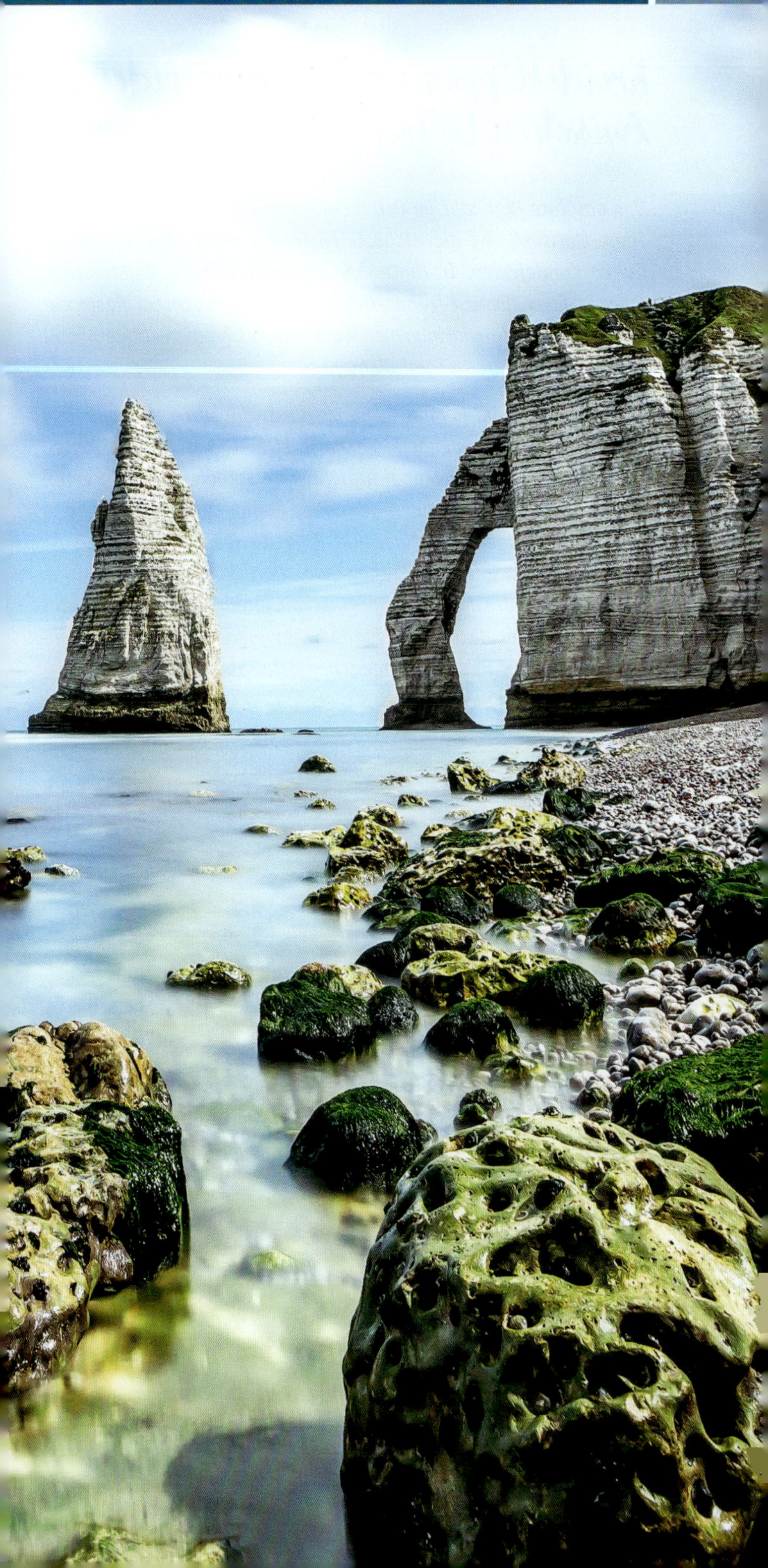

Kreideklippen und Flussmäander
Zwischen Le Tréport und Le Havre

Das absolute Highlight im Osten der Normandie, dem Département Seine-Maritime, ist die Alabasterküste mit ihren über 100 Meter hohen Kreidefelsen. In Hinterland erstreckt sich das Karstplateau Pays de Caux. Es war früher dicht mit Wald bewachsen. Reste der damals fast undurchdringlichen Waldwildnis sind die Gebiete »Forêt Domanial d'Eu« und »Forêt d'Eawy«.

Im Süden wird die Region begrenzt durch die Seine, die aus dem Massif Central kommend durch Paris strömt und hier in weiten Schleifen auf den Ärmelkanal zufließt. Ihre Steilufer und Schwemmwiesen sind geschützt durch den »Parc Regional des Boucles de la Seine«. Die hügelige Naturregion Pays de Bray schließt sich an zwischen Rouen und dem Pays de Caux. Dort dominieren tonhaltige Böden, die ideal sind für die Bocage mit ihrem kleinteiligen Wechsel zwischen mit Hecken umsäumtem Weideland und Waldgebieten. Im Pays de Bray finden sich hübsche Dörfer und viele Höfe, auf denen lokale Spezialitäten verkauft werden.

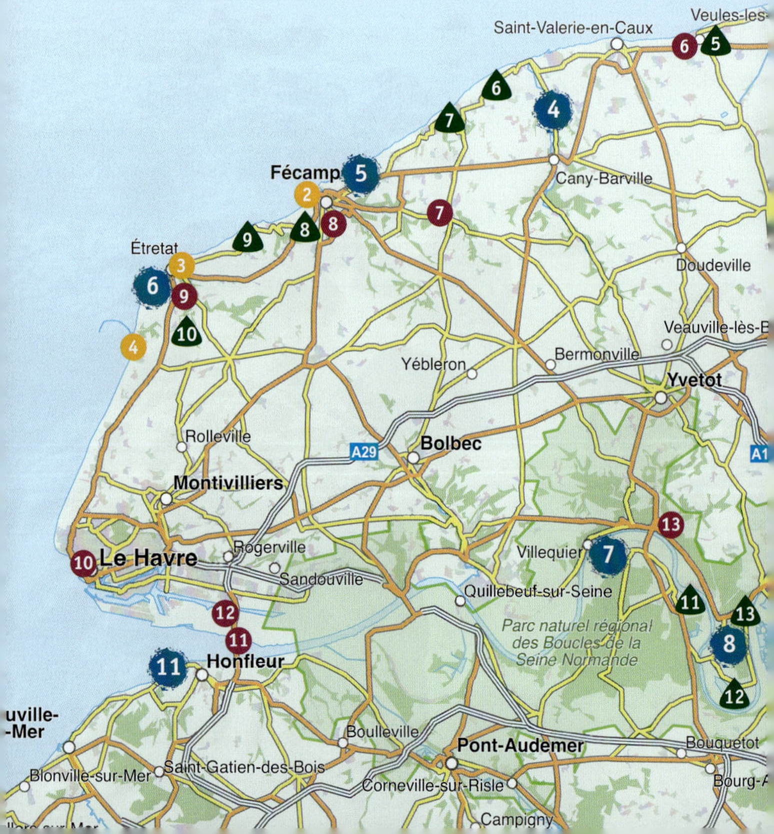

Strände

Die Strände der Alabasterküste sind Feinkiesstrände, die vor den Klippen liegen. Viele unserer Wanderungen an der Küste führen auch zu Stränden und zu versteckten Buchten.

1 Plage de Criel

GPS N 50°02'02.2", E 1°18'52.1"
Die weite Kiesbucht vor dem Ort bietet einen Blick auf die weißen Klippen zu beiden Seiten. An der Promenade stehen viele bunte Badehäuschen. Dahinter gibt es einen Spielplatz und große Bouleplätze. Criel ist noch ein bisschen verschlafen und der Rummel hält sich in Grenzen. [› Tour 1]

2 Plage de Fécamp

GPS N 49°45'36.4", E 0°22'24.9"
Der lange Kiesstrand liegt vor der Stadt und dem Hafen. Auf der gut besuchten Promenade zwischen Strand und Ort habt ihr mehrere Restaurants zur Wahl. [› Tour 5]

3 Strand von Étretat

GPS N 49°42'30.0", E 0°12'07.7"
Vom berühmtesten Strand der Alabasterküste blickt ihr auf das ebenso berühmte Felsentor. Hier ist immer

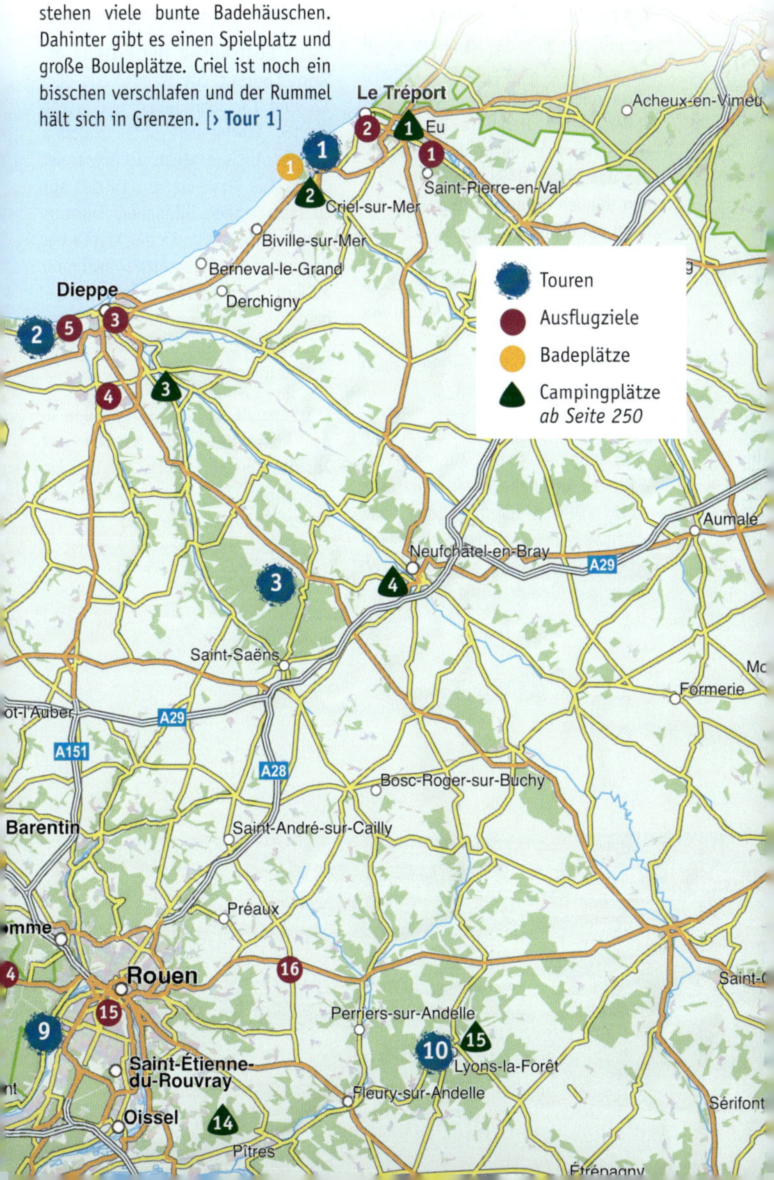

ziemlich viel Betrieb, was der Schönheit der Bucht aber wenig Abbruch tut. [› **Tour 6**]

4 Plage d'Antifer oder Saint-Jouin-Bruneval

GPS N 49°39'05.6", E 0°09'14.0"
Der Kiesstrand liegt zu Füßen des Phare d'Antifer, den man aber von unten nicht sieht. Vorgelagert ist die lange Mole für LNG-Tanker.

Ausflugsziele

1 Eu

Gesprochen wird der Name der Stadt Eu »ö«, wie im deutschen (Wind-) »Bö« oder im französischen »Feu«, Feuer. Seine Herkunft leitet sich wahrscheinlich von der Fluss-Aue ab, die dem Fluss Bresle im Mittelalter den Namen »Ou« eintrug und der dann auf die Stadt überging. Eu liegt an der Ostgrenze der Normandie und lockt mit vielen historischen Bauwerken. Der regelmäßige Aufenthalt des französischen Königs Louis-Philippe I. trug ihr den Beinamen »Kleine Königsstadt« ein.

In der im 11. Jahrhundert errichteten Burg, von der heute nur noch die Wälle zu erkennen sind, heirateten 1050 Wilhelm der Eroberer und Mathilde von Flandern. Nach der Schleifung der Burg 1475 wurde ab 1578 auf deren Grundmauern das heutige **Schloss Eu** gebaut, das spätere Lieblingsschloss von König Louis-Philippe I., der Frankreich von 1830 bis 1848 regierte. Heute beherbergt das gut erhaltene Gebäude das Rathaus und das Schlossmuseum mit prachtvoll ausgestatteten Räumen und Sammlerstücken aus dem 17. Jahrhundert.
Geöffnet Mitte März bis Anfang November 10–12 und 14–18 Uhr, Di und Fr nachmittags geschlossen. €5,50, Kinder 6 bis 16 Jahre €2,50.

Gegenüber vom Schloss liegt die gotische **Stiftskirche Notre-Dame-et-Saint-Laurent**. Sie stammt aus dem 12. und 13. Jahrhundert und wurde im 15. Jahrhundert unter anderem um die Apsis ergänzt. In dieser ist die Statue Notre-Dame d'Eu des aus Eu stammenden Bildhauers Francois Augier ausgestellt. In der Krypta befinden sich Grabstätten mehrerer Adliger und des 1180 in Eu gestorbenen Erzbischofs von Dublin Lawrence O'Toole, an dessen Grab Wunder passiert sein sollen.

Ein besonders hübsches Gebäude in der Altstadt ist die **Kapelle der Jesuiten** mit ihrer gotischen Fassade aus roten Ziegeln, abgesetzt mit hellem Sandstein. Sie wird heute als Ausstellungsraum genutzt und ist in der Regel tagsüber geöffnet.

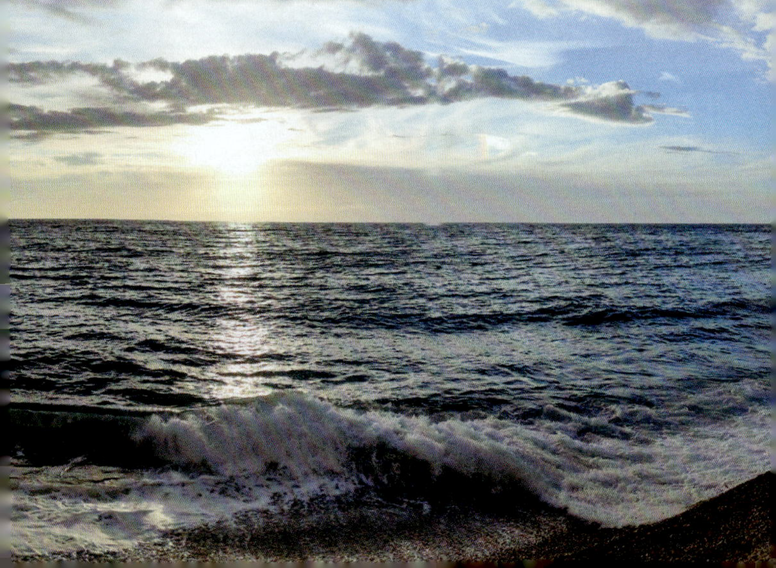

Sehenswert ist auch das **Hôtel Dieu**, das an der Kreuzung nördlich der Stiftskirche steht. Der Krankenhauskomplex aus dem 16. Jahrhundert besteht aus einem Ensemble aus Backstein- und Fachwerkgebäuden. Der grüne Innenhof mit dem überdachten Friedhof der Schwestern und einem Spielplatz ist frei zugänglich. Ansonsten ist nur der Teil öffentlich, in dem die Bibliothek untergebracht ist.

Die **Kapelle Saint-Laurent** aus dem 19. Jahrhundert steht auf einer Anhöhe über der Stadt, von der der Blick weit bis zur Mündung der Bresle und zum Meer reicht.

2 Le Tréport

Der Ort gilt als Tor zur Normandie. Hier lohnt ein Besuch des Hafens mit seiner prachtvollen Häuserfront und dem Steg zum Leuchtturm. Auf der flachen Landspitze zwischen Leuchtturm und Klippen liegt das Quartier des Cordeliers, das alte Viertel der Seiler, in dem die schmalen Sträßchen von kleinen Häusern gesäumt sind. Hier fährt die »Funiculaire du Tréport«, ein Schrägaufzug, zur Oberstadt auf den Klippen. Er wurde nicht zu touristischen Zwecken, sondern als öffentliches Transportmittel für die Oberstadt gebaut und ist kostenlos nutzbar. Oben wartet ein großes Aussichtsplateau mit fantastischem Blick über Stadt, Hafen und Klippen. Die Treppe *Escalier de la Falaise* führt in einer weiten Kehre ebenfalls auf das Plateau, aber der Spaßfaktor der Seilbahn ist deutlich höher.

3 Dieppe

Der älteste Badeort Frankreichs wurde um 900 von den Normannen besiedelt, von denen er auch seinen Namen erhielt. »Deep« (tief) war damals schon die Hafeneinfahrt, daraus wurde dann Dieppe. Aufgrund der günstigen Anbindung nach Paris war die Stadt über Jahrhunderte einer der wichtigsten Häfen Frankreichs. Neben vielen anderen Waren kamen hier auch Bananen von den Kanaren und Zitronen aus Marokko an. Anfang des 16. Jahrhunderts wurde von Dieppe aus die Seeroute nach Kanada entdeckt.

1822 reisten dann die Damen des Königshofes mit der Postkutsche an, um sich ein Bad im Meer zu gönnen und die salzhaltige Luft zu genießen. Die Eröf-

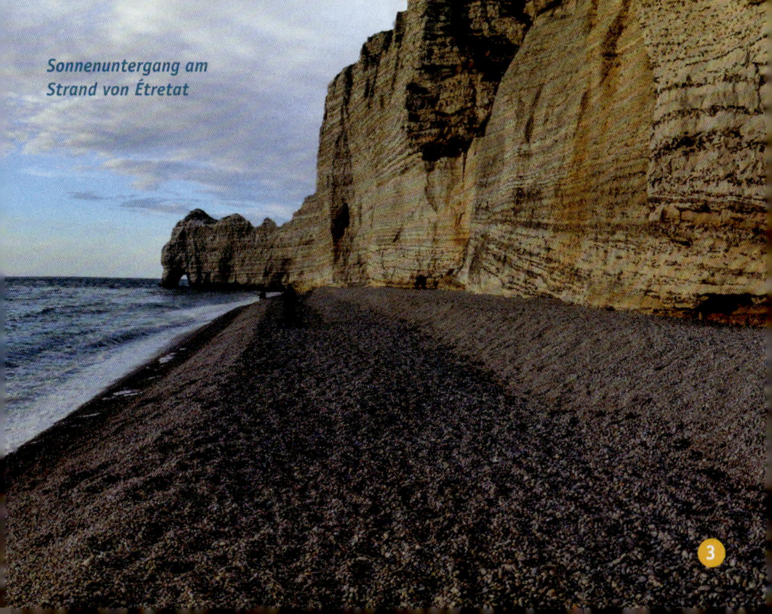

Sonnenuntergang am Strand von Étretat

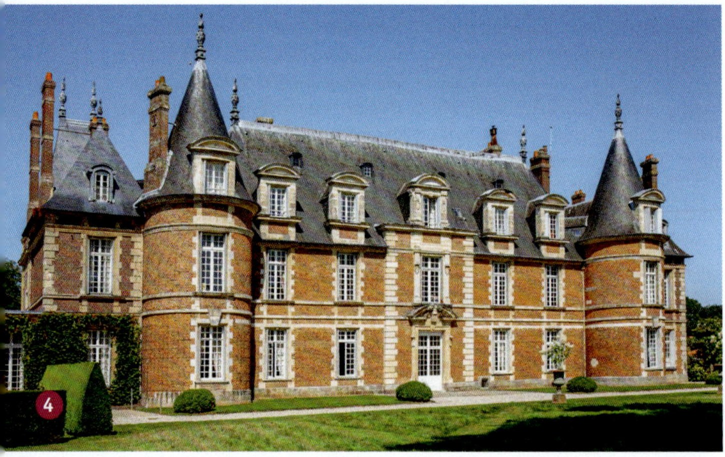

fnung der Eisenbahnlinie nach Paris im Jahr 1848 beschleunigte die Entwicklung Dieppes zum Seebad rasant.

Es lohnt sich, an alten, stattlichen Häusern vorbei zum Jachthafen zu schlendern, der mitten in der Stadt liegt. Vormittags findet dort auch ein Fischmarkt statt, auf dem der Fang des Tages verkauft wird. Hinter dem langen Kiesstrand gibt es eine Strandpromenade mit großen Grünflächen und schönen Cafés. Südlich am Hang der Klippen thront die Burg Dieppe über der Stadt. Sie wurde 1433 gebaut und beherbergt heute das Stadtmuseum.

Zwischen Burg und Hafen liegt die kleine Place du Puits Salé, ein beliebter Treffpunkt der Einheimischen. Ein weiteres architektonisches Highlight ist die **Kirche Saint-Jacques**, die den sich wandelnden Baustil von Gotik zu Renaissance über vier Jahrhunderte zeigt. Besonders beeindruckend ist ein Besuch an sonnigen Nachmittagen, wenn das Sonnenlicht durch die großen Buntglasfenster scheint und vielfarbige Lichtreflexe ins Innere der Kirche zaubert.

Spannend ist der Besuch der Stadt auch Mitte November, wenn hier das Herings- und Jakobsmuschelfest stattfindet, das jedes Jahr um die hunderttausend Menschen anzieht.

In allen geraden Jahren steigen im September beim Drachenfest angeleinte Flugobjekte aller Art in die Luft. Kreative aus 40 Ländern zeigen hier ihre Drachenbaukünste.

4 Château de Miromesnil

GPS N 49°51'40.8", E 1°04'54.0"
Das Schloss wurde auf der Ruine einer mittelalterlichen Burg erbaut, von der noch eine Kapelle und zwei Türme erhalten sind. Die Türme sind integriert in die zum Park ausgerichtete Fassade des neuen Schlosses. Die Fassade zum Ehrenhof wurde 50 Jahre später errichtet. Das Schloss hat eine Cafeteria, einen großen Landschaftspark und einen traditionellen Gemüsegarten und ist von altem Buchenwald umgeben. Schloss Miromesnil ist außerdem der Geburtsort des französischen Schriftstellers Guy de Maupassant.

Geöffnet April und September Mo bis So 14–18 Uhr, Mai bis August Mo bis So 10–12 Uhr und 14–16 Uhr.
Park und Garten €8, Kinder 4 bis 12 Jahre €6. Geführte Tour Kapelle und Schloss mit Zugang zum Park und Garten €15, Kinder €12.
www.chateaumiromesnil.com

5 Varengeville

Die Häuser des Ortes verteilen sich locker auf der Ebene oberhalb der Klippe in einer Umgebung, die wie eine riesige Parkanlage wirkt. Ein

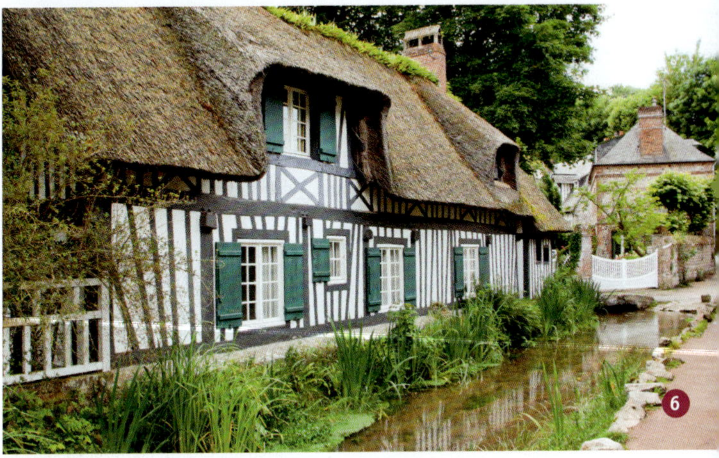

Highlight ist der Marinefriedhof rund um die Église Saint-Valery mit fantastischer Aussicht. **[› Tour 2]**

Am Südrand des Ortes liegt der Jardin Shamrock. Das zwei Hektar große Gelände beherbergt die größte Hortensiensammlung Frankreichs und verwandelt sich im Juli und August in ein riesiges Blütenmeer.
Geöffnet Mitte Juni bis Mitte September Mi bis So 10–12 Uhr und 13.30–18 Uhr. €8, Jugend 15–17 Jahre €5, bis 15 Jahre frei. Mitte Juli bis Mitte August €9, Jugend €5. www.shamrock-varengeville.com

Rund um das Herrenhaus »Bois des Moutiers« erstreckt sich ein weitläufiges Park- und Gartengelände, das in sieben »chambres vertes«, grüne Zimmer oder Teilgärten, unterteilt ist. Aktuell sind die Gärten wegen Restaurierungsarbeiten geschlossen.

6 Veules-les-Roses

Veules ist eines der sechs »Schönsten Dörfer Frankreichs« auf dem Gebiet der Normandie. Es liegt an der Mündung der Veules, die mit etwa 1,2 Kilometern der kürzeste Fluss Frankreichs ist. Rund um die Église Saint-Martin und den Salle Anaïs Aubert, der als Kino genutzt wird, finden sich alte Häuser mit hübschen Fassaden aus Feuer-, Bruchstein und Ziegeln. Direkt an der Veules stehen alte Mühlen und reetgedeckte Fachwerkhäuser. Wer dem Chemin des Champs Elisées an der Nordseite des Flusses ein paar Schritte in den Wald folgt, kommt zur Moulin des Aïeux, die teilweise besichtigt werden kann und als Weizenmühle heute noch in Betrieb ist.

Wenige Meter hinter der Strandpromenade stehen auf einer Plattform die Reste der romanischen Fischerkirche St. Nicolas.

7 Abtei Notre-Dame-du-Pré de Valmont

GPS N 49°44'39.8", E 0°30'48.4"
Das Kloster wurde im 12. Jahrhundert als Zisterzienserkloster gegründet. Es wurde mehrfach zerstört und wieder aufgebaut. Die heutigen Konventsgebäude stammen aus dem 17. Jahrhundert. 1789 wurde die Abtei aufgelöst. Die Renaissance-Kirche stürzte 1730 ein, die Ruine mit dem erhaltenen Chor und der Chapelle de Six-Heures ist seit 1994 mit einer Dachkonstruktion geschützt und wird wieder als Kirche genutzt. Von 1994 bis 2022 betrieben Benediktinerinnen hier ein aktives Kloster.
Bisher sind Parkgelände und Kirche weiterhin von 9–12 und 15–17 Uhr geöffnet.

8 Fécamp

Als Sitz des Normannenherzogtums bis 1204 und Hochseehafen der Kabeljaufischer, die bis nach Neufundland segelten, blickt Fécamp auf eine lange und wechselvolle Geschichte zurück. Die Abteikirche Saint-Trinité südlich des letzten Hafenbeckens stammt aus dem 12. und 13. Jahrhundert. Zwischen ihr und dem neuzeitlichen *Palais Benedictine* sind in den schmalen Straßen einige alte Häuser erhalten geblieben. Schön ist es auch, an den vier Hafenbecken und der Strandpromenade entlang zu schlendern. Die Nordseite des Hafens zieren eine lange Reihe Fischerhäuser, ein fotogener Leuchtturm sowie eine Kapelle mit Aussicht. [› **Tour 5**]

9 Étretat

Schon die Maler der Romantik und des Impressionismus waren fasziniert vom besonderen Licht an der Küste und vom krassen Farbkontrast zwischen dem tiefblauen Meer und den weißen Felsklippen, die hier zu riesigen Toren ausgespült sind. Étretat liegt in einem relativ engen Taleinschnitt und verfügt über einige prachtvolle Fachwerkhäuser. Allerdings ist der kleine Ort ganz auf den Tourismus eingestellt. Geschätzte 1,5 Millionen Gäste strömen jährlich durch die Straßen, im Sommer sollen es 10.000 pro Tag sein. Am entspanntesten ist Étretat außerhalb der Saison und in den Morgen- und Abendstunden zu besuchen. Eine unserer Touren verläuft durch den Ort zu den Aussichtspunkten auf der Klippe, von denen man die Felsentore gut sehen kann. [› **Tour 6**]

10 Le Havre

Mit 170.000 Einwohnern ist Le Havre an der Seine-Mündung die größte Stadt der Normandie und außerdem Standort des zweitgrößten Hafens Frankreichs. Die Stadt wurde während des Zweiten Weltkrieges stark beschädigt und unter Leitung des Architekten Auguste Perret mit komplett neuem Konzept wieder aufgebaut. Perret war ein Pionier in der Verwendung von Beton in der Architektur und gestaltete Le Havre in einem modernen Stil neu, der sowohl funktional als auch ästhetisch ansprechend war und als Modernismus bezeichnet wird. Perrets Neugestaltung gilt als Meisterwerk der Nachkriegsmoderne und der innovativen Stadtplanung. Deshalb wurde das Zentrum von Le Havre 2005 zum UNESCO-Weltkulturerbe ernannt.

Auch die Kirche **Saint-Josef** wurde 1957 aus Beton gebaut. Sie steht an der Stelle der im Zweiten Weltkrieg zerstörten neugotischen Basilika und ist ein wichtiges Symbol für die Verluste des Krieges und die Wiederauferstehung der Stadt. Auch sie ist ein Werk des Architekten Auguste Perret. Ihr 107 Meter hoher Turm, der eher an einen Wolkenkratzer als einen Kirchturm erinnert, ist eines der Wahrzeichen von Le Havre. Der Innenraum der klotzigen Kirche wirkt überraschend elegant. Durch tausende bunte Glasbausteine in den Wänden fällt Licht in die Kirche und belebt den gigantischen Innenraum mit bunt glitzerndem Lichterspiel.

Blick auf Étretat

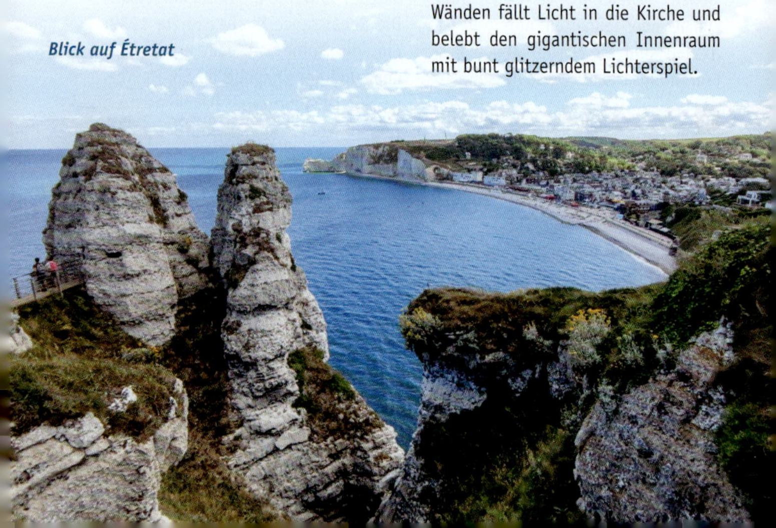

Gut zwei Kilometer nördlich der Hafeneinfahrt wurden auf den Bastionen der Festung *Sainte-Adress* hängende Gärten, **Jardins suspendus**, angelegt, die eine großartige Aussicht auf die Bucht ermöglichen.
Geöffnet April bis September 9–20 Uhr, Winter 9–17 Uhr. €2, Kinder bis 12 Jahre kostenlos.

Im auffälligen weißen »Vulkan« am Hafenbecken *Bassin du Commerce* befindet sich ein **Kulturzentrum**. Die **Docks Vauban** wurden 1846 als Lagerräume erbaut und beherbergen heute ein Einkaufszentrum.

Empfehlenswert ist auch die Aussicht vom kurzen Pier beim Wachturm der Capitainerie. Hier befindet sich außerdem das **MuMa,** das Museum für Moderne Kunst, in dem eine der größten Sammlungen impressionistischer Kunst in Frankreich zu sehen ist.
www.muma-lehavre.fr

11 Pont de Normandie

Mit 856 Metern Spannweite ist die *Pont de Normandie* eine der längsten Schrägseilbrücken Europas. Sie wurde 1995 nach sechs Jahren Bauzeit eingeweiht und galt als architektonische Meisterleistung. Die Fahrt in hohem Bogen über die Seine-Mündung ist sehr eindrucksvoll. Die Brücke ist für Fahrzeuge mautpflichtig, wer zu Fuß hinübergeht zahlt nichts. Wirklich empfehlenswert ist auch der Rastplatz *Aire de la Baie de Seine* am Nordende der Brücke bei GPS N 49°27'07.4", E 0°16'14.4", wo ein kleines Infozentrum über den Bau und die besondere Konstruktion und Verankerung der Brücke informiert. Unter anderem sieht man dort den Querschnitt eines Brückenpylons, der die beeindruckende Last von 3000 Tonnen tragen kann.

12 Naturschutzgebiet Seine-Mündung

GPS N 49°27'07.4", E 0°16'14.4"
Am Rastplatz an der Pont de Normandie gibt es außerdem ein zweites Infozentrum, das »Maison de la Réserve«, das sich mit der besonderen Fauna und Flora der Seine-Mündung

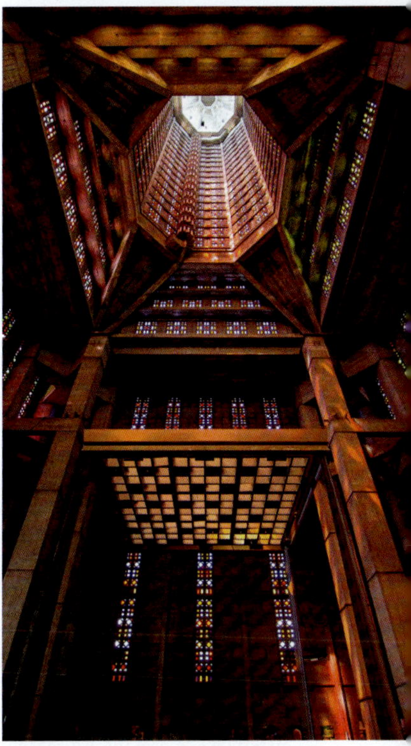

Eglise Saint-Josef in Le Havre

befasst. Das Gebiet wurde 1997 als Naturschutzgebiet ausgewiesen. Am Parkplatz beginnen Holzstege, auf denen man in die Röhrichtsümpfe und Salzwiesen an der Seine-Mündung und zu mehreren Vogelbeobachtungsplätzen laufen kann.

13 Abbaye Saint-Wandrille

GPS N 49°31'40.7", E 0°45'56.6"
Die Benediktinerabtei, die im 7. Jahrhundert gegründet wurde, beherbergt heute noch ein aktives Kloster. Von der Klosterkirche aus dem 13. Jahrhundert sind Ruinen erhalten. Auch die heutigen Mönche leben nach den Regeln des Heiligen Benedikt »von der Arbeit ihrer Hände«. Eines der klösterlichen Produkte ist das Bier von Saint Wandrille. Die Abtei kann im Rahmen einer Führung besichtigt werden.
Aktuelle Führungszeiten siehe st-wandrille.com unter dem Menüpunkt: »Welcoming you«. €5.

14 Abbaye Saint-Georges de Boscherville

GPS N 49°26'39.8", E 0°57'47.2"
Die Abteikirche aus dem 12. Jahrhundert gilt als typisches Beispiel normannischer Romanik. Sie besticht mit ihrer schlichten, hellen Gestaltung. Erhalten ist der Kapitelsaal mit reich geschmückten Kapitellen sowie ein Park mit Gemüsegarten.
Geöffnet April bis Oktober 9–18.30 Uhr, Winter 14–17 Uhr. €5,50–6,50, Kinder 3 bis 16 Jahre €2. Kombiticket mit Jumièges. www.abbaye-saint-georges.com

15 Rouen

Rouen ist die Hauptstadt der Normandie, die Stadt der 100 Kirchtürme und der Schauplatz des gewaltsamen Todes der Johanna von Orléans. In der Hafenstadt an der Seine stehen nicht nur besonders viele Kirchen, sondern auch andere interessante Gebäude. Rund um die *Place du Vieux-Marché* erstreckt sich die Altstadt mit mehrstöckigen Fachwerkhäusern. Auf dem **Marktplatz** an dem Ort, wo Johanna von Orléans – französisch Jeanne d'Arc – 1431 auf dem Scheiterhaufen starb, steht die moderne *Église Saint-Jeanne d'Arc*. Dahinter befinden sich die Markthallen.

650 Meter östlich des Marktplatzes steht eines der bekanntesten Gebäude der Stadt: die **Kathedrale von Rouen**. Sie inspirierte Claude Monet zu einem berühmten Bilderzyklus, der die Fassade unter verschiedenen Lichtverhältnissen zeigt.

Die Kathedrale vereint Elemente der Früh-, Hoch- und Spätgotik, was auf die lange Bauzeit vom 12. bis zum 16. Jahrhundert zurückzuführen ist. Der Vierungsturm, auch als »Laternenturm« bekannt, ist ein markantes Beispiel für die gotische Baukunst und war bei seiner Fertigstellung das höchste Gebäude der Welt. Die Fassade ist reich verziert mit Skulpturen, die biblische Geschichten darstellen. Die Fenster der Kathedrale, insbesondere die Rosettenfenster, sind typische Merkmale der gotischen Architektur und sorgen für ein eindrucksvolles Spiel aus Licht und Farbe im Inneren.

Der **Uhrenturm Le Gros Horloge** ist ein Wahrzeichen von Rouen und eines der beliebtesten Fotomotive der Stadt. Die Uhr aus dem 14. Jahrhundert beeindruckt mit einem kunstvoll gestalteten Ziffernblatt, das neben der Uhrzeit auch noch die Wochentage und den Stand des Mondes und dessen Phasen anzeigt. *Le Gros Horloge* gehört zu den ältesten noch funktionierenden astronomischen Uhren in Frankreich und ist ein wertvolles Beispiel mittelalterlicher Technik und Kunst. Ihr findet die Uhr im Fußgän-

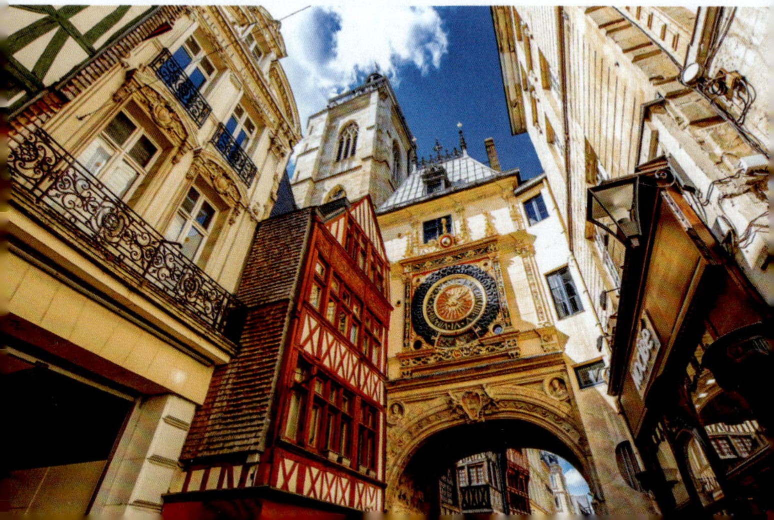

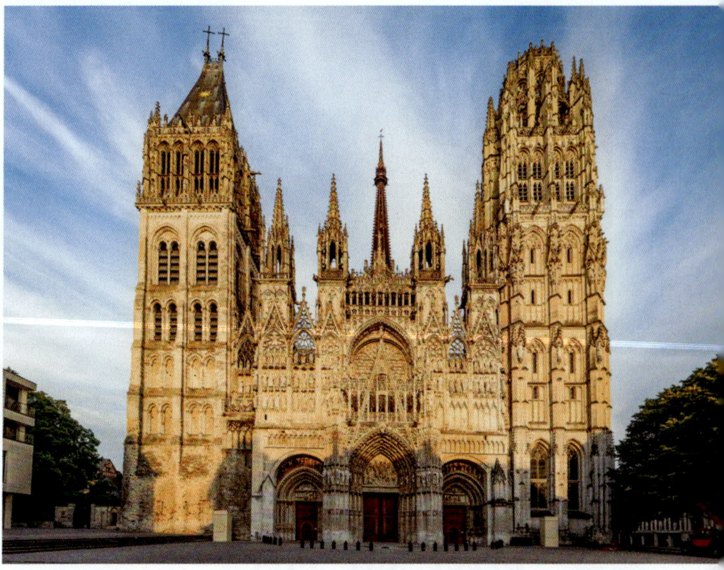

gerbereich des Stadtzentrums an der *Rue du Gros-Horloge*, die zwischen der Kathedrale von Rouen und der *Place du Vieux-Marché* verläuft.

An der Rückseite der Kathedrale liegt ein Durchgang zum **L'Aître Saint-Maclou**, einem mittelalterlichen Beinhaus. Hier wurden im Jahr 1348 die Toten der Pestepidemie in Massengräbern verscharrt. Damals starben drei Viertel der Bevölkerung Rouens. Später wurden die Massengräber mit einem Geviert von Fachwerk-Galerien umbaut, deren Balken mit Totenszenen geschmückt sind.

In der *Rue Eau-de-Robec*, einen Block südlich der Kathedrale, verläuft heute noch der gleichnamige Wasserlauf, an dem sich im Mittelalter ein geschäftiges **Gerberviertel** entwickelte. Viele der alten Fachwerkhäuser sind noch erhalten.

Nördlich von der *Place Vieux-Marché* und der Kathedrale sind zwei weitere Highlights zu finden:

Der **Donjon de Rouen** ist der Überrest einer mittelalterlichen Burg, der im 19. Jahrhundert mit dem hölzernen Wehrgang ausgestattet wurde. Hier hat man Jeanne d'Arc vor ihrer Hinrichtung verhört.

Die elegante **Abbatiale Saint-Ouen** neben dem Hôtel de Ville, dem Rathaus, wurde im 14. Jahrhundert als Abteikirche für eines der mächtigsten Benediktinerklöster der Normandie erbaut. Der imposante Bau mit seinen aufstrebenden Säulen und dem ungewöhnlich hohen Kirchenschiff wird von 80 schönen, alten Buntglasfenstern geschmückt.

Wer mit dem Auto nach Rouen hineinfahren möchte, braucht die Crit'Air, die französische Umweltplakette.
[› Seite 246]

16 Château de Martainville

GPS N 49°27'36.3", E 1°17'35.6"
Mit seinen fünf Türmen macht das gedrungene Schloss aus dem 15. Jahrhundert einen wehrhaften Eindruck. Es beherbergt das *Musée des Traditions et Arts Normands*: In 28 Zimmern wird der Alltag in der Normandie vom 16. bis 19. Jahrhundert dargestellt. Umgeben ist das Schloss von einer Parkanlage mit einigen Wirtschaftsgebäuden und einem hübschen Renaissancegarten.
Geöffnet April bis September 10–12.30 und 14–18 Uhr, So 14–18.30 Uhr. Winter bis 17 Uhr. €5, unter 26 Jahre kostenlos. www.chateaudemartainville.fr

170 m

STRECKE 9,2 km

3 h

ab 10

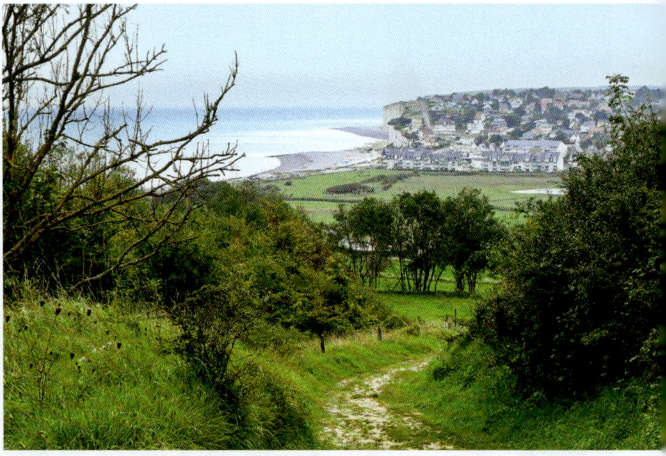

1 Criel-sur-Mer

Einsame Klippen am Rand der Normandie

Das Örtchen Criel liegt, genau wie das bekanntere Étretat, am Fuß hoher Kreideklippen. Es sind nicht die berühmten Klippen mit den Steinbögen, die eigentlich immer von tausenden Menschen umschwärmt werden – und genau das macht den Reiz dieser Wanderung aus! Hier sind wir oft alleine unterwegs zwischen Grasland, Heide, Wald und der Aussicht aufs Meer und können diese in Ruhe auf uns wirken lassen.

Wanderung: Wir gehen vom Parkplatz zurück zur Zufahrtsstraße und folgen dieser auf dem parallel verlaufenden, sauber gekiesten Fußweg in Richtung Westen. Beschildert sind hier mehrere Campingplätze. Nach der Linkskehre Richtung Inland kommen wir am ersten **Campingplatz** und einem gegenüberliegenden Parkstreifen vorbei.

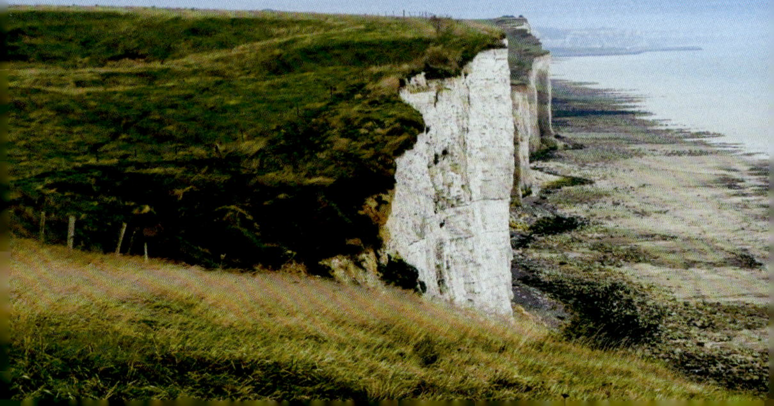

Highlights

Die weißen Klippen der Alabasterküste beeindrucken nicht nur an den Felsentoren von Étretat. Ganz in Ruhe und manchmal völlig alleine, könnt ihr den Klippenblick am charmanten Badeort Criel erleben.

Wir überqueren die Straße beim Zebrastreifen vor dem Campingplatz Le Mont Jolie Bois und gehen auf dem Fahrweg rechts hoch. Vor dem **Wald ❶** biegen wir rechts ab auf einen Fußweg. Er bringt uns ans **obere Ende der Klippen**. Ehe wir ihm um eine Linkskurve folgen, sollten wir wenige Meter weiter hinaufsteigen, um weit über Criel-sur-Mer, das Meer und die Bucht schauen zu können.

Dann folgen wir dem Fußweg nach links und wandern durch Heide und Grasland aufwärts, das rechts von uns zur Spitze der Klippen weiter ansteigt. Bei einem Hinweisschild endet der Weg oberhalb der Klippen, der direkte Weg durch den nächsten Einschnitt ist durch Felsabstürze versperrt. Trotzdem sollten wir hier einige Meter weiter gehen, um die **großartige Aussicht ❷** zu genießen. Schon sehr am Rande der Klippen, aber anscheinend noch fest verankert ragt hier das kleine Betonplateau eines Bunkers übers Meer.

Anschließend folgen wir dem Hinweisschild und biegen (aus Ankunftsrichtung) links ab. Ein abwechslungsreicher Pfad führt zwischen hohen Hecken hindurch und durch ein Waldstück. Am

TOUREN-STECKBRIEF

Anfahrt: An der D222, die von Criel-sur-Mer nach Criel-Plage führt, gibt es nahe am Strand drei Parkplätze.
GPS N 50°01'59.5", E 1°18'43.7".
Anspruch und Charakter: Pfade und breitere Feld- und Forstwege, teilweise Schatten. Mückenspray nicht vergessen! Meerzugang am Start/Ziel.
Markierung: Weiß-rot, bis auf die Feldwege ab ❻ sowie den Rückweg ins Tal zwischen ❸ und ❶.
Einkehr: Restaurants und Bar in Criel.

Mit Kindern: Für eine schöne kleine Runde, die auch jüngere Kids schaffen, steigt ihr hoch bis zum Aussichtspunkt ❷ und biegt dann vor der Heidefläche bei ❸ links ab, um zurück in den Ort zu kommen. Hier könnt ihr die kleine Wanderung mit einem Picknick oder einem Eis am Strand ausklingen lassen. Vorsicht: Die Klippen sind ungesichert! (4 km, 1 h 30)
In der Nähe: Eu und Le Tréport.

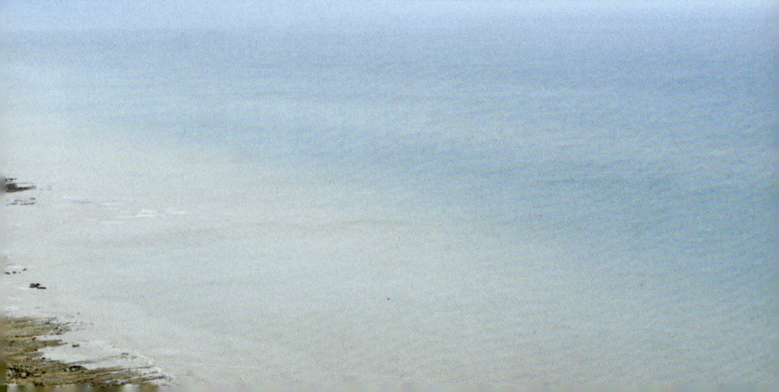

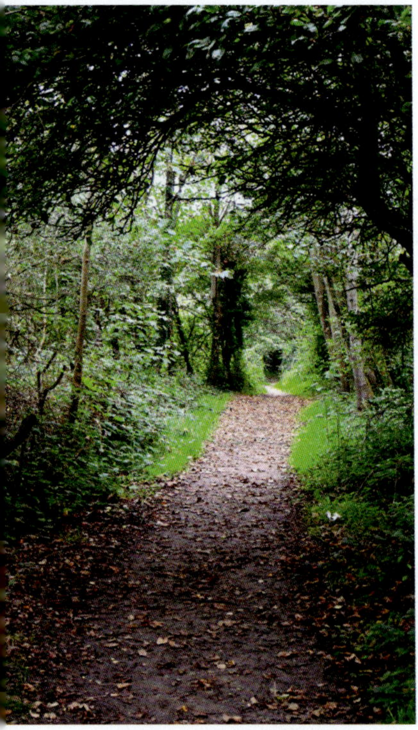

Anfang ausgedehnter **Heideflächen** ❸ zweigt ein Weg links ab. Hier gehen wir später zurück. Jetzt geht es hier leicht rechts. Schließlich wird unser Pfad zum Forstweg.

Beim nächsten breiten **Abzweig** ❹ biegen wir rechts ab und laufen jetzt wieder auf die Küste zu. Es geht noch eine Weile durch Wald, dann erreichen wir landwirtschaftlich genutzte Flächen. Wir wandern weiter geradeaus und an einer kleinen Schotterfläche vor einem Gatter vorbei bis zur nächsten **Verzweigung** ❺ am oberen Ende eines Einschnittes zum Meer. Hier biegen wir rechts ab.

Der etwas zugewucherte Fahrweg führt uns wieder zum Rand der Klippen mit freier Sicht über den Ozean. Dort folgen wir dem Fußweg nach links. Auf einem etwas verwilderten Pfad wandern wir jetzt immer an den Klippen entlang, geschützt vor dem senkrechten Absturz durch mehrere Meter Vegetation. Trotz der Felder im Hintergrund wirkt unsere Umgebung weit und wild.

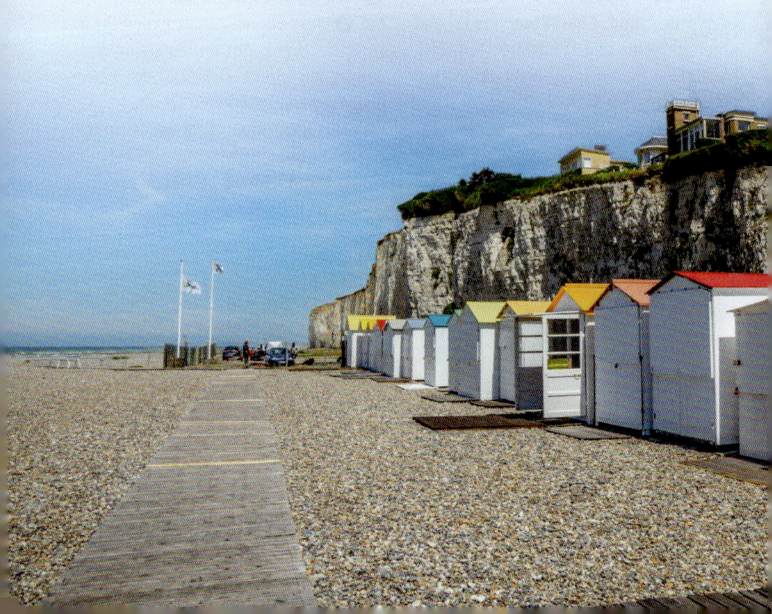

Bei einem Zaun führt unser Weg deutlich markiert nach links. Auch hier sollten wir zuvor einige Schritte in Richtung Klippen gehen, um die Aussicht über die Küste in Richtung Dieppe genießen zu können.

Dann wandern wir zwischen Zäunen um eine Wiese herum. Wo der weiß-rot markierte Weg erneut rechts abbiegt Richtung Meer, gehen wir durch eine **Schranke** ❻ nach links und folgen einem Fahrweg zwischen den Feldern. Beim nächsten Abzweig biegen wir wieder links ab und überqueren das Plateau, bis wir erneut die bekannte **Wegkreuzung** ❺ erreichen. Hier folgen wir dem Weg nach rechts und gehen durch den Wald zurück bis zum breiten Querweg ❹. Jetzt wandern wir links auf dem bereits bekannten Weg durch Wald und Heide.

Am Ende der Heidefläche treffen wir auf eine **Verzweigung** ❸ und wählen diesmal den Weg rechts abwärts. Durch einen Tunnel aus Büschen und Bäumen geht es wieder hinunter nach Criel. Schon mit Blick auf den Ort gehen wir beim **Abzweig** ❶ geradeaus weiter bis zur Straße und biegen dort links zum Parkplatz ab.

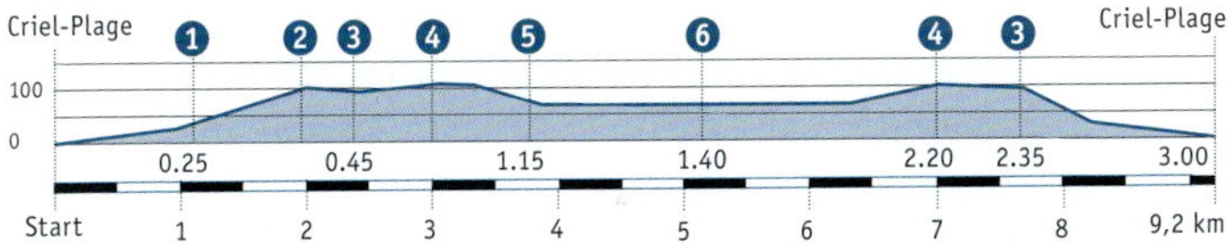

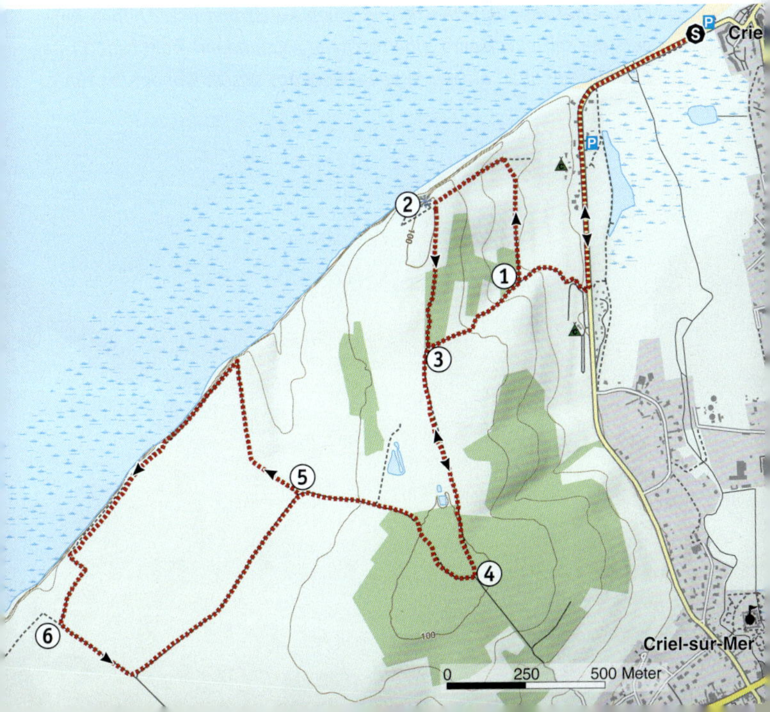

210 m

STRECKE 6,6 km

3 h

ab 8

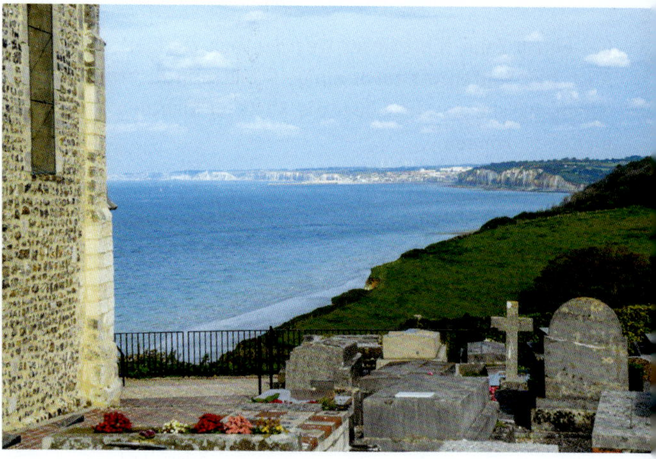

2 Klippen und Strand

Entdeckungen bei Varengeville

Wer in Varengeville begraben wurde, ruht an einem besonderen Ort. Die Gräber gruppieren sich auf einer 80 Meter hohen Klippe um die alte Steinkirche Saint-Valéry, in der auch ein vom Maler Georges Braque gestaltetes Fenster zu sehen ist. Der Blick von der Kirche über die Steilküste ist grandios. Außerdem entdecken wir eine Bucht am Ende einer kleinen Schlucht und einen Kiesstrand unter hohen Klippen, der selten voll wird. Überraschend wild und mit Wald bedeckt ist das Plateau oberhalb der Klippen, über das unsere Wanderung führt.

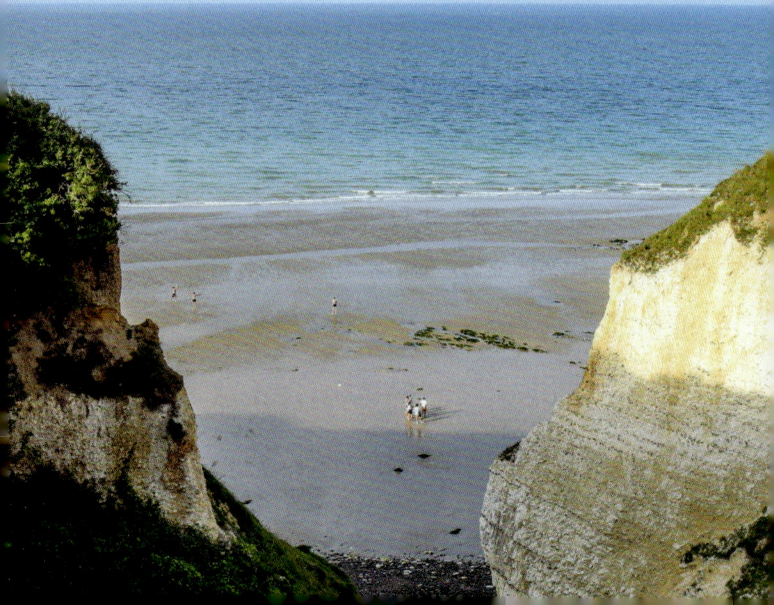

Wanderung: Zuallererst gehen wir an der Kirche vorbei zur Ostseite des Friedhofs. Hier thront der Kirchhof wie ein Balkon über dem Meer mit freiem Blick auf Dieppe und die sich anschließend weit Richtung Westen ziehenden Klippen: eine Traumaussicht zum Start unserer Tour.

Dann wandern wir auf der Zufahrtsstraße zurück und biegen am Ende der Mauer in den ersten Fahrweg nach links ein. Er führt abwärts und wird zu einem Pfad zwischen Wald und Weide. Am unteren Ende der Weide bei einer Hinweistafel bringt uns ein schmaler Weg nach links und in Kehren hinunter zum Meer. Er bleibt gut begehbar und führt am Ende über Stufen hinab in die **Gorge des Moutiers** ❶, eine enge Schlucht, die sich zum Meer öffnet. Dort befindet sich ein kleiner Kiesstrand. Den Pfad hinunter zur Schlucht sollte man nur bei trockenem Untergrund gehen, sein Zustand kann sich nach schweren Stürmen ändern!

Zurück an der **Kreuzung** ❶ umrunden wir die Weide nach rechts und laufen am Waldrand aufwärts. An ihrem oberen Ende führt der Weg zwischen Farnwedeln um eine Linkskurve, an einem Zaun entlang und bei einer Verzweigung nach rechts. Es geht weiter durch den Wald aufwärts, dann treffen wir auf einen

Highlights

Vor den weißen Klippen der Alabasterküste liegen ausgedehnte, teilweise nur schwer zugängliche Strände. In der abgelegenen Bucht Petit Ailly könnt ihr die hoch aufragenden Klippen auch von unten erleben.

Église Saint Valery und Cimetière Marin
Ursprünglich im 12. Jahrhundert gebaut wurde die Kirche im 16. Jahrhundert erweitert. Der sie umgebende Friedhof ist genauso vergänglich wie die Menschen, die dort begraben liegen: Fast einen Meter pro Jahr weichen die Klippen zurück, mal ein bisschen mehr, mal ein bisschen weniger. Neben vielen anderen sind der Maler Georges Braque und der Künstler Jean-Francis Auburtin hier in Varengeville begraben.

TOUREN-STECKBRIEF

Anfahrt: Im »Zentrum« von Varengeville biegen wir ab in Richtung Meer, beschildert ist »Cimetière Marin, Parc du Bois des Moutiers«. Dieser Straße folgen wir, ohne abzubiegen und am Parc du Bois vorbei bis zum Ende.
GPS N 49°54‘59.7“, E 0°58‘54.4“
Anspruch und Charakter: Viel Schatten, oft schmale Fußwege, wenige Forstwege und Straßen. Badesachen mitnehmen!
Markierung: Weiß-rot.
Einkehr: Auberge du Relais im hübschen Ort Varengeville an der Zufahrt, nur zur klassischen Mittags- und Abendessenszeit geöffnet.

Mit Kindern: Abenteuerlustige Eltern können mit trittsicheren Kindern vom Parkplatz bis zur Gorge des Moutiers laufen, dort eine schöne Spielzeit verbringen und anschließend zurückgehen. Beim letzten Besuch war der Pfad hinab zum Strand zwar schmal und steil, aber gut zu gehen.
Eine gute Alternative wäre ein Ausflug vom kleinen Parkplatz am Strand von Petit Ailly ❹ mit Aufstieg zum Wegpunkt ❸, einem Spaziergang auf dem Lehrpfad und wieder zurück.
(3,2 km, 1 h)
In der Nähe: Château de Miromesnil.

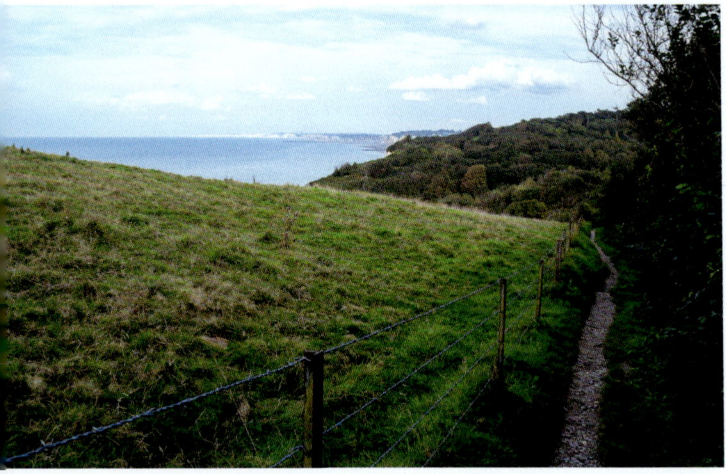

Forstweg und biegen links ab. Wir erreichen eine **Kläranlage** ❷, vor deren Zaun ein schmaler Pfad nach rechts zur Zufahrtsstraße führt. Dieser folgen wir weiter aufwärts bis zu einem Tor, das rechts einen Durchlass für Wandernde hat.

Wir biegen auf die Querstraße nach links ab, passieren einige Häuser und wandern durch den Wald. Am ersten Abzweig laufen wir vorbei. Bei einem Parkstreifen mit **Hinweisschild** ❸ können wir einen Abstecher nach links machen, in ein Areal mit kleinen Seen und Tümpeln. Der frühere Aussichtspunkt am Ende des Weges ist heute sehr zugewachsen und man blickt vor allem auf einen großen Felsrutsch. Der Weg ist als Lehrpfad »Sentier les Bruyères« markiert. Zurück zur Straße geht es nur auf gleichem Weg.

Wir folgen der Straße noch ein Stückchen weiter, bis neben einem Gatter rechts ein parallel verlaufender Fußweg beginnt. Dieser führt langsam von der Straße weg, aus dem Wald heraus und auf Wiesen. Hier haben wir erneut großartige Aussicht auf Dieppe und die westliche Küste. Beständig geht es auf dem gepflegten Weg bergab, einzelne Stufen erleichtern den Abstieg.

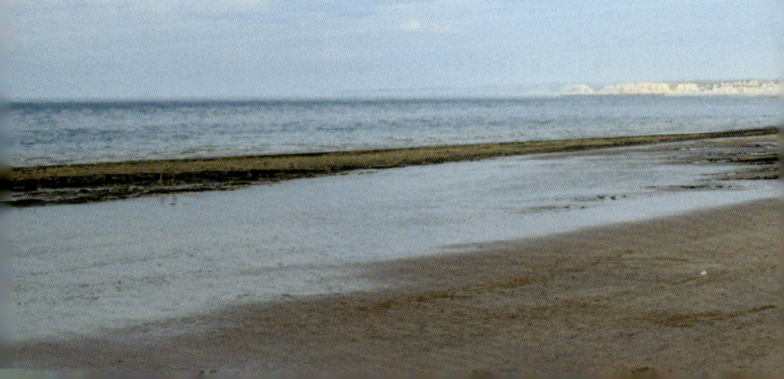

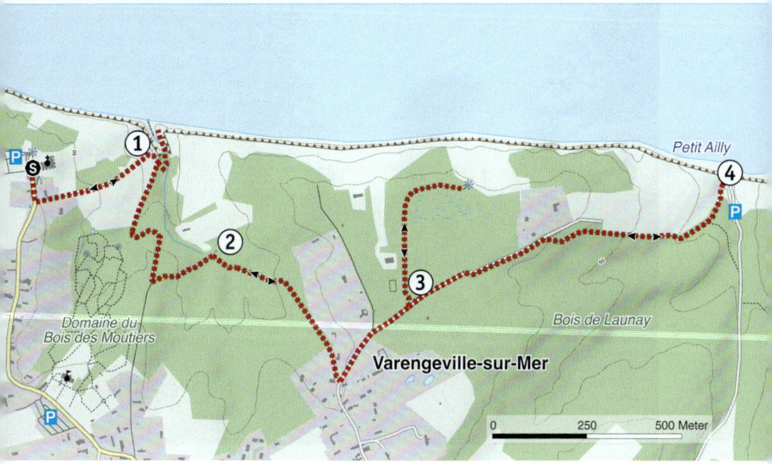

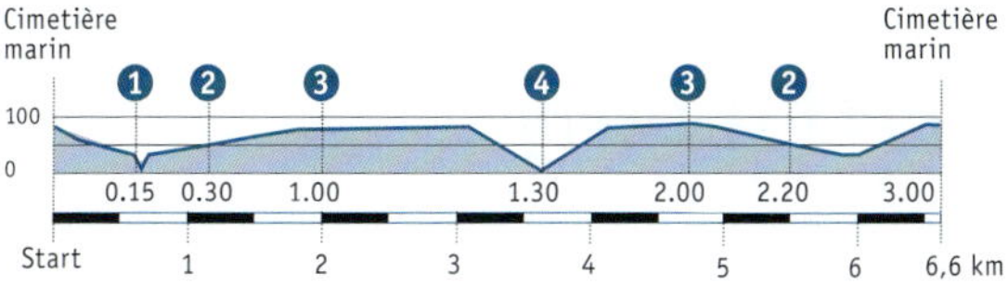

Schließlich führt der Weg wieder in den Wald. Bei einer Verzweigung wählen wir den Fußweg links und steigen zur Zufahrt zum **Strand von Petit Ailly** ❹ hinunter. Hier gibt es Parkmöglichkeiten für maximal 20 Fahrzeuge (laut Schild zwölf PKW, keine Wohnmobile! Zufahrt zu eng). Der Kiesstrand ist von fast 80 Meter hohen Klippen begrenzt und wegen des geringen Parkplatzangebotes nur wenig besucht.

Wir können jetzt eine Rast am Strand einlegen, um anschließend auf gleichem Weg zurückzuwandern.

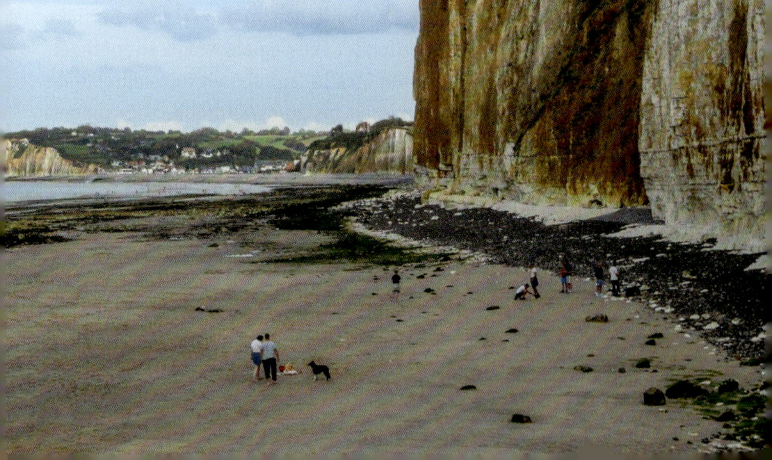

140 m

STRECKE 7,4 km

2 h 30

ab 8

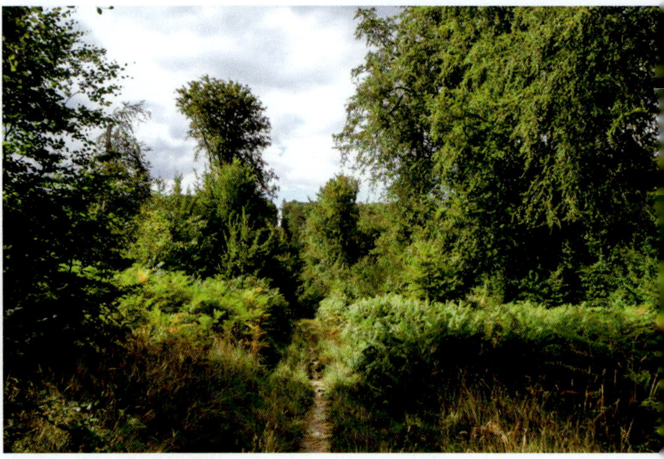

3 Forêt d'Eawy

Auf der *Allée des Limousins* durch den Wald der Herzöge

Viele Wege führen durch den Wald von Eawy. Er ist einer der größten Buchenwälder Frankreichs und beliebt zum Wandern und Fahrrad fahren. Unterwegs entdecken wir historische Metall-Wegweiser und die lange Allée des Limousins. Die 14 Kilometer lange, schnurgerade Schneise präsentiert sich heute meist als Forstweg. Zwischendurch führen spannende Pfade mitten in den Wald und bringen Abwechslung in die Wanderrunde.

Wanderung: Wir folgen vom Parkplatz der Straße nach rechts bis zu einem Schotterplatz auf der linken Seite. Hier wandern wir schräg rechts in den Wald. Der Forstweg zeigt tiefe Spurrillen und führt uns in den Buchenmischwald. An einer T-Kreuzung gehen wir rechts, bei der nächsten Kreuzung links runter.

Wir treffen auf eine **Straße** ❶ und folgen ihr nach rechts, bis links ein zwischen Hecken verlaufender Fußweg abzweigt. Hier biegen wir links ein. Er führt zu einer Straße, auf der wir links durch eine verschlafene Siedlung spazieren bis zum Waldrand. Hier biegen wir rechts ab auf einen geschotterten Fahrweg. Die nächsten drei Straßen überqueren wir geradeaus und bleiben so immer am Waldrand. Bei der dritten Querung wechseln wir auf Asphalt.

Kurz darauf treffen wir auf eine große **Wegkreuzung**, den **Carrefour du Châtelet** ❷, mit Parkmöglichkeit und Picknickbank. Hier steht auch eines der für den Forêt d'Eawy typischen alten Wegschilder aus Metall. Wir biegen links ab auf einen Fahrweg, die Allée des Limousins. Diese ist eine Besonderheit des Forêt d'Eawy, weil die 14 Kilometer lange Schneise völlig gerade durch den Wald führt. Wo der Fahrweg nach rechts schwenkt, wandern wir auf einem Pfad geradeaus weiter durch die hier mit Farn bewachsene Schneise. Wir überqueren eine Straße, folgen der Schneise abwärts und treffen auf ein Sträßchen. Hier geht es geradeaus weiter in den gegenüberliegenden Weg. Die nächste **Straße** ❸ überqueren wir leicht links versetzt und laufen hinter dem Vorfahrt-Schild am Zaun entlang. Dieser Pfad kann im Herbst recht zugewachsen sein. Ist er zu abenteuerlich, könnt ihr ihn ganz einfach auf den größeren Wegen links umgehen (siehe Karte).

Zwischen Büschen und Wildwuchs und mit Blick über eine vor Jahren abgeholzte Freifläche steigen wir langsam aufwärts. Schließlich müssen wir unter überhängenden Buchenästen hindurch, dann erreichen

Highlights

Schmale Pfade und eine lange, schnurgerade Allee führen durch den alten Buchenwald von Eawy. Mitten im malerischen Wald versteckt sich eine Raketenbasis, von der die Nazis V1-Marschflugkörper nach London schießen wollten.

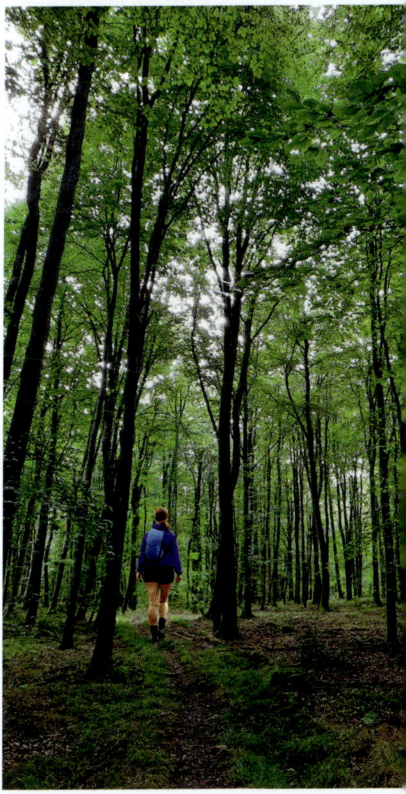

TOUREN-STECKBRIEF

Anfahrt: Von der D915 in Pommeréval am Kreisverkehr auf die D99 Richtung »Bellencombre, Site de V1 du Val Ygot«. Nach 2,8 Kilometern ist ein Parkplatz auf der rechten Seite beschildert mit »Site de V1 du Val Ygot«.

GPS N 49°43'50.4", E 1°16'31.5"

Anspruch und Charakter: Wir wandern fast vollständig im Wald, aber nicht immer im Schatten auf breiten Wegen oder Schneisen. Dazwischen laden Pfade zu zwei abenteuerlichen Abstechern ein, die ihr aber auch auslassen könnt. Ansonsten überwiegen die Forstwege sowie einige Pfade und kurze Abschnitte auf Asphalt.

Markierung: Nicht einheitlich.

Einkehr: Keine.

Mit Kindern: Mit etwas Orientierungssinn können wir entlang der Straße bis zu Wegpunkt ❹ laufen und den abenteuerlichen Pfad über Wegpunkt ❺ wieder zurück. (2,4 km, 45 min)

In der Nähe: Dieppe.

Forêt d'Eawy

Mit einer Fläche von 6550 Hektar ist der Forêt d'Eawy einer der größten alten Wälder der Normandie. Er war über Jahrhunderte im Besitz der Herzöge der Normandie und gehört zu den Resten der großen Wälder, die die Region vor 1000 Jahren bedeckten. Die riesigen Eichenbestände boten Rohstoff für Sägewerke, Brennstoff für Glasbläsereien und Material für die Truhenmacher, Huchiers, die in der Normandie siedelten. Die heutigen Buchen wurden gepflanzt, nachdem der Wald im 100-Jährigen Krieg Schaden genommen hatte. Obwohl es keine Bäche im Wald gibt, ist er wegen des hohen Lehmgehaltes im Boden immer kühl und feucht. Das Wort Eawy spricht sich irgendwo zwischen »eawy« und »iwy« und ist eine alte französische Bezeichnung für Wasser, »eau«.

wir das nächste Forststräßchen. Wir gehen einige Schritte nach rechts und dann auf den Forstweg nach links zwischen üppigem Farn. Dann treffen wir wieder auf die D99 und biegen links ab. Immer geradeaus kommen wir zurück zum Parkplatz.

Wer jetzt noch Lust auf abenteuerliche Wege hat, kann vor dem Ziel noch einmal einen Schlenker in den wilden Wald einlegen: Wir gehen dazu am ersten Abzweig eines Forstweges (links) vorbei und treffen kurz darauf auf einen zugewucherten **Weg nach links** ❹, der jetzt eher ein Pfad ist (gegenüber zweigt ebenfalls ein Weg ab). Hier geht es links in den Wald. Dem Pfad folgen wir bis in eine Senke und biegen dort rechts ab. Unser Pfad aus der Senke folgt alten Fahrspuren. Wo dieser Pfad zu enden scheint ❺ und die Fahrspuren unter Gras und Moos links abbiegen, gehen wir zehn Meter geradeaus zu einem Querweg und biegen links ab. Er führt zu einer T-Kreuzung, an der wir rechts zur Straße gehen und dort links zum Parkplatz.

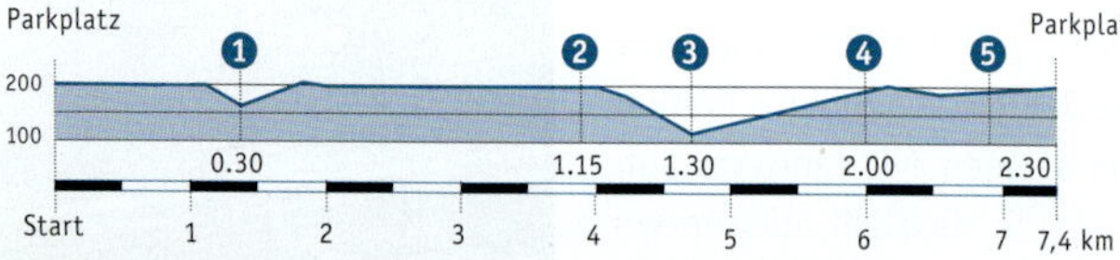

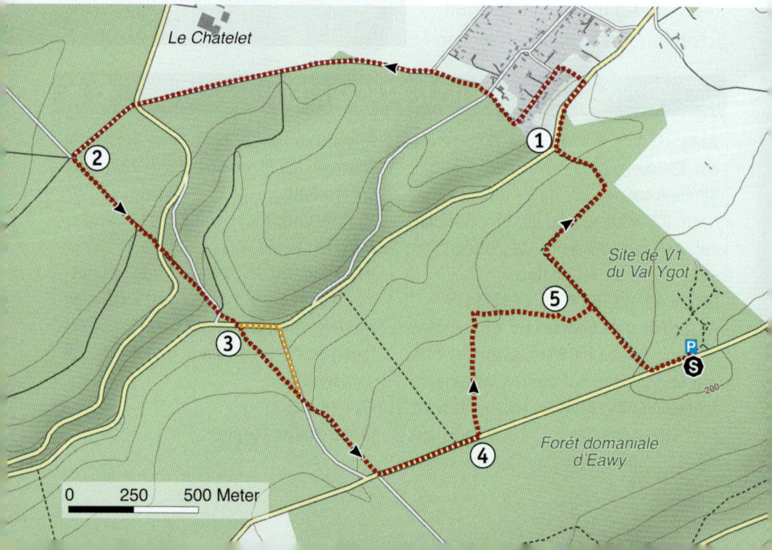

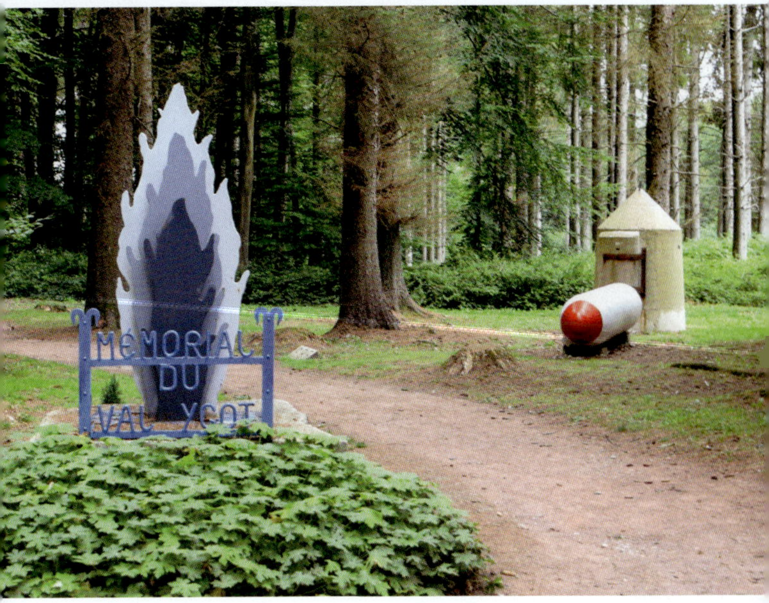

Memorial Site de V1 du Val Ygot

Durch das Gelände Site de V1 du Val Ygot führt ein knapp ein Kilometer langer Lehrpfad. Wir starten bei der großen Infotafel, kommen zu einer mehrfarbigen Flammenskulptur, zu verschiedenen Gebäuderesten und Bunkern, in denen Soldaten und Offiziere lebten und die V1 montiert wurden, bis hin zu einer Startrampe mit dem Modellbau eines Marschflugkörpers. Das Gelände liegt wunderschön im Wald, die Gebäudereste wirken spannend, das alles steht in großem Kontrast zum fürchterlichen Hintergrund dieses Memorials.

Die Marschflugkörper V1

Im Zweiten Weltkrieg wurden vom deutschen Militär zum ersten Mal Marschflugkörper eingesetzt. Sie unterscheiden sich von einer normalen Rakete darin, dass sie über einen eigenen Antrieb verfügen und während des ganzen Fluges über eine Fernlenkung navigiert werden können. Etwa 12.000 dieser Marschflugkörper Fieseler Fi 103 oder kurz V1 wurden produziert. Ab dem Frühjahr 1944 wurde ein Teil von ihnen unter anderem von der Normandie aus hauptsächlich gegen Ziele in Großbritannien und hier vor allem gegen London eingesetzt. Die Waffen sollten in erster Linie die Menschen der Stadt terrorisieren, um die Kriegsmoral zu schwächen. Im Sommer 1944 flohen bis zu zwei Millionen aus der umkämpften Stadt. Viele der V1-Raketen stürzten frühzeitig ab, oft in der Nähe der Abschussrampe, und töteten Menschen in den umliegenden Dörfern.

Der Name V1 spiegelt die menschenverachtende und sarkastische Denkweise der Nazis: Er steht abgekürzt für Vergeltungswaffe 1, in der Propaganda auch Wunderwaffe genannt. Wie so oft bei der Produktion von Kriegswaffen wurden auch die V1 zum Teil von KZ-Häftlingen hergestellt – unter unmenschlichen Bedingungen, die viele Todesopfer forderten.

Da das Gelände von Val Ygot direkt nach der Fertigstellung von den Alliierten entdeckt und bombardiert wurde, hat man von hier aus nie Marschflugkörper abgeschossen. Die Gedenkstätte ist jederzeit frei zugänglich.

160 m

STRECKE 26,3 km

3 h

ab 12

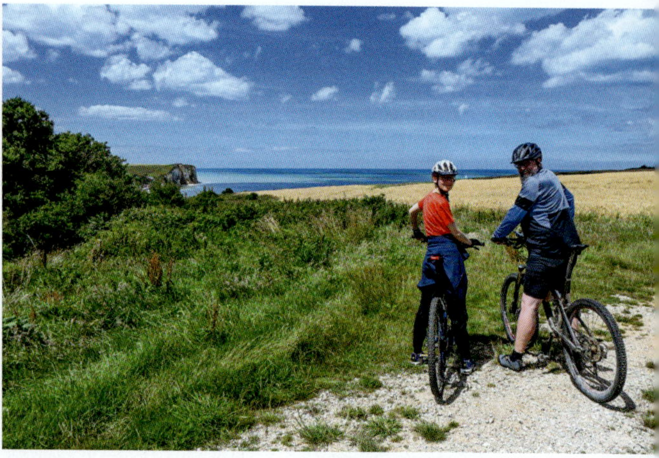

4 Im Tal der Durdent

Radtour zwischen Meer, Wiesen und Wald

Das sanfte Rauschen der Halme im Wind, weite Sicht über Wiesen und Felder bis zum Meer und darüber ein unendlicher Himmel mit schwebenden Wolkenschafen – so erleben wir die Landschaft auf dieser stillen Fahrradrunde beim kleinen Badeort Veulettes-sur-Mer. Die Radtour könnt ihr nach Belieben kürzen, die Mountainbike-Strecken umgehen und anschließend entweder in einem Restaurant einkehren oder am Badesee entspannen. Klingt gut, oder?

Radtour: Wir folgen der Straße am Parkplatz entlang und an der linken Seite der Bürgerhalle vorbei. Vor einem Tordurchgang biegen wir links ab und überqueren zwei Brücken, von denen wir zum ersten Mal zur Durdent hinuntergucken können.

An der Straße biegen wir rechts ab. Die zweite Straße links bringt uns auf einem Fahrradweg durch ein Gewerbegebiet zu

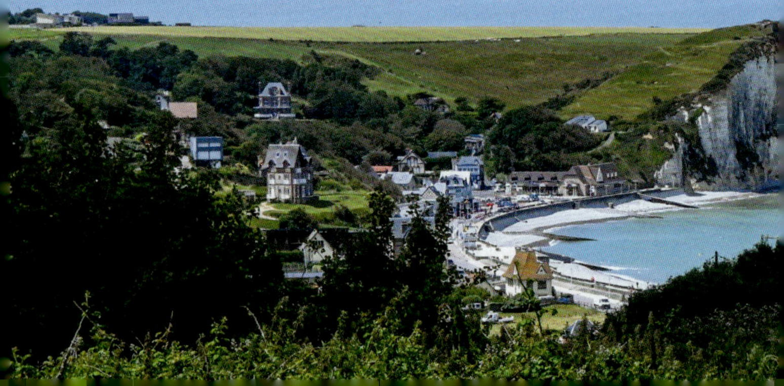

einer **T-Kreuzung** ❶, an der es nach rechts zum Lac de Caniel geht.

Highlights

Ein idyllisches Flusstal, kleine Dörfer, eine Pause am Meer – auf dieser Fahrradroute erlebt ihr die stille ländliche Seite der Normandie. Kurze Abschnitte auf naturnahen Trails würzen die Tour mit einer kleinen Portion Herausforderung.

An der Zufahrt zum See-Parkplatz endet der Radweg. Hier können wir am rechten Rand des Parkplatzes auf einem Schotterweg weiterfahren. Vor dem Eingang zum See ❷ wechseln wir wieder auf die Straße, sie ist jetzt weniger befahren.

Teilweise im Schatten überhängender Bäume sind wir Richtung Meer unterwegs. Wo die Straße eine leichte Linksbiegung macht, fahren wir fast geradeaus in ein Anliegersträßchen. Wir biegen bei der nächsten Möglichkeit rechts ab in eine Gasse und über-

TOUREN-STECKBRIEF

Anfahrt: Von der D925 biegen wir in Cany-Barville ab in Richtung »Vittefleur/Belvédère de Paluel«. Am nächsten Abzweig geht es links und wieder rechts zum Parkplatz bei **GPS N 49°47‘18.8“, E 0°38‘13.8“.**
Die Zufahrt ist verboten für Fahrzeuge über 3,5 t. Weitere Parkplätze auch für Wohnmobile gibt es am Lac de Caniel. **GPS N 49°47‘47.6“, E 0°37‘54.7“**
Anspruch und Charakter: Überwiegend schmale Sträßchen. Zwei lange, anstrengende Anstiege jeweils aus dem Tal hoch aufs Plateau. Zwei Abschnitte nur für Mountainbikes, die umfahren werden können.
Markierung: Keine.
Einkehr: Restaurants und Bars in Veulettes-sur-Mer und Cany-Barville.
Mit Kindern: Wir beginnen die Tour am Meer und parken bei **GPS N 49°51‘16.3“, E 0°36‘21.9“.** Von dort fahren wir wie beschrieben Richtung ❼, biegen aber an der T-Kreuzung kurz zuvor links ab. Dieser Straße mit Bürgersteig folgen wir bis zur D10 und zum Ort Paluel. Hier fahren wir nach links, zuerst auf dem Bürgersteig. Außerorts wird dieser zum Radweg, der durch Hecken von der Straße getrennt ist. So rollen wir auf der anderen Talseite wieder zurück.
(8 km, ⇅30 m).
Etwas länger und anspruchsvoller ist eine Radtour auf der obere Schleife der Tour. Dazu parken wir am Lac de Caniel. Von hier aus folgen wir der Beschreibung bis ❼ und wählen die kurze Variante zurück zum See. Diese Strecke beinhaltet auch den ersten steilen Anstieg.
(16 km, ⇅100 m, 2–3 h).
In der Nähe: Veules-les-Roses.

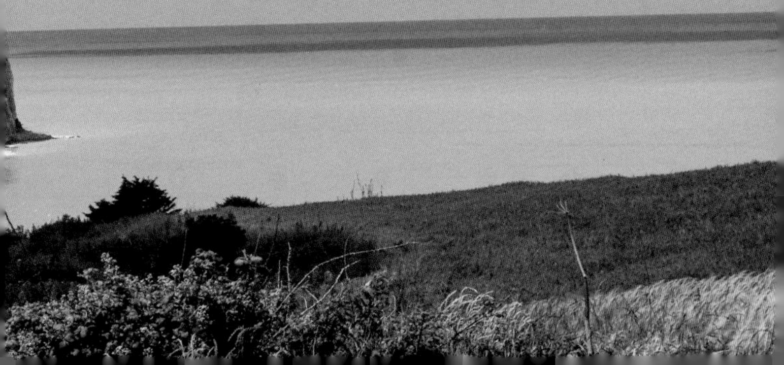

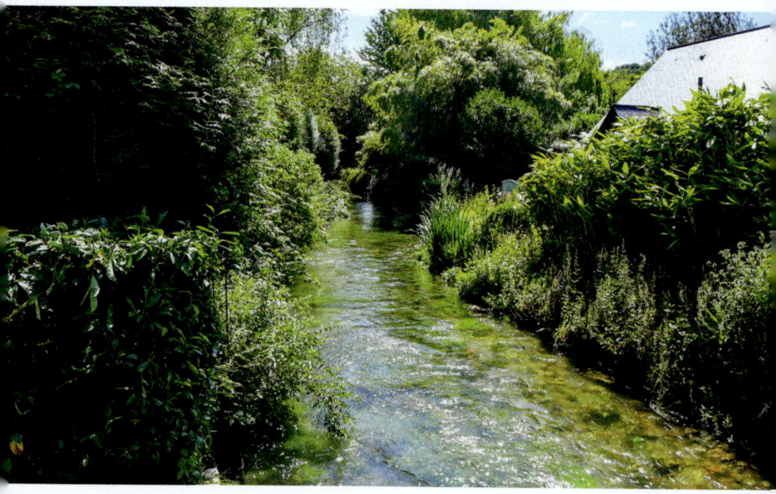

queren die Durdent über die »Petit Pont«, die kleine **Brücke** ❸. Am Ende der Gasse halten wir uns geradeaus und fahren wenige Meter weiter nach rechts ins beschauliche Dorf **Vittefleur**. Bei der nächsten Kreuzung biegen wir links und anschließend rechts ab Richtung Néville.

Wir verlassen die Durchgangsstraße bei der nächsten asphaltierten Möglichkeit nach links auf die **Rue de Janville**. Ab jetzt strampeln wir aufwärts. Nach der Rechtskehre verlassen wir auch diese nach links in ein Anwohnersträßchen, beschildert als **Radweg**. Durch Wald und an Feldern vorbei geht es stetig und stellenweise anstrengend bergauf.

Schließlich erreichen wir die Höhe, halten uns bei einem Abzweig geradeaus und treffen auf die **D68**. Unsere Radtour führt hier geradeaus weiter auf dem Sträßchen links neben dem Torhaus. Wir können aber zuvor einen kurzen Abstecher nach rechts machen und das **Château de Janville** ❹ von der Straße aus und über den Park hinweg bewundern. Es wurde Anfang des 17. Jahrhunderts erbaut im Stil Ludwig XIII. aus Ziegel- und Sandsteinen und bietet heute gediegene Hotelzimmer.

Wir folgen also dem Sträßchen am Torhaus, an den Mauern des Parks und alten Gehöften vorbei, und halten uns beim zweiten Abzweig links. Wir radeln zwischen Feldern hindurch und erreichen die ersten Ausläufer von **Conteville** ❺. Beim zweiten Ab-

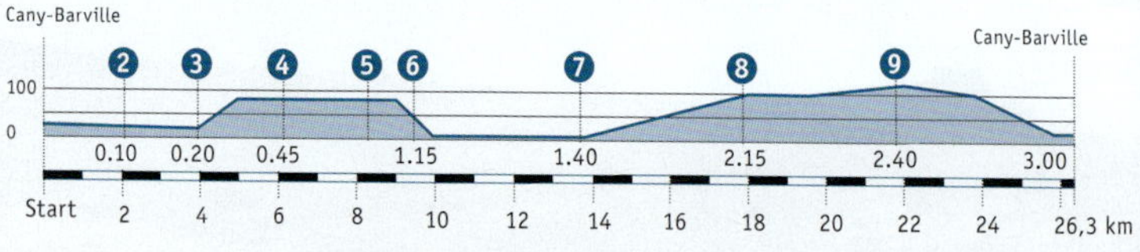

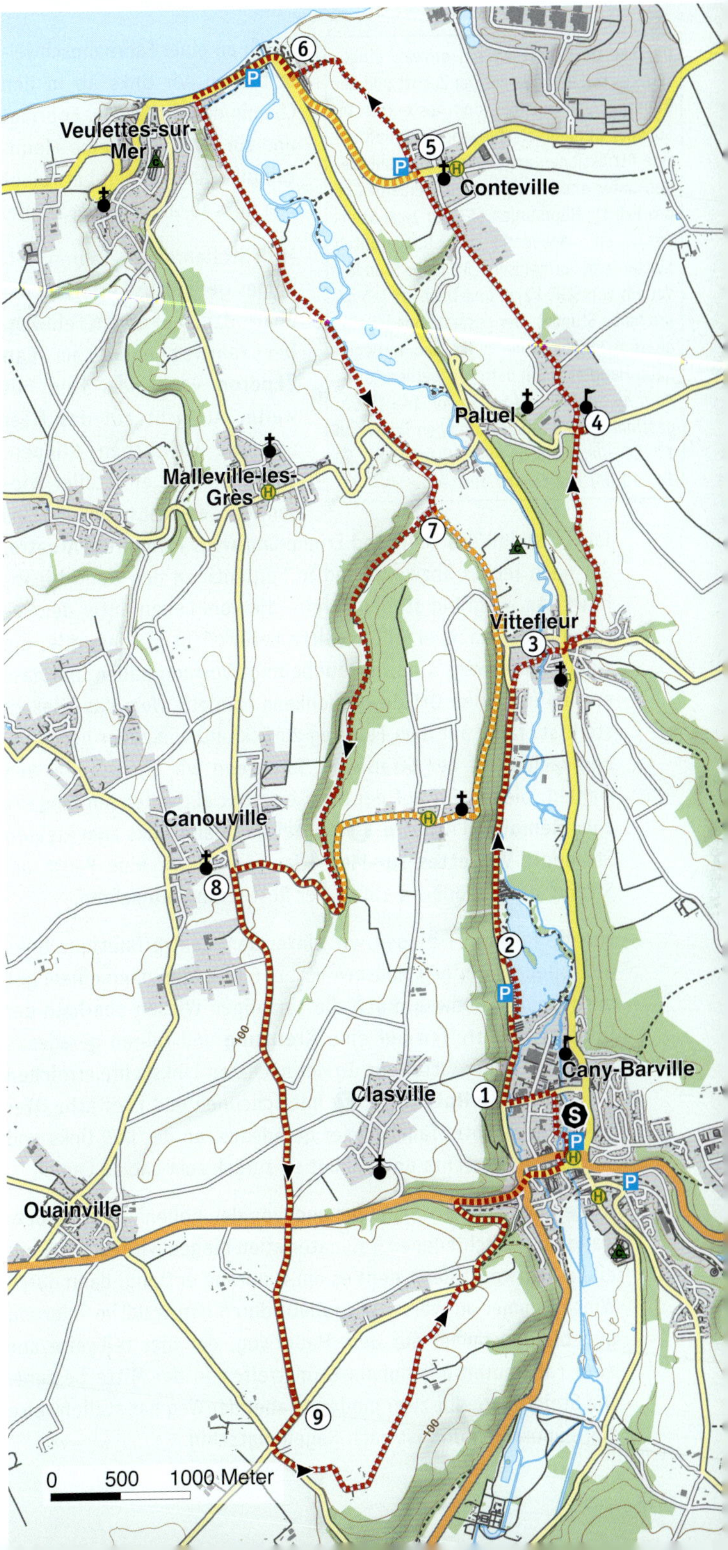
Veulettes-sur-Mer
Conteville
Paluel
Malleville-les-Grès
Vittefleur
Canouville
Clasville
Cany-Barville
Ouainville
0 500 1000 Meter

Der **Lac de Caniel** ist ein großes, eingezäuntes Freizeitgelände. Der Zutritt und der Rundweg um den See sind kostenlos. Im Sommer werden verschiedene kostenpflichtige Attraktionen angeboten. Zur Wahl stehen unter anderem: Sommerrodelbahn (3 € pro Fahrt), Hüpfburgen (5 € für zwei Stunden), ein Aquapark mit luftgefüllten Kletter- und Springinseln (5 € halbe Stunde), Verleih von SUP, Kajak und Tretboot (ab 4 € pro halbe Stunde). Der gesamte See ist eingezäunt und kann nur durch den Torbogen beim Haupteingang betreten werden.
April bis Juni Mi und Sa, So von 14–19 Uhr geöffnet, im Juli, August an allen Tagen von 11–19 Uhr, im September, Oktober Sa, So 14–18 Uhr (September auch Mi).

zweig an einer Fahrbahnschwelle biegen wir links ab in den Chemin du Bois Payem. Er bringt uns zur **D79.** Wer keine Mountainbike-Ambitionen hat, biegt hier links ab und folgt der Straße.

Mit Stollenreifen fahren wir immer geradeaus, erst auf Asphalt, dann auf einem Feldweg. Der Fahrweg endet am **Cap l'Éperon** vor einem Feld mit weiter Aussicht auf das Meer und die westlichen Klippen. Von hier führt ein steiler Wiesenweg geradeaus hinunter ins Tal. Er ist Teil des Lehr- und Erinnerungswegs **Mémoire d'Albatre**, der nach rechts abzweigt und in Serpentinen den Hang hinabführt. Am Wegrand stehen Tafeln, die vom Leben unter der Besatzung der Nazis erzählen. Bitte berücksichtigt, dass alle, die zu Fuß unterwegs sind, hier unbedingt Vorrang haben und dass es sich um einen Ort des Gedenkens handelt! Wem das alles zu steil ist, fährt auf dem Feldweg zurück und wie zuvor beschrieben rechts auf der Straße ins Tal. Wenn wir den steilen Weg wählen, biegen wir auf der Straße rechts ab, rollen am Eingang zum **Mémoire d'Albatre** ❻ vorbei und dann links zum kleinen Strandort **Veulettes-sur-Mer**. Hier können wir eine Pause am Strand machen oder in einem der Restaurants einkehren.

Für die Rückfahrt biegen wir hinter dem Centre Nautique links ab, rollen an einigen Häusern vorbei und folgen dann einem gut ausgebauten Radweg durch die sumpfigen Wiesen oberhalb der Durdent. Wir treffen auf eine **Kreuzung** und fahren geradeaus weiter Richtung Vittefleur. In der nächsten Linkskehre erreichen wir eine große **Hofanlage** ❼ mit Scheunen und Freifläche. Wer abkürzen möchte, fährt immer geradeaus, an der D69 links und sofort wieder rechts und kommt so zurück zum Lac de Caniel.

Hinter der offenen Scheune und vor der hohen Gebäuderückwand aus verschiedenen Baumaterialien biegen wir rechts ab auf einen Fahrweg. Zuerst geht es am Waldrand entlang, dann durch Wiesen immer aufwärts. Wir radeln durch den Wald im Talgrund und bleiben immer auf dem Hauptweg, der hier teilweise aus zwei Fahrspuren mit hohem Grünstreifen in der Mitte besteht. Die Steigung bleibt zwar moderat, aber der Weg hat stellenweise tiefe Spurrillen und ist nach Regen matschig.

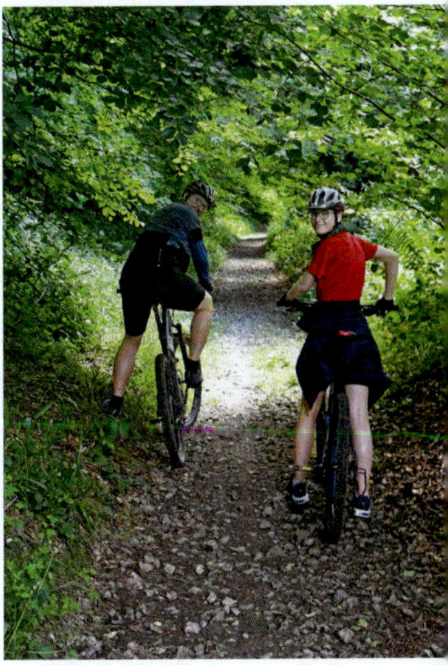

Wir treffen auf die D69 und biegen rechts ab. Jetzt auf Asphalt strampeln wir weiter bergauf bis zur **T-Kreuzung** ❽ mit der D271 am Ortsrand von Canouville.

Hier biegen wir links ab und folgen dem Sträßchen immer geradeaus, auch über die große D 925. Auf dem Nebensträßchen ist nicht viel los und so rollen wir jetzt ohne Schwierigkeiten über das leicht hügelige Plateau. Am Feldrand blühen hier besonders viele Wildblumen.

Schließlich treffen wir auf die nächste **T-Kreuzung** ❾. Wir biegen rechts und gleich wieder links ab und folgen dann der nächsten Straße schräg links nach »Le Maudrouard«. An einzelnen, alten Gehöften vorbei strampeln wir nur kurz leicht aufwärts. Dann führt das Sträßchen lange abwärts bis zur **D10**. Hier fahren wir rechts in den Wald und biegen an der D925 noch einmal rechts ab. Kurz darauf rollen wir durch Cany-Barville mit seinen alten Stadthäusern und Restaurants bis zur *Caisse d'Epargne* (Bank), vor der wir links in die Rue de la Forge zum Parkplatz abbiegen.

Variante ohne Mountainbike-Einlage

Um den Waldweg zwischen Wegpunkt ❼ und dem Ort Canouville zu umgehen, fahren wir am Wegpunkt ❼ geradeaus. An der D69 biegen wir scharf rechts ab Richtung Canouville, folgen der Straße im Wald hoch aufs Plateau und durch den kleinen Ort Cosville. Anschließend geht es leicht abwärts in die Senke, in der auch die Mountainbike-Variante hochkommt, und dann aufwärts zur T-Kreuzung mit der D271.

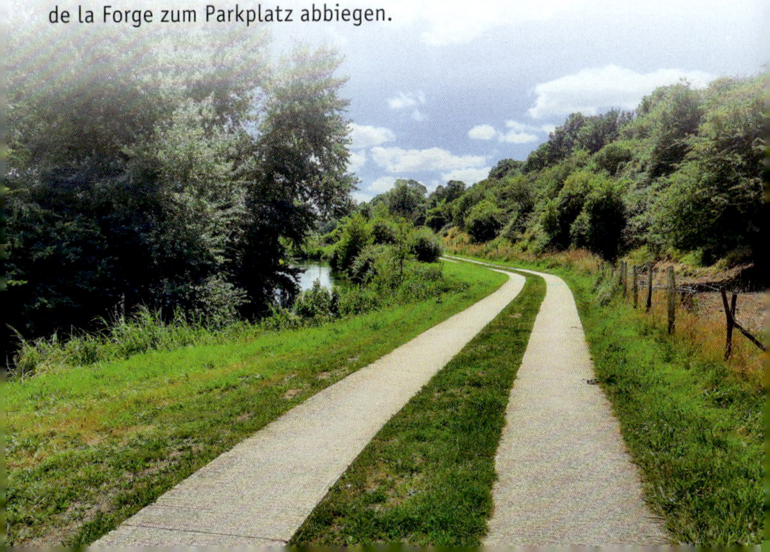

135 m

STRECKE 5,7 km

2 h 15

ab 6

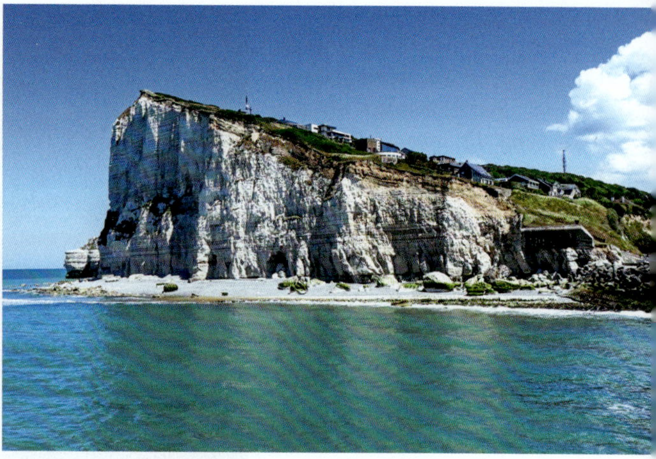

5 Zum höchsten Kap der Alabasterküste

Aussichten bei Fécamp

Vom quirligen Hafen von Fécamp machen wir uns auf den Weg, um das höchste Kap der Alabasterküste zu erkunden, das 110 Meter hohe Kap Fagnet. Dabei erkunden wir unerwartet stille Pfade, die durch den Wald oberhalb der Stadt führen. Wir genießen die Aussicht vom Kap auf die Stadt und die endlosen, hell leuchtenden Kreideklippen und entdecken zwei flache Felsbögen.

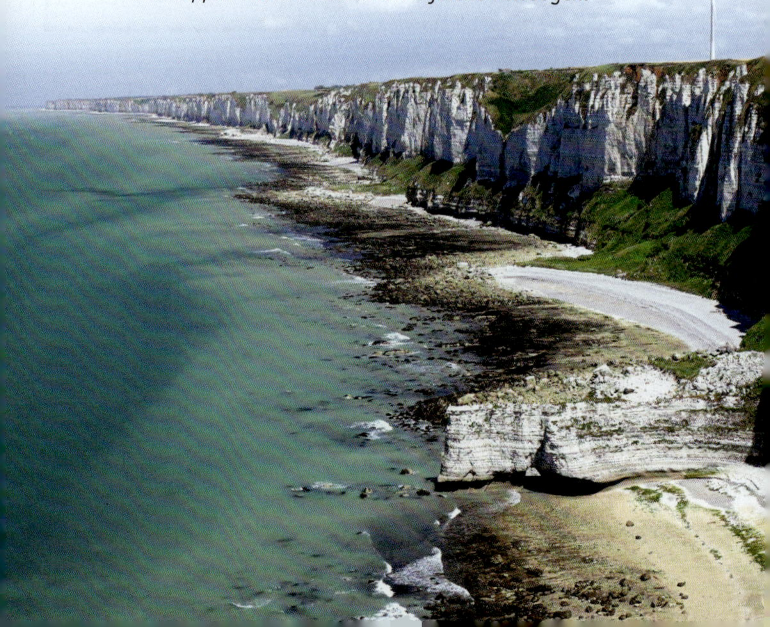

Wanderung: Vom Parkplatzausgang starten wir nach rechts in Richtung Norden und gehen an der Straße entlang und zwischen den Hafenbecken hindurch. Vorsicht: Wer auf den diagonalen Plätzen entlang des Hafens geparkt hat, geht bis zum Kreisverkehr zurück und dort links, denn es gibt keinen anderen Weg auf die andere Seite der Hafenbecken.

Highlights

Östlich des lebhaften Hafenorts Fécamp ist der höchste Kreidefelsen der Alabasterküste zu finden. Er ist ein perfekter Ausguck mit weitem Blick über die Küste und den Hafen, in dem der Fischmarkt einen Besuch lohnt.

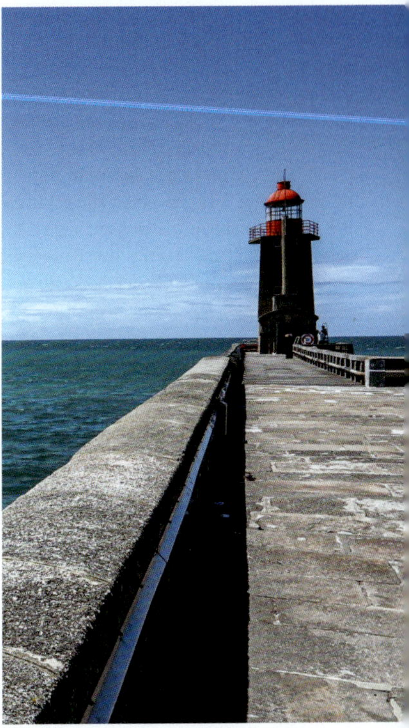

Auf der anderen Hafenseite spazieren wir am Hafenbecken nach links und laufen entweder über die lange Brücke oder entlang der Straße bis zum Leuchtturm mit der roten Kappe (1). Er war der erste Leuchtturm von Fécamp und wurde 1836 gebaut, um die Hafeneinfahrt zu sichern. Damals war er 9,4 Meter hoch, später ersetzte man ihn durch den heutigen 14,5 Meter hohen Turm. Auf der gegenüberliegenden Seite der Hafeneinfahrt wurde 1952 ein zweiter, zehn Meter hoher Leuchtturm errichtet, der nicht nur eine kleine grüne Kuppel hat, sondern auch grüne Lichtblitze aussendet.

TOUREN-STECKBRIEF

Anfahrt: Wir parken in Fécamp am Hafen, der genannte Parkplatz ist kostenlos und auf 1,90 Meter Höhe beschränkt.
GPS N 49°45‘36.5“, E 0°22‘24.8“
Für Wohnmobile gibt es einen einfachen Stellplatz am Hafen, der pro Nacht ab €5 kostet.
GPS N 49°45‘37.6“, E 0°22‘30.5“
Ein weiterer Parkplatz auch für große Fahrzeuge befindet sich oben am Kap.
GPS N 49°45‘58.3“, E 0°22‘26.9“
Anspruch und Charakter: Mischung aus Straßen, Fahrwegen und Pfaden. Teilweise Schatten.

Fototipp: Die Klippen sind nach Norden ausgerichtet, sodass die Sonne erst am Nachmittag auf die Steilwand fällt.
Markierung: Keine.
Einkehr: Viel Auswahl im Hafen von Fécamp und an der Strandpromenade. Besonders gerne sitzen wir im La Boucane am vorderen Hafenbecken.
Mit Kindern: Wenn wir oben am Leuchtturm parken, können wir auf dem Kap eine ganz kurze Runde gehen.
(1,3 km, 30 min)
In der Nähe: Abtei Notre-Dame-du-Pré de Valmont.

Wir gehen zurück und biegen in die erste Straße nach dem Straßenkreisel an der anderen Seite der Brücke (Passarelle) links ab. Zwischen Bruchsteinwänden geht es aufwärts. Zwei Kreuzungen überqueren wir geradeaus und biegen in der folgenden Linkskehre rechts ab. Ein Wiesenweg zwischen Hecken führt uns zu einem weiteren Sträßchen am Hang, auf das wir rechts abbiegen.

Chapelle Notre-Dame du Salut
Der Legende nach soll schon Robert I., Herzog der Normandie, im 11. Jahrhundert nach einem überstandenen Schiffbruch hier zum Dank eine Kapelle gebaut haben. Aufgrund dieser Erzählung entwickelte Notre-Dame-du-Salut sich zu einer Pilgerstätte. Die heutige Kapelle stammt aus dem 14. Jahrhundert. Einzelne Teile des Bauwerks wurden aber im Laufe der Jahrhunderte ersetzt.

Wir treffen auf die **D79** und biegen scharf links ab. Beim Zebrastreifen überqueren wir die Straße und steigen die **Stufen** ❷ hoch. Wir befinden uns jetzt auf einem mit Steinen ausgelegten Weg aus gallo-römischer Zeit, der zur **Chapelle Notre-Dame du Salut** ❸ hinaufführt. Gegenüber der Kapelle liegt ein erster **Aussichtspunkt,** von dem ihr auf Fécamp und die sich weit nach Süden erstreckenden Klippen gucken könnt. Hinter der Kapelle steht ein weiterer Leuchtturm. Der Sémaphore de Fécamp ist auf etwa 105 Metern Höhe über dem Meer erbaut, sodass sein Leuchtfeuer auch noch weit draußen auf dem Meer zu sehen ist.

Wir folgen dem Fahrweg unterhalb der Kirche zum Leuchtturm. An diesem gehen wir auf einem gekiesten Fußweg rechts entlang und anschließend auf Stahlplatten am **Bunker »Mammut«** ❹ vorbei zu einem weiteren **Aussichtspunkt** über Fécamp mit seinem Hafen und den Alabasterklippen.

Wir gehen ein Stück zurück, biegen vor dem Bunker links ab und folgen dem Fußweg entlang der Bentjeshecke, die hier sowohl die Menschen vor den steil abfallenden Klippen schützt als auch

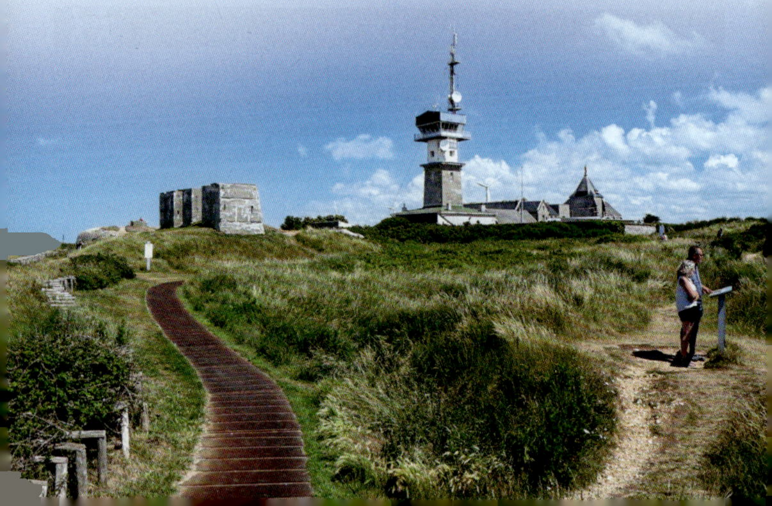

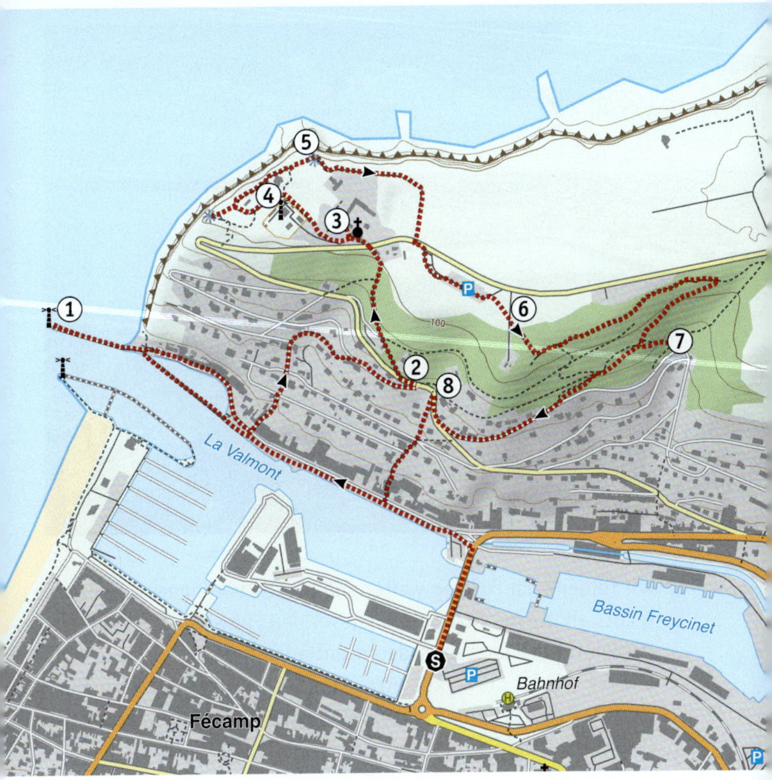

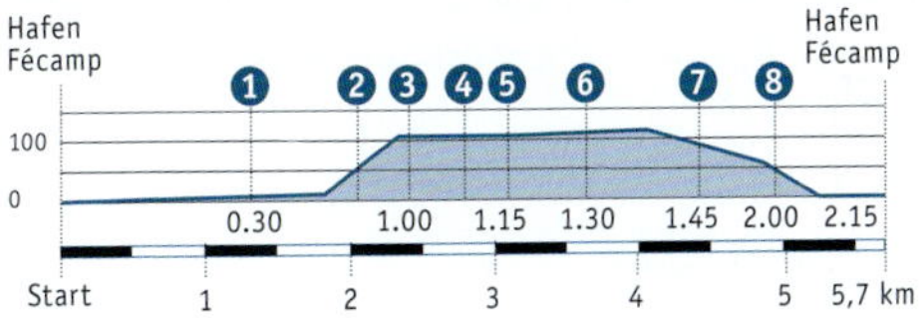

die Heide vor den Menschen. Wir sind jetzt auf einem **Lehrpfad** unterwegs mit Infos zu Flora und Fauna sowie den Bunkern zu unserer Rechten.

In der nächsten Rechtsbiegung haben wir die **Spitze des Kap Fagnet** **5** erreicht, die mit 110 Metern Höhe der höchste Punkt der Alabasterküste ist. Weit ziehen sich die weißen Kreideklippen entlang der Küste nach Norden. Wenn wir uns hier verbotenerweise ein paar Schritte auf dem Trampelpfad dem Steilabbruch nähern, können wir in den ins Meer ragenden Felsvorsprüngen die beiden flachen Felsbögen Porte au Roi und Porte à la Reine sehen, die Tür des Königs und der Königin.

Windräder im Meer

Vor Fécamp ist seit 2023 ein großer Offshore-Windpark in Betrieb. Von der Küste aus sieht man die im Sonnenlicht strahlenden Rotorblätter. Wenn er komplett fertiggestellt ist, sollen 71 Turbinen in einer Entfernung von 13 bis 22 Kilometern vor der Küste 500 Megawatt Strom liefern. Das entspricht dem Verbrauch von knapp 800.000 Menschen.

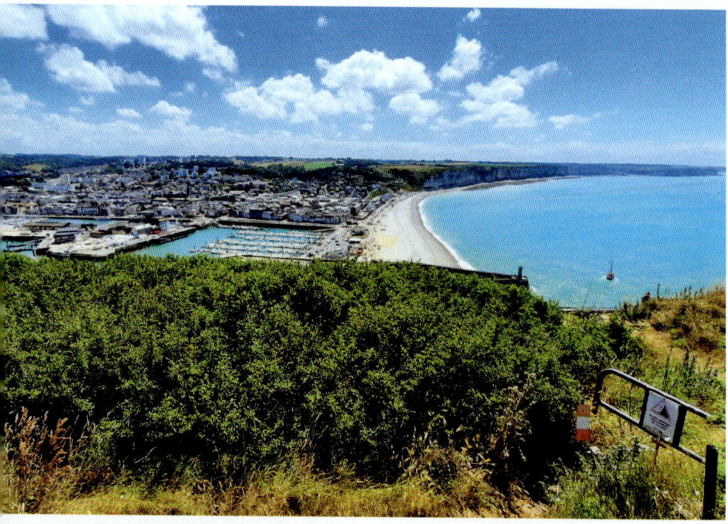

Wir folgen dem Fußweg weiter und biegen vor einem Weidezaun rechts ab. An der **Straße** wählen wir den Fußweg nach links zum Parkplatz und spazieren daran entlang. An seinem Ende, kurz ehe wir wieder die Straße erreichen, biegen wir über einen kleinen Steg rechts ab und wandern an Zaunpfosten entlang weiter. Der Weg ist weiß-rot markiert.

Die **Zufahrt zu einem Sendeturm** **6** überqueren wir und tauchen gegenüber in den Wald ein. Unter grünem Blätterdach wan-

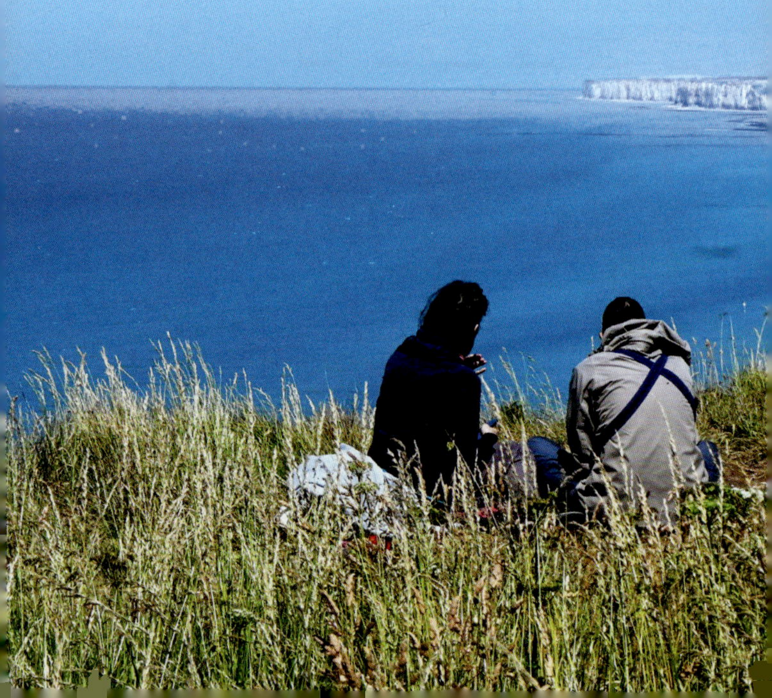

dern wir am Hang entlang. Nachdem wir zwei Bunker passiert haben, biegen wir auf einen guten Pfad scharf rechts ab und verlassen die weiß-rote Markierung. Hinter einer Senke halten wir uns rechts und treffen auf eine **T-Kreuzung**. Hier geht es nach rechts weiter, zuvor aber können wir einen kurzen Abstecher über Stufen nach links hinunter zu einer vergitterten Höhle 7 machen.

Frische Fische in Fécamp
Der Fischmarkt in Fécamp ist bekannt für seine Vielfalt an lokalen Meeresprodukten, die von örtlichen Fischern und Händlern angeboten werden. Dort könnt ihr frischen Fisch, Muscheln, Krustentiere und andere Meeresdelikatessen finden. Der Fischmarkt findet Freitag und Samstag Vormittag in der Halle auf dem großen Pier statt, der in das vordere Hafenbecken ragt.
Di, Fr und Sa von 9.30 bis 12.30 Uhr und 15 bis 19 Uhr geöffnet. Im Juli und August öffnet die Fischhalle zusätzlich am Mi und Do Vormittag.

Bei der nächsten Verzweigung hinter einem Betonklotz bleiben wir auf dem linken Weg und treffen auf eine Straße. Hier wandern wir rechts immer leicht bergab und mit Blick auf Fécamp. Wir treffen auf eine größere Querstraße und gehen rechts, um direkt nach der **Kehre** 8 auf einen Fußweg links abzubiegen. Er überquert eine Straße, führt an schön renovierten Fischerhäuschen vorbei und geradewegs hinunter zum Hafen. Über Stufen und im Zick-Zack zwischen den Häusern erreichen wir wieder das Hafenbecken. Hier gehen wir links und dann rechts zu unserem Parkplatz.

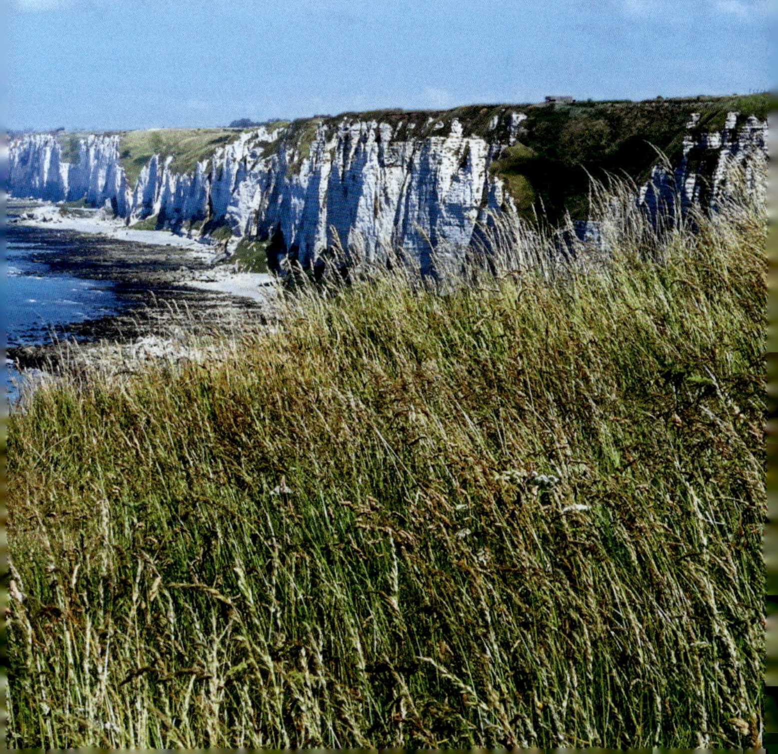

370 m

STRECKE 10,9 km

3 h 30

ab 10

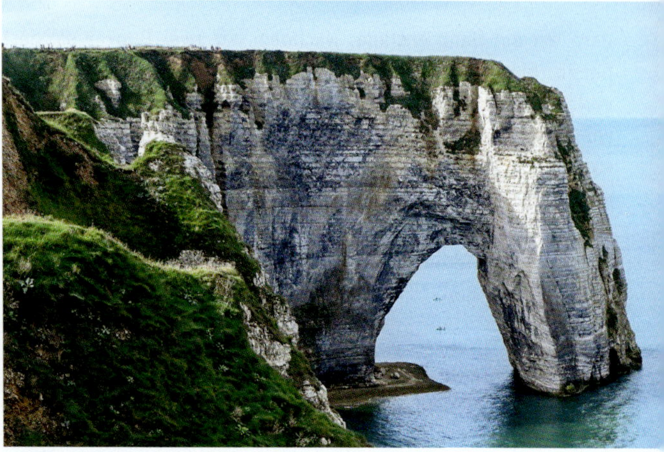

6 Die Klippen von Étretat

Zum Highlight der Alabasterküste

Diese Route führt uns zu den berühmtesten Felsen der normannischen Alabasterküste: den Felsbögen bei Étretat, die wir absolut sicher nicht ganz alleine bewundern werden. Aber je weiter wir wandern, umso mehr Ruhe kehrt ein. Etwas abseits des Dorfes können wir weniger überlaufene Buchten entdecken und die weite Aussicht von den gewaltigen Klippen in Ruhe genießen. Der Rückweg durchs Inland zeigt uns schließlich die ländliche Seite der Normandie mit stillen, bewaldeten Tälern, die wir meist ganz für uns alleine haben.

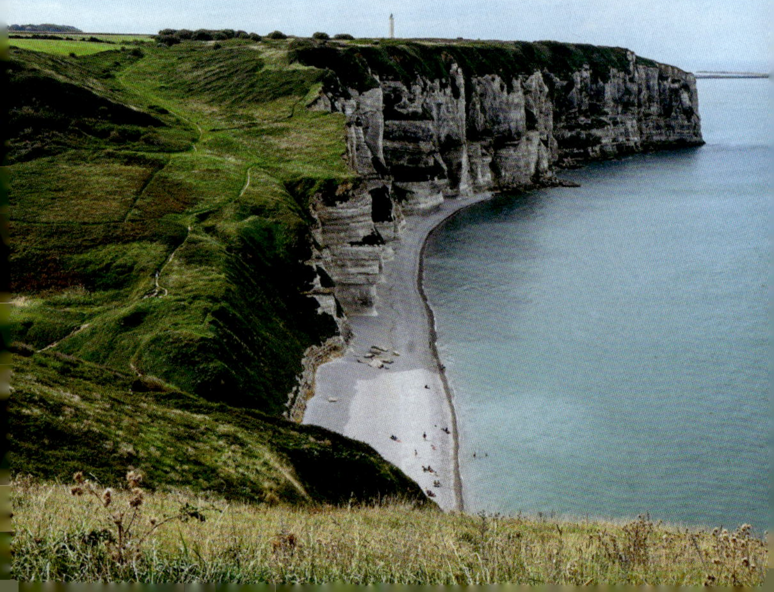

Wanderung: Entlang der Straße wandern wir vom Parkplatz zurück in den Ortskern. Wir gehen geradeaus, bis wir den Parkplatz mit Bushaltestelle und Touristeninformation erreichen. Direkt davor biegen wir links ab und bei der folgenden Verzweigung gleich wieder links. Jetzt sind wir auf der Flaniermeile von Étretat mit einigen beeindruckenden Fachwerkhäusern, deren Pracht und Eleganz vom Wohlstand derer zeugen, die sie einst erbauten. Unter anderem sehen wir das Manoir de la Salamandre, eines der ältesten Gebäude der Stadt, das ursprünglich in Lisieux stand und 1889 hierher gebracht wurde. Seine Fassade ist mit Skulpturen und Reliefs verziert. Ebenfalls bemerkenswert ist die Markthalle, die nach historischen Plänen wieder aufgebaut wurde. Dann

Highlights

Die riesigen Felsbögen der Klippen von Étretat sind spektakulär und unvergleichlich. Hier lohnt es sich, zu ungewöhnlichen Zeiten loszugehen und auch ein Stück zu wandern, um die atemberaubende Kulisse ohne Menschenmassen zu erleben.

Das Fischerdorf Étretat

Étretat, einst ein schlichtes Fischerdorf, entstand in einer breiten Senke zwischen bis zu 80 Meter hohen Kreidefelsen. Im 19. Jahrhundert wurde es als Badeort entdeckt. Ein erfolgreicher Roman von Alphonse Karr machte Étretat und seine Kreideklippen bekannt. Mit der Verbesserung der Verkehrsverbindung durch Pferdeomnibusse und ab 1890 auch durch die Eisenbahn kamen immer mehr Neugierige, um die Klippen zu sehen und im Meer zu baden. Die ersten Villen wurden gebaut. Dann entdeckten die Impressionisten das Dorf für sich, unter anderem auch Claude Monet. Heute besuchen jährlich über 1,2 Millionen Menschen Étretat. Die Gassen der Altstadt sind von zahlreichen Restaurants gesäumt und verwandeln sich im Sommer in ein charmantes Freiluftrestaurant. Am Kiesstrand vor dem Dorf könnt ihr den Sonnenuntergang mit Klippenblick genießen.

TOUREN-STECKBRIEF

Anfahrt: Wegen der Schwierigkeiten, in Étretat selbst zu parken, weichen wir auf den beschilderten Parkplatz 700 m südlich des Zentrums an der D940 aus. Hier gibt es auch Plätze für Wohnmobile.
GPS N 49°42'05.7", E 0°12'00.7"

Anspruch und Charakter: Kaum Schatten. Auf Pfaden entlang der Küste, dort anstrengend durch ständiges Auf und Ab. Bis zu den Falaises La Manneporte sehr viele Menschen in teils interessantem Schuhwerk. Zwei Anstiege werden bei nassem Boden rutschig. Rückweg ab ❺ auf Sträßchen und Fahrwegen, einfacher und weniger Höhenmeter.

Markierung: An der Küste weiß-rot.

Einkehr: Viel Auswahl in Étretat.

Mit Kindern: Wir können bis zur Plage d'Antifer ❸ wandern und dort eine schöne Spielpause einlegen. Vorsicht, der Strand fällt relativ steil ins Wasser, Kinder sollten hier nicht alleine am und im Wasser spielen! Da die Klippen nach Nordwesten ausgerichtet sind, fällt je nach Jahreszeit erst am frühen Nachmittag Sonne auf den Strand.

Für den einfachsten Rückweg folgen wir anschließend der gesperrten Zufahrtsstraße im Tal aufwärts. In einer Rechtskehre kommt der als Rundweg beschriebene Weg aus dem Wald, gegenüber liegen die Höhlen im Hang. Ab jetzt folgen wir der Beschreibung und biegen bei ❽ links ab (6,9 km, 2 h 30).

In der Nähe: Hafen und Strand von Fécamp.

erreichen wir die Strandpromenade, die den Kiesstrand von Restaurants und Bars trennt. Auf dieser gehen wir nach links und sehen die markante Felsformation der Porte d'Aval, die sich wie ein Elefantenrüssel aus den Kreidefelsen ins Meer biegt.

> Die **beste Zeit für Fotos** von den Klippen ist nachmittags bis abends, da die Klippen nach Nordwesten ausgerichtet sind und vormittags im Schatten liegen.

Am Ende der Promenade beginnt eine Treppe, die zur ersten Aussichtsplattform hinaufführt. Weiter geht es auf dem betonierten Weg aufwärts, an einem kleineren Felsvorsprung vorbei bis auf das Felsentor **Porte d'Aval** ❶. Hier sind alle offiziellen Wege mit Zäunen gesichert. Schmale Brücken führen auf die Felsspitze und zum **Trou de l'Homme**, einer kleinen Höhle. Von hier aus sehen wir auch schon das nächste große Felsentor.

In leichtem Auf und Ab geht es auf dem zuerst noch betonierten Weg in ausreichender Entfernung von den Klippen weiter. Links von uns liegt ein weitläufiger Golfplatz. Auf die Klippen von **La Manneporte** ❷ führt ein Naturweg hinunter, der breit, aber nicht eingezäunt ist. Von hier haben wir die perfekte Postkartenaussicht auf die Porte d'Aval.

Jetzt lassen wir langsam die Touristenmengen hinter uns und wandern auf einem Pfad über das mit Gras und Heide bewachsene Plateau. Dann führt der Weg in einem Bogen hinunter in einen Einschnitt mit einem Pumpenhäuschen. Auf der Gegenseite geht es steil aufwärts, diese Stelle ist bei Regen rutschig. Eine

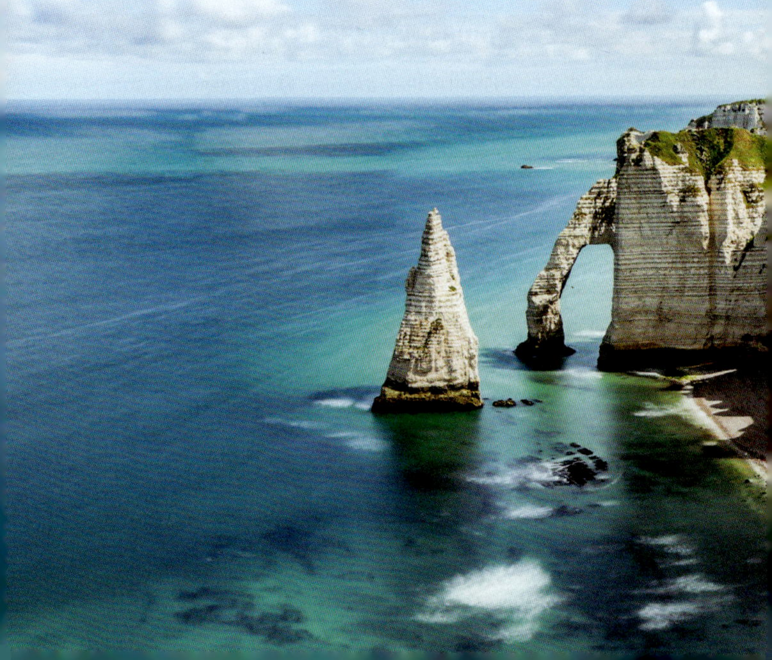

Weile sind wir auf einem halbwegs ebenen Weg in der Heide unterwegs – links liegen Felder, rechts die Abbruchkante der Klippen. Dann zweigt rechts ein Weg ab auf den Felsvorsprung mit Namen **l'Oeil du Panda** ❸, das Auge des Panda. Der Namensgeber dieses Felsvorsprunges ist ein kleinerer Durchlass im Felsen knapp über dem Wasserniveau. Wer abkürzen möchte, kann hier links um den Golfplatz herum zurück nach Étretat wandern.

Unser Weg führt hier wieder abwärts Richtung Valleuse d'Antifer. Bei einer Verzweigung wählen wir den Hauptweg, der am Hang entlang langsam ins Tal absteigt. Wir überqueren die alte, heute für Autos gesperrte **Zufahrtsstraße zum Kiesstrand** ❹. Hier besteht nach rechts die Möglichkeit, zum Strand **Plage de Tilleul** hinunter zu gehen. Wir steigen auf der gegenüberliegenden Straßenseite ein paar Stufen hinauf und wandern am Hang entlang wieder Richtung Meer und auf die Klippen hinauf.

Der Hauptweg führt jetzt weg von der Abbruchkante auf die Hochebene. Bei der ersten Verzweigung folgen wir der gelben Markierung nach rechts, halten wieder auf das Meer zu und laufen dann links an den Klippen entlang. Vor uns sehen wir schon das Ziel, den Leuchtturm *Phare d'Antifer*. Dazwischen liegt jedoch noch der Einschnitt an der **Plage du Fourquet** ❺. Steil geht es abwärts, bei der Abkürzung nach rechts bleiben wir auf dem weniger steilen Hauptweg. Im Talgrund treffen wir auf einen Weg, der zum kleinen, wenig besuchten Kiesstrand hinabführt.

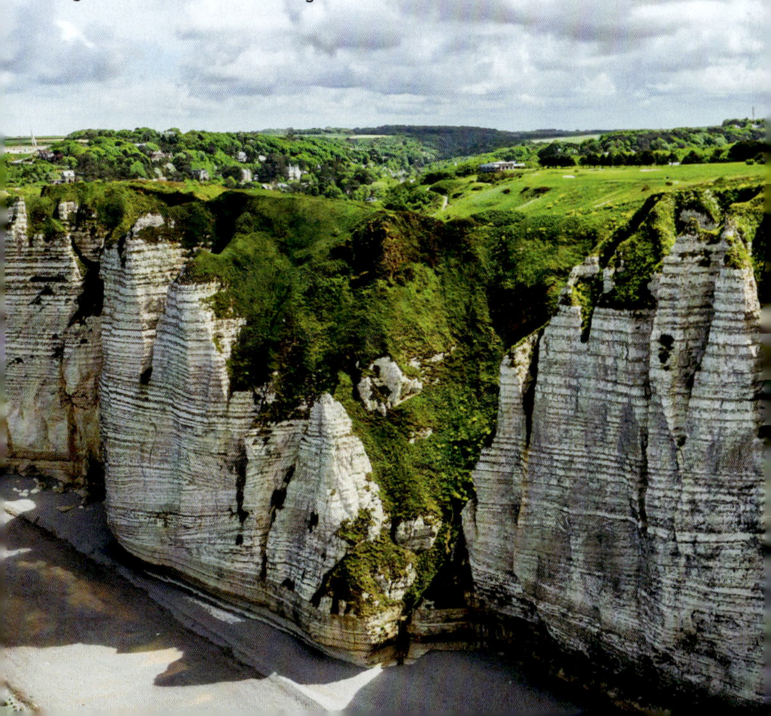

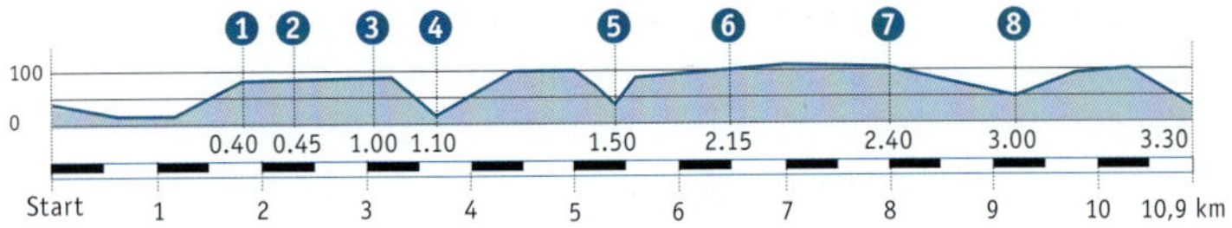

Wir überqueren den Weg im Talgrund und wandern knapp oberhalb wieder Richtung Klippen. Dann geht es steil aufwärts über teils etwas abschüssige und bei Regen rutschige Trittstufen im lehmig-erdigen Grund. Kurz sind wir zwischen hohen Büschen unterwegs, dann liegt nur noch eine weite Wiesenfläche zwischen uns und dem **Phare d'Antifer** 6. Der 38 Meter hohe Turm stammt aus dem Jahr 1955, sein Vorgänger wurde im Zweiten Weltkrieg zerstört. Vom Leuchtturm blicken wir auf die lange Kaimauer des Hafens für Öltanker von Antifer.

Der Weg führt auf das Gelände des Leuchtturmes und verlässt es wieder durch das Zufahrtstor. Wir folgen dem Sträßchen im Linksbogen durch eine flache Senke bis zum nächsten Ort. Bei der dortigen Straßenkreuzung biegen wir links ab und wandern ohne abzubiegen durch Felder und eine lockere Wohnsiedlung, bis wir ein von einer langen Natursteinmauer umgebenes **Gehöft** 7 erreichen.

Links daneben befindet sich ein kleiner Schotterparkstreifen. Vor der Mauer biegen wir rechts ab. Unser Sträßchen führt abwärts und um eine Linkskehre. Hier biegen wir links ab auf einen breiten **Waldweg** mit Schranke und einem großen Hinweisschild »Valleuse d'Antifer« und wandern unter weit überhängenden Bäumen durch ein romantisches Tal. An einer Verzweigung halten wir uns rechts und treffen auf das gesperrte **Asphaltsträßchen**, das von der Plage de Tilleuil hinaufkommt. Gegenüber führen Trampelpfade zu kleinen Höhlen in der felsigen Böschung im Wald.

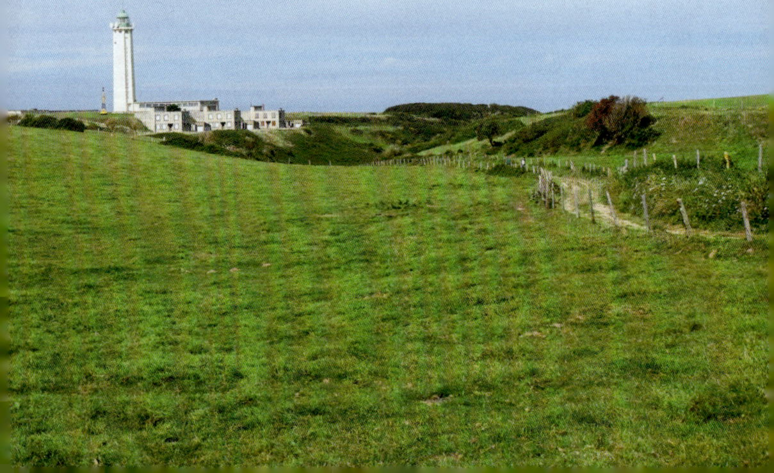

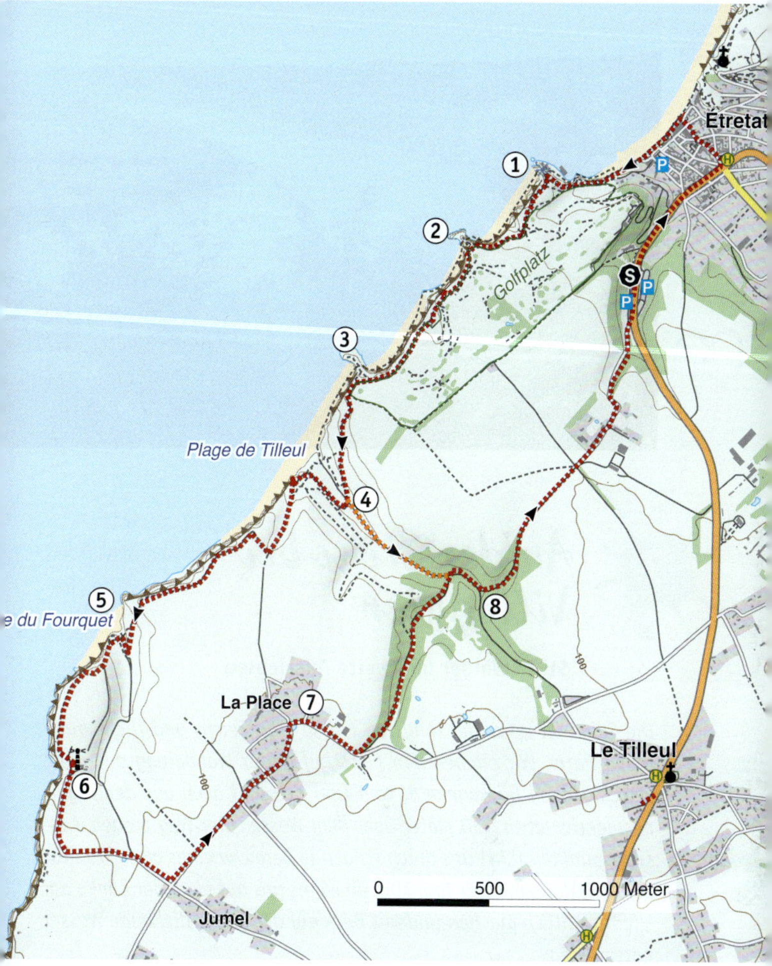

Wir gehen rechts und leicht bergauf, dazu bietet sich der Fußweg parallel zur Straße an.

Beim ersten breiten Abzweig nach links, einem steinigen **Fahrweg 8**, biegen wir links ab und verlassen das Tal. Unser Weg führt aufwärts und wird zum Pfad. Fast oben angelangt stehen wir plötzlich zwischen Feldern und wandern auf Fahrspuren weiter geradeaus. Sie führen zu einer Kreuzung, wo wir geradeaus auf Asphalt weitergehen. Dieses Sträßchen mündet direkt oberhalb des Parkplatzes in die D940.

Die Klippen von Étretat vom Wasser

Der Segelclub Voiles et Galets Étretat vermietet SUPs (»paddle«) und Kajaks bei geeigneten Wetterbedingungen und bietet geführte Touren an. Die Kajaks sind in den Verschlägen an der linken Seite des Strandes untergebracht.

In der Saison von 10–18 Uhr. €15–30 pro Stunde, €25–50 für zwei Stunden, keine Reservierungen. www.voilesetgalets.com

160 m

STRECKE 6,1 km

2 h

ab 6

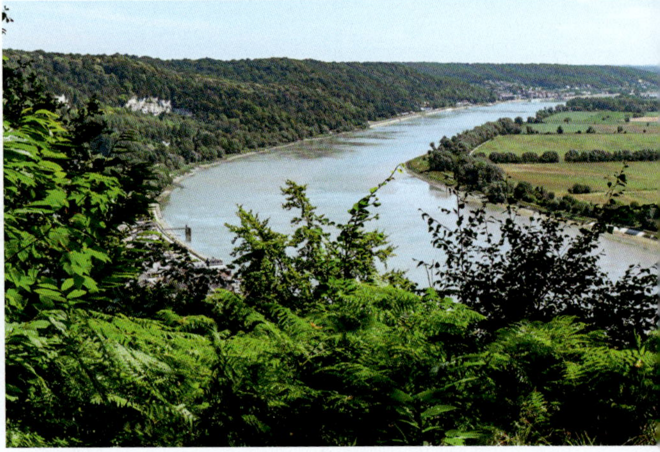

7 An der Seine bei Villequier

Stille Wälder und weite Aussichten

Die Seine ist einer der längsten Flüsse Frankreichs und fließt auch durch Paris. Wir erleben den Fluss auf dieser Wanderung aus ganz verschiedenen Blickwinkeln, vom Ufer aus und auch aus der Vogelperspektive etwa 130 Meter über dem Wasser. Der Weg zu den Aussichtspunkten führt uns durch schattige Bereiche eines alten Waldes. Zum Ausklang unserer Tour können wir es uns auf einer der Bänke am Ufer gemütlich machen und mit Blick auf das stetig fließende Wasser entspannen.

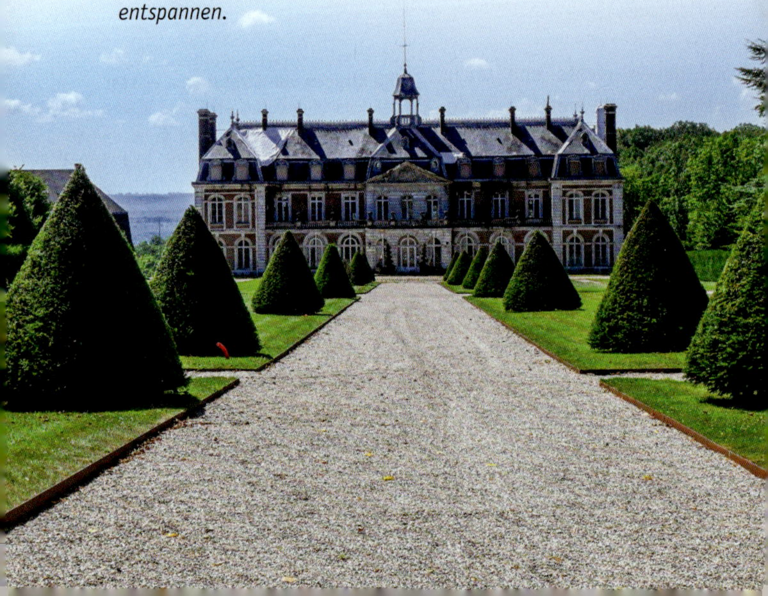

Wanderung: Mit dem kleinen Sträßchen, das gegenüber vom Parkplatz bergauf zu Rathaus und Kirche führt, beginnt unsere Wanderung. Im Wendehammer gehen wir geradeaus weiter. Vor dem Rathaus beziehungsweise hinter einer dichten Hecke führt ein weiß-gelb markierter Pfad bergan. Erst führt er als Hohlweg steil bergauf, anschließend geht es weniger anstrengend durch hohen Buchenwald aufwärts. Dann wandern wir oberhalb einer Weide entlang mit Blick auf die Seine und die geschwungene Brücke **Pont de Brotonne**. Unser Pfad wird steiler und steiniger, bei einer Verzweigung halten wir uns rechts auf dem Hauptweg. Er führt zwischen Hecken zu einer kleinen **Ansiedlung** ❶.

Highlights

Vor ihrer Mündung ins Meer zieht die Seine sechs große Schleifen. Das Gebiet steht als Naturpark Boucles de la Seine unter Schutz. Die ausgedehnten Feuchtgebiete am Flussufer bieten Lebensraum für zahlreiche Vogelarten.

Hier gehen wir auf Asphalt geradeaus weiter und biegen an der Querstraße links und auf der Durchgangsstraße ebenfalls links ab. Sie führt vorbei am **Château de Villequier** ❷. Die prachtvolle Anlage wurde um 1780 erbaut auf den Ruinen eines Vorgängerbaus aus dem 13. Jahrhundert. Das Schloss kann nicht besichtigt werden.

Bei der anschließenden Wegkreuzung biegen wir in die zweite Straße links ab und wandern direkt links über den Schotterparkplatz und am Tor vorbei in den Wald ❸. Auf einem breiten weiß-rot markierten Forstweg spazieren wir unter den hohen Baumwipfeln einer Allee entlang. Bei einer Verzweigung bleiben wir rechts am Hang und gehen anschließend die Stufen zu einer **Brücke** ❹ hinunter. Auf der Gegenseite geht es wieder hinauf. Bei der nächsten **T-Kreuzung** biegen wir links ab. Unser Weg führt um eine Rechtskurve, hier haben wir eine schöne **Aussicht auf die Seine**.

TOUREN-STECKBRIEF

Anfahrt: Von der D81 zwischen Caudebec-en-Caux und Port-Jérôme-sur-Seine biegen wir am östlichen Ortsrand auf den Parkplatz des Musée Victor Hugo ab und wählen die linke Parkplatzseite. Die rechte ist für das Museum reserviert.
GPS N 49°30'53.9", E 0°40'38.2"
Anspruch und Charakter: Pfade und Fahrwege im Wald, überwiegend schattig. Der Anstieg hoch auf das Plateau ist teilweise steil. Auf dem Plateau und entlang der Seine wandern wir auf Sträßchen ohne Schatten.

Markierung: Keine durchgehende.
Einkehr: Restaurant Magnolia, zwischen Parkplatz und Museum, nur mittags.
Mit Kindern: Um die Runde zu kürzen, können wir bei ❸ starten (kleiner Schotterplatz bei GPS N 49°31'00.8", E 0°39'45.8"). Von dort wandern wir bis zur Aussicht ❺ und wieder zurück. Anschließend fahren wir zu einem Spielstopp mit Aussicht auf den Fluss runter an die Seine. (2,2 km, 45 min)
In der Nähe: Abbaye Saint-Wandrille.

Musée Victor Hugo
Der französische Schriftsteller und Politiker genießt in Frankreich ein ähnliches Ansehen wie Goethe im deutschen Sprachraum. Sein bekanntestes Werk ist »Les Miserables«, das in Romanform das Elend des verarmten Proletariats des späten 19. Jahrhunderts behandelt. Als er aus dem Exil zurückkam, in das er wegen seiner Ablehnung des Staatsstreichs von Napoleon Bonaparte gehen musste, verbrachte er die letzten Jahre seines Lebens in Villequier. Das Museum zeigt die Ausgestaltung und Ausstattung eines typisch bürgerlichen Hauses im 19. Jahrhundert. *Geöffnet April bis September Mo, Mi bis Sa 10–12.30 und 14–18 Uhr, So nur nachmittags, im Winter 14–17.30 Uhr. €5, unter 26 Jahren kostenlos.*

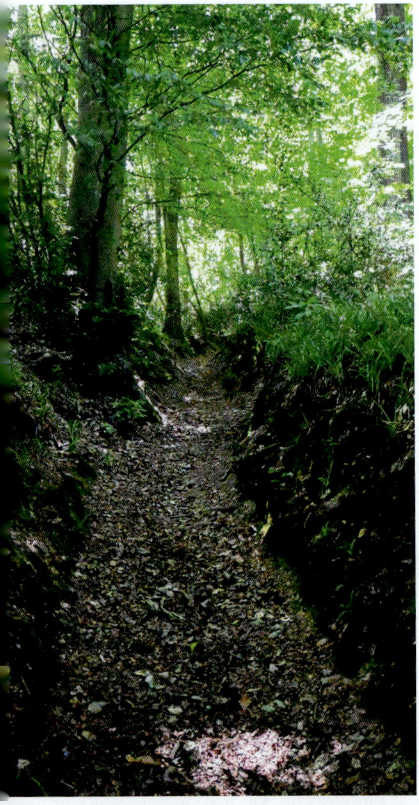

Wir bleiben auf unserem Weg, ignorieren einen steilen Hohlweg links runter und treffen auf eine Kreuzung. Hier wandern wir nach links und bei der nächsten Verzweigung ebenfalls links zu einem weiteren **Aussichtspunkt** ❺ über der Seine, diesmal mit Bank und Blick auf die Schwemmwiesen auf der anderen Flussseite.

Wir gehen zurück zur letzten Abzweigung und biegen links und an der nächsten T-Kreuzung ebenfalls links ab. Weiterhin weiß-rot markiert führt der ausgewaschene, steinige Fahrweg abwärts. Den nächsten Abzweig nach links ignorieren wir und steigen am Hang wieder leicht auf.

Dann erreichen wir eine **Kreuzung mit fünf Wegen** ❻. Wir verlassen die weiß-rote Markierung, biegen links ab auf einen breiten Fahrweg und folgen ihm wenig später um eine Linkskurve. Er wird zum Pfad und führt über einzelne Lichtungen und dann als Hohlweg abwärts.

Bei einem Abzweig wandern wir rechts runter. So erreichen wir **die ersten Häuser Villequiers**, wo wir auf Asphalt rechts gehen und auf der Hauptstraße ebenfalls rechts, um beim Zebrastreifen links in die **Uferpromenade** ❼ einzubiegen.

Jetzt schlendern wir vorbei an prachtvollen Häusern und Gärten mit Palmen und Bananenstauden, in einem davon befindet sich auch das **Musée Victor Hugo**. Der Wasserstand der Seine schwankt hier mit Ebbe und Flut, sodass das Flussufer sich ständig verändert. Wer den Fluss noch nicht verlassen möchte, findet am Parkplatz Bänke mit Blick über das Wasser. Ortsauswärts gibt es auch einen Spielplatz und Picknickbänke.

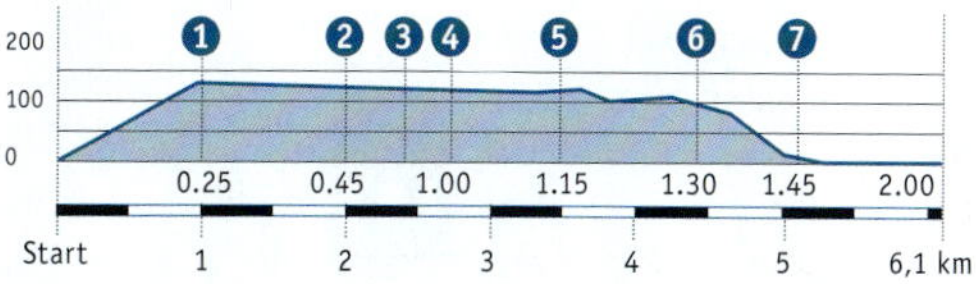

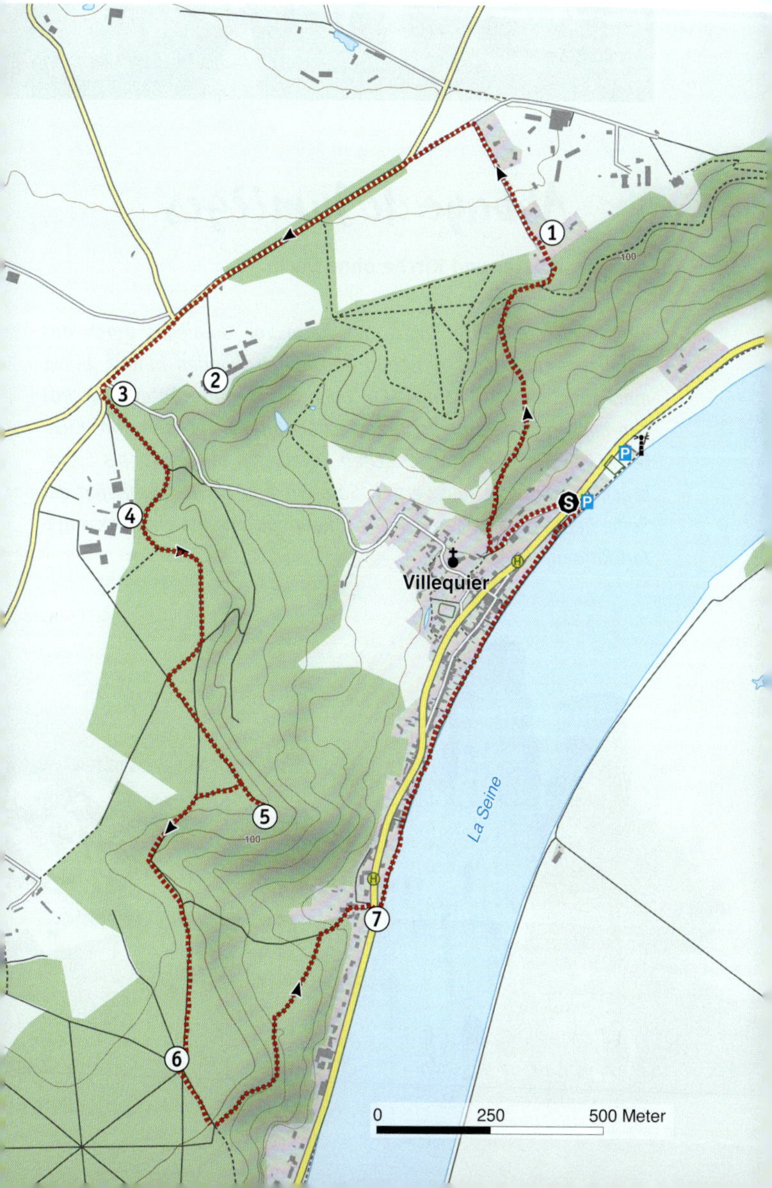

2 h

ab 6

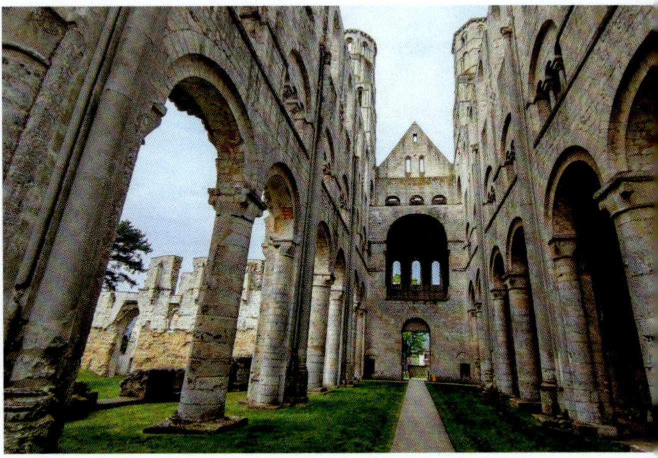

8 Abbaye de Jumièges

Kloster und Kirche ohne Dach

Betritt man die alte Kirche der Abtei von Jumièges durch das Haupttor und schaut zwischen den hohen Wänden hinauf, blickt man direkt in den Himmel. Ein Dach hat die alte Abteikirche mit den imposanten Zwillingstürmen schon lange nicht mehr. Das Kloster wurde nach der Französischen Revolution aufgelöst, als Steinbruch missbraucht und verfiel. So steht hier an den Schleifen der Seine heute nur noch eine Ruine, allerdings eine der eindrucksvollsten Ruinen, die wir kennen.

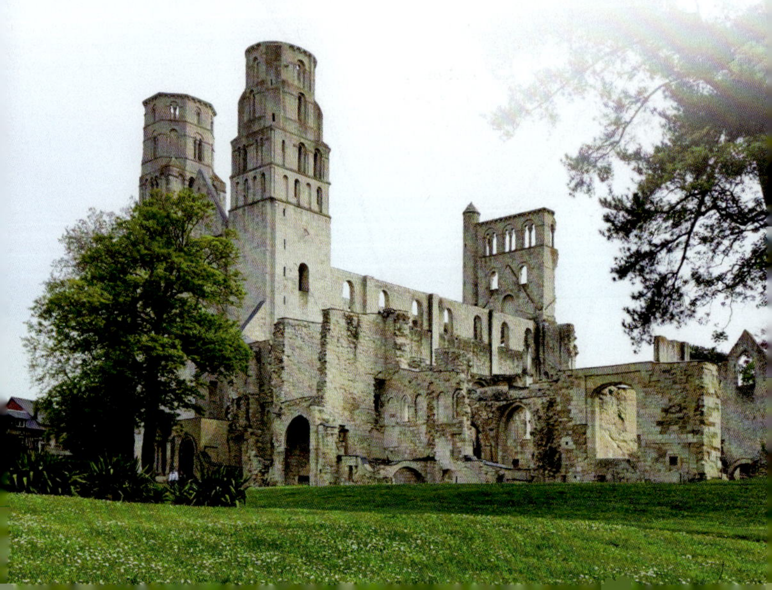

Die Geschichte der Abbaye de Jumièges beginnt im 7. Jahrhundert. Die Gründung der Abtei geht auf das Jahr 654 zurück, als der Merowingerkönig Chlodwig II. dem Heiligen Philibert ein Stück Waldland schenkte, um dort ein Kloster zu erbauen. Unter seiner Leitung wuchs und gedieh die Abtei und beherbergte schließlich fast tausend Mönche.

Highlights

Die ehemalige Benediktinerabtei von Jumièges war einst eines der bedeutendsten Klöster Westeuropas. Heute beeindruckt die Ruine der großen Abtei-Kirche mit morbider Eleganz und kunstvollen Details – vor allem aber mit einer ganz unvergleichlichen Atmosphäre.

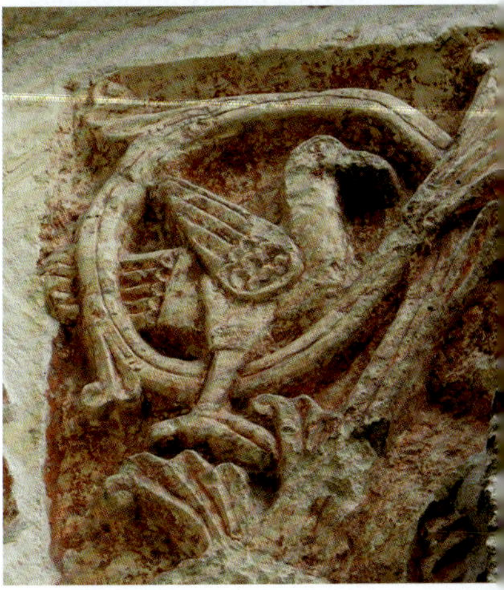

Im 9. Jahrhundert wurde die Abtei von Wikingern geplündert und niedergebrannt, aber unter dem Normannenherzog Wilhelm Langschwert noch etwas aufwendiger wieder aufgebaut. Ein neues Kirchengebäude wurde 1067 in Anwesenheit von Wilhelm dem Eroberer geweiht. Die Abtei genoss das Patronat der Herzöge der Normandie und wurde zu einem bedeutenden Zentrum für Religion und Bildung. Ihre Schulen bildeten viele Gelehrte aus, darunter den nationalen Historiker Wilhelm von Jumièges. Im 11. Jahrhundert erreichte sie ihre Blütezeit und galt als Vorbild für alle Klöster der Provinz.

Trotz Schäden während des 100-Jährigen Krieges und der Hugenottenkriege im 17. Jahrhundert florierte das Kloster weiter, bis es während der Französischen Revolution aufgelöst wurde. Die Ab-

TOUREN-STECKBRIEF

Anfahrt: Jumièges steht in der dritten Seineschleife westlich von Rouen und ist über eine Stichstraße von der D982 zu erreichen. Der Parkplatz befindet sich vor dem Eingang zur Abtei im Ort bei **GPS N 49°25'52.5", E 0°49'02.9"**.

Öffnungszeiten der Klosterruine: Mitte April bis Mitte September 9.30–18.30 Uhr, Winter 9.30–13 und 14.30–17.30 Uhr. €7, bis 26 Jahre kostenlos. €9,50 als Kombiticket mit der Abtei Boscherville, gültig 48 h.
www.abbayedejumieges.fr

Einkehr: Brasserie l'heure des thés am Parkplatz, Taverne des Moines und die Crêperie La Bonne Famille gegenüber der Ruine.

Mit Kindern: Die alte Abtei mit ihren Toren, Gängen und verschiedenen Räumen, die auf eigene Faust erkundet werden können, ist auch für Kinder ein spannender Ort. Auf der großen Wiese an der Kirche ist außerdem viel Platz zum Spielen.

In der Nähe: Abbaye Saint-Georges de Boscherville.

tei wurde verkauft und ihrer Wertgegenstände beraubt. Die Steine des Gebäudes hat man für andere Bauwerke genutzt.

Als Ruinen können heute zwei Klosterkirchen besichtigt werden. Die Abteikirche Notre-Dame aus dem 11. Jahrhundert gilt mit ihren beiden 46 Meter hohen Türmen als besonders bedeutendes Werk normannischer Baukunst.

Normannische Kirchen sind bekannt für ihre massive, festungsähnliche Bauweise. Dicke Mauern und robuste Pfeiler sind charakteristische Merkmale normannischer Architektur. Die Ruinen der Abtei zeigen klar und pur die Baustruktur der alten Kirche. Sehr typisch für die damals übliche Bauweise sind auch die Fenster und Arkaden mit ihren großen, sehr hohen Bögen mit rundem Abschluss und die Gliederung der Fassade durch horizontale Bänder und Friese. Auch diese sind am »Skelett« der Kirche von Jumièges gut zu erkennen.

Im krassen Gegensatz zum monumentalen Grundaufbau der normannischen Bauwerke stehen die detailreichen Steinschnitzereien, die insbesondere an Kapitellen und Portalen zum Einsatz kamen. Sie zeigen oft biblische Szenen oder mythologische Kreaturen. Es kamen aber auch geometrische Verzierungen wie das *Chevron* genannte Zickzack-Muster zum Einsatz. Obwohl viele dieser dekorativen Elemente in Jumièges im Laufe der Zeit verloren gegangen sind, war die filigrane Steinmetzkunst ein wichtiger Bestandteil des ursprünglichen Designs der Abtei. Spuren davon könnt ihr immer noch in einigen Bereichen der Ruinen entdecken.

Auf dem Gelände Abbaye de Jumièges steht noch eine zweite, kleinere Kirche. Saint-Pierre ist die ältere der beiden Kirchen und stammt schon aus dem 10. Jahrhundert. Sie sind verbunden durch die Reste eines Kapitelsaals, dem Ort, an dem sich die Mönche des Klosters zu Beratungen versammelten. Auch Teile des Kreuzganges und der Bibliothek sind erhalten. Auf dem Gelände stehen außerdem mehrere sehr alte Bäume. Besonders bemerkenswert ist der im ehemaligen Kreuzgang wachsende, über 500 Jahre alte Eibenbaum.

Die Abtei Jumièges ist ein faszinierendes Zeugnis mittelalterlicher Baukunst und ein Ort, der die Menschen auch heute noch beeindruckt und begeistert – mit ihren für eine Ruine ungewöhnlichen Dimensionen, der historischen Bedeutung und ihrer schönen Lage in einer weiten Parkanlage ist Jumièges definitiv eines unserer Highlights in der Normandie.

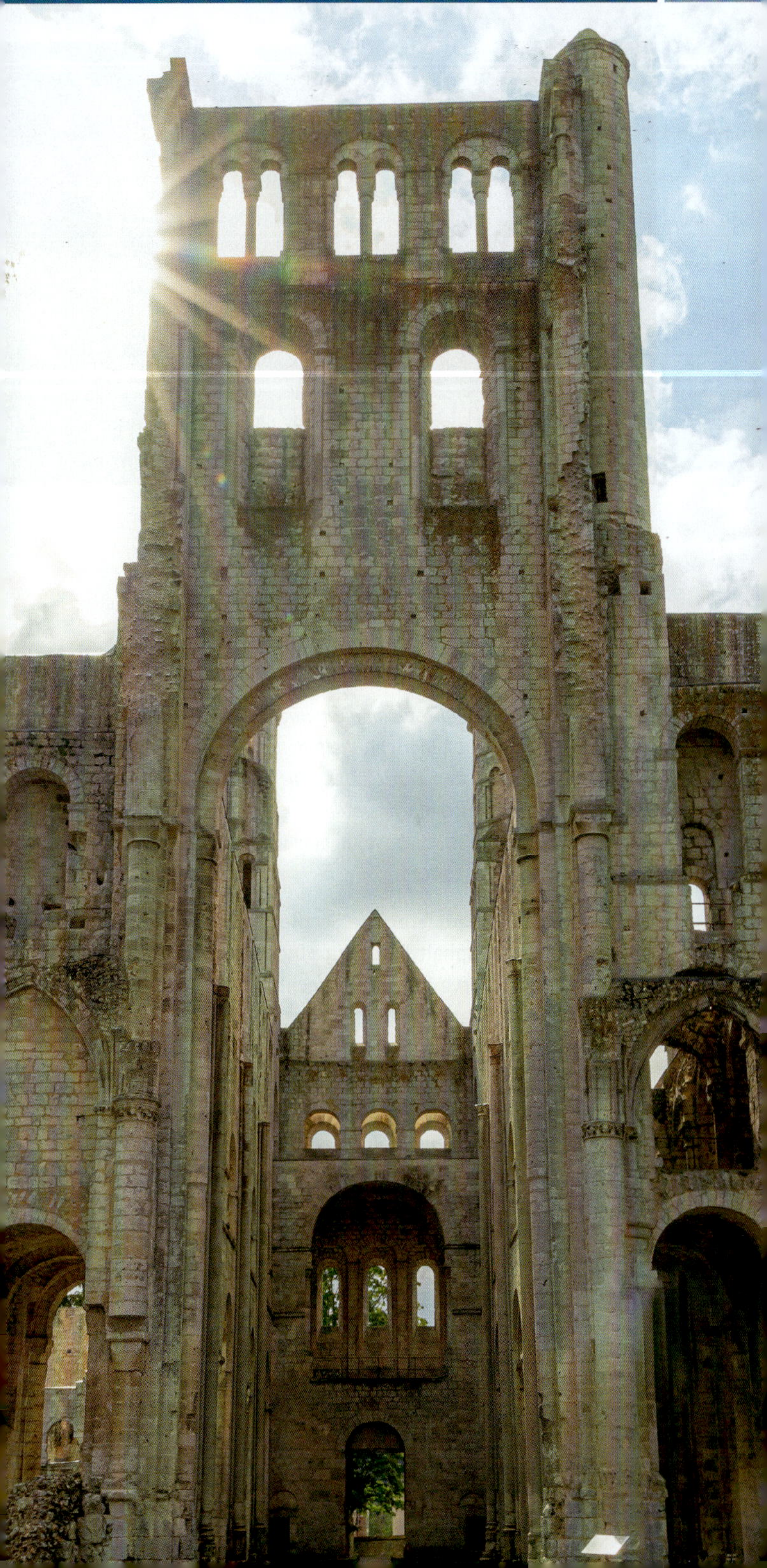

145 m

STRECKE 10,4 km

3 h 30

ab 10

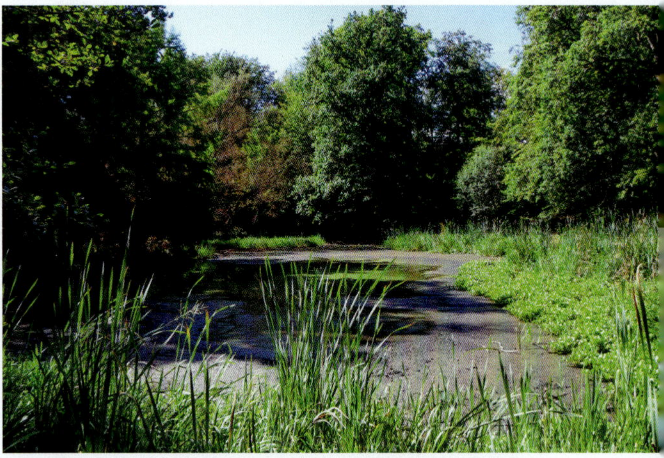

9 Forêt de Roumare

Durch alten Wald zum Reich der wilden Tiere

Der Wald von Roumare mit seinen alten Buchen- und Eichenbeständen ist bekannt für seine biologische Vielfalt. Ein Netz an Wanderwegen macht ihn zum beliebten Freizeitziel. Wir folgen schmalen Waldpfaden unter grünem Blätterdach, entdecken einen malerischen Sumpfsee und besuchen ein Wildgehege, in dem wir Hirsche, Rehe und Wildschweine beobachten können.

Wanderung: Wir überqueren die Straße, biegen schräg links ab und wandern auf Asphalt Richtung »Dieppedalle«. Am Ende der folgenden Rechtskurve biegen wir rechts ab auf einen Forstweg mit Schranke. Bei der folgenden **T-Kreuzung** **1** halten wir uns links. Unser Weg wird zum Pfad, wir ignorieren alle Abzweige und wandern in Kehren im Wald abwärts. Dann öffnet sich das Blätterdach und rechts sind Wiesen zu sehen. Eine Straße überqueren wir geradeaus und folgen weiter dem Schotterweg. Wir ignorieren zwei Abzweige nach rechts kurz nacheinander und biegen in einer Linkskehre schräg rechts ab auf einen ausgespülten, steinigen Fahrweg. Er führt uns relativ steil wieder aus dem Tal hoch, wobei wir immer auf dem Hauptweg bleiben, der hier als »Les Treize Chênes« markiert ist.

Die Steigung lässt nach und an einer **T-Kreuzung im Wald** **2** biegen wir nach rechts auf einen Fahrweg ab, die Route Forestière de la Mare Terreuse. Wir queren eine breite Schneise, über der Starkstromleitungen verlaufen. Wer einen Blick auf Rouen werfen möchte, kann am Ende der Schneise den Fahrspuren einige Schritte rechts in den Wald folgen und dann rechts auf einen nur schlecht zu sehenden Pfad in den Farnhang abbiegen. Auch wenn dieser Platz ziemlich überwachsen ist, lohnt sich die **Aussicht auf die Seine** ❸ unter uns und die quirlige Stadt vor uns. Dieser Blick steht im krassen Gegensatz zur einsamen Stille hier oben.

Highlights

Der Forêt de Roumare gehört zu den Überresten des ausgedehnten, wilden Waldes, der einst das Kalksteinplateau an der Küste der Normandie überzog.

Zurück auf unserem Fahrweg treffen wir auf eine schmale Asphaltstraße und biegen links ab. Erneut überqueren wir die Schneise. Direkt danach geht es bei einem **Forsthaus mit Parkplatz** ❹ auf einem für Autos gesperrten Asphaltsträßchen nach rechts weiter.

Es bringt uns zur Wegkreuzung **Carrefour de Chêne Charmant** ❺. Hier biegen wir schräg links ab auf die breite Forststraße mit dem Namen »Route Forestière Charmante« die uns in Richtung »Carrefour du Chevreuil/Mare de Grès« führt. Die nächste Straße überqueren wir geradeaus.

So erreichen wir die **Kreuzung Carrefour de la Mare de Grès** und die nordwestliche Ecke des Tierparks ❻. Hier leben unter anderem Wildschweine, Hirsche und Rehe. Das Gehege ist von drei gesperrten Straßen eingefasst. Ein Trampelpfad führt direkt am Zaun entlang und es gibt mehrere Beobachtungshäuschen sowie Picknickbänke. An allen drei Ecken des Parks informieren große Tafeln über den Naturpark und seine Bewohner. Mit ein

TOUREN-STECKBRIEF

Anfahrt: Wir fahren in Rouen auf die D298 Richtung Duclair/Canteleu. An der Kreuzung in Canteleu geht es dann links Richtung »Parc Animalier de la Forêt de Roumare« bis zum beschilderten großen Parkplatz am Parc Animalier.

GPS N 49°24'31.9", E 0°59'30.3"

Anspruch und Charakter: Unsere Wanderroute besteht aus einer Mischung aus Forstwegen und Pfaden. Zwischen Wegpunkt ❸ und ❺ wandern wir auf einem gesperrten Asphaltsträßchen. Die meisten Wege sind schattig. Der Anstieg hoch zu ❷ ist stellenweise recht steil.

Markierung: Der Bogen nördlich des Parc Animalier ist als »Circuit les 13 Chênes« beschildert und lila markiert.

Einkehr: Keine.

Mit Kindern: Am besten gefällt uns der Weg vom Parkplatz Richtung Südseite des Tierparks zur Carrefour du Petit Charme ❻. Von dort folgen wir dann der Beschreibung an Wegpunkt ❼ vorbei. So bekommen wir eine abwechslungsreiche kleine Tour mit ruhigen Waldpfaden und der Möglichkeit, Tiere zu beobachten (3 km, 1 h).

Ebenfalls drei Kilometer lang ist der Rundweg um den Parc Animalier (ohne Abstecher zu den Beobachtungsstationen).

In der Nähe: Rouen mit Altstadt und sehenswerter Kathedrale.

wenig Glück können wir die Tiere im Schatten des Waldes tatsächlich entdecken und beobachten.

Der Parc Animalier
Der Tierpark bietet Lebensraum für einheimische Tiere in einem weitläufigen, eingezäunten Waldstück. Die Tiere können sich im Gelände frei bewegen und vom Zaun oder Beobachtungshäuschen aus betrachtet werden. Der Park ist kostenlos und ganzjährig rund um die Uhr frei zugänglich. Die Tiere sind vom Zaun gut zu sehen, wer sie genauer beobachten möchte, sollte aber am besten ein Fernglas mitnehmen.

Das Arboretum
Die Baumschule wurde 1975 gepflanzt, ist wissenschaftlich ausgerichtet und untersucht die Widerstandsfähigkeit nicht einheimischer Bäume gegen Verschmutzung und Klimawandel.

Wir biegen links ab, folgen gleich darauf rechts einem Pfad zum Zaun des Tierparks und laufen immer am Gehege entlang. Zwei Beobachtungsstände ermöglichen einen guten Blick über den Zaun. Dann laufen wir wieder auf eine Forststraße zu, biegen nach rechts ab und stehen nach wenigen Schritten an der Kreuzung **Carrefour du Petit Charme** ❼.

Dort biegen wir in den zweiten Weg links ab und gehen auf Asphalt in Richtung Arboretum. Kurz vor dessen Eingang zweigt links ein Fußweg in Richtung »Mare Epinay« ab, dem wir folgen. Nur wer auch das Arboretum sehen möchte, geht zuerst auf der Forststraße noch etwa 200 Meter weiter geradeaus zum einzigen Eingang in das umzäunte Gelände.

Unser naturbelassener Pfad führt an den Pflanzungen des Arboretums entlang. Dann überqueren wir eine Forststraße, halten uns bei einer Verzweigung links und erreichen den umzäunten

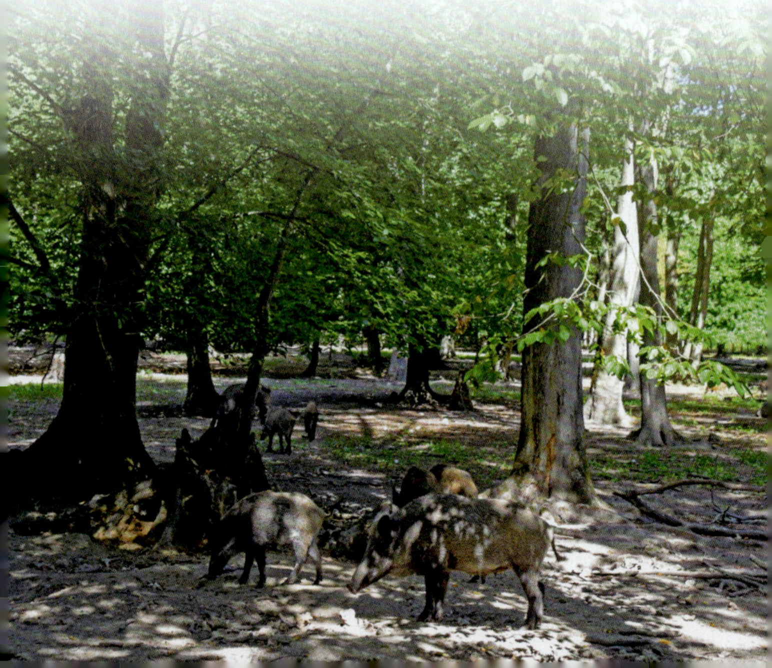

Sumpfsee **Mare Épinay** ❽. An seiner rechten Seite gibt es eine Aussichtsplattform mit Brücke. Bei der nächsten Verzweigung geht es rechts weiter und zurück zum Tierpark.

Hier können wir über die Straße geradeaus zu einem weiteren **Beobachtungspunkt** ❾ gehen. Zurück an der Straße wandern wir jetzt nach links und weiter bis zum Parkplatz. Dabei kommen wir an einem Bereich vorbei, in dem oft Wildschweine zu sehen sind.

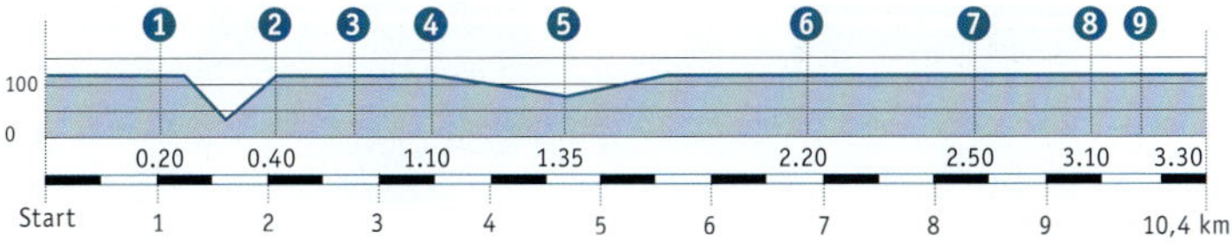

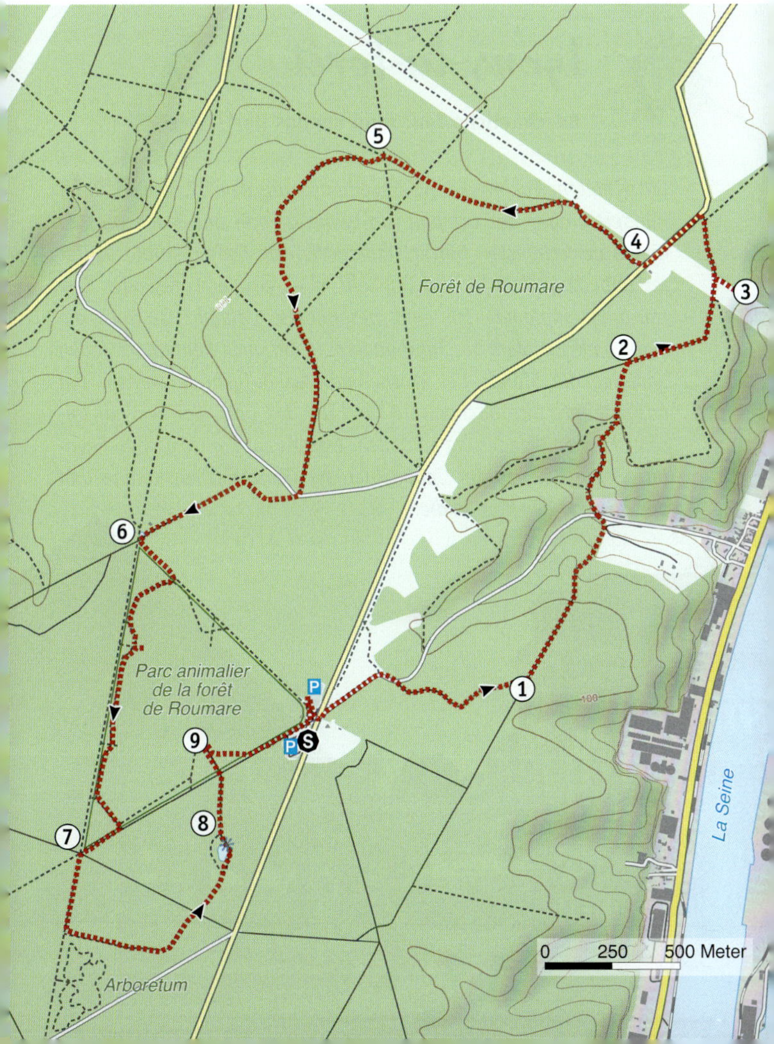

200 m

STRECKE 7,9 km

3 h

ab 8

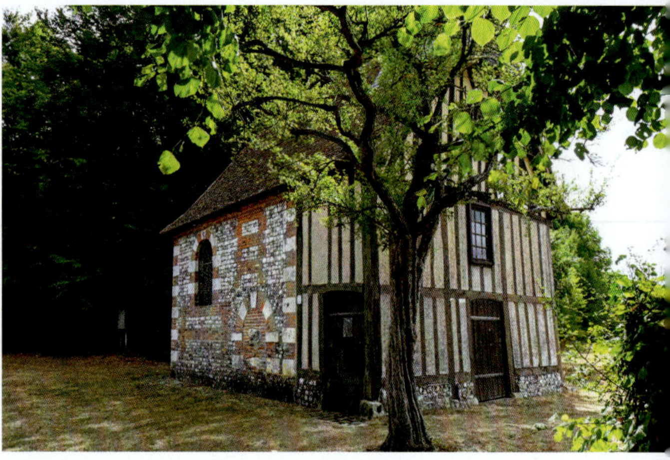

10 Lyons-la-Forêt

Beschauliche Tour rund um das Dorf-Juwel

Gut erhaltene Fachwerk- und Ziegelhäuser aus dem 17. und 18. Jahrhundert prägen das Ortsbild von Lyons-la-Forêt und machen es zu einem der schönsten Dörfer Frankreichs. Am Ende der Tour solltet ihr unbedingt Zeit für eine Einkehr in einem der Cafés oder Restaurants einplanen. Ein ganz besonderes Highlight ist auch die Markthalle aus dem 18. Jahrhundert, in der auch heute noch jeden Samstag die Stände des Wochenmarktes aufgebaut werden. Der ausgedehnte alte Buchenwald rund um das Dorf, den wir auf unserer kleinen Wanderung erkunden, war bis zur Französischen Revolution ein bevorzugtes Jagdgebiet der französischen Könige und der Herzöge der Normandie.

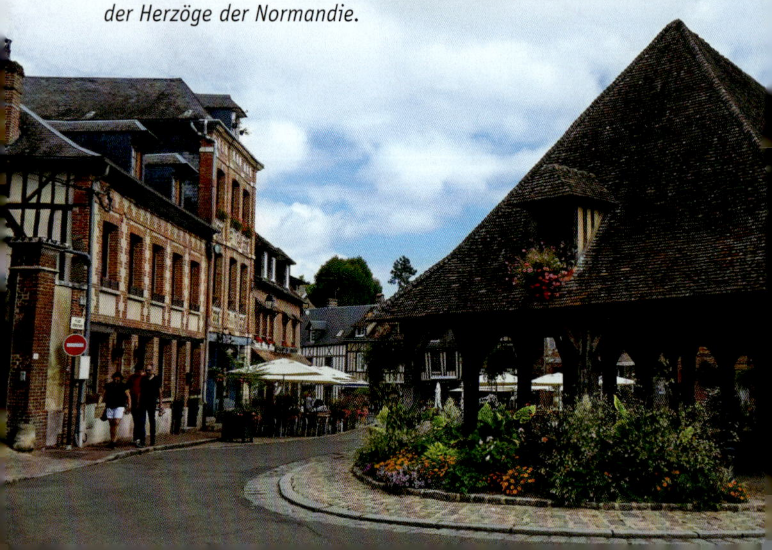

Highlights

Lyons-la-Forêt ist mit seinen historischen Fachwerkhäusern eines der schönsten Dörfer der Normandie. Der Ort liegt außerdem in einer besonders malerischen Landschaft, die ihr auf dieser kleinen Wanderrunde kennenlernen könnt.

Wanderung: Vom Parkplatz gehen wir nach rechts Richtung Centre-Ville und kommen zur **Markthalle**, dem Wahrzeichen des kleinen Ortes. An der Markthalle spazieren wir geradeaus vorbei und folgen dem Straßenbogen. Dann biegen wir an der T-Kreuzung links ab Richtung »Église«. Abwärts wandern wir durch den langgestreckten unteren Ortsteil und an liebevoll restaurierten Fachwerkhäusern vorbei.

Schließlich biegen wir rechts ab in Richtung »Église« und überqueren sofort den **Fluss Lieure** ❶. Hinter der Brücke befindet sich rechts ein Lavoir, ein alter Waschplatz. Weiter geht es auf der Straße hoch zur Kirche und der Linkskurve folgend aus dem Ort hinaus.

Am Anfang der nächsten Rechtskehre verlassen wir die Straße geradeaus auf den »Chemin des Escoliers«, dem Schulweg. Der Fahrweg führt oberhalb von Weiden entlang und dann hinauf in den Wald. An einer **T-Kreuzung** ❷ direkt unterhalb der Straße biegen wir links ab. Wir sind in einem wundervollen, friedlichen Wald unter Buchen, Eichen und Kastanien unterwegs. Bei einem Holzlagerplatz halten wir uns rechts.

Unterhalb des kleinen Ortes **L'Essart Mador** treffen wir auf einen von Linden gesäumten Platz mit einer **Kapelle** ❸ und einer Picknickbank. Vor der Kapelle biegen wir links ab und gehen zurück

TOUREN-STECKBRIEF

Anfahrt: In Lyons-la-Forêt fahren wir zuerst auf die D2 Richtung Étrépagny, dann links auf die D6 Richtung Étrépagny. Die Parkplätze gibt es links der Straße bei **GPS N 49°23'58.0", E 1°28'41.0"**. Weitere Parkplätze sind beschildert und unter anderem bei der Feuerwache in 50 Metern Entfernung zu finden bei **GPS N 49°23'56.5", E 1°28'44.0"**.
Anspruch und Charakter: Überwiegend Forstwege, kaum Asphalt. Viel Schatten.
Markierung: Keine.
Einkehr: Mehrere Restaurants und Cafés in Lyons-la-Forêt.
Mit Kindern: Die vielleicht hübscheste Option, die Tour für Kinder zu kürzen, ist es, sich eine Parkmöglichkeit am Rande des Fahrstreifens für Busse ❹ bei GPS N 49°23'23.0", E 1°27'00.5" zu suchen, der auch Ausfahrt der kleinen Siedlung Villaine ist. Von dort wandern wir auf dem beschriebenen Weg rückwärts zu ❸: in die Siedlung hinauf und am Ende der Rechtskehre links hoch in den Wald bis zur Kapelle mit Picknickbank und Wiese zum Spielen.
(Hin- und Rückweg 3 km, ↓↑90 m)
Alternativ können wir wie beschrieben starten und wenn wir nach Wegpunkt ❸ auf den Fahrweg der Siedlung treffen, links abbiegen. Immer geradeaus am Talrand entlang kommen wir so zurück zur Brücke ❶.
(Rundweg 6,5 km, ↓↑110 m)
In der Nähe: Château de Martainville.

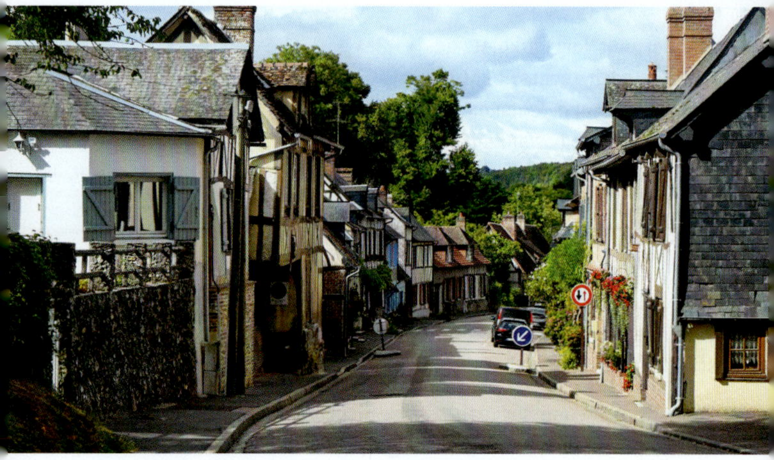

in den Wald. Ein Hohlweg bringt uns hinunter ins Tal. Er führt um zwei weite Kehren und trifft auf eine **T-Kreuzung**. Wir gehen nach rechts und in der Folge auf Asphalt durch eine Siedlung aus Fachwerk- und Herrenhäusern, wobei wir die Lieure erneut queren.

An einer Busfahrbahn ❹ überqueren wir den Wiesenstreifen zur D321 und die Hauptstraße und wandern leicht links versetzt auf einem schmalen Sträßchen wieder bergan. Dabei ignorieren wir einen ersten Abzweig nach rechts. Bald sind wir auf einem geschotterten Forstweg unterwegs und bleiben auf dem Hauptweg, der uns in zwei Kehren bergan führt.

Bei der **Kreuzung mit einem Fahrweg** ❺ biegen wir links ab. Erst geht es abwärts, dann kurz steil hoch und anschließend sind wir in einem Wald mit hohen, alten Buchen unterwegs. Auf der Kuppe, hier stehen deutlich jüngere Bäume, treffen wir auf eine Verzweigung und folgen dem Forstweg geradeaus. Wir wandern um eine Links-, dann um eine Rechtskurve, bis wir schließlich eine **Straße** ❻ erreichen. Hier gegenüber stehen Bänke im Schatten der Bäume.

Könige und Kunst in Lyons-la-Forêt
Urkundlich erwähnt wurde der Ort erstmals zwischen 1015 und 1026, als Wilhelm der Eroberer hier eine Burg baute. Sie wurde anschließend von seinem Sohn Heinrich I. übernommen, der hier im Jahr 1135 verstarb. Sein Tod wird mit einer Lebensmittelvergiftung in Verbindung gebracht, die er sich durch den übermäßigen Verzehr von Neunaugen zugezogen haben soll, einer Delikatesse, die er sehr mochte. Später diente das Schloss als Jagdresidenz für die französische Königsfamilie. Die Burg wurde während des Hundertjährigen Krieges komplett zerstört.

Während der Belle Époque erlebte das Dorf Lyons-la-Forêt durch die Verbreitung des Automobils und die Entdeckung der Normandieküste durch Erholungssuchende aus Paris eine Wiederbelebung. Kunstschaffende besuchten das Dorf als inspirierenden Ort. Zu den berühmten Persönlichkeiten, die in Lyons-la-Forêt lebten oder dort Zeit verbrachten, gehören auch der Komponist Maurice Ravel und der französische Designer Jacques-Emile Ruhlmann.

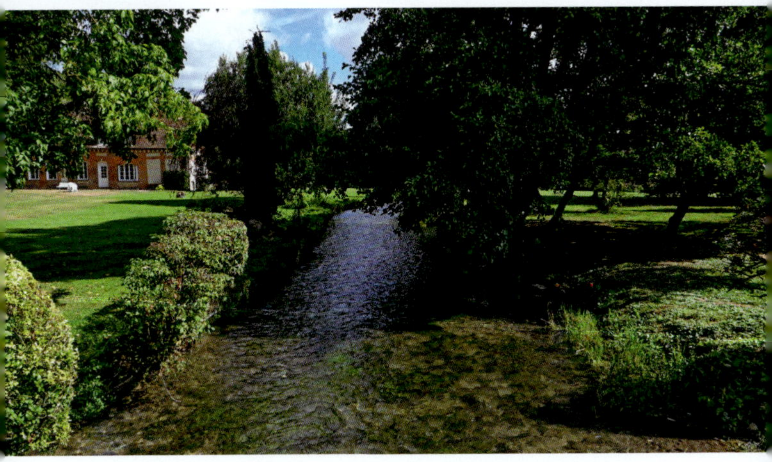

Wir überqueren die Straße Richtung »Crois Mesnil«, sind kurz auf Asphalt unterwegs und biegen vor der Mauer eines Gutshofes auf den nach links abzweigenden Schotterweg ab. Jetzt folgen wir immer dem Hauptweg, der uns wieder ins Tal und zum Dorf hinunterbringt. In **Lyons-la-Forêt** gehen wir an der ersten Kreuzung an der Feuerwache geradeaus, bei der folgenden T-Kreuzung biegen wir links ab und sind schon am Ziel.

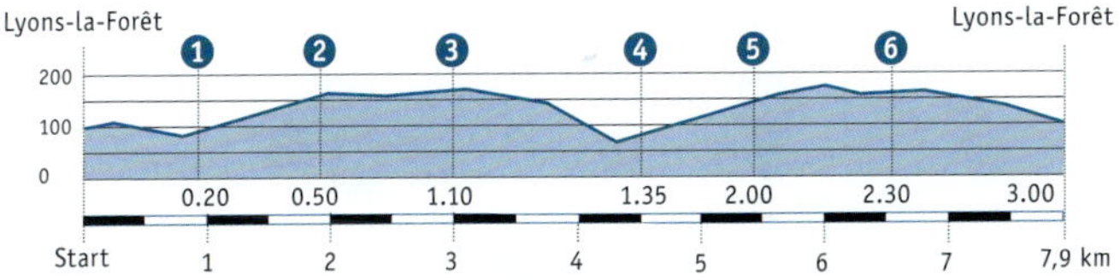

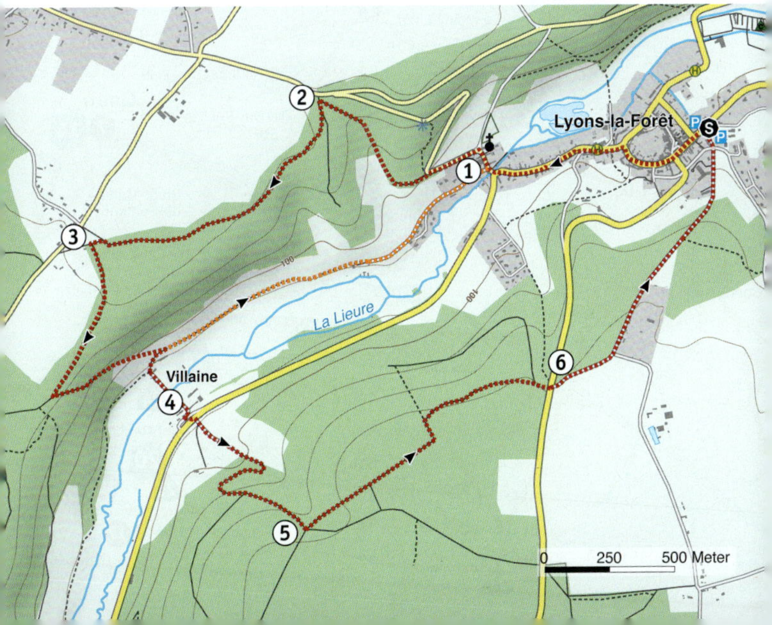

Cidre, Belle Époque und Bocage im Departement Calvados

Schicke Seebäder der Belle Époque, Traumstrände, die untrennbar mit grausamen Ereignissen des Zweiten Weltkrieges verbunden sind, die typische Wallheckenlandschaft der »Bocage Normande«, ausgedehnte Obstplantagen und die zerklüfteten Hügel der Normannischen Schweiz – die Region im Zentrum der Normandie ist unglaublich abwechslungsreich!

Benannt ist das Calvados nach dem gleichnamigen Apfelbranntwein, einem der großen »C« der Normandie. Auch der in ganz Nordfrankreich verbreitete und beliebte Apfelschaumwein Cidre stammt ursprünglich aus dieser Region. Obst- und Apfelanbauflächen sind überall im Calvados zu finden und prägen einen Teil der Landschaft.

Im Osten liegen zwischen Seine-Mündung und Orne-Mündung bei Ouistreham die Strände der Côte Fleurie, der Blumenküste. Die breiten Sandstrände sind meist flach abfallend. Schon zu Beginn des 20. Jahrhunderts entwickelten sich hier aus kleinen Fischerdörfern mondäne Seebäder für reiche Pariser und den Geldadel. Noch heute

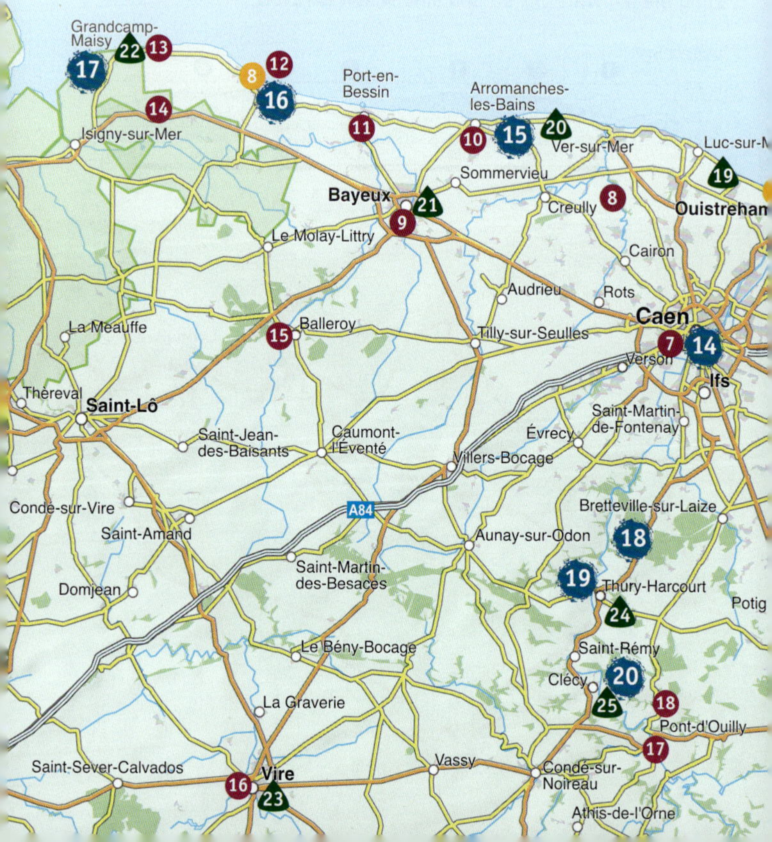

säumen herrschaftliche Häuser des 19. Jahrhunderts manche Strandpromenaden, auch viele Casinos stammen aus der sogenannten Belle Époque. In dieser in Europa vergleichsweise friedlichen Zeit zwischen den Kriegen Napoleons und dem Ersten Weltkrieg fanden nicht nur Kunst, Literatur, Musik zu neuer Blüte, es entwickelte sich auch der erste Tourismus an der Küste der Normandie.

Im Westen schließt sich die Côte de Nacre an, die Perlmuttküste, die ihren Namen vom perlmuttfarbenen Sand bekam. Weiter Richtung Cotentin-Halbinsel folgen die Landungsstrände des Zweiten Weltkrieges, die mit ihrer landschaftlichen Schönheit in krassem Gegensatz zu ihrer schrecklichen Geschichte stehen.

Das Hinterland Pays d'Auge schmückt sich mit blühenden Gärten und Wiesen, Apfelplantagen und einer grünen, hügeligen Landschaft mit glücklichen Kühen auf heckengesäumten Weiden. Im Süden geht die Landschaft dann in die Normannische Schweiz über. Diese felsige, zerklüftete, aber niedrige Berglandschaft liegt auf dem Armorikanischen Massiv, einem selbst nach Erdzeitaltern sehr alten Grundgebirge, das auch die Basis des Cotentin und der Bretagne ist.

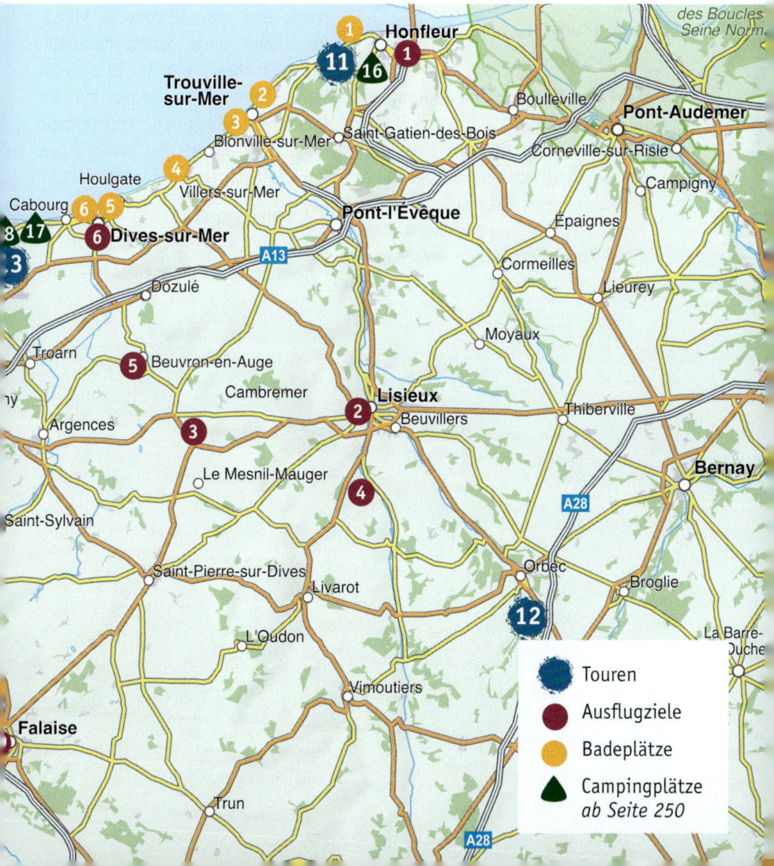

Badeorte im Calvados

Die Strände des Calvados sind durchweg feinsandig und liegen meist direkt vor der Strandpromenade der Badeorte. Direkt hinter dem Strand stehen in vielen Badeorten des Calvados prachtvolle Villen aus der Zeit der Belle Époque, in der die Küste der Normandie zum beliebten Reiseziel wurde. Die in dieser Epoche des wirtschaftlichen Wohlstands und der kulturellen und künstlerischen Blüte errichteten Gebäude sind oft prachtvoll und elegant. Sie zeigen viel Liebe zum Detail, die sich in reich verzierten Fassaden, kunstvollen Schnitzereien und Ornamenten ausdrückt. Im Westen des Calvados badet ihr also in stilvoller Umgebung. An allen Stränden gibt es im Sommer eine gute Infrastruktur mit Restaurants, Bars und Wassersportangeboten. Eine wildere Küstenlandschaft findet ihr im Osten des Calvados an den weitgehend naturbelassenen Landungsstränden des D-Day.

1 Plage du Butin und de Honfleur

GPS N 49°25'29.1", E 0°12'55.5"
Die lange und weit ins Meer reichende Sandfläche an der Mündung der Seine bietet Blick auf den Hafen von Le Havre. Hinter dem Strand liegt eine ausgedehnte Dünenlandschaft.

2 Plage de Trouville

GPS N 49°21'57.0", E 0°04'35.4"
Elegante Villen der Belle Époque säumen den an der Mündung der Touques gelegenen breiten Sandstrand, der im 19. Jahrhundert als »Königin der Strände« galt. Die hölzerne Promenade, auf der ihr mühelos am Strand entlang flanieren könnt, existiert schon seit dem Jahr 1867. Sie war die erste ihrer Art an der normannischen Küste. In der Nähe des Strandes befinden sich viele Restaurants, in denen frische Meeresfrüchte serviert werden, und ein lebhafter historischer Fischmarkt. Hier könnt ihr das Bad im Meer mit einer kleinen Zeitreise verbinden.

3 Plage des Six Fusillés

GPS N 49°21'34.4", E 0°03'53.1"
Der legendäre Strand von Deauville ist ebenfalls eines der großen Sommerfrische-Ziele der Belle Époque. Hier stehen das größte Casino Frankreichs und viele historische Villen. Die endlos lange Strandpromenade »Les Planches«, wird im Osten vom Hafen begrenzt. Zusammen mit der westlichen »Plage des Ammonites« bildet die Plage des Six Fusillés einen 2,6 Kilometer langen Sandstreifen.

4 Villers-sur-Mer

GPS N 49°19'29.0", W 0°00'04.0"
Mitten durch den langen Stadtstrand

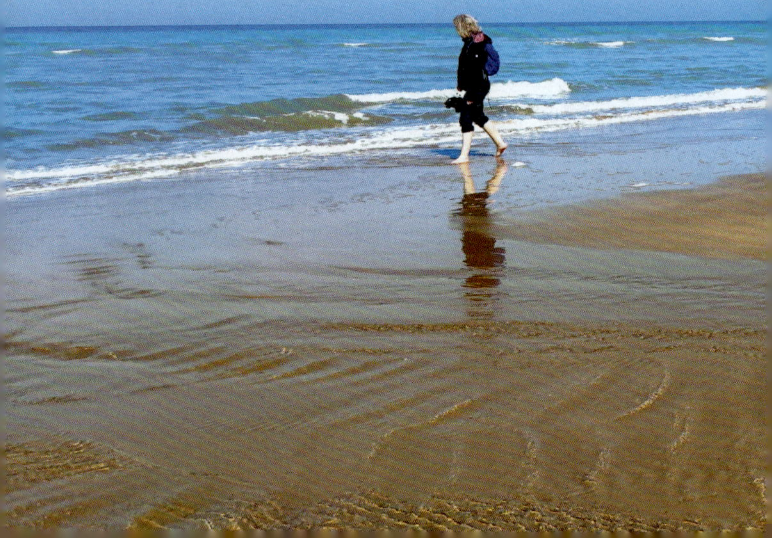

verläuft der Greenwich- oder Null-Meridian. Wo er auf Land trifft, wurde eine Holzplattform an die Strandpromenade gebaut. Der Null-Meridian ist als blaue Linie und mit großen Metallnägeln markiert. Im Westen grenzen die »Vaches Noires« an, schwarze, poröse Felsformationen, die vor der wilden Steilküste wie schwarze Kühe im Wasser liegen.

5 Plage d'Houlgate

GPS N 49°18'06.8", W 0°04'56.4"
Er gilt als einer der schönsten Strände des Calvados. Der Abschnitt am Casino und am Tempel Houlgate trägt auch die Bezeichnung »Perle de la Côte Fleurie«.

6 Plage de Cabourg

GPS N 49°17'45.6", W 0°06'20.6"
Der Strand von Cabourg trägt den Spitznamen »La Plage des Romantiques«, Strand der Romantischen. Dieser Name spielt auf die besondere Atmosphäre an, die durch die malerische Umgebung und die historischen Villen entlang der Strandpromenade geschaffen wird. Hier blicken zwei architektonische Meisterwerke der Belle Époque auf die Wellen – das Cabourg Casino und das historische Grând Hotel, in dem viele bekannte Persönlichkeiten unterkamen. Zwischen 1907 und 1914 war das Grand Hôtel von Cabourg zum Beispiel das bevorzugte Sommerdomizil des Schriftstellers Marcel Proust. Alle Straßen im Zentrum führen wie die Streben eines Fächers auf diese beiden wichtigen Gebäude zu. Hotel und Casino wurden im Jahr 1853 errichtet, als ein findiger Pariser Geschäftsmann das Potenzial der Normandieküste als Urlaubsziel erkannte und das Fischerdorf Cabourg zu einem schicken Badeort ausbaute.

7 Plage de Riva Bella in Ouistreham

GPS N 49°17'16.7", W 0°15'24.4"
Sein Name bedeutet aus dem Italienischen übersetzt »schönes Ufer«. Hier wird eine große Auswahl an Aktivitäten angeboten. Ihr könnt Kajak fahren, ein SUP mieten, Strandsegeln oder Beach-Volleyball spielen.

8 Omaha Beach

GPS N 49°21'34.7", W 0°50'36.3"
Über sechs Kilometer goldfarbener Sand, gerahmt von einem Dünengürtel: Der traumhaft schöne Strand wird heute wieder als Sonnen- und Badeplatz genutzt, hat aber eine grauenvolle Geschichte. Die Gräber von fast 10.000 amerikanischen Soldaten, die hier im Juni 1944 bei der Befreiung Frankreichs ihr Leben verloren, liegen nicht weit hinter dem Strand in den grasbewachsenen Dünen.

8

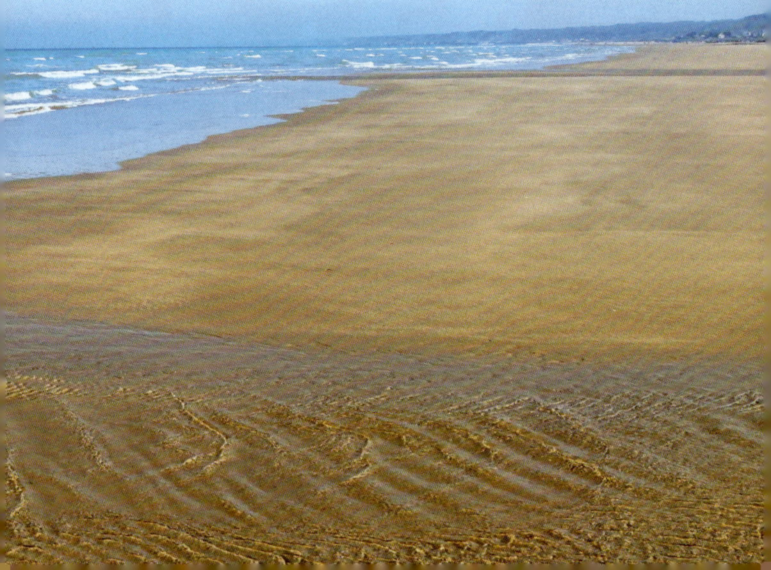

Ausflugsziele

1 Honfleur

Die kleine Fischer- und Hafenstadt existierte bereits um das Jahr 1000. Die schmalen, sechsstöckigen Häuser, die sich im alten Hafenbecken spiegeln, ziehen über fünf Millionen Gäste pro Jahr an. Zum Meer hin ist das »Vieux Bassin« begrenzt von der Église Sainte-Catherine aus dem 15. Jahrhundert, der größten Holzkirche Frankreichs. Daneben stehen die Reste der Festungsanlage »La Lieutenance« aus dem 14. Jahrhundert. Auch in anderen Straßen lassen sich wunderschöne alte Häuser entdecken, so zum Beispiel in der Rue Haute. Am modernen Hafen warten ein Riesenrad und mehrere Parkanlagen.

Ein lohnender Ausflug führt zur »Chapelle Notre-Dame de Grâce«. Die Kapelle aus dem 17. Jahrhundert steht oberhalb des Ortes auf der Klippe und wurde von Seefahrerfamilien mit Votivtafeln, Bildern und Schiffsmodellen geschmückt. An ihrer nördlichen Seite liegt ein großartiger Aussichtspunkt mit Blick über die Seine-Mündung.

2 Lisieux

Der zweitgrößte Wallfahrtsort Frankreichs liegt am Fluss Touques. Etwa eine Million Menschen besuchen jährlich den Ort, darunter sind auch etliche, die pilgern. Lisieux war über Jahrhunderte Sitz der Fürstbischöfe und ist außerdem der Ort, in dem Thérèse de Lisieux, die Heilige Theresia vom Kinde Jesu, den größten Teil ihres kurzen Lebens (1873–1897) verbrachte.

Mit 15 Jahren beschloss Thérèse genau wie ihre Schwestern, dem Karmeliter-Orden beizutreten. Mit ihrer Vorstellung, dass man die Hingabe an Gott in kleinen Gesten des Alltags beweisen könne, war sie ihrer Zeit voraus. In ihrem spirituellen Werk »Die Geschichte einer Seele«, das erst nach ihrem Tod veröffentlicht wurde, beschreibt sie ihre »kleinen Wege« zur Liebe zu einem barmherzigen Gott. Thérèse starb jung an Tuberkulose. Sie wurde wegen ihrer spirituellen Ideen und des Einflusses ihrer Schriften auf die katholische Kirche heiliggesprochen. Thérèse de Lisieux gilt als eine der beliebtesten Heiligen der katholischen Kirche. Jeden letzten Sonntag im September

Im Hafen von Honfleur

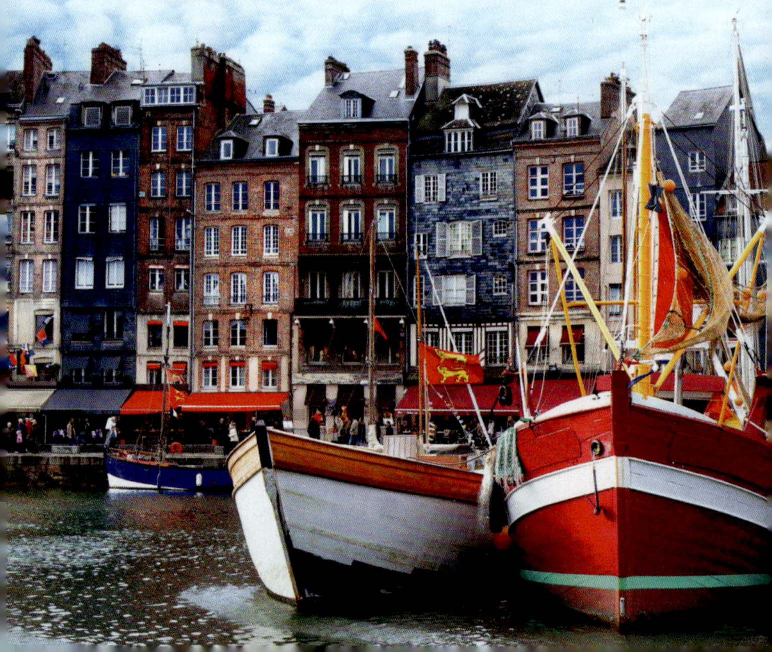

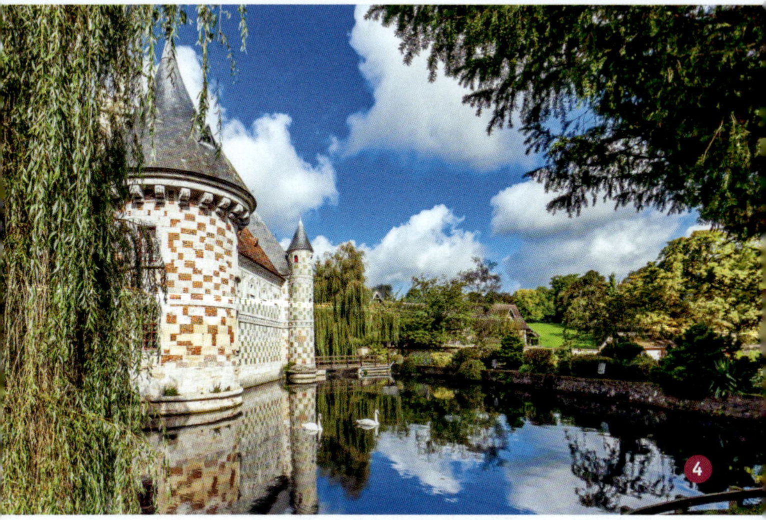

wird sie in Lisieux mit Gottesdiensten und Prozessionen gefeiert.

Ihr zu Ehren baute man die mächtige **Basilika Sainte-Thérèse de Lisieux**, eine der größten Kirchen des 20. Jahrhunderts. Sie wurde im neubyzantinischen Stil am südöstlichen Ortsrand errichtet. Die alte gotische **Kathedrale Saint-Pierre**, die eine wichtige Rolle im Leben der Heiligen spielte, steht dagegen zentral im Stadtzentrum. Sie wurde im 12. Jahrhundert begonnen und im 13. Jahrhundert vollendet und ist bekannt für ihre beeindruckende Architektur, insbesondere für ihre Fassade und die kunstvoll gestalteten Glasfenster. Neben der Kathedrale könnt ihr durch die gepflegte Parkanlage des »Jardin de l'Eveché« spazieren.

Durch Lisieux führen zwei markierte Rundgänge. Einer führt euch auf den Spuren der Heiligen Theresa durch die Stadt, der zweite verbindet wichtige Stationen der mittelalterlichen Geschichte.

3 Château de Crèvecœur

GPS N 49°07'20.9", E 0°00'45.4"

Die Festungsanlage aus dem 11. Jahrhundert ist zweigeteilt: Im Wasserschloss wohnte der Adel, dahinter befanden sich in hübschen Fachwerkhäusern Stallungen, Lager, Gesinderäume und eine Kapelle. Das Schloss ist als Ruine erhalten, die angrenzenden Bauten sind restauriert. Das Ensemble ist eine zwar überschaubare, aber sehr eindrucksvolle Anlage.

Geöffnet April bis Mitte Oktober, Mo bis So 11–18 Uhr, im Sommer bis 19 Uhr, im Oktober nur sonntagnachmittags. Eintritt €9, reduziert €5–8, bis 7 Jahre frei, Familie €27. www.chateaudecrevecoeur.com

4 Château Saint-Germain de Livet

GPS N 49°05'22.1", E 0°12'56.7"

Das Schloss aus dem 16. Jahrhundert liegt sieben Kilometer südlich von Lisieux. Es steht in einer Parkanlage und ist umgeben von einem Wassergraben. Mit seinen schachbrettartig gemusterten Mauern aus weiß und rot glasierten Ziegelsteinen wirkt es recht ungewöhnlich. Einzigartig ist auch die Kombination von Fachwerk- und Steinarchitektur. Wegen seiner malerischen Erscheinung gilt das Schloss als besonderes Kleinod im Pays d'Auge.

Besichtigung kostenlos mit Führungen zur halben Stunde.

5 Beuvron-en-Auge

Der Ort mit seinen Fachwerkhäusern aus dem 17. und 18. Jahrhundert gehört zu den »Schönsten Dörfern Frankreichs«. Besonders malerisch ist der Place Vermughen rund um die historische Markthalle. Jeden zweiten Sonntag im Monat findet hier der Antik-Markt »Beuvr'Antiques« statt. Im Herbst gibt es ein großes Cidre-Fest.

6 Dives-sur-Mer

Die Hafenstadt mit mittelalterlichem Stadtkern gilt auch als die Stadt von Wilhelm dem Eroberer, der von hier aus seinen Feldzug nach England startete. An der Place de la République stehen die »Halles médiévales«, die Markthallen aus dem 15. Jahrhundert (Markt: Samstag), und das »Manoir de Bois-Hibout«, ein wehrhaftes und mehrstöckiges Herrenhaus aus dem 17. Jahrhundert. Ein Block weiter westlich, am Parc de la Roseraie, lohnt ein Besuch des Village d'Art Guillaume-le-Conquérant, ein nachgebautes mittelalterliches Straßenbild mit Restaurants und kleinen Läden mit Kunsthandwerk und Souvenirs. Südlich der Place de la République kann man die Église Notre-Dame aus dem 11. Jahrhundert besuchen. Über dem Kirchenportal sind die Namen von 475 Mitstreitern Wilhelms des Eroberers eingraviert, die mit ihm in die Schlacht von Hastings zogen.

Eine andere Art von Kunst ist in der **Maison Bleue** in Hafennähe zu sehen. Das Haus und der Garten sind mit kunstvollen kleinen Monumenten und Mosaiken geschmückt, die aus wiederverwerteten Materialien gefertigt wurden. Die meisten davon sind blau. Der Besitzer des Hauses, Euklides de Costa Ferreira, war eigentlich Maurer und in Sachen Kunst ein Autodidakt. 1957 entstanden die ersten kleinen Kunstwerke an der Maison Bleue, dem blauen Haus. Ferreira arbeitete an seinem Kunstwerk bis zu seinem Tod im Jahr 1984.

Eintritt €5.

7 Caen

Auch die Stadt Caen ist eng mit der Geschichte von Wilhelm dem Eroberer verbunden. Wir widmen uns ihr ausführlich in [› Tour 14].

8 Château Fontaine-Henry

GPS N 49°16'29.2", W 0°27'03.2"

Das Renaissance-Schloss wurde zum Beginn des 12. Jahrhunderts auf den Grundmauern einer alten Festung errichtet. Seit 800 Jahren wird es von der Besitzerfamilie bewohnt und ist von einem englischen Garten umgeben. Die Fassaden zeigen verschiedene Architekturstile, eines der Dächer ragt steil 15 Meter in den Himmel. Im Schloss ist eine bemerkenswerte Gemäldesammlung zu sehen und auch das alte Gemäuer kann besichtigt werden.

Geöffnet Mitte Juni bis Mitte September, Mi bis Mo 14.30, 15.30, 16.30, 17.30 Uhr. Führung €8,50, Kinder 5 bis 17 Jahre €5,50. www.chateaudefontainehenry.com

Die Bucht von Arromanches-les-Bains

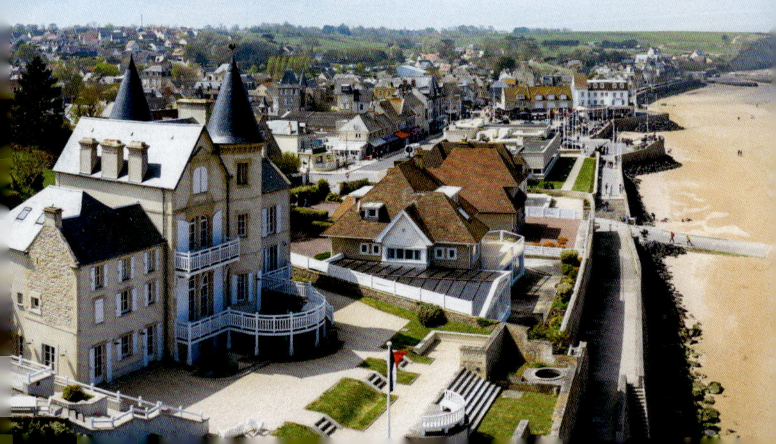

9 Bayeux

In Bayeux ist einer der berühmtesten Teppiche der Welt zu sehen. Der gestickte **Bildteppich** stammt aus dem 11. Jahrhundert und zeigt auf fast 70 Metern Länge die Eroberung Englands durch die Normannen in der Schlacht von Hastings. Er wurde von Bischof Odon, einem Bruder Wilhelms des Eroberers, in Auftrag gegeben als Wandschmuck für die Kathedrale. Aufgrund seiner detaillierten Darstellungen ist er nicht nur künstlerisch wertvoll, sondern auch aus historischer Sicht eine wichtige Informationsquelle. Er zeigt auch Alltägliches aus dem mittelalterlichen Leben, wie zum Beispiel die Kleidung, die Rüstungen und Waffen der beteiligten Truppen. Auch Orte, Burgen, Kirchen und sogar landwirtschaftliche Szenen sind genau abgebildet.

Der Teppich gehört zum Welterbe der UNESCO und ist im **Musée de la Tapisserie de Bayeux** zu sehen, das ihr östlich der Kathedrale von Bayeux findet.
Geöffnet März bis Oktober 9–18.30 Uhr, November, Dezember, Februar 9.30–12.30 und 14–18 Uhr. €12, ermäßigt €7,50, unter 10 Jahre frei, inkl. Audioguide in 16 Sprachen. www.bayeuxmuseum.com

Die **Kathedrale von Bayeux** liegt im Zentrum der Stadt. Sie wurde etwa 1077 von Wilhelm dem Eroberer geweiht. Ursprünglich im romanischen Stil erbaut, weist sie später hinzugefügte gotische Elemente auf. Die Kathedrale ist bekannt für ihre beeindruckende Fassade, die reich verzierten Portale und die eindrucksvollen Glasfenster.

Rund um die Kathedrale stehen hübsche Stadtpalais aus dem 17. und 18. Jahrhundert. Zwischen Kathedrale und Tourismusinformation liegt das mittelalterliche Gerberviertel an den Ufern der Aure.

10 Arromanches-les-Bains

Das kleine Seebad ist vor allem für die Reste des künstlich im Wasser angelegten Hafens »Mulberry« bekannt. Nachdem die Briten am 6. Juni 1944 am Strandabschnitt Gold Beach anlandeten, sollten sie Arromanches erobern und einen künstlichen Hafen bauen. Der Bau war eine technische Meisterleistung, die notwendig war, um schnell Material, Militärfahrzeuge, Versorgung und Truppen an Land bringen zu können, ohne einen der normannischen Häfen erobern zu müssen. Mulberry war am 14. Juni 1944 einsatzfähig und ermöglichte die Anlandung von 400.000 Soldaten, 500.000 Militärfahrzeugen und vier Millionen Tonnen Material innerhalb der ersten 100 Tage. Ausführliche und berührende Erklärungen vermittelt das 2023 komplett neu gestaltete und vergrößerte »Musée du Débarquement«.
Geöffnet täglich 9–18 Uhr, im Sommer bis 19 Uhr, November, Dezember und Februar 10–17 Uhr. €12,70, Kinder 6 bis 18 Jahre €8,20 inkl. Audioguide. musee-arromanches.fr

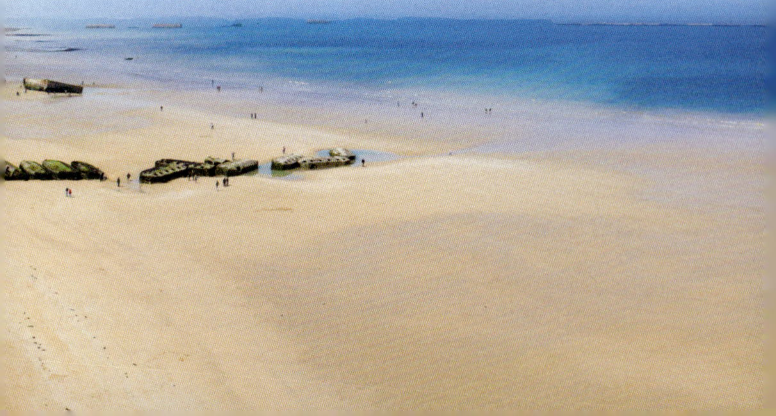

11 Port-en-Bessin-Huppain

Die kleine Hafenstadt liegt in einem engen Talausgang. Der natürliche Hafen wird schon seit Jahrhunderten genutzt. Heute ist er mit langen Kaimauern befestigt, die weit ins Meer reichen. Im Osten wird der Hafeneingang vom Tour Vauban von 1694 überwacht. An der Westseite thront, knapp oberhalb eines Aussichtspunktes mit Bank, die nach Zerstörungen neu errichtete »Maison Phare«, das ehemalige Leuchtturmwärterhaus.

12 Normandy American Cemetery Omaha Beach

GPS N 49°21'24.9", W 0°51'08.50"
Der Strand bei Colleville-sur-Mer war 1944 eine der am härtesten umkämpften Landungszonen des D-Days. Hinter dem Strand befindet sich heute ein großer Friedhof. Er ist die letzte Ruhestätte für fast 10.000 amerikanische Soldaten. **[› Tour 16]**
www.abmc.gov/normandy

13 La Pointe-du-Hoc

Die Landspitze bei Criqueville-en-Bessin liegt zwischen den Landungsstränden Omaha Beach und Utah Beach. Hier kletterte eine amerikanische Ranger-Spezialeinheit mit 225 Elitesoldaten am D-Day vom Meer über die senkrechten, 30 Meter hohen Klippen auf das Plateau, um die von etwa 150 Deutschen besetzten Betonbunker einzunehmen. Diese Mission gelang relativ schnell, aber die Deutschen kesselten die Amerikaner auf der Klippe ein und griffen an. Bis zum 8. Juni 1944 waren 135 Amerikaner verwundet oder getötet. Das Gelände wurde zum 60. Jahrestag den USA übergeben. Die American Battle Monuments Commission versucht seitdem, trotz der erodierenden Felsenküste den Zustand von 1944 und damit die Gedenkstätte zu erhalten. Das Gelände kann man kostenlos besuchen.

14 La Cambe

GPS N 49°20'35.1", W 1°01'35.1"
Hier befindet sich die größte Deutsche Kriegsgräberstätte der Normandie. 21.222 Gefallene haben hier ihre letzte Ruhe gefunden. Im Grab unter dem Tumulus wurden 207 Soldaten beerdigt, von denen nur 87 namentlich bekannt sind.

Während des Krieges bestatteten die Amerikaner hier deutsche und amerikanische Gefallene. Nach Kriegsende wurden die amerikanischen Gefallenen exhumiert und zwei Drittel in die USA überführt, die übrigen hat man im Normandy American Cementery bei Omaha Beach beigesetzt.

Weil die deutschen Soldaten oft verstreut in Feldgräbern oder auf kleinen Friedhöfen beerdigt worden waren, übernahm es der *Volksbund deutscher Kriegsgräberfürsorge,* sechs große Kriegsgräberstätten in der Normandie zu errichten.
www.lacambe.fr

15 Château Balleroy

GPS N 49°10'50.3", W 0°50'20.1"
Im klassizistischen Schloss von 1631 kann ein Teil der prachtvollen Schlossräume im Stil des 19. Jahrhunderts besichtigt werden. Auch eine umfangreiche Gemäldesammlung, ein Ballonmuseum sowie der englische Park und die französischen Gärten sind öffentlich zugänglich.
Geöffnet April bis Anfang November. Gesamtpreis mit geführter Schlosstour €9, Kinder €6,50. Es gibt Einzelpreise für Schloss, Museum, Garten. www.chateau-balleroy.fr

16 Vire

Die ehemalige Festungsstadt liegt am Ufer des gleichnamigen Flusses inmitten typisch normannischer Landschaft mit idyllischen Wiesen, gesäumt von Wallhecken und Apfelbaumhainen. Von den mittelalterlichen Bauwerken und Festungsanlagen, die König Louis XIII. massiv erweitern ließ, haben einige Bauten den Krieg überstanden. Besonders sehenswert sind das wehrhafte Stadttor »Porte Horloge« aus dem 12. Jahrhundert am zentralen Kreisverkehr und die dahinter stehende gotische Kirche Notre-Dame aus dem 14. Jahrhundert. Mit ihrem Glockenturm, den Zinnen und den vielen Wasserspeiern passt sie perfekt in das mittelalterliche Stadtbild.

Südlich auf einem Felssporn ragt die Ruine des **Donjon de Vire** in den Himmel. Sie ist der letzte Rest des Schlosses der Herzöge der Normandie aus dem 11. bis 12. Jahrhundert. Erhalten sind zwei Seiten des mächtigen Turms, der mit einer Wandstärke von über zwei Metern auf eine Grundfläche von 13 mal 14 Metern kam.

Südwestlich der Stadt ist der **Lac de la Dathée** zu finden. Hier darf zwar nicht gebadet werden, aber es gibt einen Bootsverleih.

17 Pont-d'Ouilly

GPS N 48°52'27.4", W 0°24'34.7"
Hier kann man entspannt an der Orne entlangschlendern und Kajaks mieten, um die Normannische Schweiz vom Wasser aus kennenzulernen.
Mit den typischen Sit-on-Top-Kanus werden auf der Orne ab Ouilly Strecken von 1,5 bis 13 Kilometern angeboten, Mai bis August 9–18 Uhr, April und September 13–18 Uhr, €7–24 pro Person. canoe-accrobranche.pontdouilly-loisirs.com.

18 Château Ganne

GPS N 48°54'06.8", W 0°24'38.7"
Die Ruine der ehemals mächtigen Festung steht auf einem Hügel und ist von einem parkähnlichen Gelände umgeben. Hübsche Spazierwege führen durch und um die Anlage. Der Eintritt ist kostenlos.

19 Château de Falaise

GPS N 48°53'33.7", W 0°12'13.7"
Das mächtige alte Gemäuer steht auf einem Hügel und gilt als Wahrzeichen der Stadt Falaise. Gebaut im 10. Jahrhundert, war die Burg bis 1066 Sitz der Herzöge der Normandie. Hier wurde im Jahr 1027 oder 1028 auch Wilhelm der Eroberer geboren. Im Laufe der Jahrhunderte hat man die Burganlage mehrfach erweitert und verstärkt. Aus dem 12. Jahrhundert stammen zwei viereckige Burgfriede, der hohe, runde Tour Talbot ist ein Jahrhundert jünger.
Mit kurzen Filmen und digitalen Visualisierungen auf den zum Rundgang verteilten Tablets wird die Burg bei der Besichtigung zum Leben erweckt.
Ganzjährig geöffnet außer Anfang Januar bis Anfang Februar 10–18 Uhr. €9,50, Kinder 6 bis 16 Jahre €5. www.chateau-guillaume-leconquerant.fr

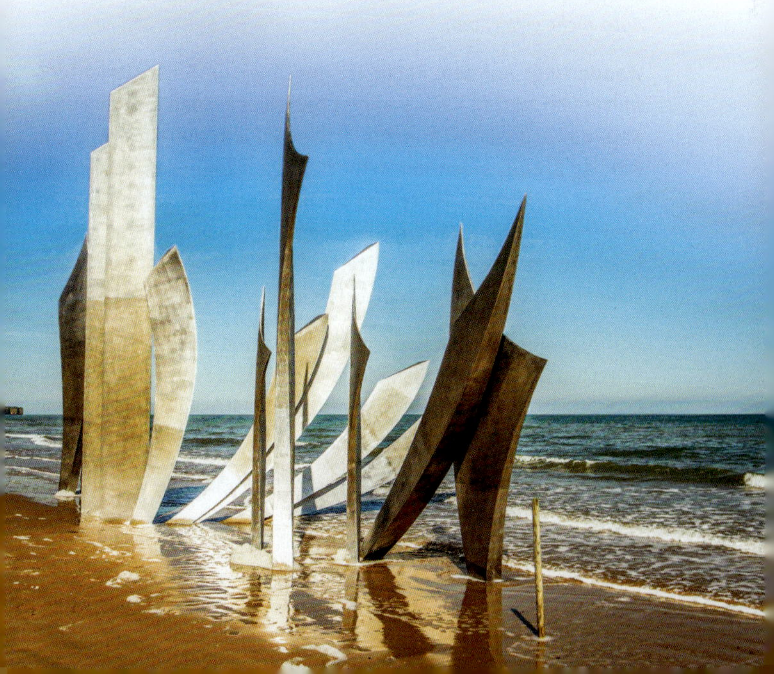

140 m

STRECKE 8,3 km

2 h 30

ab 8

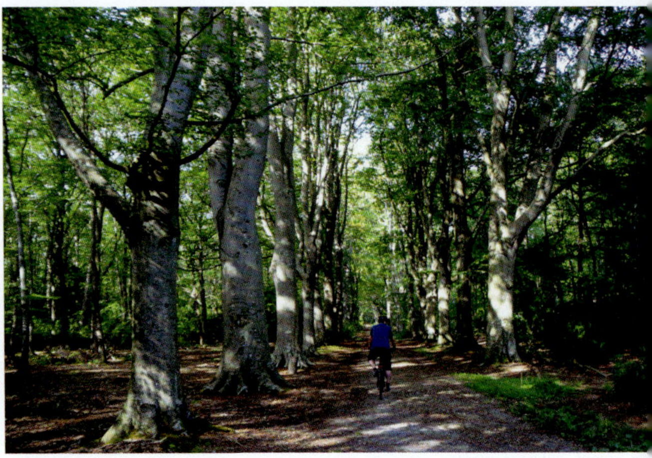

11 Entdeckungen bei Honfleur

Bois de Breuil und Strand der Seine-Mündung

Einsamkeit und ursprüngliche Natur, beides verspricht diese Wanderung trotz ihrer Nähe zum Tourismuszentrum Honfleur. Aber in den alten Wald Bois de Breuil mit seinen Buchen, Stieleichen und Rhododendren verirrt sich kaum einer der Badegäste und der größte Teil des Strandes, über den unsere Wanderung verläuft, ist mit dem Auto nicht erreichbar.

Wanderung: Auf dem Parkplatz gehen wir in Anfahrtsrichtung weiter und treffen nach wenigen Metern auf einen breiten Forstweg, auf den wir nach rechts einbiegen. Wir sind unterwegs im **Bois de Breuil**, einem der wenigen frei zugänglichen Küstenwälder der Normandie. Mitten im Buchenmischwald blühen hier im Juni riesige Rhododendron-Büsche. Die Runde auf dem breiten Forstweg ist als Lehrpfad gestaltet mit Hinweisschildern für verschiedenen Pflanzen in französischer Sprache.

Wir folgen immer dem breiten Hauptweg und genießen Ruhe und Schatten im Wald. In der südöstlichen Ecke des Waldes führt der Weg leicht abwärts und um eine scharfe Linkskehre. Nach einer

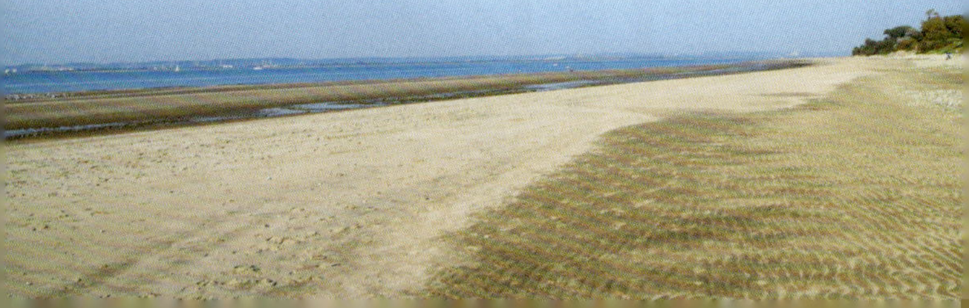

weiteren Kehre erreichen wir schließlich die dem Parkplatz gegenüberliegende Seite des Lehrpfades und eine große **Infotafel** ❶.

> *Highlights*
>
> ***Diese kleine Runde bringt euch zu einem wilden, naturbelassenen Abschnitt der Küste. Hier seid ihr oft ganz allein unterwegs, denn die gut besuchten Badestrände des Calvados sind meist direkt vor den Promenaden der hübschen Badeorte zu finden.***

Hier biegen wir rechts ab auf den Pfad, der vom Plateau in Kehren abwärts in Richtung Meer führt. Kurz darauf stehen wir oberhalb einer Wiese und blicken auf die Bucht der Seine und auf den gegenüberliegenden Hafen von Le Havre. Nur wenige Meter weiter erreichen wir einen Fahrweg, der zum Sträßchen wird und dem wir geradeaus immer Richtung Meer folgen. Bei der querverlaufenden **D513** biegen wir links ab. Etwa 100 Meter weiter geht es nach rechts und zwischen zwei Torpfosten hindurch auf einen Fahrweg ❷, der schmale Durchgang links des Tores ist immer offen.

Wir wandern an einem alten Gehöft vorbei bis zu einer Wieseneinfahrt, vor der nach rechts ein Fußweg abzweigt. Er leitet uns zuerst an Büschen und Bäumen entlang und dann durch einen natürlichen Tunnel aus Büschen zum langen **Strand** ❸. Weil es hier keine Parkplätze und Zufahrten gibt, können wir die fantastische Weite meist fast alleine genießen.

Wir gehen jetzt nach links und für die nächsten 1,5 Kilometer immer am Meer entlang. Bei Ebbe lässt es sich auf dem noch feuchten Sand recht gut gehen, bei Flut führt der Weg über große, in vielen Farben leuchtenden Kiesel am Dünenrand. Kurz vor dem Ende unseres Strandweges erreichen wir die Mündung

TOUREN-STECKBRIEF

Anfahrt: Von Honfleur geht es auf der D513 entlang der Küste nach Pennedepie, dort biegen wir links auf die D62 und nach 2,7 km links in den Chemin des Onglets ab. Der nächste Abzweig führt links Richtung Bois de Breuil (max. 3,5 t). Wir folgen dem Sträßchen und biegen nach einer 90-Grad-Rechtskurve links zum Waldparkplatz ab.
GPS N 49°24'25.1", E 0°11'38.3"
Wohnmobile können an der Kirche von Pennedepie geparkt werden.
GPS N 49°24'25.2", E 0°10'37.0"
Anspruch und Charakter: Mischung aus Feld- und Forstwegen und einzelnen Pfaden. 1,5 Kilometer laufen wir weglos am Strand, dort wird ein kleiner Bach überquert, der ganz flach über Steine und Sand fließt. Mückenspray mitnehmen! Schatten nur im Bereich des Waldes. Badesachen nicht vergessen!
Markierung: Keine.
Mit Kindern: Wir starten am Parkplatz wie beschrieben nach rechts, biegen aber nach wenigen Metern auf einen Pfad in einer breiten Waldschneise nach links ein, der uns direkt zu ❶ führt. Von hier folgen wir der Wanderung ans Meer, genießen unseren Aufenthalt dort und gehen auf gleichem Weg zurück. (3,2 km, 1 h)
In der Nähe: Honfleur und Trouville.

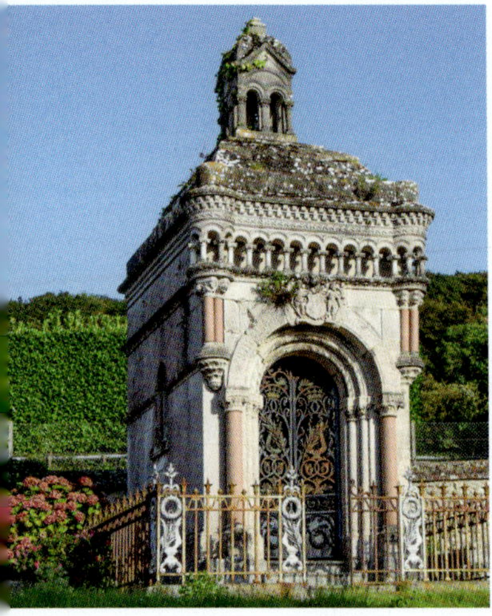

eines Baches ❹, an dessen Ufer einige Bäume wachsen. Er führt vor allem nach Regen Wasser und wir überqueren ihn an einer flachen Stelle. Gute 200 Meter weiter erreichen wir einen breiten, sandigen Zugang zum Strand, bei dem wir je nach Wetter auch wieder auf Menschen treffen. Hier folgen wir dem Sandweg und verlassen die Küste.

Aus dem Sand wird ein Sträßchen. Links und rechts schauen wir über das **Marais de Pennedepie**, ein geschütztes Sumpfgebiet mit Feuchtwiesen und Röhrichtteichen. Bei der nächsten Möglichkeit biegen wir links auf einen Asphaltweg ab. Zwischen gepflegten Wiesen und durch ein weißes Tor erreichen wir die Zufahrt eines Gehöftes, an der ein Fußweg schräg rechts vorbeiführt. Über eine schmale Brücke ❺ überqueren wir noch einmal den Bach. Zwischen Hecken und Feldern hindurch erreichen wir einen Fahrweg, der uns nach rechts wieder zur **D513** führt.

Auf der Straße wandern wir nach rechts, um sofort wieder links abzubiegen in die Gasse hinter der Mairie, dem Rathaus. Es ist aus Bruchsteinen gebaut und mit Zierbändern in verschiedenfarbigen Ziegelsteinen versehen. An der nächsten Verzweigung gehen wir links hoch bis zur Kirche **Saint-Georges de Pennedepie** ❻ aus dem 12. Jahrhundert, die auf einem Plateau über der Seine-Mündung thront. Um diesen etwas ungewöhnlichen Bau ranken sich viele Legenden. Untersuchungen ergaben, dass es hier acht Kapellen gab, Fundamente eines 45 Meter langen Gebäudes sowie einen unterirdischen Gang zum Park des Château de Barneville. Der Ursprung dieses Komplexes konnte nicht geklärt werden. Auf der Rückseite der Kirche steht eine ebenfalls ungewöhnliche, aufwendig gestaltete kleine Grabkapelle.

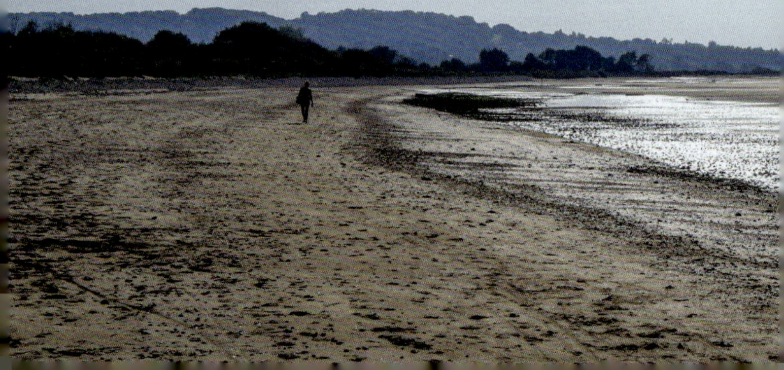

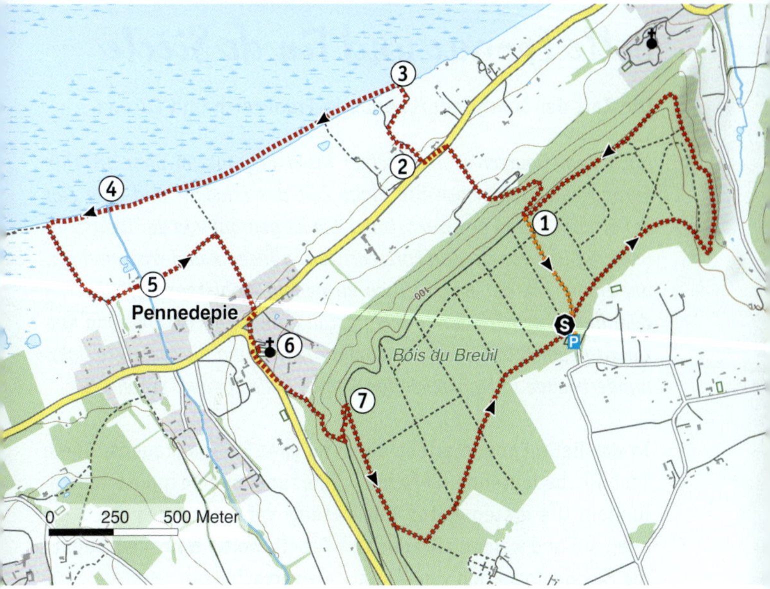

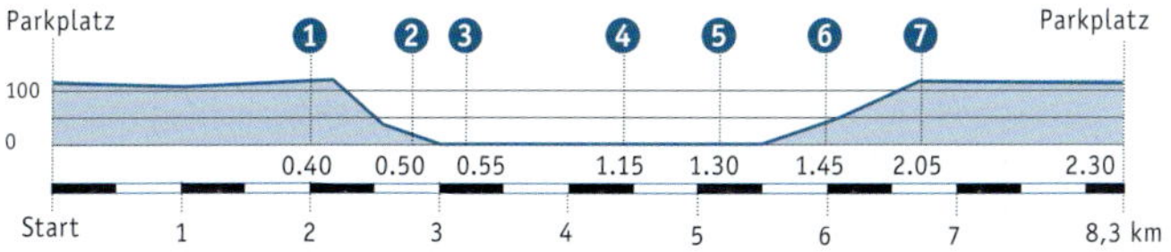

Von der Kirche gehen wir auf der Straße weiter aufwärts und biegen beim ersten Abzweig links auf eine steile Beton-Straße ab. Wo der Beton endet, führt rechts des Fahrweges ein schmaler Fußweg in den Wald. Unterhalb niedriger, weißer Klippen wandern wir jetzt steil aufwärts bis zu einem querenden Fahrweg. Dort biegen wir links ab. Noch einige Meter geht es bergauf, dann treffen wir auf den breiten Forstweg, der auch ein Lehrpfad mit Infotafel 7 ist.

Wir biegen rechts ab. Bei der nächsten großen Verzweigung halten wir uns links. Nach einer Linkskurve erreichen wir eine Allee mit über 200 Jahre alten mächtigen Buchen, unter deren Wipfeln wir zurück zum Parkplatz wandern.

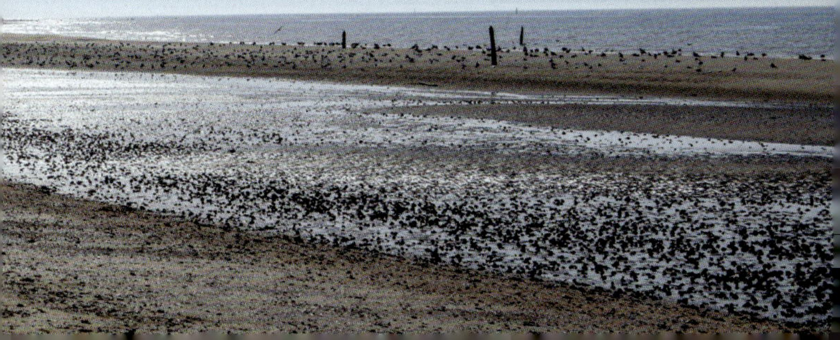

Belle Epoque und Fin de Siècle

Die Zeit der Jahrhundertwende in Frankreich und Europa

Nach dem Deutsch-Französischen Krieg beginnt im Jahr 1871 in Europa eine vergleichsweise lange Zeit des Friedens und eine Zeit der Stabilität und des Wachstums. Sie ist geprägt von der Industrialisierung und von großen Fortschritten in Technik und Wissenschaft, die einem Teil der Bevölkerung zu neuem Wohlstand verhilft. Auf dem Boden von Frieden und Wohlstand finden auch Kunst und Kultur zu neuer Blüte und so bekommt die Ära um die vorletzte Jahrhundertwende in Frankreich den Namen Belle Epoque, schöne Zeit.

In der Belle Epoque erlebt die Technik bedeutende Entwicklungen: Die ersten Autos tauchen auf und werden alltäglich, die Massenproduktion von Waren nimmt ihren Anfang, und Graf Ferdinand von Zeppelin baut sein Luftschiff. Es gelingen Durchbrüche in der Wissenschaft, wie die Entdeckung der Röntgenstrahlen, der Radioaktivität oder des Erregers der Tuberkulose. Bahnstrecken werden gebaut und die Brüder Lumière erfinden das Kino. Das Leben der Menschen verändert sich rasant.

Paris etabliert sich als eines der Zentren für Kunst und Kultur. 1889 präsentiert die Weltausstellung in Paris bereits zum vierten Mal die neuesten technischen Innovationen. Der Eiffelturm wird gebaut, ursprünglich als temporäre Attraktion und als Symbol für den technischen Fortschritt. Als die Weltausstellung im Jahr 1900 ein weiteres Mal in Paris gastiert, wird die Pariser Metro eingeweiht.

Die rasante Entwicklung von Technik und Wissenschaft ist für ganz Europa prägend. Durch die zunehmende Industrialisierung verändert sich auch die Arbeitswelt. Neu gegründete Gewerkschaften vertreten die Rechte der arbeitenden Bevölkerung. Die Frauenbewegung beginnt, Gleichberechtigung und ein Stimmrecht zu fordern. Die strenge Unterteilung in gesellschaftliche Schichten verschwimmt und eine wachsende Zahl von Studierenden kommt aus der unteren Mittelschicht. Die Bevölkerung wächst.

Auch in der Kunst und Kultur spiegelt sich die Aufbruchsstimmung. 1874 erregt die erste Ausstellung einer neuen Künstlergruppe, unter ihnen Claude Monet, Edgar Degas und Pierre-Auguste Renoir, große Aufmerksamkeit. Sie nennen ihre neue Kunstrichtung Impressionismus und streben danach, in ihren Bildern den Moment einzufangen: die Wirkung des Lichts und der Farbe in der Landschaft, einen Sonnenuntergang oder die Spiegelung von Seerosen auf dem Wasser. Ihre Motive kommen aus dem alltäglichen Leben, statt sich wie üblich auf historische Themen zu konzentrieren. Etwa 30 Jahre später sprengt der Expressionismus ein zweites Mal die gängige Vorstellung von Kunst und Malerei, indem er sich in seinen Werken auf die Darstellung von Emotionen und subjektiven Eindrücken konzentriert.

Parallel zu dieser Entwicklung in der Kunstszene verändert der Jugendstil, der in Frankreich als Art Nouveau bezeichnet wird, die Architektur und das Design von Gebrauchsgegenständen. Er vereint Funktionalität mit Ästhektik. In seinen Formen ist er oft von der Natur inspiriert und verwendet fließende Linien und asymmetrische Muster.

Die Architektur der Belle Epoque ist heute noch bei den Villen und Casinos in den Badeorten an der Küste der Normandie zu sehen. Sie weisen oft eine markante Holzkonstruktion in Form von Fachwerk auf. Die Fassaden sind reich verziert mit Balkonen, Erkern, Türmchen und aufwendigen Holzschnitzereien. Große Fenster und Veranden lassen viel Licht ins Innere und ermöglichen den Blick aufs Meer. Der wohlhabende Teil der Pariser Bevölkerung genießt hier das Leben mit Spiel, Tanz und Geselligkeit.

Doch nicht alle kommen mit in der schönen neuen Welt. In den Städten wächst nicht nur die Bevölkerung, sondern auch die Armut. So gibt es in Frankreich auch noch einen zweiten Namen für die Zeit um die Jahrhundertwende: Fin de Siècle, Ende des Jahrhunderts, und der ist weniger positiv besetzt. Er steht für Dekadenz, ungerechte Verhältnisse und Selbstüberschätzung.

So ist auch die Titanic ein Symbol des Fin de Siécles, obwohl sie erst 1912 sank. Mit Salons, Restaurants und komfortablen Kabinen stand sie für Luxus und die Unfehlbarkeit der Technik. Sie war zu ihrer Zeit das größte Schiff der Welt und sie galt als »unsinkbar« – bis sie im April 1912 auf ihrer Jungfernfahrt mit einem Eisberg kollidierte. Auch das vermeintlich goldene Zeitalter der Belle Epoque ging wenig später unter und viele seiner positiven Errungenschaften verschwanden mit ihm in den Trümmern des Ersten Weltkrieges.

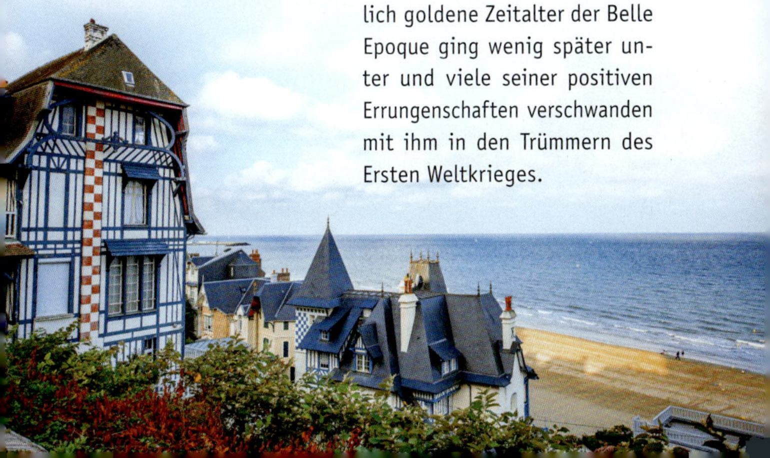

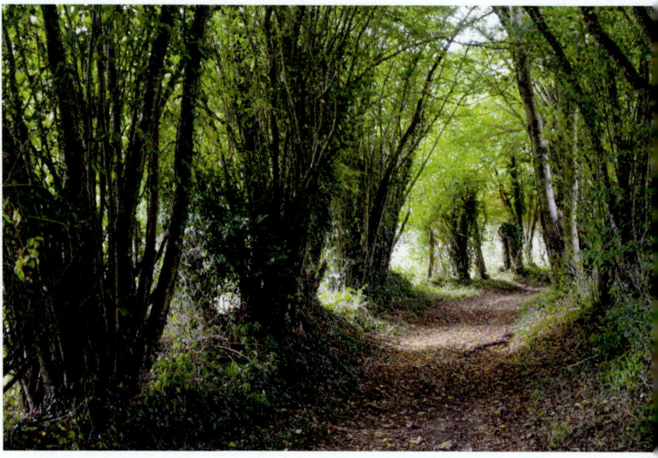

250 m

STRECKE

14,1 km

4 h 30

ab 12

12

Source de l'Orbiquet

Von einer Karstquelle zu einsamen Tälern

Hier im Landesinneren ist das Calvados nur dünn besiedelt. Auf unserer Wanderrunde durch drei einsame Täler erkunden wir wilde Wiesen, Weideland, Felder und Wald in ganz unterschiedlicher Ausprägung – mal stehen die Büsche dicht und alles ist grün, mal ragen neben uns die mächtigen Stämme alter Laubbäume in die Höhe. Unser Start für diese Runde ist eine beständig sprudelnde Karstquelle, an der wir am Ende der Tour auch noch ein Picknick genießen können.

Wanderung: Wir wandern vom Parkplatz zurück zum Park an der Quelle. Vor der **Mühlenruine** biegen wir rechts ab und überqueren den Orbiquet über ein kleines Stauwehr. Auf der rechten Seite sehen wir ein ehemaliges Waschhaus am Flussufer. Der geschotterte Weg bringt uns über einen Steg auf eine sumpfige

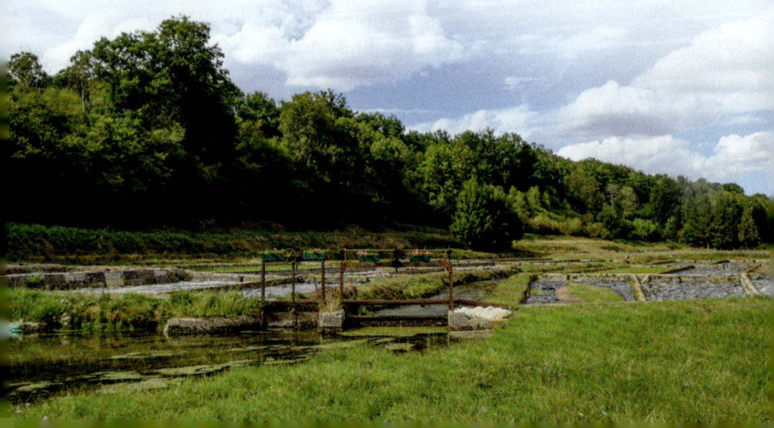

Wiese zum großen **Quellbecken des Orbiquet**. Hier sammelt sich das Wasser unter der Erde in den Rinnen und Rillen im porösen Karst und sprudelt als Bach ans Tageslicht.

Highlights

Ihr erlebt hier typisch normannische Bocage-Landschaft mit einsamen Tälern und eine beständig sprudelnde Karstquelle. Ihr kühles, klares Wasser verläuft unterirdisch im kalkhaltigen Gestein und tritt hier an die Oberfläche.

Wir spazieren zurück zur Straße, gehen rechts, gleich wieder links und biegen direkt vor der Schule (école) wieder rechts ab. 500 Meter weiter folgen wir dem Schotterweg mit weiß-roter Markierung, der links zum Waldrand hinaufführt. Im Schatten der Bäume halten wir uns an der ersten **Verzweigung** ❶ rechts und folgen dem Fahrweg aus dem Wald heraus und am Rand der Felder entlang. Nach einer Linkskehre sehen wir vor uns die Ausläufer einer lockeren Siedlung und den Anfang der Asphaltstraße, hier biegen wir scharf rechts ab in den Wald.

Jetzt geht es hinab ins einsame Bachtal des **Ruisseau de la Bigotière**. Vor dem Talgrund beschreibt unser Weg eine Linkskehre und führt im Tal an einigen flachen Wasserbecken ❷ entlang. Wir folgen dem Wiesenweg zwischen Zäunen auf die andere Talseite und ignorieren den Fahrweg nach links.

Im Schatten von Bäumen wandern wir teilweise auf Geröll bergauf. Wir treffen auf einen Schotterfahrweg und steigen nach rechts weiter aus dem Tal hinauf. Schließlich ist der Anstieg geschafft und Asphaltfahrspuren bringen uns zu einer Straße ❸.

Wir wandern ein kurzes Stück nach links auf Asphalt und vor einem einsamen Baum schräg rechts auf einen Wiesenweg. Zwischen Feldern geht es immer geradeaus und wir kommen zu einem großen Gehöft. Vor den Scheunen biegen wir auf Asphalt links ab und wandern zwischen Haus und Hofanlage auf dem Feldweg geradeaus weiter.

TOUREN-STECKBRIEF

Anfahrt: Von Orbec fahren wir auf der D519 Richtung Mélicourt/L'Aigle und folgen den Schildern zur »Source de l'Orbiquet« nach rechts. Ab jetzt ist die Zufahrt ausgeschildert. Wir biegen die erste Straße links ab. Hinter einer Rechtskehre im Ort geht es links am Park mit der Quelle vorbei. Der Parkplatz liegt ein paar Meter weiter rechts.

GPS N 48°58'55.1", E 0°25'27.8"

Anspruch und Charakter: Überwiegend Forst- und Feldwege, teilweise Pfade, kaum Asphalt. Anstrengend wegen der Querung von drei Tälern. Teilweise schattig.

Markierung: Als »Circuit Source d'Orbiquet« gelb markiert, aber leider nicht sehr einheitlich.

Einkehr: Keine.

Mit Kindern: Diese Tour lässt sich schlecht abkürzen. Bis zu den Becken ❷ und zurück sind es sechs Kilometer und 100 Höhenmeter.

In der Nähe: Lisieux.

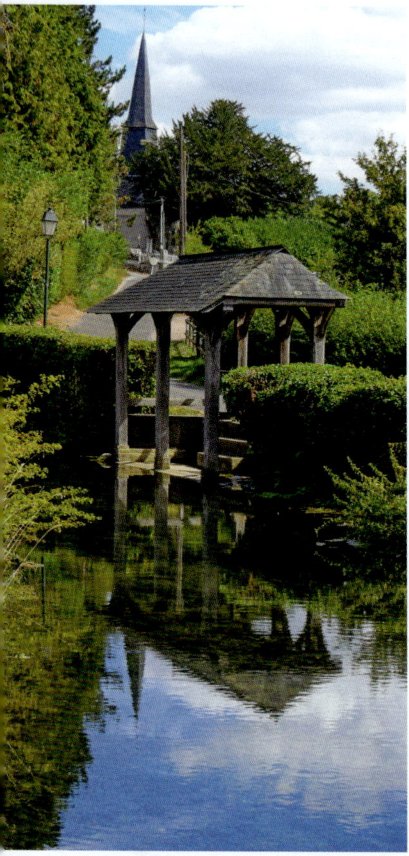

An der nächsten Straße biegen wir rechts ab und nach dem ersten Strommast (grün markiert) links auf einen Wiesenweg ❹. Er führt in einem langen Rechtsbogen durch die Felder und am Waldrand entlang. Wir biegen nicht links ab, durchwandern einen schmalen Waldstreifen und treffen auf einen guten Schotterweg. Erst hier biegen wir links ab und bei der nächsten Verzweigung ebenfalls links auf einen schmalen **Fahrweg** ❺.

Wieder wandern wir abwärts durch sattgrünen, dicht gewachsenen Wald und erreichen ein Wiesental, noch einsamer als das vorherige. Auf der Gegenseite steigen wir über Geröll bergan und folgen immer dem Hauptweg – auch an der mit einem Zaun gesperrten Rechtsabzweigung vorbei.

Schließlich treffen wir oben am Waldrand auf eine **Kreuzung mit einem Fahrweg** und biegen links ab. Wir verlassen unseren heckengesäumten Weg nicht, halten uns bei der **Verzweigung vor einem Haus** ❻ rechts und erreichen kurz darauf wieder Asphalt.

Hier biegen wir rechts ab. Bei der folgenden Durchgangsstraße halten wir uns ebenfalls rechts und sofort wieder links Richtung »Le Chatel«. Auf Asphalt wandern wir zwischen Feldern zu einer **T-Kreuzung** ❼, wo wir links und sofort wieder rechts gehen. Zwischen Hecken spazieren wir abwärts in ein flaches Tal mit Weiden und auf der Gegenseite im Wald wieder aufwärts.

Bei einer **T-Kreuzung** ❽ geht es links weiter und bei der nächsten am Waldrand ebenfalls links. Unser breiter, naturbelassener Weg leitet uns durch farnbewachsenen Birkenmischwald. Langsam laufen wir abwärts und an einer Schweinesuhle zur Linken vorbei.

Es geht um eine Linkskurve und wir wandern auf einem grasbewachsenen Weg weiter durch die Felder. An der ersten Kreuzung wandern wir geradeaus weiter. Dann sind rechts unterhalb Häuser zu sehen und wir biegen scharf links auf einen Wiesenweg ab. Es geht steil aufwärts bis zu einer **T-Kreuzung vor großen Steinen** ❾, die den Hang stützen. Dort biegen wir rechts ab.

Ab jetzt halten wir uns immer geradeaus. Oberhalb von Pferdekoppel und Apfelplantage und auf Asphalt wandern wir zur Kirche und von dort aus links zum Parkplatz zurück.

Wie eine Karstquelle entsteht

Karstquellen entstehen, wo saures Regenwasser lösliches Gestein wie Kalkstein, Dolomit und Gips auflöst, was zur Bildung von unterirdischen Kanälen und Hohlräumen führt. Das Wasser in Karstquellen kann über weite Strecken unterirdisch fließen, bevor es an der Oberfläche als Quelle austritt. Die Wassermenge, die aus einer Karstquelle fließt, ist abhängig von der Menge des Niederschlags und der Beschaffenheit des unterirdischen Kanalsystems. In Trockenperioden führen viele Quellen nur wenig Wasser. Das Wasser aus Karstquellen ist oft sehr klar, da es durch das Gestein gefiltert wird. Karstquellen sind wichtige Ökosysteme, die Lebensraum für eine Vielzahl von Pflanzen und Tieren bieten. Oft sind sie auch wichtige Trinkwasserquellen.

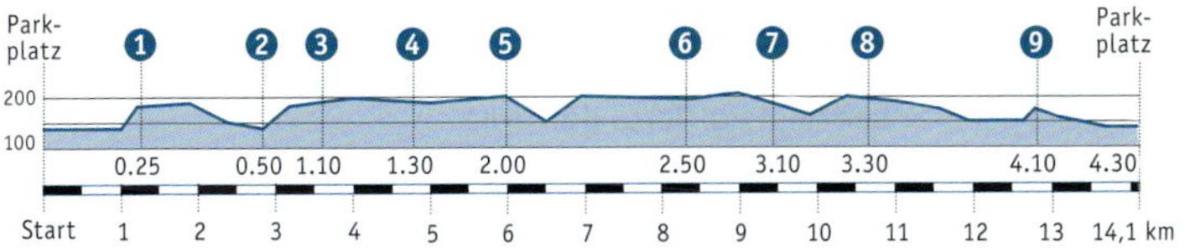

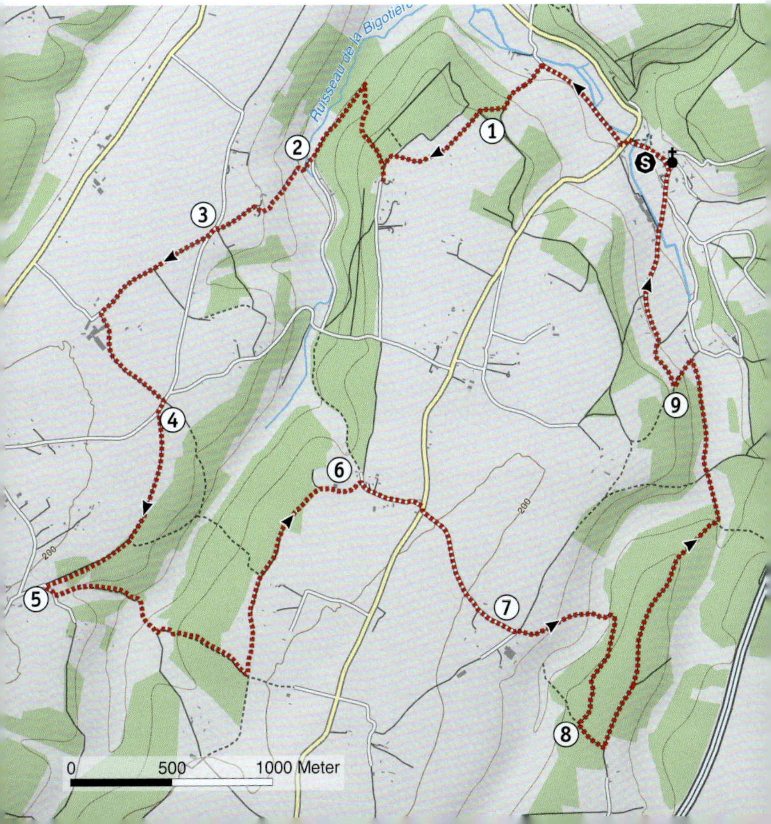

20 m

STRECKE

29 km

3 h

ab 12

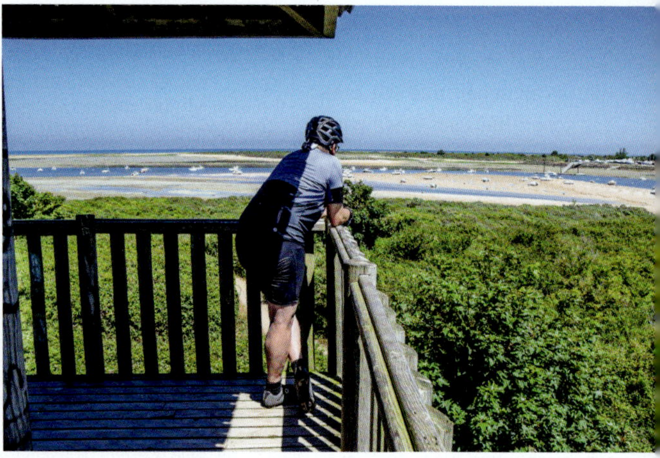

13

Baie de la Orne

Radtour im Delta der Orne

Diese Tour führt uns rund um das Mündungsdelta des Flusses Orne, der bei Ouistreham in den Ärmelkanal mündet. Dabei radeln wir auch über die Pegasus-Brücke in Bénouville. Der Strand von Ouistreham war einer der fünf Landungsstrände, an dem am D-Day Streitkräfte der Alliierten an Land gingen. Diese Brücke über die Orne war dabei von besonderer strategischer Bedeutung. Hier gelang es, die amerikanischen Truppen mit britischen Fallschirmjägern zu vereinen. Heute treffen wir an der Orne auf ausgedehnte Sumpfwiesen, die als Vogelschutzgebiet ausgewiesen sind. Dass wir außerdem in direkter Nähe einer langen Kette von Ferienorten und eines großen Fährhafens unterwegs sind, fällt unterwegs kaum auf.

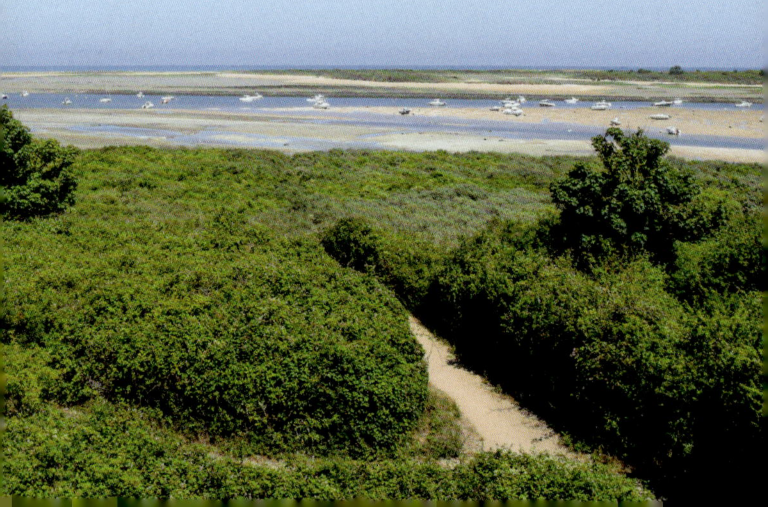

Radtour: Um die Bucht von der Ostseite zu betrachten, fahren wir auf der Zufahrtsstraße weiter bis zum Bootsclub, wo die Straße am Wasser endet ❶. Von hier aus fällt der Blick über Heide und Salzwiesen auf eine Bucht, in der kleine Boote ankern. Rechts ist der Hafen zu sehen, in dem Autos und Lastwagen in den Bauch der riesigen weiß-blauen Fähren von Brittany Ferries verladen werden. Sie fahren nach Portsmouth in Südengland. Hinter uns in den leicht hügeligen, mit Heide bewachsenen Dünen verstecken sich mehrere Bunker.

Highlights

Der Strand von Ouistreham und die Pegasus-Brücke über die Orne mit ihrem informativen Museum sind geschichtsträchtige Orte. In der Flussmündung befindet sich aber auch ein weitläufiges Feuchtgebiet, in dem ihr viele Wasservögel beobachten könnt.

Wir rollen zurück und biegen gegenüber von der Parkplatzzufahrt auf den geschotterten Fuß-Radweg ein. Er führt am Rande der **Réserve ornithologique du Gros Blanc** entlang. Direkt in der ersten Kehre gibt es rechts einen Beobachtungsstand, von dem wir auf die bei Ebbe trockenfallenden Salzwiesen und auf die Ebene mit ihren wie Adern verlaufenden natürlichen Kanälen gucken können. Dann radeln wir am **Observatoire ornithologique de la Baie** ❷ vorbei, einem Beobachtungsturm aus Holz, den wir unbedingt besteigen sollten.

Der offizielle Radweg führt jetzt geradeaus zu Parkplatz und Straße und dort rechts. Wir wollen aber mehr vom Naturschutzgebiet sehen und folgen stattdessen dem Fußweg beim Schild am Fuß des Turmes nach rechts. Er führt direkt am geschützten Bereich und einem größeren Wasserkanal entlang. Nach 400 Metern treffen wir auf ein Wegdreieck, bei dem es nach rechts zu einem weiteren **Beobachtungsstand** ❷ geht. Von dort führt

TOUREN-STECKBRIEF

Anfahrt: Von der D514 zwischen Bénouville und Merville-Franceville links ab, beschildert ist »La Redoute«. Parkplatz mit Höhenbarke bei
GPS N 49°16'55.1", W 0°13'12.3".

Anspruch und Charakter: Überwiegend Radwege. Zwischen ❺ und ❽ wenig befahrene Sträßchen. Kaum Schatten. Bei Wind anstrengend.

Markierung: Keine.

Einkehr: Das Pegasus Bridge Café auf der Westseite der Pegasus-Brücke ist einfach und wird vor allem von Briten besucht. Mehr gastronomische Auswahl gibt es in Ouistreham. Dazu nach Überquerung der Kanalschleusen rechts abbiegen und zur Strandpromenade fahren.

Mit Kindern: Die 14 Kilometer lange Runde um die Landzunge zwischen Orne und Kanal ist eine kurze Variante. Wir starten am Mémorial ❾, fahren zurück zur D514 und biegen dort links ab. Beim nächsten Kreisverkehr noch vor der Brücke ❺ biegen wir wieder links ab und folgen jetzt der Beschreibung bis zum Memorial.

In der Nähe: Beliebter Fischmarkt und schöner Sandstrand in Ouistreham. Im Ort gibt es zwei weitere Museen zum D-Day: das Grand Bunker Musée du Mur de l'Atlantique und das Musée du Debarquement no. 4 Commando.

Beim **Observatoire ornithologique de la Baie** ist ein Rundweg beschildert, der teilweise auf unserer Strecke verläuft, aber beim Beobachtungshäuschen nach ❸ entlang der Buchtseite der Lagune zurückführt.

ein Fußweg rund um das Naturreservat.

Anschließend wird unser Weg zum breiten Fahrweg und verläuft ein Stück parallel zu Straße und Radweg. Nach Regen wir es hier etwas schlammig, im weiteren Verlauf rollen wir auf unserem Fahrweg direkt oberhalb eines Salzwiesenstreifens entlang und haben freie Sicht auf die Bucht. Schließlich endet dieser Weg an **Straße und Radweg** ❹. Hier biegen wir rechts ab.

Jetzt folgen wir dem offiziellen Radweg direkt oberhalb der Orne. Bei einer **90-Grad-Kehre** haben wir die perfekte Aussicht auf Fluss und Bucht, deren Wasserstand hier stark den Gezeiten unterliegt. Danach geht es, vorbei an einzelnen Bäumen und Büschen, immer direkt am Ufer entlang und gradlinig bis zur **Pont de Ranville** ❺.

Wir überqueren die Brücke über die Orne und biegen beim nächsten Kreisverkehr rechts ab in Richtung *Port de Plaisance de Ouistreham*. Jetzt sind wir auf einem schmalen, wenig befahrenen Sträßchen unterwegs, links gesäumt von Hecken und rechts mit freiem Blick auf die Orne. Wir kommen an einer kleinen Werft vorbei, rollen über eine Brücke und fahren dann auf der linken Seite des Landsteges zwischen Orne und dem parallel verlau-

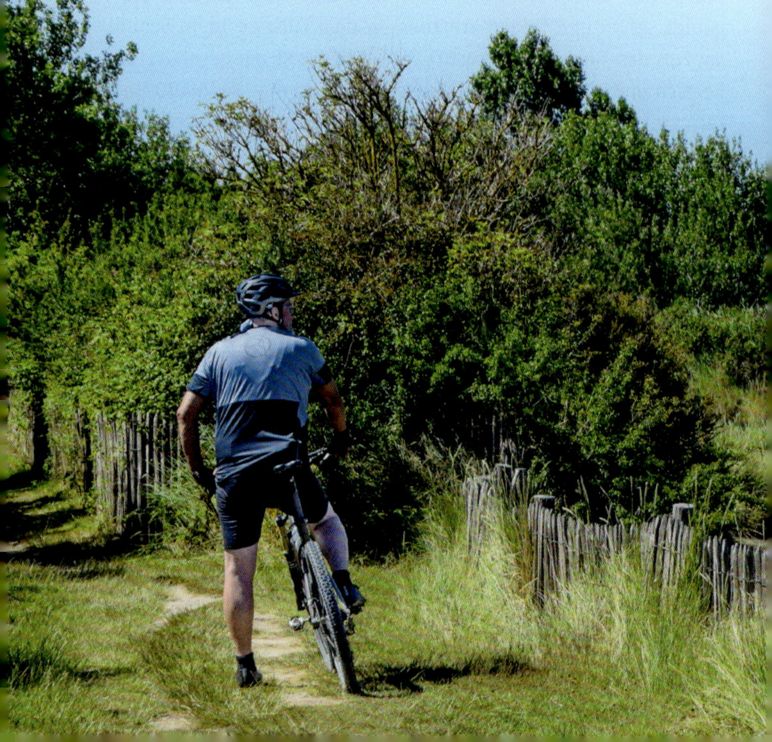

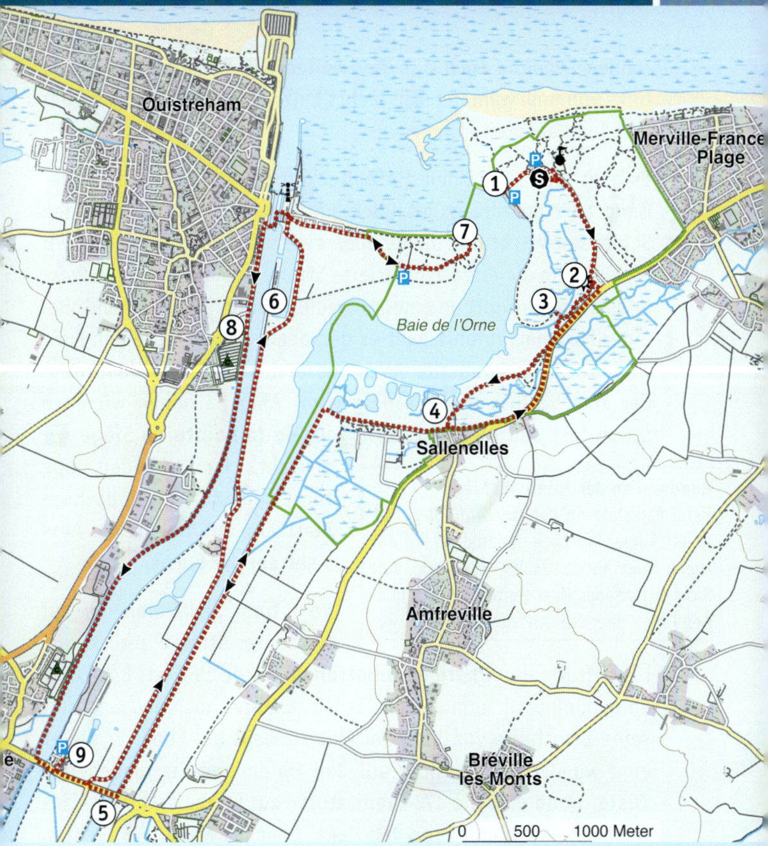
Ouistreham
Merville-France
Plage
Baie de l'Orne
Sallenelles
Amfreville
Bréville
les Monts
0 500 1000 Meter

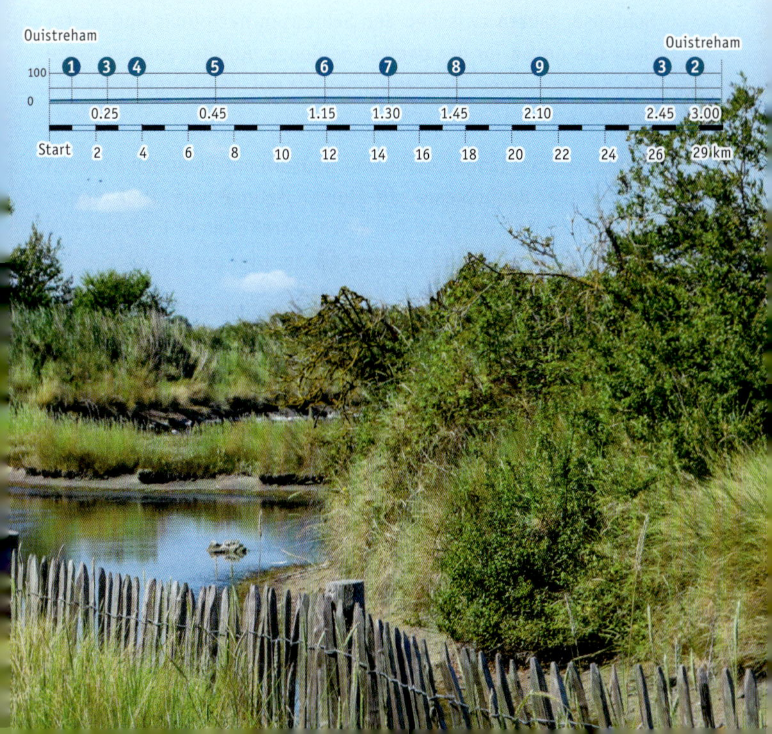
Ouistreham
Ouistreham
100
0
0.25
0.45
1.15
1.30
1.45
2.10
2.45
3.00
Start 2 4 6 8 10 12 14 16 18 20 22 24 26 29 km

fenden *Canal de Caen à la Mer* weiter. Der Kanal verläuft jetzt links von uns, während sich rechts Salzwiesen zur Orne und ihrer Mündung ausbreiten.

Es geht rechts an einem **Hafenbecken** ❻ vorbei und anschließend kurz geradeaus mit Blick auf den Leuchtturm und einen Schleusen-Wachturm. Gegenüber eines Parkplatzes biegen wir rechts ab in die erste asphaltierte Straße, den *Chemin de la Pointe du Siège*. Er führt an einer Ansiedlung vorbei in Brachland. Bei einer Parkplatzzufahrt geht es geradeaus weiter auf einen Fußweg. Wir ignorieren alle Abzweige und folgen dem Hauptweg, der zum Schluss etwas sandig wird. Aber da haben wir auch schon fast den **Aussichtsturm Tour de la Pointe du Siège** ❼ erreicht. Eine Wendeltreppe führt hinauf zur überdachten Plattform mit großartiger Aussicht auf die Bucht.

Rundweg an der Pointe du Siège
Beim Parkplatz an der *Pointe du Siège* ❻ ist ein kurzer Rundweg beschildert. Er führt zuerst zum Aussichtsturm, dann von dort Richtung offenes Meer weiter und anschließend quer über die Landzunge zurück.

Vom Turm pedalieren wir auf bekannter Strecke zurück zum Leuchtturm. Der **Phare de Ouistreham** wurde 1905 als Ersatz für einen kleineren Turm gebaut. Er ist 38 Meter hoch und wechselt seine Lichtfarbe von blau bei Flut zu weiß bei Ebbe. Er bietet eine wunderbare Aussicht auf den Hafen und die umliegende Küste, wenn man die 171 Granitstufen zur Spitze erklimmt (Eintritt € 3). Wir überqueren den Kanal über die Mauer der rechten Schleuse, fahren zwischen den Schleusen nach links und weiter über das große Tor der zweiten Schleuse. Auf der anderen Seite des Kanals biegen wir dann links ab auf den Bürgersteig mit Radweg.

Vorbei an einer langen Reihe von Häusern mit Balkonen kommen wir zu einer Rechtskehre mit kleiner Hafenanlage. Hier biegen wir links ab und am Ende der kurzen Straße leicht links auf den kombinierten **Fuß- und Radweg** ❽ am Ufer des Kanals.

Jetzt rollen wir bequem auf Asphalt und immer mit Blick auf den Kanal zurück Richtung Bénouville und zur **Pégasus-Brücke**. Wir überqueren die Brücke auf dem Radweg und können anschließend

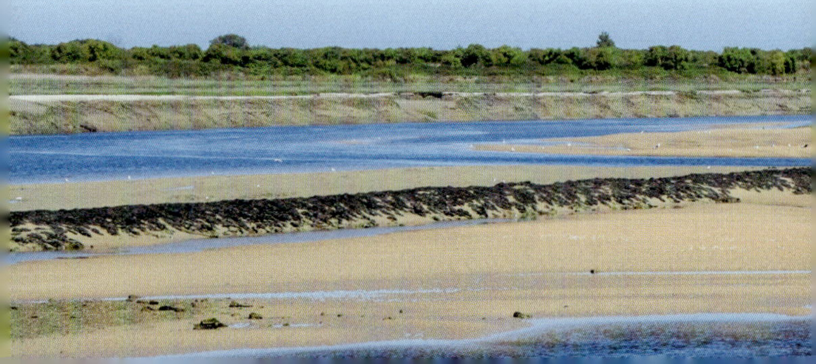

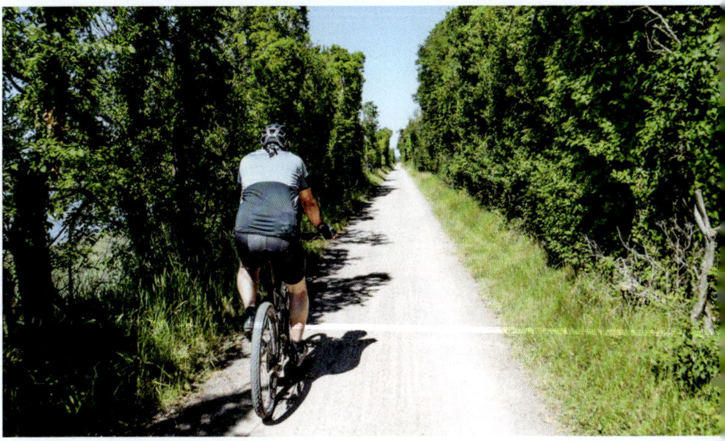

nach links abbiegen zum **Mémorial-Pégasus** ❾, das die besondere Bedeutung dieses Ortes erklärt.

Für den Rückweg fahren wir auf dem Radweg über die **Brücke über die Orne** ❺ und biegen anschließend links ab auf den bekannten Radweg am Flussufer.

Diesmal folgen wir immer dem Radweg auch am **Abzweig** ❹ vorbei. Beim **Parkplatz am Observatoire** halten wir uns leicht links und folgen dem Radweg so um die Linkskurve, am Observatoire vorbei und parallel zur Fahrstraße zurück zum Parkplatz. Hier können wir uns jetzt noch bei den Bunkern in den Dünen umschauen oder Richtung Meer zum Strand laufen.

Mémorial-Pégasus

Das Museum zeigt auf einem Innen- und einem Außengelände viele Original-Ausstellungsstücke, die die Planung, Durchführung und den Schrecken des D-Day erläutern. Den erklärenden Film gibt es in verschiedenen Sprachen, auch auf Deutsch, die Erklärungstafeln sind französisch-englisch. Zu den Ausstellungsstücken gehören die Original-Pégasus-Brücke und ein Original-Holzgleiter ohne Motor, mit dem britische Soldaten über den Kanal geglitten sind.

Wir können dieses Museum empfehlen, haben es als sehr sachlich und wenig pathetisch empfunden und einiges gelernt, was wir aus dem Geschichtsunterricht in diesen Einzelheiten nicht wussten. Den Film halten wir allerdings für ungeeignet für jüngere Kinder.

Geöffnet April bis September 9.30–18.30 Uhr, Februar bis Mitte Dezember 10–17 Uhr. €8,90, Kinder ab 8 Jahre €5,50.

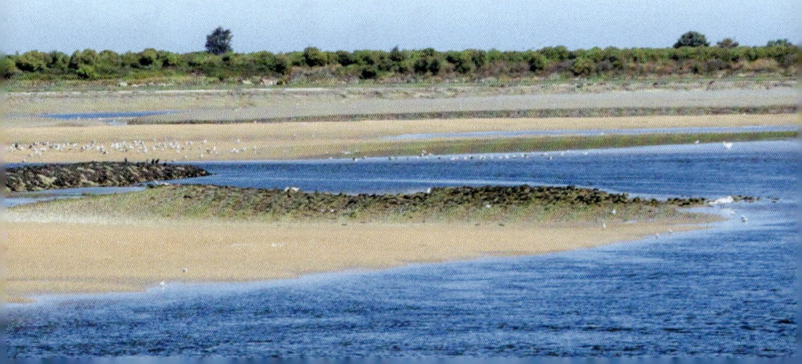

30 m

STRECKE 3,9 km

3 h

ab 6

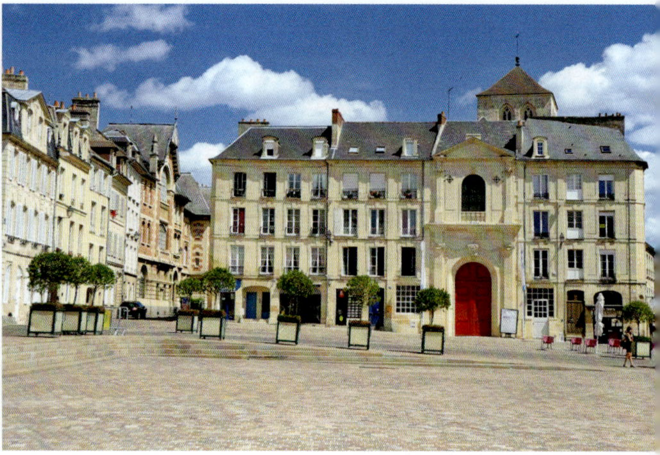

14 Caen

Die Stadt der Normannen

Caen, im 11. Jahrhundert von Wilhelm dem Eroberer gegründet, wurde im Juni und Juli 1944 nahezu vollständig zerstört. Heute ist es mit über 100.000 Einwohnerinnen und Einwohnern die größte Stadt des Départements Calvados und die Hauptstadt der Region Basse-Normandie. Als lebendige Universitätsstadt bietet Caen ein reges Nachtleben, insbesondere im Viertel Vaugueux, das für trendige Bars und Restaurants bekannt ist. Trotz der schweren Schäden durch den Krieg sind in der Stadt immer noch viele beeindruckende Bauwerke aus der Zeit ihrer Gründung sowie aus späteren Epochen zu finden.

Stadtspaziergang: Wir kehren dem Hafen den Rücken zu und spazieren an der rechten Straßenseite an Bars und Restaurants vorbei. In der ersten Linkskehre stehen der **Tour Leroy** ❶, ein Stadtturm aus dem 14. Jahrhundert. Er ist das letzte Relikt der mittelalterlichen Stadtbefestigung.

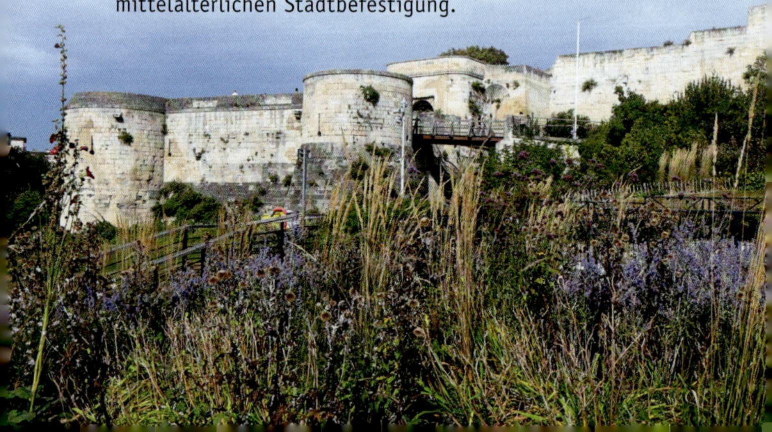

Highlights

Mit mehreren alten Kirchen, der großen Festungsanlage und zwei großen Klöstern aus dem 11. Jahrhundert ist Caen, der ehemalige Regierungssitz der normannischen Herzöge, eine der spannendsten Städte der Normandie.

Am Turm vorbei gehen wir geradeaus in den verkehrsberuhigten **Boulevard des Allées** und sehen vor uns auch schon die **Église Saint-Pierre de Caen** ❷. Um sie zu betreten, müssen wir außen herum gehen und können dabei gleich die Wasserspeier an der Außenseite des Chores bewundern. Der Eingang ist auf der Westseite zu finden, gegenüber steht das mit Skulpturen geschmückte **Hôtel d'Escoville**, ein Stadthaus aus dem 16. Jahrhundert, das heute die Tourismusinformation beherbergt.

Église Saint-Pierre de Caen

Die römisch-katholische Kirche ist einer der wichtigsten Sakralbauten Caens. Sie wurde über mehrere Jahrhunderte immer wieder verändert und zeigt den stilistischen Übergang von der gotischen Architektur mit schmalen hohen Fenstern und Spitzbögen zum Stil der Renaissance. So stammt der Chor aus dem 13. Jahrhundert, der Glockenturm und die Nordfassade mit der riesigen, verglasten Rosette aus dem 14. Jahrhundert. Im 15. Jahrhundert wurden Seitenschiffe ergänzt und das Kirchenschiff erhöht und im 16. Jahrhundert die Renaissance-Apsis im Osten angebaut. In der Nacht vom 8. auf den 9. Juni 1944 wurde Saint-Pierre von einer britischen Granate getroffen und der Kirchturm stürzte in das Kirchenschiff. Durch den folgenden Brand wurde auch das Dach zerstört. 1957 hat man den Glockenturm wiederaufgebaut.

Wir gehen vor der Kirche wieder nach rechts am Turm und der Rosette vorbei. Beim Zebrastreifen überqueren wir die Straße und steigen die **Stufen** zur Festung hinauf. Am oberen Ende der Treppe biegen wir rechts ab und folgen dem Weg in einem langen Linksbogen hoch zur **Porte Saint-Pierre**, einem vorgelagerten

TOUREN-STECKBRIEF

Anfahrt: Parking Courtonne am Port de Plaisance. Sonntags findet hier ein Markt statt und der Platz ist nicht nutzbar: **GPS N 49°11'03.0", W 0°21'23.7"**. Alternative für sonntags: der Parkplatz an den Fosses Julien Richtung L'Abbaye-aux-Hommes, sonntags kostenlos. **GPS N 49°11'09.7", W 0°22'02.0"**
Anspruch und Charakter: Stadtspaziergang in der Altstadt von Caen.
Einkehr: Viele Restaurants und Cafés, unter anderem beim Hafen und an der Place Saint-Sauveur.
Mit Kindern: Wenn ihr Caen mit Kindern erforschen wollt, beschränkt euch am besten auf eine der Sehenswürdigkeiten. Unseren Kindern hätte das Gebiet zwischen dem Hafen und dem Château de Caen ausreichend zum Entdecken und Erleben geboten.
In der Nähe: Plage de Riva Bella in Ouistreham.

Festungsbau. Das **Maison des Quatrans** mit einer aufwendig gearbeiteten Fachwerkfront aus dem 15. Jahrhundert steht hier genau gegenüber auf der anderen Straßenseite. Dann betreten wir das **Château de Caen** ❸ über eine Brücke.

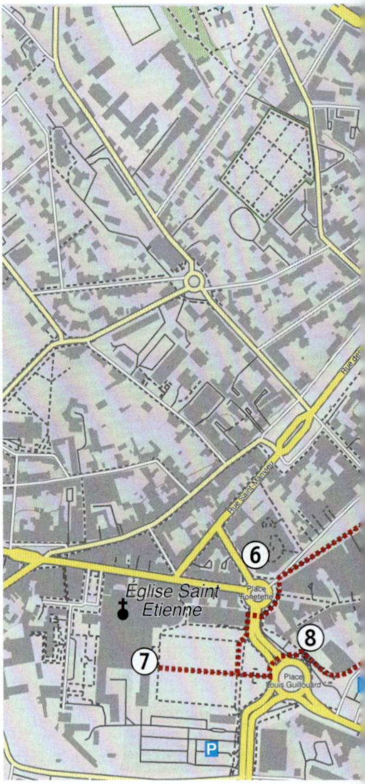

Château de Caen

Die riesige Anlage mit einer Fläche von etwa 250 x 225 Metern ist von einer hohen Festungsmauer umgeben. Bei ihrem Bau im 11. Jahrhundert durch Wilhelm den Eroberer wurden die Wälle rund um das Schloss aus Holzpalisaden errichtet. Erst in späteren Jahrhunderten ersetzte man diese durch eine Mauer mit mehreren Wachtürmen. Hinter dem Tor der Festung führt ein Stichweg nach rechts auf die Festungsmauer. Von hier können wir die Aussicht über die Stadt genießen.

Im Inneren der Festungsmauern steht die kleine *Église Saint-Georges*. Die Kirche ist das einzige Gebäude, das erhalten blieb vom ehemaligen Palast Wilhelm des Eroberers, allerdings hat man sie in späteren Jahrhunderten mehrfach umgebaut. Zum ursprünglichen Palast aus der zweiten Hälfte des 11. Jahrhunderts gehörten noch Wohnräume für die fürstliche Familie und eine große Halle.

Hinter der Kirche ist die *Salle de l'Échiquier* zu sehen. Sie wurde vermutlich im 12. Jahrhundert von Heinrich I. erbaut und im Laufe der Geschichte unter anderem als Gerichtssaal

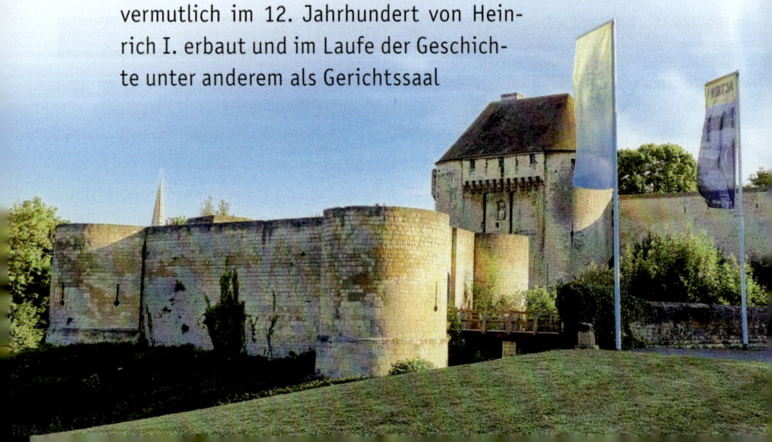

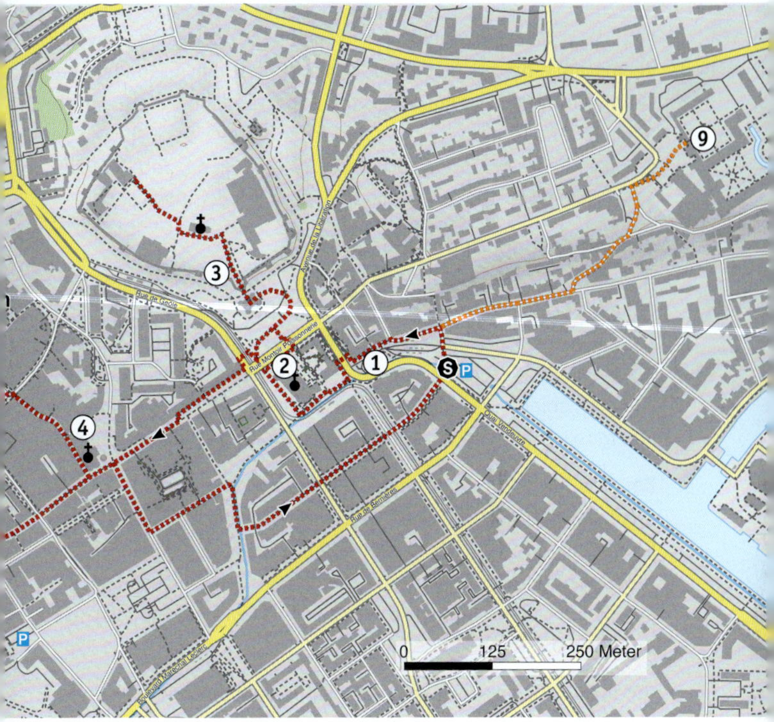

genutzt. Heute wird der Saal für eine Ausstellung genutzt, die kostenlos zugänglich ist.

Wir gehen an der *Salle de l'Échiquier* nach rechts und rund um die Reste des ehemaligen *Donjons*, des Festungsturmes. Das mächtige Gebäude ersetzte 1123 einen einfachen Torturm. Er sollte die Stadt in Richtung der nördlichen Hügel absichern. Mit seinen im unteren Bereich über vier Meter dicken Mauern und einer Höhe von ungefähr 25 Metern war der Bergfried wirklich wehrhaft.

Die Museen im Château de Caen

Gegenüber der *Église Saint-Georges* steht das *Logis des Gouverneurs*. Das Haus wurde wahrscheinlich zu Beginn des 14. Jahrhunderts erbaut und beherbergt heute das **Musée de Normandie**, das sich mit der Entwicklung der Region von der Vorgeschichte bis in die Gegenwart beschäftigt. Es zeigt Exponate aus der frühgeschichtlichen Besiedelung, informiert über ländliche Traditionen und zeigt regionales Kunsthandwerk.
Geöffnet Mo bis Fr 9.30–12.30 und 13.30–18 Uhr, Sa, So 11–18 Uhr. €3,50, Kinder 2,50€, bei Sonderausstellungen €5,50.
musee-de-normandie.caen.fr

Ebenfalls im Inneren der Anlage ist der halb im Boden vergrabene moderne Bau des **Musée des Beaux Arts de Caen** zu fin-

den. Das Museum deckt den kompletten Zeitraum von der Renaissance bis zur modernen Kunst ab, ist aber besonders bekannt für seine Sammlung europäischer Gemälde aus dem 16. und 17. Jahrhundert.
Geöffnet Mo bis Fr 9.30–12.30 und 13.30–18 Uhr, Sa, So 11–18 Uhr. €3,50, Kinder 2,50€, Sonderausstellungen €5,50. mba.caen.fr

Von der Festung zu den Klostern

Wir verlassen die Festung auf dem Weg, auf dem wir sie betreten haben. Vor der *Église Saint-Pierre* biegen wir rechts ab und spazieren in die Fußgängerzone. Hinter der **Église Saint-Sauveur** ❹ biegen wir rechts ab in die schmale **Rue Froide**. Das Sträßchen mit seinen Boutiquen und Restaurants gilt als schönste Altstadtgasse Caens und lässt entspanntes Urlaubsfeeling aufkommen.

Bei der nächsten Querstraße biegen wir links ab in die Rue Saint-Sauveur. Rechts oberhalb erhebt sich die **Église du Vieux Saint-Sauveur** ❺. Wir blicken auf die Apsis aus dem 15. Jahrhundert. Dahinter folgen zur westlichen Seite ältere Bauteile aus dem 14. Jahrhundert. Daran anschließend sind Stadthäuser direkt an die Kirche angebaut.

Geradeaus betreten wir die **Place Saint-Sauveur** mit einigen Restaurants und Bars, auf dem freitags ein Wochenmarkt stattfindet. Weiter geradeaus rücken die Häuser wieder zusammen und wir stehen an einem Kreisverkehr mit dem alten **Palais de Justice** ❻ mit seinem mächtigen, klassizistischen Säulenportal, erbaut Ende des 18. bis Mitte des 19. Jahrhunderts.

Den Kreisverkehr umwandern wir links, überqueren zwei Straßen und gehen dann links zum alten Kloster **L'Abbaye-aux-Hommes** ❼ mit einem Vorplatz im Stil eines Renaissance-Gartens. Das Kloster ist eines der wichtigsten Baudenkmäler Caens und beherbergt heute die Stadtverwaltung.

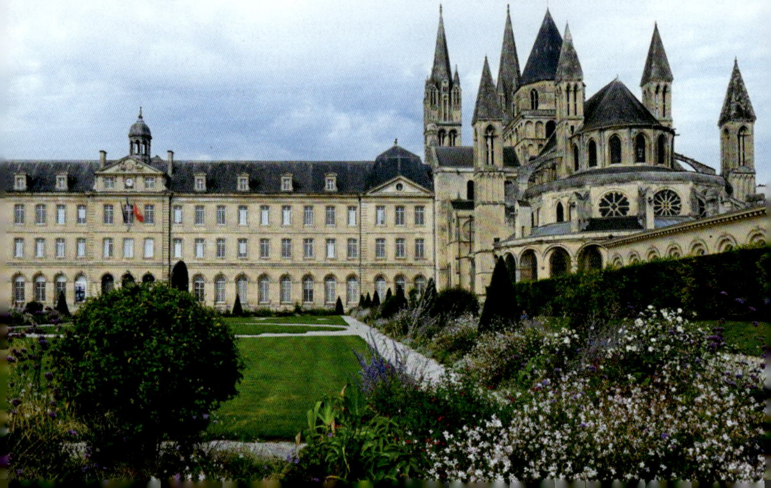

L'Abbaye-aux-Hommes (Abbaye de Saint-Étienne)
Es war Wilhelm der Eroberer, der das Kloster 1077 erbaute, um die Eheschließung mit Mathilde von Flandern zu sühnen, die vom Papst als zu nahe verwandt angesehen wurde. Der älteste Bau der Klosteranlage ist die Kirche. Sie vereint romanische und gotische Elemente, wobei das Langhaus und der gotische Chor aus dem 13. Jahrhundert besondere Höhepunkte darstellen. Das während der Religionskriege zerstörte Hauptgebäude wurde im 18. Jahrhundert wieder aufgebaut. Frei besichtigt werden können der Kreuzgang, das Chauffoir, das Skriptorium, die Ehrentreppe und das Torhaus. Ein besonderer Moment ist die Besichtigung der Gruft, in der Wilhelm der Eroberer begraben liegt.
€3, bei Sonderausstellungen 5€, kostenlos unter 18 Jahre. Es werden auch Führungen angeboten.

Vom Kloster gehen wir weiter zur Ruine der Kirche **Saint-Étienne-le-Vieux ❽**. Wir laufen um den Kreisverkehr herum, bis wir vor der Kirche stehen, gehen nach rechts und biegen in die nächste Straße links ein. Sie beschreibt einen leichten Rechtsbogen und führt dann durch eine verkehrsberuhigte Straße an hübschen, teilweise mit Blumen geschmückten Häusern vorbei.

Wir laufen geradeaus weiter, bis zum Abzweig an der **Rue Froide**. An der *Église Saint-Sauveur* biegen wir rechts ab und anschließend links. Jetzt sind wir in der Shoppingmeile Caens unterwegs. Bei einem Straßenbogen und Platz mit Bars und Cafés biegen wir rechts ab und in die nächste Straße links. Sie bringt uns geradeaus zum Parkplatz zurück.

Wer auch noch die *Abbaye-aux-Dames* sehen möchte (zusätzlich 1,1 km), geht vor dem Parkplatz nach rechts, an seinem Kopfende links und gegenüber links vom Hotel Ibis in die Rue Samuel Bochard. Dann geht es am nächsten Abzweig rechts und bei der Verzweigung schräg links, dann laufen wir geradewegs auf die Klostermauer zu. An dieser spazieren wir links entlang.

❾ Abbaye-aux-Dames (Abbaye Sainte-Trinité)
Das Frauenkloster von Caen wurde ebenfalls 1060 gegründet – von der Gemahlin Wilhelms des Eroberers. Es ist das Gegenstück zur L'Abbaye-aux-Hommes und der zweite Teil der Sühne für die vom Papst verurteilte Ehe. Mathilde von Flandern war eine der mächtigsten Frauen ihrer Zeit und ist in der Kirche der Abtei begraben. Ihr Grab ist bis heute ein zentraler Anziehungspunkt. Die meisten der Gebäude sind aus dem 18. Jahrhundert, sie beherbergen heute den Nationalrat der Basse Normandie.
Eintritt €5. Mehr Infos über die großen Klöster der Normandie findet ihr unter www.abbayes-normandie.com.

Wilhelm der Eroberer und Mathilde von Flandern

Eine Geschichte aus der Blütezeit der Normannen

Unter seinem französischen Namen *Guillaume le Conquérant de l'Angleterre* (Wilhelm der Eroberer Englands) begegnet uns Wilhelm I. in der Normandie auf Schritt und Tritt. Er war eine Schlüsselfigur der mittelalterlichen Geschichte.

Geboren um 1028 in Falaise als unehelicher Sohn des Herzogs Robert I. trug er anfangs den Spitznamen »Wilhelm der Bastard«. Dass ein Herzog Kinder mit einer zweiten Frau hatte, ohne kirchliche Eheschließung, war bei den Wikingern durchaus üblich. Als sein Vater 1034 auf Pilgerfahrt nach Jerusalem ging, ließ er seine Lehensherren den damals etwa siebenjährigen Wilhelm als legitimen Nachfolger anerkennen. Robert I. kam von dieser Pilgerfahrt nicht zurück. So begann Wilhelms Aufstieg zur Macht sehr früh mit der **Übernahme des Herzogtums Normandie im Jahr 1035**. Gestützt und geschützt von Getreuen seines Vaters, stand Wilhelms Regentschaft trotz Anerkennung durch den französischen König auf wackeligen Füßen.

Ab 1047 musste Wilhelm die ersten echten Bewährungsproben innerhalb seines Herzogtums ausfechten, weil es zu Aufständen unter seinen Lehnsleuten kam. Wilhelm meisterte die Krisen, die auch das Ende des Herzogtums hätten bedeuten können, mit großer Entschlussfreude und stärkte so seine Autorität.

Die Ehe mit Mathilde von Flandern

1051 heiratete er gegen den Willen der Kirche Mathilde von Flandern, eine Cousine vierten Grades. Sie war eine Enkelin des französischen Königs Robert II. und ihre **Heirat mit Wilhelm im Jahr 1051 oder 1052** stärkte Wilhelms politische Position durch ihre königlichen Verbindungen. Wilhelm machte Caen zu seiner Hauptstadt und ließ eine mächtige Festung bauen. Als letztlich der Papst 1059 seine Ehe für rechtmäßig erklärte, stifteten die Eheleute je ein Kloster, die **Abbaye-aux-Dames** und die **Abbaye-aux-Hommes** in Caen. Für die Normandie war diese Ehe ein Glücksfall. Mathilde war für ihre Intelligenz, Frömmigkeit und ihr politisches Geschick bekannt. Sie unterstützte Wilhelm nicht nur politisch, sondern auch finanziell. Während Wilhelms Abwesenheit übernahm sie auch die Regierungsgeschäfte in der Normandie und bewies ihre Fähigkeit als Regentin.

Feldzug nach Großbritannien

Um das Jahr 1050 besuchte Wilhelm I. den englischen König **Eduard den Bekenner**, der selbst kinderlos und mit Wilhelm verwandt war. Eduard betrachtete die Strukturen im Herzogtum Normandie als Vorbild, besetzte viele einflussreiche Positionen mit Normannen und versprach Wilhelm die Regentschaft nach seinem Tod.

Als Eduard im Januar 1066 starb, gab es jedoch zwei weitere Anwärter auf den Thron. Harold Godwinson galt als mächtigster Herzog Englands, war mit Eduard verwandt und wurde von den englischen Feudalherren unterstützt. Deshalb wurde er zum König erklärt. Außerdem plante König Harald Hardråde von Norwegen zusammen mit Harolds Bruder Tostig eine Invasion.

Wilhelm I. ließ ein Heer zusammenstellen aus seinen Vasallen und Freiwilligen anderer Regionen, das zwischen 5.000 und 10.000 Kämpfer umfasst haben soll. Im Gegensatz zu Harold auf der anderen Seite des Ärmelkanals gelang Wilhelm die gigantische logistische Aufgabe, die Männer seines Heeres großzügig zu versorgen und an Plünderungen zu hindern. Während sich Harolds Truppen wegen der schlechten Versorgung langsam auf-

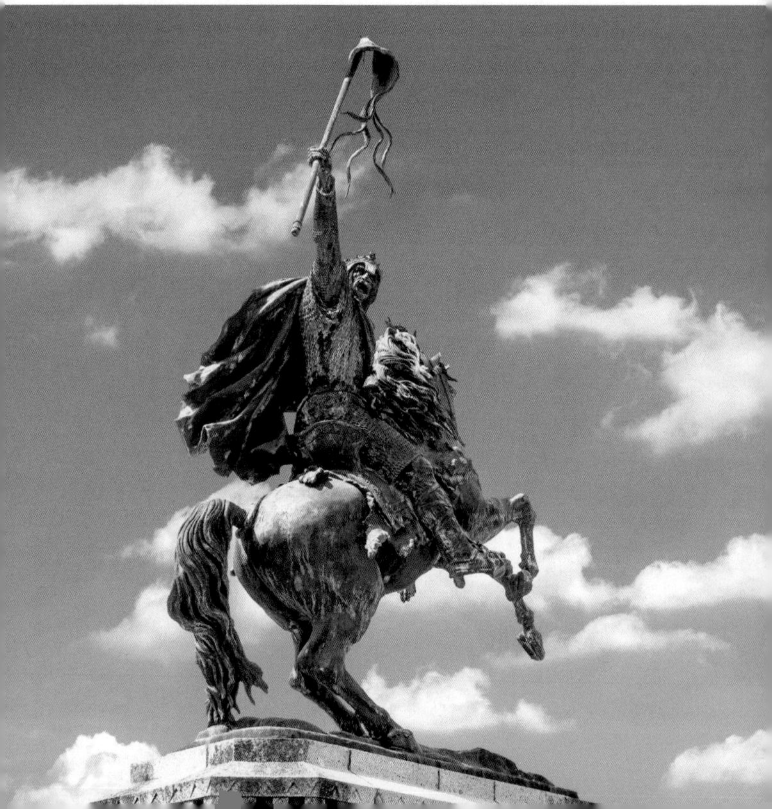

lösten, begann der norwegische König mit seinem Angriff auf England. Eine erste Schlacht im Nordosten Englands am 20. September 1066 gewann er. In York wurde er begeistert empfangen und zog sich nach einigen Vorkehrungen zu seinen Schiffen zurück. Hier traf Harold Godwinson mit seinem gesamten Heer ein, schlug Harald Hardråde vernichtend und tötete ihn und Tostig.

Während Harold seinen Truppen zwei Ruhetage ließ, schiffte Wilhelm seine Truppen ein und landete bei günstigem Wind am 28. September 1066 an der Südostküste bei Pevensey, über 300 Kilometer Luftlinie entfernt von dem Ort der Schlacht gegen den norwegischen König. Er verlegte seine Flotte ins benachbarte Hastings und wartete ab.

Am **14. Oktober 1066** traf Harold mit seinen erschöpften Truppen in der Nähe von Hastings ein. Wilhelm entschied sich zum Angriff, obwohl seine Truppen in der Unterzahl waren, und gewann die **Schlacht von Hastings**. Ursachen waren die bessere Ausrüstung und der große Kampfwillen von Wilhelms Truppen sowie der geschwächte Gegner. Harold wurde in der Schlacht getötet.

Ende Oktober zog Wilhelm Richtung London. Die Kunde von seinem Sieg verbreitete sich und viele Gebiete und Grafschaften unterwarfen sich. Um London zu erobern, begann er, Städte in direkter Nachbarschaft zu verwüsten. Daraufhin unterwarf sich die englische Aristokratie und Wilhelm konnte wenige Tage vor Weihnachten nach London einziehen.

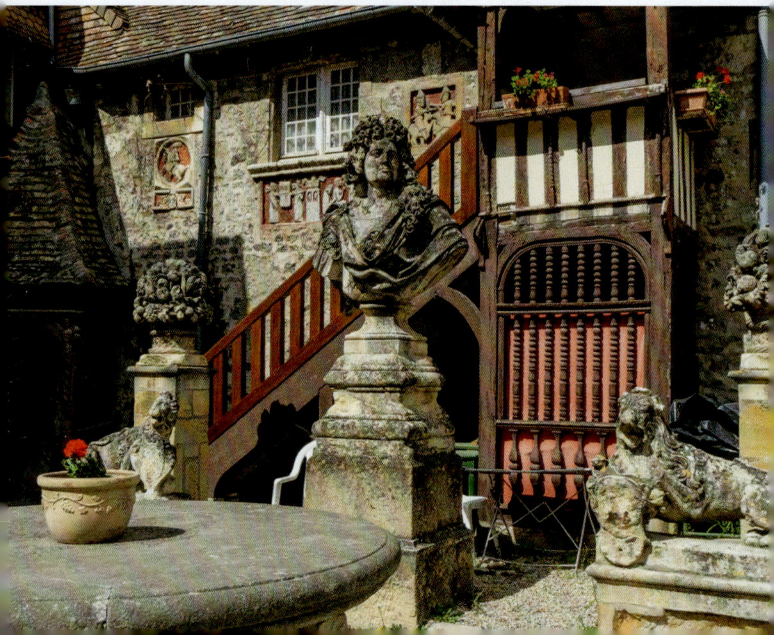

Wilhelm als König von England

Am Weihnachtstag **1066 wurde Wilhelm I.**, Herzog der Normandie, in der Westminster Abbey **zum englischen König gekrönt**. Damit war er der mächtigste Herzog in Europa und erhielt seinen Beinamen »der Eroberer«. In der Normandie wurde er begeistert empfangen. Manchen anderen Herrschenden war seine Macht ein Dorn im Auge. In der Folge musste er sich gegen Versuche der Dänen wehren, York im Nordwesten Englands zu besetzen. 1078 kam es zu einem Bruch mit seinem Sohn Robert, der die Macht über die Normandie anstrebte und anschließend mit Aufständischen den Vater besiegen konnte.

Wilhelms Regierungszeit in England war geprägt von einer Reihe von Reformen, darunter der Einführung des Feudalsystems. Basis dafür war das **Domesday Book**, ein umfassendes Verzeichnis von Land und Besitztümern für große Teile Englands und Wales. Wilhelm ließ es erstellen, um die vielen Unklarheiten in der Verteilung von Besitz zu bereinigen und Steuern effektiver zu erheben. Seine Beamten zogen von Distrikt zu Distrikt und ermittelten detaillierte Informationen über die verschiedenen Arten von Ländereien: Sie zählten Wälder, Wiesen, Weiden, Fischteiche und Mühlen, den Viehbestand und die Anzahl freier Bürger, Bauern, Unfreier, wobei hier nur die männlichen Haushaltsvorstände aufgelistet wurden. Der Name »Domesday« leitet sich vom mittelalterlichen englischen Wort für »Jüngster Tag« ab, was die endgültige und unausweichliche Natur dieser Aufzeichnungen widerspiegelt. Mit dem Domesday Book war der Machtbereich des englischen Königs klar definiert. Für heutige Gelehrte ist das Buch eine unschätzbare historische Quelle einmal für das Verständnis der normannischen Herrschaft und Verwaltung, aber auch für die Kenntnis des Sozialgefüges der mittelalterlichen Gesellschaft, ihrer Wirtschaft und sogar der Landschaft Englands. Das Domesday Book gilt eines der wichtigsten Dokumente der englischen Geschichte.

Mathilde starb 1083, im Jahr 1087 folgte ihr Wilhelm I. nach kurzer, schmerzhafter Krankheit. Er konnte nicht verhindern, dass sein Sohn Robert, den er für ungeeignet hielt, neuer Herzog der Normandie wurde. Seinen Sohn Wilhelm II. ernannte er zum König von England. Wilhelm hinterließ ein stark zentralisiertes Königreich und legte in seiner Regierungszeit den Grundstein für das stark hierarchische englische Feudalsystem, das England bis zum Ende des Mittelalters prägen sollte und auch heute noch in den sozialen Strukturen Großbritanniens nachwirkt.

60 m

STRECKE 10,6 km

3 h 30

ab 10

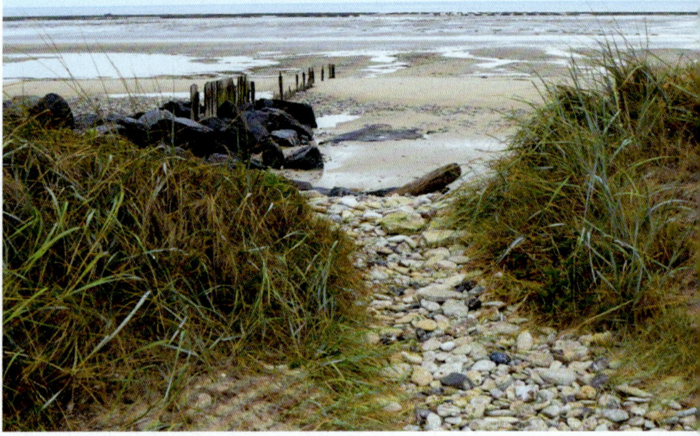

15

Gold Beach

Naturparadies und D-Day Memorial

Wir wandern zuerst zwischen einem Feuchtgebiet und dem Meer, dann durch Felder und Weiden und erleben so gleich mehrere typische Landschaftsformen der Normandie. An den Strand, der bei Ebbe trockenfällt, kommen nur wenige Menschen und wir können auf die Austernbänke hinausschauen. Wenn wir uns umdrehen, sehen wir auf dem Plateau die weißen Säulen des British Normandy Memorial. Auch der Gold Beach ist einer der fünf Strände, an denen am 6. Juni 1944 die alliierten Truppen an Land gingen, um Frankreich aus der Hand der deutschen Nationalsozialisten zu befreien.

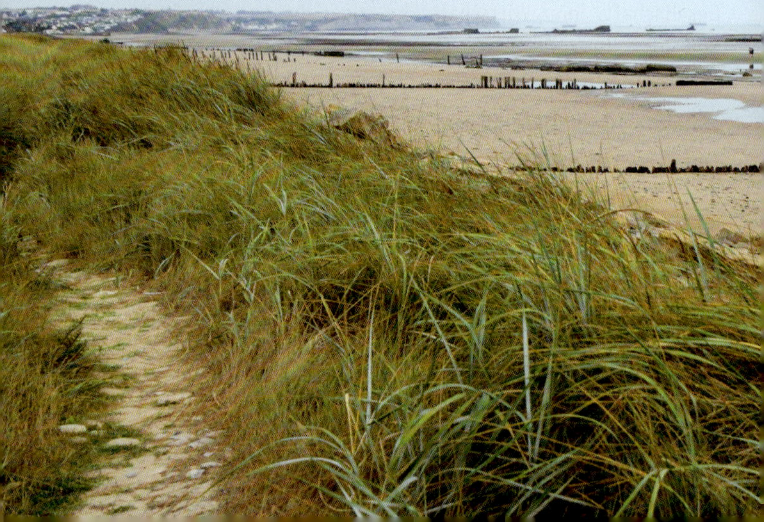

Wanderung: Vom Parkplatz sehen wir westlich von uns die Elemente des künstlichen Hafens Mulberry vor Arromanches-les-Bains und bei Ebbe die Austernbänke auf den weiten Schlickflächen. Wir starten unsere Wanderung in Richtung Osten auf einem anfangs etwas zugewachsenen Pfad. Er führt in den Dünen oberhalb des Strandes am Meer entlang. Er wird breiter und immer wieder führen Wege nach links an den Strand, der hier nur bei Ebbe freiliegt. Rechts oben erhebt sich das British Normandy Memorial, das wir auf dem Rückweg besuchen werden. Wir treffen auf eine erste **Wegkreuzung** ❶ und wählen den Fahrweg nach links.

Highlights

In der Normandie begegnet man überall der Geschichte, so auch am Gold Beach, wo ein eindrucksvolles Memorial inmitten einer friedvollen Landschaft an düstere Zeiten und die Gräuel des Krieges erinnert.

Er führt in einem Bogen ins Inland und dann um eine Linkskehre. Wir sind jetzt in einem Feuchtgebiet unterwegs mit Tümpeln, Weideflächen mit Binsen und Entwässerungskanälen, dem **Marais de Vers-sur-Mer**. Wir folgen unserem Fahrweg immer geradeaus, über eine Wegkreuzung, dann wieder nahe am Meer mit Pfaden zum Strand und später in einem Rechtsbogen um ein Gebäude herum. Dann wird der Weg viel breiter und führt unter einer Höhenschranke hindurch.

Bei der nächsten Kreuzung ❷ biegen wir rechts auf die asphaltierte Straße ab. Wir überqueren die **D514** und wandern geradeaus hinauf bis zur Kuppe. Dort biegen wir in die zweite Straße rechts ab, die *Avenue F.D. Roosevelt*. Der Weg ist weiß-rot markiert. Hinter den Häusern sehen wir links den Parkplatz des **British Normandy Memorials** ❸. Wir gehen geradeaus weiter und dann nach rechts auf den Fußweg zum Memorial. Die Schrecken

TOUREN-STECKBRIEF

Anfahrt: Von der D514 am östlichen Rand von Asnelles beim Schild »Huitres de Normandie« links abbiegen, dann bei der ersten Möglichkeit rechts und bis zum kleinen Parkplatz am Meer fahren. Hohe Fahrzeuge kann man auf dem Schotterstreifen parallel zur Straße parken. **GPS N 49°20'36.0", W 0°34'20.6"** Bei Badewetter parken wir besser am British Normandy Memorial.
GPS N 49°20'12.4" W 0°31'39.0"

Anspruch und Charakter: Am Meer auf teils sandigen Pfaden, anschließend Wechsel aus Fahrwegen und Sträßchen. Kein Schatten.

Markierung: Im Inland weiß-rot.

Einkehr: Keine.

Mit Kindern: Um die Runde zu kürzen, können wir bei ❷ parken, GPS N 49°20'43.2", W 0°31'43.0" (oder auch am Parkplatz des Memorials).
Von ❷ folgen wir der Wanderbeschreibung zum Memorial ❸. An der Kreuzung nach dem Memorial biegen wir rechts ab, überqueren die D514 und wandern geradeaus durch das Feuchtgebiet bis zum Meer. Dort biegen wir vor dem Damm rechts ab auf den beschriebenen Weg (4,2 km, 1 h 30).

In der Nähe: Arromanches-les-Bains.

British Normandy Memorial
Von einer zentralen Gedenktafel führen Laubengänge mit 160 weißen Stelen in Form eines Rechtecks um den Innenplatz. Hier sind die Namen der 22.422 Menschen aus mehr als 30 Ländern in Stein verewigt, die während der ersten drei Monate unter britischem Kommando gefallen sind. Die Gedenkstätte wurde am 6.6.2021 feierlich eingeweiht, dem 77. Jahrestag des D-Day.

Auf dem zentralen D-Day-Monument sind die Namen der 1746 Soldaten eingraviert, die direkt am ersten Tag getötet wurden. Die Namen der Gefallenen der folgenden drei Monate sind in der Reihenfolge ihres Todestages im Uhrzeigersinn auf die weißen Stelen graviert.

Der Bau des Memorials wurde von der britischen Regierung gefördert. Der Unterhalt wird aus Spenden finanziert. Der Zugang ist jederzeit möglich und kostenlos.

des Krieges mit tausenden von Toten stehen, wie so oft in der Normandie, in hartem Kontrast zum grandiosen Ausblick über die heute friedlichen Felder und das stille Sumpfgebiet.

Wir setzen unsere Wanderung auf der Schotterstraße fort und queren einen Asphaltstreifen. Zwischen den Feldern folgen wir unserem Weg um eine Linkskurve und genießen die weite Aussicht. Beim nächsten Querweg biegen wir links und gleich wieder rechts ab. Wenig später treffen wir auf ein Asphaltsträßchen ❹ und wandern nach rechts weiter.

Einen ersten Abzweig nach rechts vor einer Scheune ignorieren wir, einem zweiten abzweigenden Feldweg, der auf die Häuser im Tal zuhält, folgen wir und durchwandern das Dorf. Immer geradeaus geht es zuerst auf Asphalt zwischen einem alten Gehöft und einer Mauer hindurch, dann beim zweiten Gehöft wieder auf Schotter an der Scheunenmauer entlang. An einigen **Scheunen in den Feldern** ❺ gehen wir links vorbei und folgen einem mit Gras bewachsenen Feldweg.

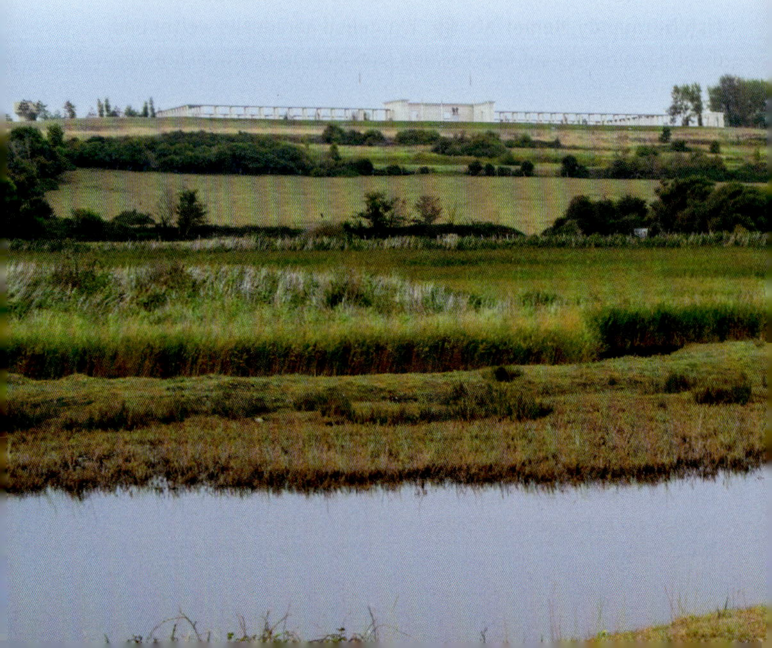

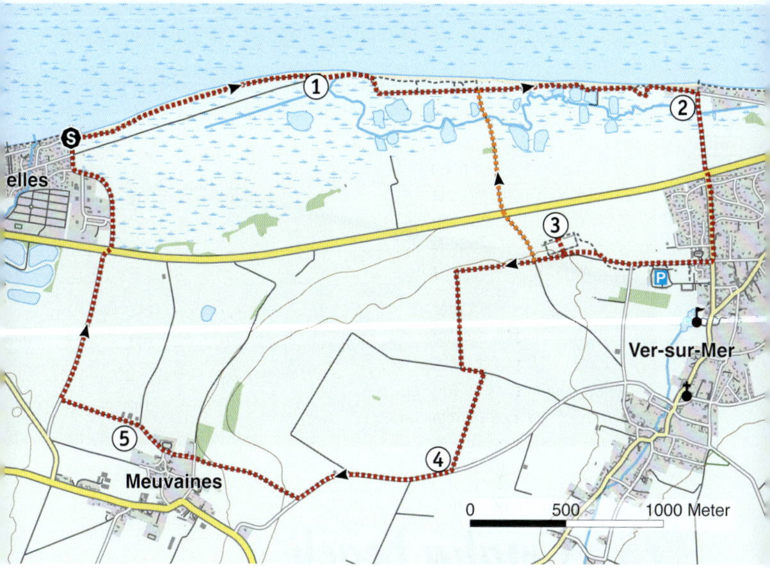

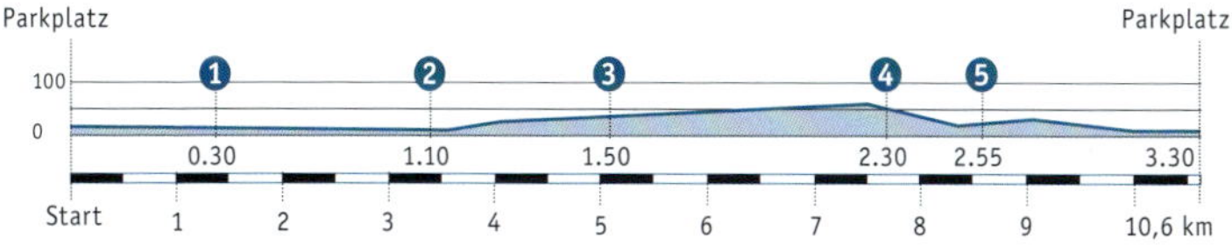

Wir treffen auf eine Straße, biegen rechts ab in Richtung Meer und überqueren erneut die D514. Weiter geht es am Rand der weiten Wiesen- und Sumpfflächen des Marais entlang. Der Weg ist von Büschen und Bäumen gesäumt und dort, wo diese Baumreihe nach rechts abknickt, tun wir das ebenfalls. Jetzt sind es nur noch wenige Schritte zu unserem Parkplatz und zum Meer.

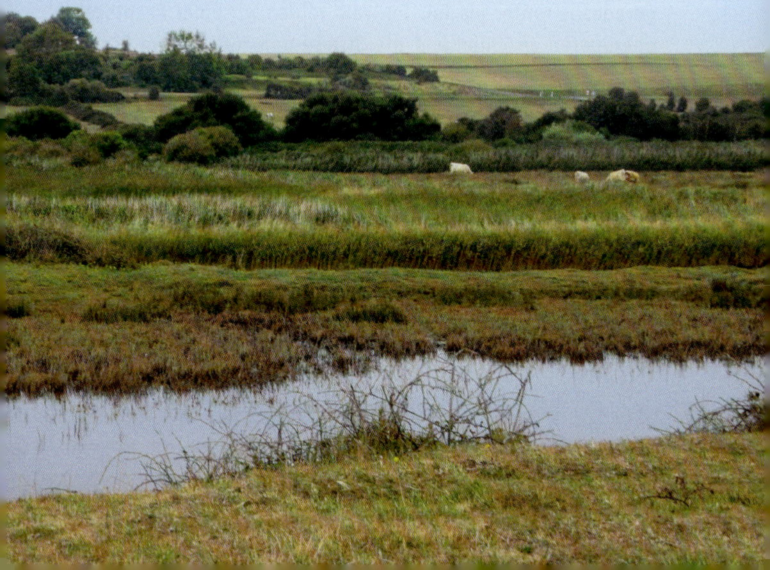

120 m

STRECKE 5,7 km

2 h

ab 6

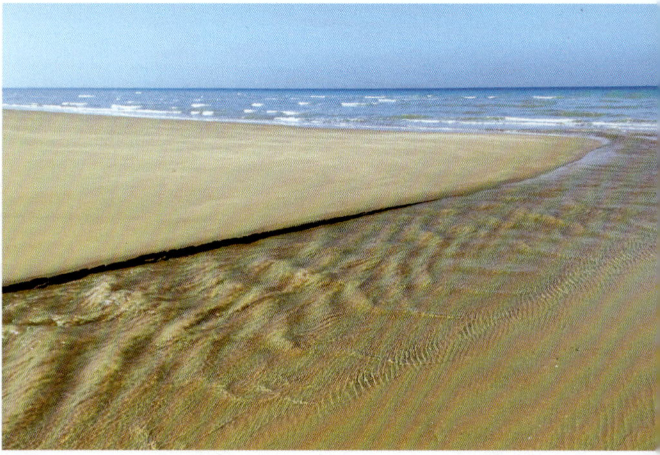

16 Omaha Beach

Traumstrand mit entsetzlicher Geschichte

Was wir auf dieser Wanderung erleben, ist Urlaubsidylle pur: Mit Heide bewachsene Dünen, ein kilometerlanger Traumstrand und ein kleines, urwaldähnlich zugewuchertes Tal. Auf dem Plateau, quasi in der Mitte unserer Tour, ruhen fast 10.000 amerikanische Soldaten. Der Kontrast könnte nicht größer sein.

Wanderung: Vom öffentlichen Parkplatz wählen wir den sauber gekiesten Weg, der parallel zur Straße in Richtung Meer führt. Bei der Linkskehre überqueren wir die Straße nicht Richtung Stele, sondern wandern auf dem weiß-rot markierten Wiesenweg geradeaus runter ins Tal. Im Wald folgen wir einer Rechtskehre, überqueren anschließend die Straße und folgen dem Schotter-

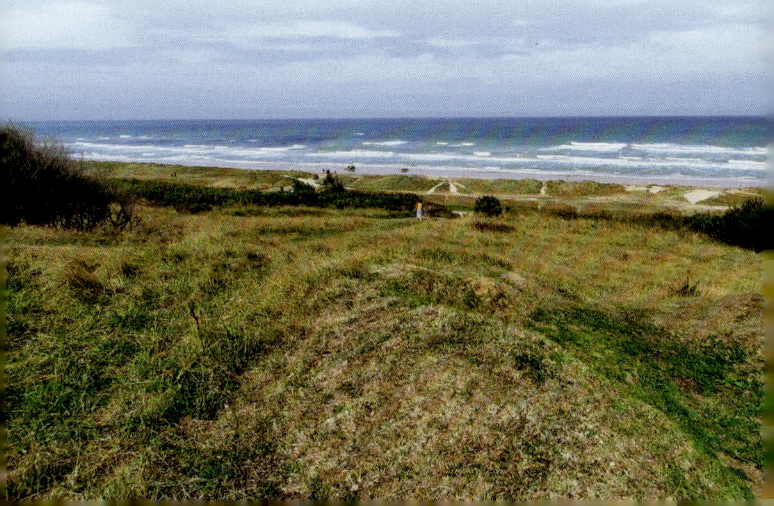

weg geradeaus. Hinter dem ersten Haus biegen wir links ab auf einen **Kiesweg** ❶, der mit einem gelben und einem weiß-roten Kreuz markiert ist. So kommen wir über die Zufahrt zu Parkplätzen und am Poste de Secours vorbei bis zum Strand.

Highlights

Omaha Beach ist ein breiter Traumstrand und einer der fünf Landungsstrände des D-Day. Er spielte eine entscheidende Rolle in der Operation Overlord am 6. Juni 1944, bei der amerikanische und britische Soldaten Frankreich von der Besatzung durch die deutschen Nationalsozialisten befreiten.

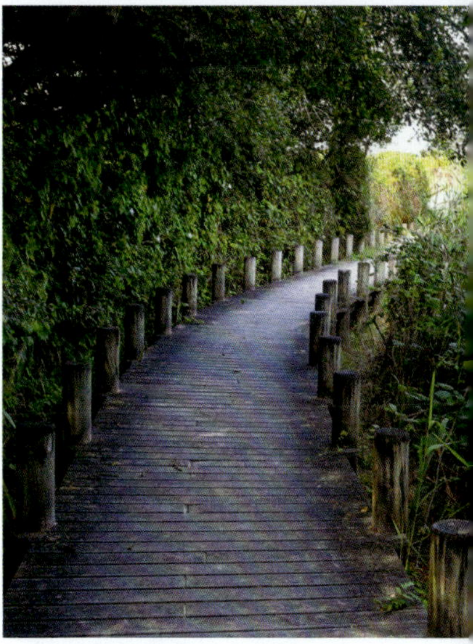

Auf den Dünen führt ein Fußweg nach links und in einem Linksbogen am Parkplatz vorbei zu einer Kreuzung aus drei Wegen. Wenige Meter davor wählen wir den Fußweg nach rechts und gehen an einer Holzschranke vorbei den Hang hinauf. Ein breiter, etwas steiniger Wiesenweg führt vorbei an Bunkern zu einem Memorial, dem **Croix de Guerre** ❷ der 5th Engineer Special Brigade.

Wir wandern weiter geradeaus am Hang aufwärts und genießen den grandiosen Blick über das Meer. An einem Aussichtspunkt mit Bänken vorbei führt der Weg abwärts und durch hohes Buschwerk in die Cemetery Natural Site. Hier liegt das Mulberry Memorial, das die Lage des künstlichen Hafens Mulberry A er-

TOUREN-STECKBRIEF

Anfahrt: Von der N13/ E46 der Beschilderung zum Omaha Beach und zum Cimetière Militaire Américain folgen. Am Kreisverkehr vor dem Parkplatz des Friedhofes geht es rechts (Höhenschranke zwei Meter) und beim nächsten Abzweig noch einmal rechts auf den öffentlichen Parkplatz.
GPS N 49°21'28.4", W 0°51'01.2"
Mit einem Wohnmobil ist das Parken schwierig. Ihr könnt euer Fahrzeug auf dem Parkplatz des Militärfriedhofs parken, müsst den Parkplatz aber unbedingt vor Ende der Öffnungszeiten (angeschlagen) verlassen!
GPS N 49°21'24.2", W 0°51'05.5"
Nordwestlich bei ❹ gibt es außerdem wenige Plätze am Straßenrand bei
GPS N 49°21'53.3", W 0°51'47.6".

Anspruch und Charakter: Wir wandern meist auf Fußwegen, 700 Meter geht es am Strand entlang. Ein Teil des Weges ist schattig.

Markierung: Im Inland weiß-rot.

Einkehr: Keine.

Mit Kindern: Wir können der Wanderung wie beschrieben folgen bis ❷ oder auch bis zum Strand ❸. Für den Rückweg gehen wir ab ❷ die Stufen hoch zur spitzen Pyramide zur Erinnerung an die First Infantery Division mit Spitznamen »The Big Red One«. (3,2 km, 1 h)

In der Nähe: Port-en-Bessin-Huppain.

Der künstliche Hafen Mulberry A
Mulberry A war nur kurz in Betrieb. Einen Tag nach dem D-Day wurden hier Schiffe als Wellenbrecher versenkt und aus vorgefertigten, über den Ärmelkanal geschleppten Teilen ein Pier gebaut. Ab dem elften Tag landeten die ersten Schiffe mit Material und Männern an. Drei Tage später zerstörte ein schwerer Sturm den Pier.

klärt. Es handelt sich dabei um einen von zwei künstlichen Häfen, von denen Mulberry B bei Arromanches der bekanntere ist. In Arromanches sind heute noch Reste der Anlage zu sehen. **[› Seite 91]**

Anschließend biegen wir bei einer **T-Kreuzung** rechts ab auf den asphaltierten Fußweg mit Stegen zum **Strand** ❸. Hier verläuft ein Pfad in den Dünen, schöner ist es aber, am Sandstrand entlang zu wandern. Der Omaha Beach ist ein ewig langer Traumstrand mit goldenem Sand, tatsächlich ist er knapp sieben Kilometer lang.

Vor den ersten Häusern biegen wir links ab und gehen geradeaus bis zur Straße. Wir folgen dieser ein paar Meter und biegen dann rechts ab zum Bunker mit dem **Memorial für die Zweite Infanteriedivision** ❹, die den Spitznamen »Indian Head« trug.

Dahinter steigen wir die Stufen am Hang hinauf und bleiben zum Schutz der Dünen auf dem eingezäunten Weg. Oben biegen wir links ab auf einen Wiesenstreifen und lassen Strand und Meer hinter uns.

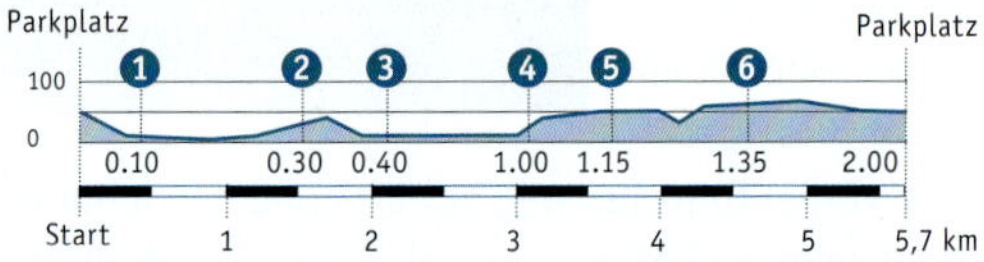

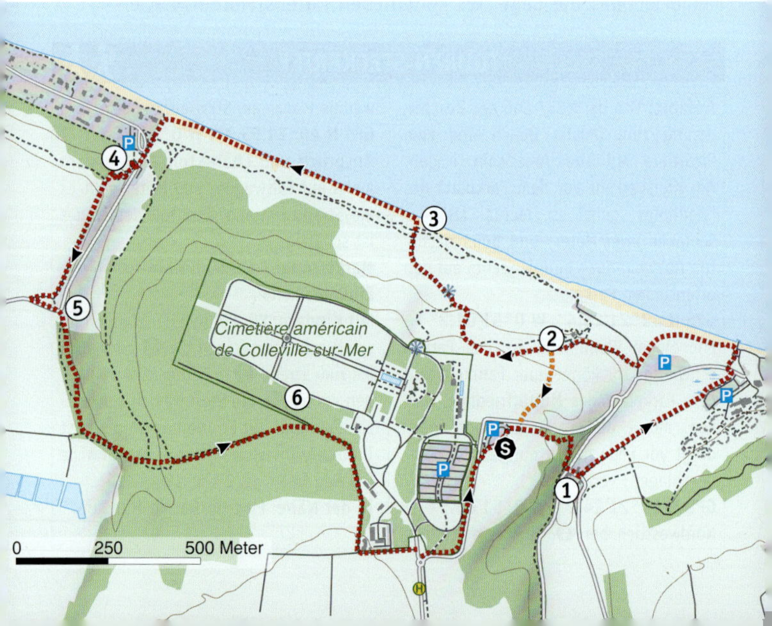

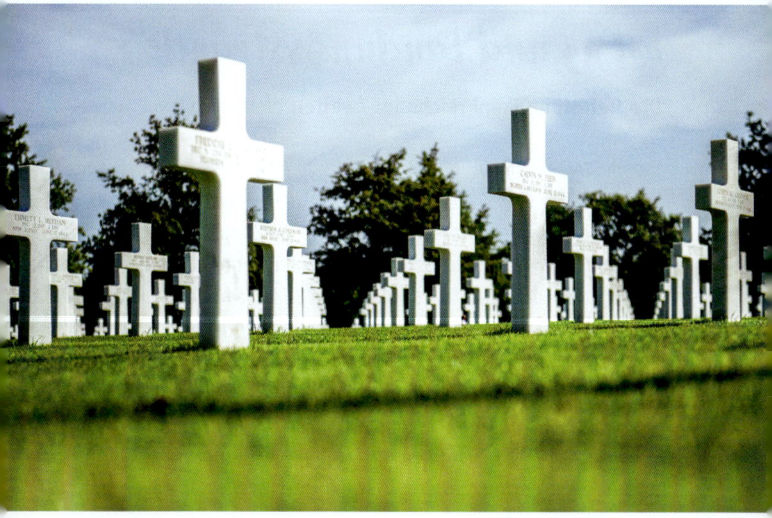

Wir gehen durch ein Gatter und folgen dem Schotterweg ein kurzes Stück nach rechts bis zur Straße. Dort biegen wir links ab, um in der direkt folgenden Kehre nach rechts auf dem weiß-rot markierten **Wiesenweg** ❺ ins Tal zu laufen. Ab hier können wir einfach der weiß-roten Markierung folgen. Sie führt uns an der nächsten T-Kreuzung links abwärts und wir sind in dichter und üppig grüner Vegetation aus Farnwedeln unterwegs. Bei einer Verzweigung gehen wir geradeaus weiter und dann kurz steil über Steine bergauf.

Oben angekommen gehen wir geradeaus weiter und gleich darauf bei einer T-Kreuzung rechts. Wir treffen auf den Friedhof und gehen rechts auf dem Fahrweg an dessen Zaun entlang. An der nächsten T-Kreuzung biegen wir links ab und kommen wieder zum Kreisverkehr vor dem Haupteingang. Von dort geht es nach links zum **Friedhofsparkplatz** und im Kreisverkehr dritte Ausfahrt zum öffentlichen Parkplatz.

Normandy American Cemetery
Hier auf dem Plateau mit Blick auf den wunderschönen Strand liegen unvorstellbare 9387 amerikanische Soldaten begraben. Es sind überwiegend junge Männer, die ihr Leben noch vor sich hatten und im Krieg für unsere Freiheit starben. Auf der riesigen Wiese des Friedhofs stehen weiße Kreuze in langen Reihen, die an sie erinnern. Eine zentrale Gedenkstätte nennt die Namen von weiteren 1557 vermissten Soldaten. Namen der Soldaten, deren Leichen später gefunden wurden, hat man mit Rosetten versehen. Ihnen zu Ehren wurde dieses Gelände wie ein großer Park angelegt. Es wird sorgfältig gepflegt bis zum letzten Grashalm. Seit 2007 gibt es auch ein Infozentrum. Das Gelände ist gut geschützt, Militärangehörige patrouillieren, beim Zugang zum Visitor Center werden Taschen im Röntgenscanner überprüft. Etwa eine Million Menschen besuchen jährlich diesen Friedhof, darunter auch viele aus Amerika, deren Angehörige hier begraben sind. Er ist ein erschütterndes, aufrüttelndes Mahnmal gegen den Krieg.
Geöffnet täglich 9 – 16 Uhr, April bis September 9 – 17 Uhr.
www.abmc.gov/normandy

D-Day und Landungsstrände

Die Befreiung Frankreichs im Zweiten Weltkrieg

Der D-Day, der 6. Juni 1944, markiert einen der entscheidenden Wendepunkte des Zweiten Weltkriegs: die alliierte Invasion in der Normandie. Diese massive militärische Operation hatte das Ziel, die deutschen Nationalsozialisten aus Westeuropa zu vertreiben. Die Truppen der Allierten landeten an fünf Stränden der Normandie, die heute unter dem Namen »Landungsstrände« bekannt sind. Sie wurden zu Schlüsselstandorten in der größten amphibischen Invasion der Geschichte und sind heute bedeutende Gedenkstätten, die an die unsinnige Grausamkeit und den Wahnsinn des Krieges, aber auch an die Tapferkeit und Opfer der alliierten Streitkräfte während der Befreiung Europas im Zweiten Weltkrieg erinnern.

Die deutsche Wehrmacht begann ihren Einmarsch in Frankreich am 10. Mai 1940 und die Besatzung begann offiziell nach dem Waffenstillstand von Compiègne am 22. Juni 1940. Er teilte Frankreich in zwei Zonen: eine direkt von Deutschland besetzte Zone im Norden und Westen, einschließlich Paris, und eine unbesetzte Zone im Süden, die vom Vichy-Regime unter Marschall Philippe Pétain verwaltet wurde, das mit den Deutschen kollaborierte.

Ab 1942 errichtete die deutschen Besatzungsmacht den Atlantikwall, eine 2685 Kilometer lange Verteidigungslinie aus Bunkern und Stellungen entlang der Küsten des Atlantiks, des Ärmelkanals und der Nordsee, die sich von Frankreich bis Norwegen erstreckte.

Die deutsche Führung erwartete den Angriff an der schmalsten Stelle des Ärmelkanals bei

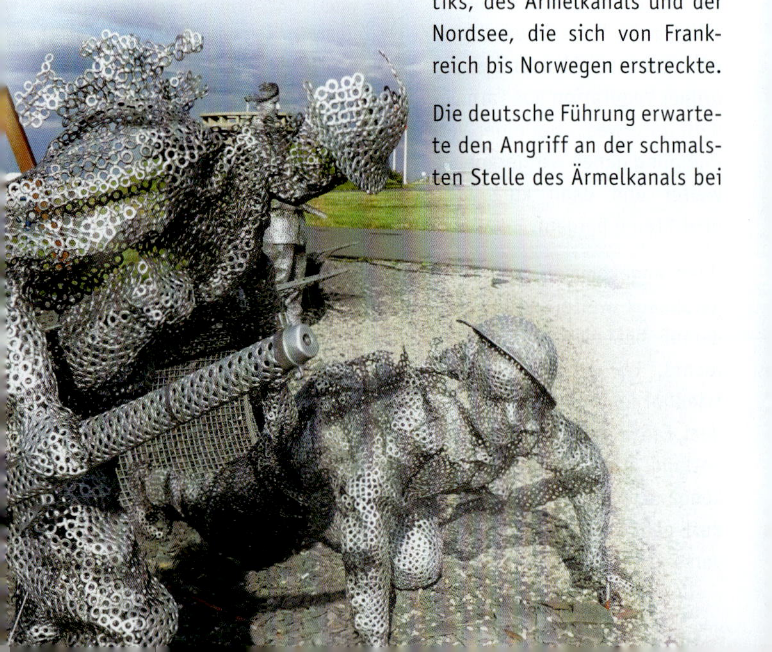

Calais beziehungsweise über die Straße von Dover. In dieser Erwartung wurde sie durch das Täuschungsmanöver »Operation Fortitude« bestärkt, für das bei Dover Attrappen von Panzern, Geschützen und Flugzeugen positioniert und Landungsmanöver geübt wurden. Am Morgen der Invasion wurden Stanniolstreifen über der Straße von Dover abgeworfen, die Radarechos erzeugten und damit einen Angriff auf Calais vortäuschten. Die »Operation Fortitude« trug wesentlich dazu bei, dass die Deutschen ihre Kräfte in Pas-de-Calais konzentrierten und gilt als eine der geschicktesten und wirksamsten militärischen Täuschungen in der Geschichte.

Die tatsächliche Invasion unter dem Decknamen »Operation Overlord« startete parallel in der Normandie an den Stränden zwischen der Ornemündung bei Ouistreham und Sainte-Mère-Église auf der Cotentin-Halbinsel.

Eine Landungsflotte aus über 6000 Schiffen, unterstützt von über 11.500 Flugzeugen, Jagdflugzeugen, Bombern, Truppentransportern und Frachtmaschinen, brachte an diesem Tag 170.000 Soldaten in die Normandie. Zu den Alliierten gehörten Truppen aus den Vereinigten Staaten, Großbritannien, Kanada, Polen, Frankreich, Neuseeland, Norwegen und weiteren europäischen Staaten.

Vor der Landung der Truppen wurden tausende von alliierten Fallschirmjägern hinter den deutschen Linien abgesetzt, um strategische Punkte zu sichern und Verwirrung zu stiften. Diese Luftlandeoperationen fanden in der Nacht vor dem Morgengrauen statt und zielten darauf ab, wichtige Brücken und Verkehrsknotenpunkte zu sichern.

Um die Soldaten und Ausrüstung von den Schiffen an Land zu bringen, wurden aus vorgefertigten Teilen zwei provisorische Häfen errichtet. Außerdem kamen Amphibienfahrzeuge und kleinere Boote zum Einsatz, welche die Soldaten im flachen Wasser absetzen konnten. Vor und während der Landungen wurden die deutschen Verteidigungsstellungen entlang der Küste durch Luft- und Seebombardements angegriffen, um den Weg für die Invasionstruppen zu ebnen.

Am Abend waren alle fünf Strände gesichert und die Truppen, die übers Meer kamen, konnten sich mit den Luftlandetruppen verbinden. Der Preis dafür war jedoch hoch: Alleine in den Truppen der Allierten verloren etwa 10.000 Menschen ihr Leben. Besonders blutig waren die Kämpfe am Omaha Beach. Auch unter den deutschen Soldaten gab es tausende von Toten. So ging der 6. Juni 1944 auch als »Längster Tag« in die Geschichte ein.

40 m

STRECKE

13,4 km

4 h 30

ab 12

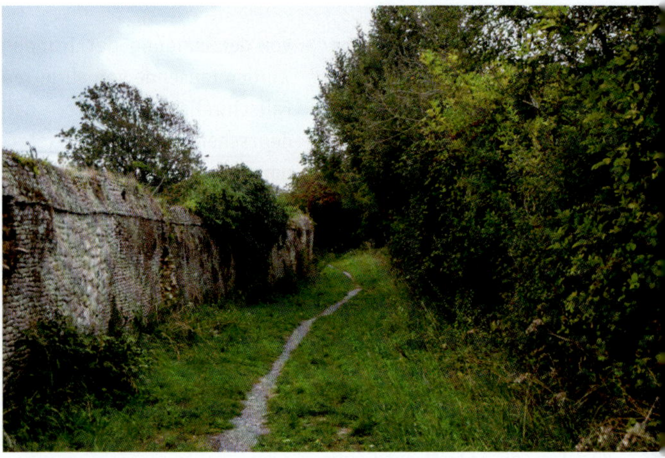

17 La Baie des Veys

Zu einem einsamen Küstenabschnitt

Die Baie des Veys, eine weit ins Land eingeschnittene Bucht, in der die Flüsse Douve und Vire in den Ärmelkanal münden, liegt etwas abseits der üblichen Touristenrouten. An diesem Abschnitt der Küste gibt es auch kaum Strandzugänge mit Parkplatz, so sind hier auf dem Küstenweg nur wenige Menschen unterwegs. Meist sind wir alleine mit dem Meer, dem Rauschen der Wellen, den Dünen und dem weiten Weideland. Kurz vor dem Ziel bietet sich der Fischerhafen von Grandcamp-Maisy für einen genussvollen Zwischenstopp an, es gibt hier gleich mehrere Restaurants, Bars und ein Bistrot.

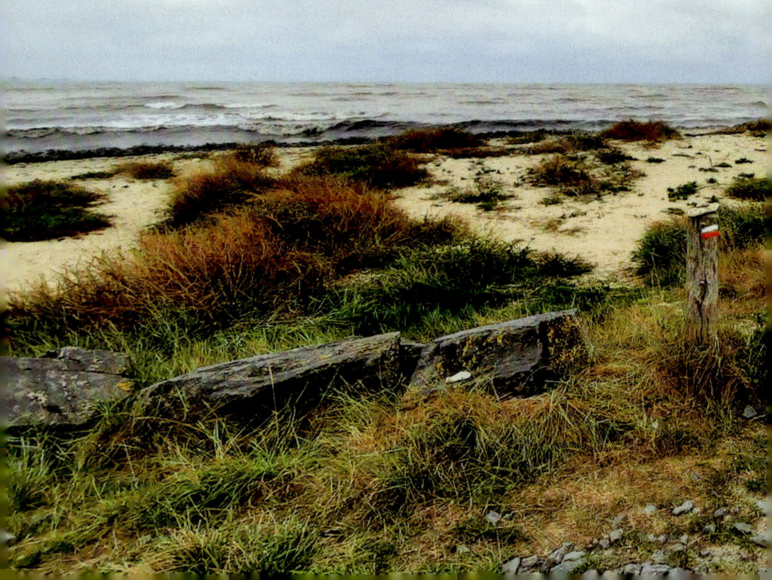

TOUREN-STECKBRIEF

Anfahrt: Privater Parkplatz bei der Batterie de Maisy. Er wird nach Ende der Besuchszeiten nicht abgeschlossen und Wandernde dürfen hier parken. Ihr solltet aber unbedingt an der Infotheke der Gedenkstätte Bescheid sagen, wenn ihr auch nach der Schließung der Anlage parken wollt, weil die Angestellten sonst aufwendig nach »vergessenen« Gästen im Befestigungsgelände suchen.
GPS N 49°22'36.2", W 1°03'40.3"
Alternativ könnt ihr am Hafen von Grandcamp-Maisy parken bei ❻ und die Wanderung von hier aus starten
GPS N 49°23'17.8", W 1°03'01.6".

Anspruch und Charakter: Fahrwege und schmale Sträßchen, am Meer stellenweise etwas sandig, kein Schatten.

Markierung: Entlang der Küste weiß-rot, außerdem teilweise gelb, aber nicht durchgängig.

Einkehr: Am Hafen in Grandcamp gibt es mehrere Restaurants und Bars – von der Crêperie bis zum Fischrestaurant ist alles dabei.

Mit Kindern: Wir können am Hafen in Grandcamp-Maisy parken und am Meer entlang ein Stück nach Westen laufen und zurück.

In der Nähe: La Pointe-du-Hoc.

Highlights

An der einsamen, kaum bebauten Küste in der Baie de Veys seid ihr oft alleine mit den Wellen, dem Wind und dem Meer. Die Landschaft ist hier von rauer Schönheit.

Wanderung: Vom Parkplatz folgen wir der Straße nach links und sind bald auf Schotter unterwegs. Rechts blicken wir Richtung Meer und zur Cotentin-Halbinsel. Unser Fahrweg führt ins Tal, über den Bach *Ruisseau des Fontaines* und dann nach rechts in einen grünen Tunnel. Wo dieser endet ❶, biegen wir links ab auf einen Feldweg und am nächsten Sträßchen wieder links. Wir sind jetzt zwischen heckengesäumten Feldern und Weiden unterwegs. Links versteckt sich das Herrenhaus *Manoir de l'Hermerel* aus dem 17. Jahrhundert hinter neueren Hallen, an der nächsten Kreuzung liegt links das **Manoir de la Riviere** ❷, eine Mischung aus Hof und Schutzburg.

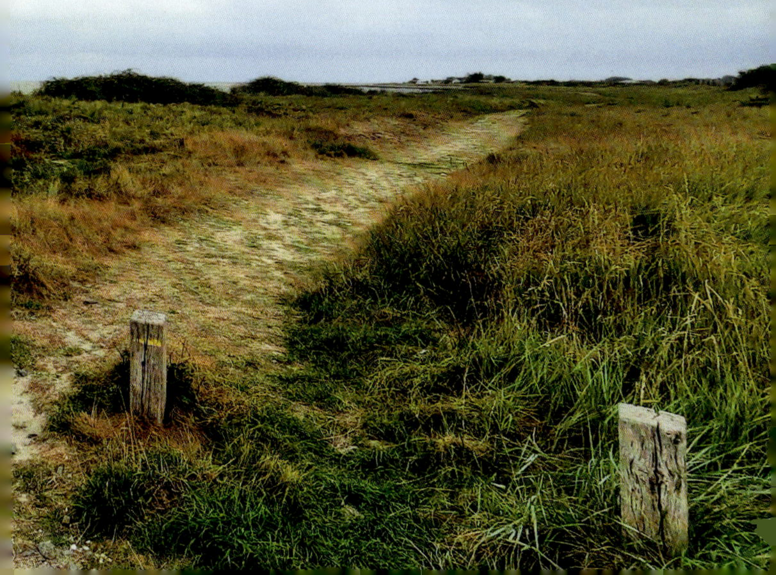

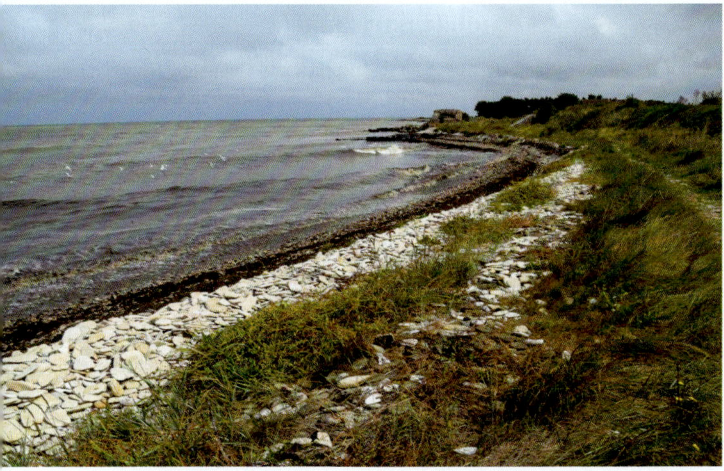

Wir wandern geradeaus an den alten Mauern entlang. Am Ende der Mauer geht es mit einem kurzen Links-Rechts-Schlenker geradeaus auf einem Wiesenweg weiter. An der nächsten Baumreihe biegen wir rechts ab. Der Weg ist weiß-rot markiert.

Immer geradeaus kommen wir zu einer Straße, auf die wir rechts abbiegen. Bei der nächsten Querstraße geht es nach links weiter und sofort geradeaus in eine **Sackgasse** ❸, die *Route du Pont de Reux*. Wir folgen dem schmalen Asphaltband bis ans Meer.

Im **Wendehammer** ❹ beginnt rechts ein Pfad, auf dem wir durch den schmalen Dünengürtel wandern. Hier blicken wir weit über die Bucht *Baie des Veys* mit ihren Austernbänken. Sie ist im Westen vom Cotentin begrenzt und fällt bei Ebbe großflächig trocken. Die Wegführung für die nächsten fünf Kilometer ist einfach: immer am Meer entlang. Dabei sind wir meist auf Fahrspuren in der stillen Einsamkeit der Dünen unterwegs. Unterbrochen wird die Einsamkeit der rauen Idylle an einem Schotterweg, der zwischen einem Bunker und einer Ferienhaussiedlung entlang führt, dann an den Becken einer **Muschelzucht** ❺ mit einer kleinen Ansiedlung und schließlich wieder am Ortsrand von **Grandcamp-Maisy**. Wir laufen weiter bis zum **Hafenbecken** ❻ und biegen vor diesem rechts ab. Hier am Fischerhafen befinden sich mehrere Restaurants, darunter auch eine Crêperie.

Wir gehen links um das Hafenbecken und biegen an der Südseite in die zweite Straße (Rue du Petit Maisy) rechts ab. Wir überqueren die **D514** geradeaus und folgen dem Sträßchen durch eine ruhige Wohngegend stadtauswärts. Auf der rechten Seite befindet sich der Schotterplatz *Cours de la Fosse* und nach dem nächsten Haus, das Stoppschild geradeaus schon im Blick, geht es nach rechts in die Gasse *Rue de la Presbytère*. Der Schotterweg wird zum Pfad, führt an einer Mauer entlang und um eine Linkskurve zur Kirche **Église Saint-Germain** ❼.

An der folgenden Kreuzung gehen wir links, an der T-Kreuzung knapp 100 Meter weiter noch einmal links und sofort in das nächste Sträßchen nach rechts. Es bringt uns zur **D514**, der wir nach rechts folgen, um bei der nächsten Möglichkeit auf der anderen Straßenseite links abzubiegen. Wir sind jetzt auf der Zufahrtsstraße zum Parkplatz, den wir nach 400 Metern erreichen.

Batterie de Maisy

Vor oder nach der Tour lohnt auch der Besuch der Batterie de Maisy. Sie war Teil des Atlantikwalls, der deutschen Verteidigungsanlagen entlang der Atlantikküste. Die Batterie wurde einige Tage nach dem D-Day von alliierten Truppen, hauptsächlich amerikanischen Einheiten, erobert. Dieser Sieg war entscheidend für die Sicherung der Landeplätze der Alliierten. Die Anlage bot außerdem eine sichere Basis für den weiteren Vormarsch ins Landesinnere.

Heute ist auf dem großen Gelände eine weitgehend vollständige Befestigungsstellung zu sehen. Zwischen alten Bunkern, den Versorgungs- und Unterkunftsgebäuden stehen auch noch die Geschütze. Ein etwa zwei Kilometer langer Fußweg führt durch das Gelände, die Besichtigung dauert etwa eine Stunde.

Geöffnet April, Mai, September 10–17 Uhr, Juni bis August 10–19 Uhr. €7,20, Kinder 6 bis 18 Jahre €4,80, Studierende €6.

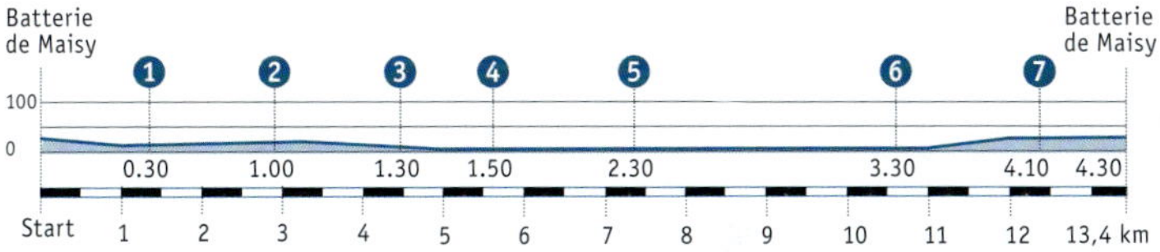

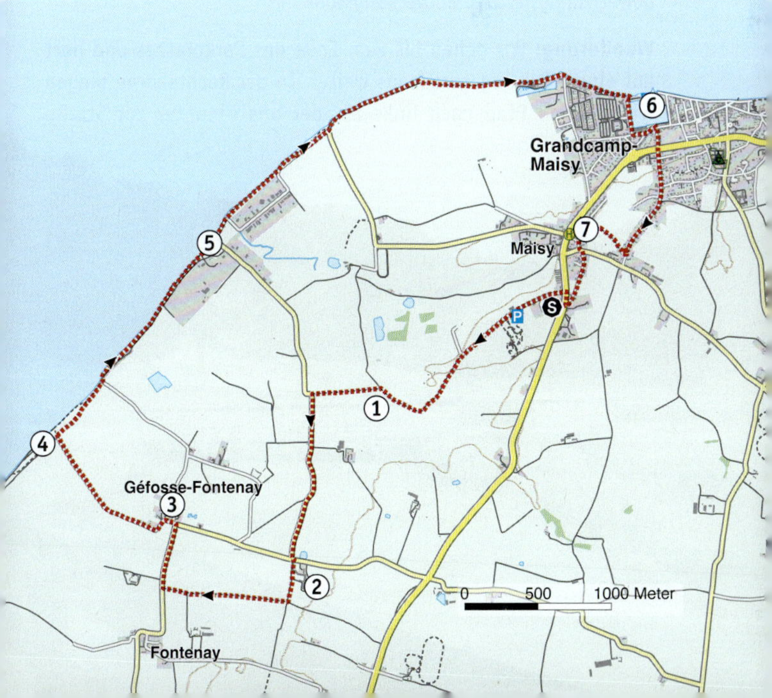

150 m

STRECKE

8,9 km

3 h

ab 10

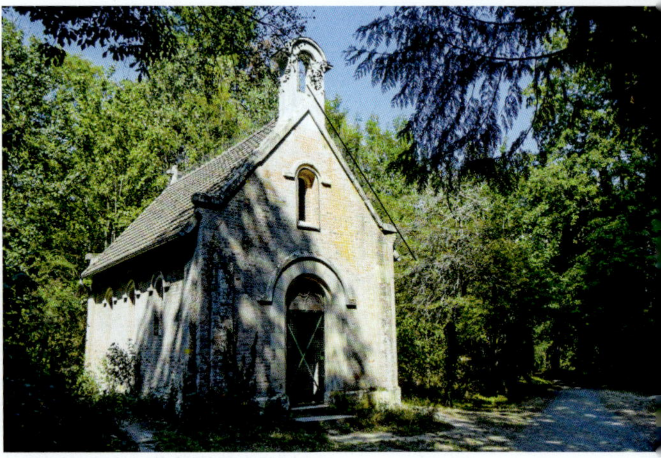

18 Bois de Grimbosq

Entdeckungen im Wald

Auf unserem Rundweg durch den Wald von Grimbosq entdecken wir eine mittelalterliche Turmhügelburg und einladende Picknicktische am Steinstrand der Orne. Wir erkunden ein Sumpfgebiet mit Stegen und quakenden Fröschen und ein Wildgehege mit Hirschen, Rehen und Wildschweinen. So wird diese kleine Waldwanderung zu einer abwechslungsreichen Entdeckungstour.

Wanderung: Wir gehen bis zum Ende des Parkplatzes und dort auf einem Fußweg geradeaus weiter. In der Rechtskurve biegen wir auf den Pfad nach links ab, der uns hinunter zur Straße

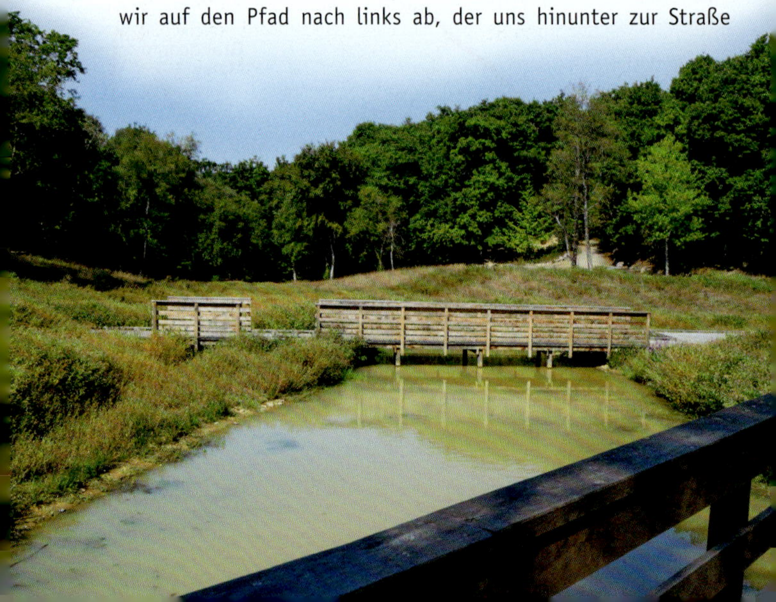

bringt. Wir überqueren sie geradeaus. Ab jetzt sind wir auf einem schönen Pfad durch den Wald unterwegs und ignorieren alle Abzweigungen. Schließlich wird er schmal und steinig und bei einer Verzweigung bleiben wir auf dem rechten Weg – nur bei Nässe steigt man besser direkt links hoch zum Turmhügel (Motte). Jetzt sind wir zwischen Bach und Burgruine unterwegs, die auf dem Hügel links von uns steht. An der T-Kreuzung mit einem Fahrweg biegen wir links ab und steigen dann den ersten Pfad nach links steil hinauf. Fast oben angekommen, können wir neben einer Infotafel das eingezäunte Gelände mit der Turmhügelburg **Château d'Olivet** ❶ betreten.

Wir gehen auf gleichem Weg zurück zum Fahrweg, dort rechts und dann leicht links über die **Brücke**. Durch das Tal mit dem plätschernden Bach wandern wir bis zum **Ufer der Orne,** die wir an einem steinigen Strand mit Picknickbank erreichen. Wir gehen links am Flussufer entlang, an weiteren Picknickbänken vorbei, bis zur **Kapelle** ❷ an der alten Eisenbahnbrücke. Auch hier gibt es abhän-

Highlights

Die vielen spannenden Spots an dieser Wanderrunde im idyllischen Flusstal der Orne machen den Bois de Grimbosq zu einem besonders abwechlungsreichen Ziel, um auch das Hinterland der Normandie zu erkunden.

Château d'Olivet

Die Turmhügelburg stammt aus der ersten Hälfte des 11. Jahrhunderts und diente zur Kontrolle des Weges über die Orne-Furt.

Turmhügelburgen gehören zu den frühen Formen des befestigten Adelssitzes und sind charakteristisch für das 10. bis 13. Jahrhundert. Das Hauptmerkmal einer Turmhügelburg ist die Motte, ein künstlich aufgeschütteter oder natürlicher Erdhügel, auf dessen Spitze ein Turm steht. Dieser diente als Wohnsitz und als Zufluchtsort im Falle eines Angriffs. Er bot außerdem eine erhöhte Position, die zur Überwachung der Umgebung und zur Verteidigung gegen Angriffe genutzt wurde. Um die Motte herum befanden sich umzäunte Höfe, die sogenannten *Basse-Cours* oder Vorburgen mit verschiedenen Wirtschaftsgebäuden wie Ställen, Werkstätten, Lagerhäusern und Unterkünften für Bedienstete und Soldaten. Ein Graben rund um den Hügel, der entweder mit Wasser gefüllt oder trocken sein konnte, bot zusätzlichen Schutz. Turmhügelburgen waren einfacher zu errichten als massivere Steinburgen und in ganz Europa verbreitet. Später wurden sie durch größere Steinburgen ersetzt oder in solche umgebaut.

Vom Château d'Olivet sind noch der Hügel, der den Wachturm trug, und Überreste des Adelshofes mit Gebäuden auf Steinsockeln zu sehen. Es gab eine Kapelle, einen Wirtschaftshof, Hütten und einen Stall. Umgeben war die Motte von Holzpalisaden, Wällen und Gräben.

TOUREN-STECKBRIEF

Anfahrt: Der Startpunkt für diese Tour ist der Parkplatz »Chêne Guillot« an der D257 von Mutrécy nach Grimbosq.
GPS N 49°02'58.8", W 0°26'06.0"
Anspruch und Charakter: Überwiegend Forstwege, viel Schatten.
Markierung: Keine.
Einkehr: Keine.

Mit Kindern: Wir parken am Tierpark **GPS N 49°02'19.2", W 0°25'16.3"**, umrunden diesen und können auf der gegenüberliegenden Seite nach links zum See mit Stegen und Feuchtbiotop gehen.
In der Nähe: Château Balleroy.

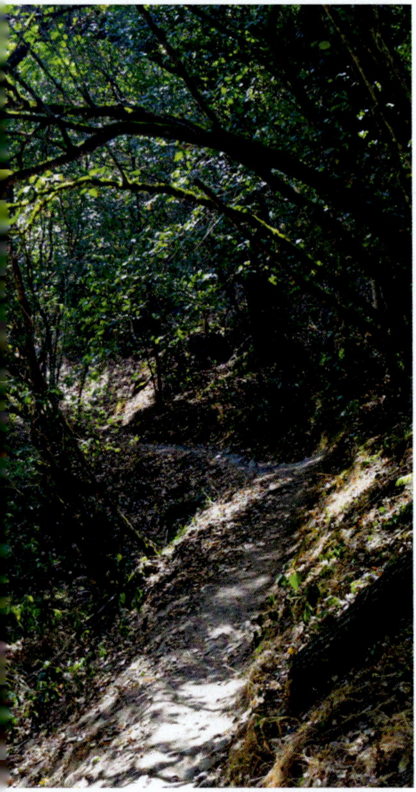

gig vom Wasserstand einen guten Zugang zum Kiesufer.

Von hier aus wandern wir zurück, halten uns nach der Brücke rechts, gehen am Pfad zur Motte vorbei und folgen dann immer geradeaus unserem Forstweg. Rechts plätschert wieder ein Bach in einer tiefen, grün überwucherten Rinne. Wir ignorieren einen breiten Fußweg nach links und erreichen die **D257** ❸, die wir geradeaus überqueren.

Jetzt ist unser Weg schmaler und naturbelassener und führt weiter im engen Tal des Baches aufwärts. Wir ignorieren alle Abzweige und schließlich weitet sich das Tal. Geradeaus erreichen wir eine Lichtung mit dem Stausee **Étang de la Grande Vallée**. Bei einer **Verzweigung** ❹ biegen wir rechts ab und folgen dem Rundweg um den See. Der Bereich am Wasser ist mit Brücken, Stegen und Aussichtsplattformen schön angelegt. In der rechten hinteren Ecke stehen auch einige Picknicktische.

Parc Animalier de Grimbosq
Das Wildgehege besteht seit 1975 und umfasst 8,5 Hektar. Hier leben Hirsche, Rehe und Wildschweine. Das doppelt umzäunte Gelände kann auf einem 1,4 Kilometer langen Weg umrundet werden.
Geöffnet Mitte April bis Mitte November täglich, im Winter am Mittwoch und an Wochenenden.

Zurück am unteren Ende des Sees wählen wir den breiten Fahrweg, der zum **Parc Animalier** hinaufführt. Der Zugang zum Park befindet sich rechts oberhalb an einem parallel verlaufenden Weg.

Wir wandern weiter zur nächsten großen **Kreuzung** ❺ **mit Picknickbänken**. Hier gibt es links einen direkten Weg zum Parkplatz, wir aber biegen schräg rechts ab und gehen an einem Holzhaus vorbei. Wir ignorieren einen Linksabzweig und biegen bei der nächsten **Wegkreuzung** links ab. So kommen wir auch noch am **Arboretum** ❻ vorbei, einer großen Anpflanzung und Sammlung verschiedener Baumarten. Es gibt mehrere Zugänge zu der in Dreiecken angelegten Anlage.

Wir wandern am Arboretum entlang. An dessen Ende führt unser Weg steil abwärts. Wir biegen links ab, gehen nach der Senke rechts hoch (gelb markiert) und biegen oben nach links auf den gelb markierten Weg ab, der uns zurück zum Parkplatz bringt.

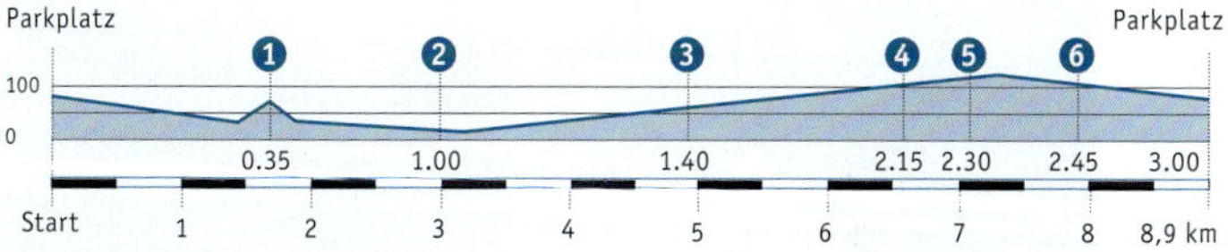

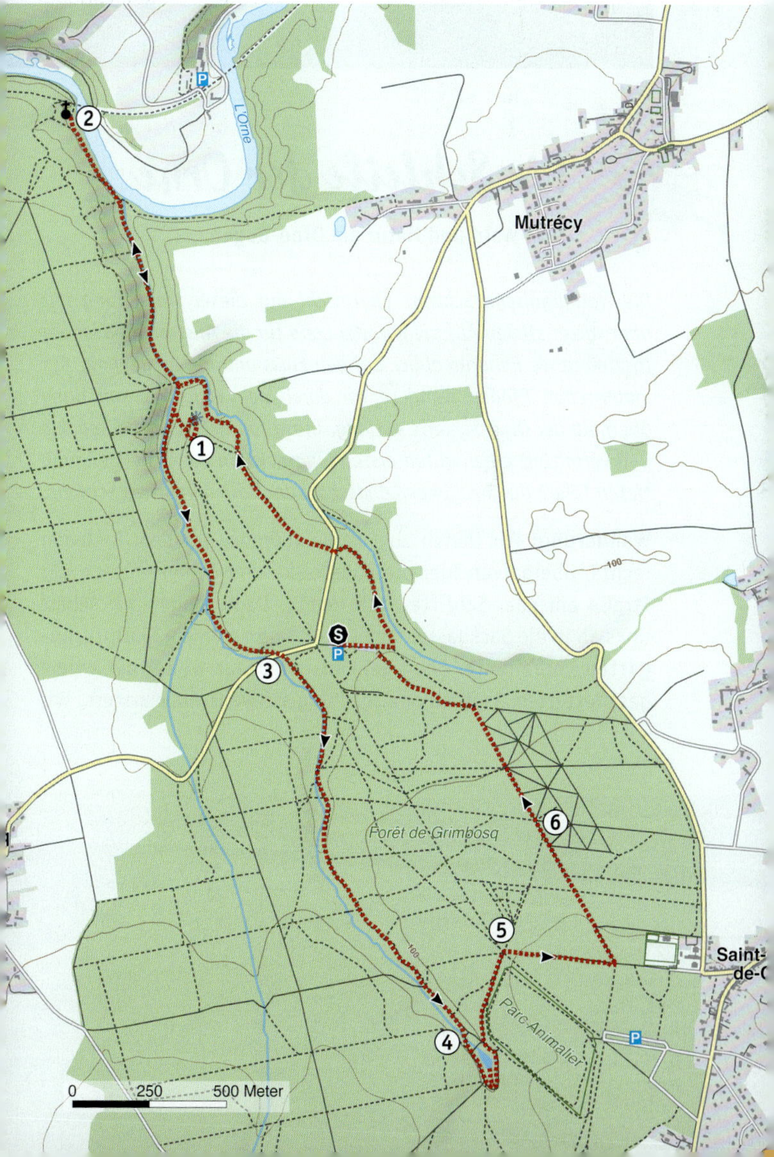

280 m

STRECKE 6,3 km

2 h 30

ab 8

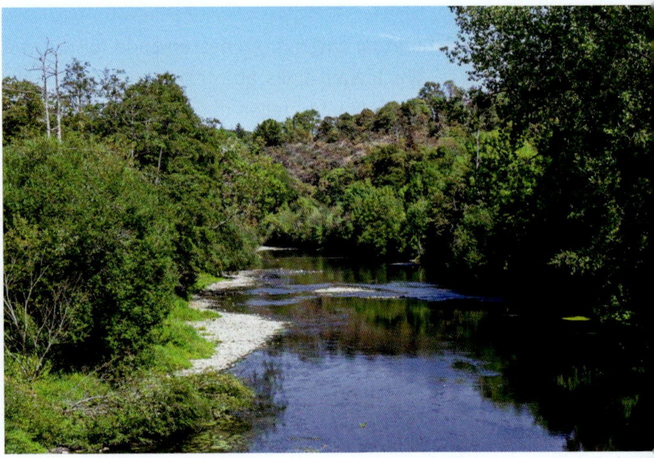

19 Die Schleife der Orne

Viel Wald und Natur am Orne-Bogen

Die Normannische Schweiz überrascht auf dieser Wanderung mit unerwartet steilen Aufstiegen. Der Lohn für die Anstrengung ist der faszinierende Panoramablick auf den Fluss und die Umgebung. Auf malerischen Pfaden wandern wir durch den Wald und am Hang oberhalb der Orne-Schleife entlang. Diese Tour ist kurz und knackig und vermittelt einen guten ersten Eindruck von der hügeligen, von tiefen Tälern durchzogenen Landschaft der Normannischen Schweiz.

Wanderung: Wir laufen zum Parkplatzende, vor dem Bioladen rechts, überqueren hier die Radstrecke und gehen entlang der Straße ein paar Schritte nach rechts. Dann biegen wir scharf links ab in die Sackgasse, die bergauf und an einem **Skulpturengarten** vorbeiführt. Oben geht es geradeaus weiter auf einem geschotterten Asphaltband, der Weg ist weiß-rot markiert. Wir

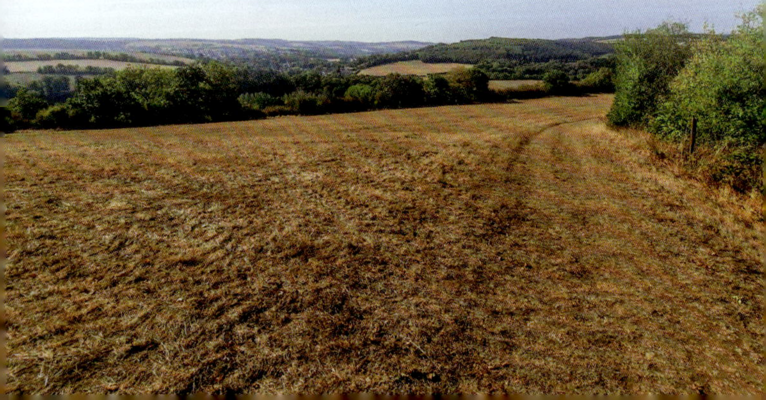

treffen auf ein Sträßchen, das oberhalb des Waldes am Hang entlang führt, und biegen links ab. Es führt uns zur **D212** ❶, wo wir uns rechts halten.

Highlights

Das Tal der Orne zeichnet sich durch seine bergige Landschaft aus. Das Flussufer ist häufig steil und felsig, was es zu einem reizvollen Gebiet für Outdooraktivitäten macht. Am Flussufer sind außerdem hübsche Orte mit alten Fachwerkhäusern zu entdecken.

Wir überqueren die Orne und einen Altarm und wandern an der folgenden Kreuzung geradeaus hoch in den Wald. Der steile und steinige Hohlweg bringt uns durch einen lichten Eichenbestand und über blanken Fels zu einem Fahrweg am Waldrand. An der kurz darauf folgenden Verzweigung gehen wir geradeaus und können die fantastische Aussicht genießen. Weniger steil aufwärts wandern wir zwischen Koppeln hindurch bis zu einer **Kapelle** ❷. Hier biegen wir links ab in Richtung **Métairie**.

Wir durchqueren den Ort und kommen zuerst an renovierten Häusern, dann an einem halb verfallenen Gehöft vorbei. Kurz darauf tauchen wir geradeaus wieder ein in den Wald. Jetzt geht es auf Geröll steil bergab. Selbst im Sommer ist dieser Weg oft nass, weil hier ein Bach über den Weg fließt. Irgendwann verlässt das Rinnsal den Weg nach links und tropft zu Ruinen hinunter, die sich in einer Senke verstecken. Unser jetzt fast trockener Fahrweg führt weiter geradeaus hinunter ins Tal bis zur **Straße** ❸, die wir geradeaus überqueren.

Auf der anderen Straßenseite wählen wir den Durchlass neben dem Tor eines Herrenhauses und schlängeln uns durch einen engen Gang zwischen den Häusern. An dessen Ende bringen uns ein paar Stufen zur Straße hinauf. Hier biegen wir rechts ab und wandern auf Asphalt steil bergauf und um eine Linkskehre. Auf

TOUREN-STECKBRIEF

Anfahrt: Wir parken am Westrand von Le Hom, an der D6 vor der Orne-Brücke. Der Parkplatz ist beschildert als »P Voie Verte«.
GPS N 48°59'22.8", W 0°28'55.3"
Anspruch und Charakter: Mischung aus Fahrwegen, kurzen Straßenabschnitten und Pfaden. Kurze Wegstücke steil und nach Regen rutschig. Viele An- und Abstiege. Teilweise Schatten.
Markierung: Lückenhaft beschildert als »La Boucle de l'Orne«.
Einkehr: Keine.
Mit Kindern: Diese Wanderung lässt sich schlecht abkürzen, ist für größere, trittsichere Kids aber durchaus geeignet.
Das Orne-Tal vom Wasser: Der Outdooranbieter Thury Plein Air, dessen Station nahe am Parkplatz liegt, verleiht Kanus und SUPs. Eine kurze Tour ohne Auto-Transfer ist von der Station möglich. Es gibt aber auch längere Kanutouren auf der Orne, bei denen ihr am Ziel mit dem Bus wieder abgeholt werdet. Buchbar sind vier verschiedene Routen zwischen 7 und 15 Kilometern Länge.
Zwei Personen im Einer- oder Zweierkajak ab €30. www.thury-plein-air.fr
In der Nähe: Château Ganne.

der **Kuppe** ❹ wird unser Weg zum Feldweg und führt am bewaldeten Steilhang eines Orne-Mäanders entlang. An einer breiten Stelle ist die Uferböschung großräumig gemäht und wir haben freie Sicht auf die enge Flussschleife. Vor uns am Ende der Wiesenfläche liegt die niedrige Felsbarriere, die den Fluss in diesen Bogen zwingt, rechts sehen wir Thury. Vorsicht: Es geht hier fast senkrecht abwärts!

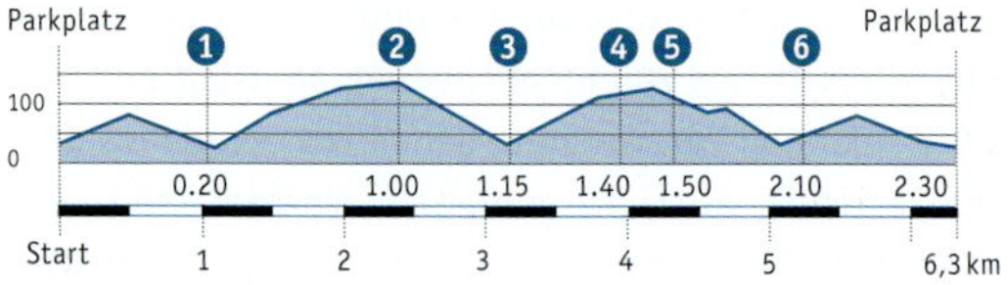

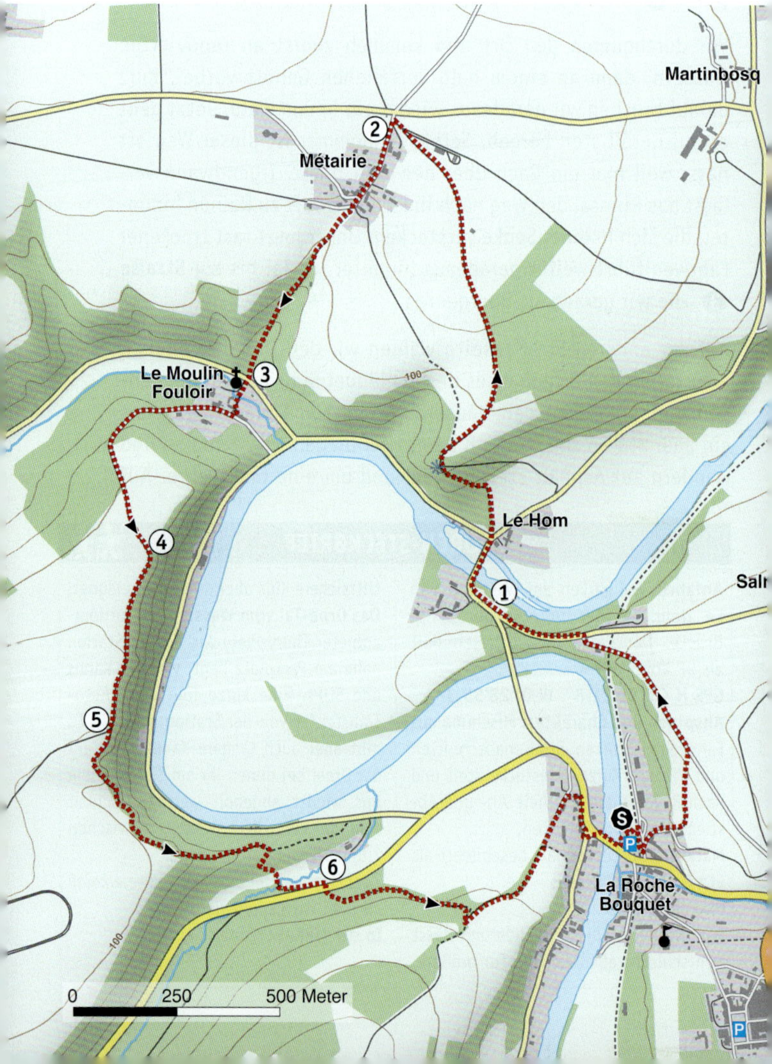

In der nächsten **Rechtskehre** ❺ wechseln wir geradeaus auf einen Fußweg. Er leitet uns an einer Wiese entlang und zwischen Hecken hindurch. Dann beginnt der Abstieg. Steil und bei Nässe rutschig geht es zwischen niedrigen Eichen hinunter, an einer abgerutschten Stelle sichert ein Geländer. Kurz darauf wird der Weg wieder besser und führt um eine scharfe Rechtskehre. Noch einmal wird es kurz steil und rutschig, dann erreichen wir eine Wiese. Hier wandern wir geradeaus über eine **Bachbrücke** und anschließend bis zur **Route Nationale D6** ❻.

Auf der gegenüberliegenden Straßenseite steigen wir geradeaus in den Wald hinauf. Wir überklettern einen Wall aus Wurzeln, dann geht es am Hang entlang nur noch leicht aufwärts. Nach einer 180-Grad-Kehre stehen wir oberhalb eines tief eingeschnittenen Hohlweges und steigen links steil hinunter, unterstützt von einem Handlauf. Wir folgen dem Hohlweg nach links. Bei der Verzweigung vor einer Grundstückseinfassung gehen wir geradeaus, bis wir Asphalt erreichen. Erst hinter dem ersten Haus geht es rechts runter. Von hier aus sehen wir schon rechts die **Brücke über die Orne**, die wir überqueren, um zum Parkplatz zu kommen.

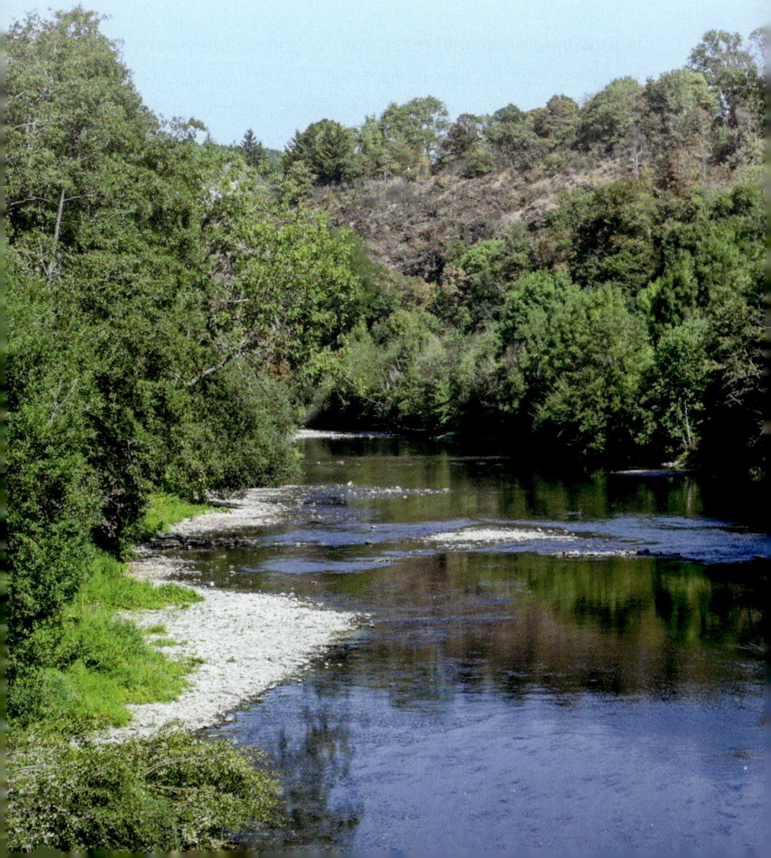

270 m

STRECKE 8,8 km

3 h

ab 10

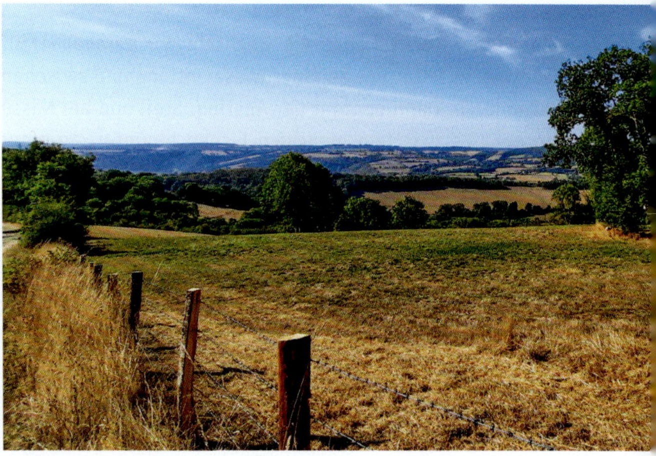

20 Pain de Sucre und Rochers des Parcs

Die Felswände der Normannischen Schweiz

Diese Wanderrunde verbindet drei Felsformationen hoch über dem Flüsschen Orne: Rochers de la Houle, Rochers des Parcs und Pain de Sucre. Der Weg führt durch dichte Wälder, offene Heide und vorbei an kleinen Weilern und Feldern. Jeder der drei Felsen bietet eine einzigartige Aussicht ins Flusstal und über die Hügellandschaft der Normannischen Schweiz.

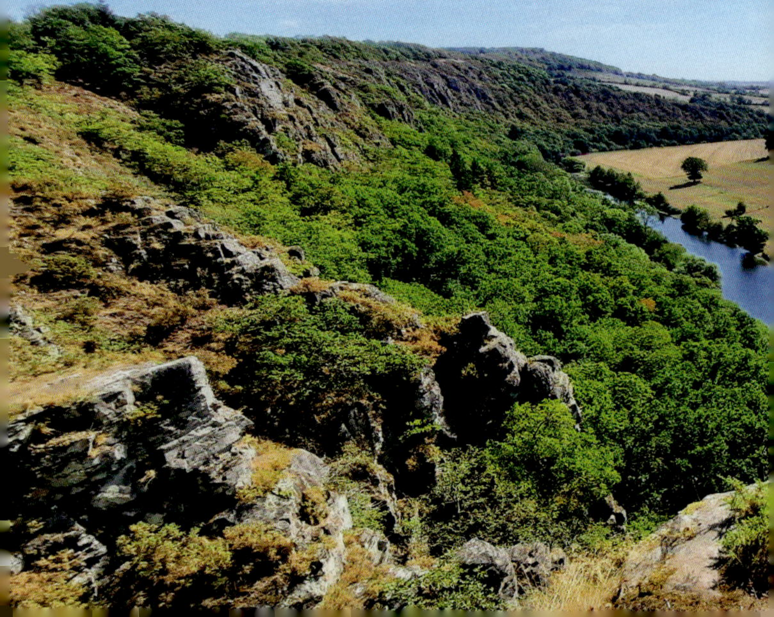

TOUREN-STECKBRIEF

Anfahrt: In Saint-Rémy der Beschilderung der »Suisse Normande Route des Crêtes« folgen bis zum Wanderparkplatz auf dem Plateau.
GPS N 48°55'48.4", W 0°28'12.2"
Anspruch und Charakter: Viele Pfade und einige Fahrwege. Die Aussichtspunkte sind alle ungesichert. Vorsicht bei Nässe vor und nach Wegpunkt ❷. Der Weg ist teilweise schattig.
Markierung: Bis Wegpunkt ❽ beschildert als »Circuit Pain de Sucre et Rochers des Parcs« und gelb markiert.
Einkehr: Mehrere Restaurants in Clécy am Ufer der Orne. Wer einkehren will, muss die Orne überqueren.
Mit Kindern: Fährt man in Clecy am Campingplatz vorbei, erreicht man unterhalb des Viaduktes einen Parkplatz bei **GPS N 48°54'36.2", W 0°28'20.8"**. Von dort führt ein Weg unter dem Viadukt hindurch und weiter am Ufer der Orne entlang. Wir passieren einen Damm mit kleinen Brücken und Bademöglichkeit und können dem Uferweg so weit folgen, wie wir Lust haben.
Im Verlauf wird der Fahrweg zum Pfad und führt schließlich um eine Linkskurve sehr steil hoch in den Wald zum Wegpunkt ❻ und zum Weg auf der Klippe, auf dem man zurück nach Clecy laufen kann (Rundweg 4,6 km). Der steile Aufstieg auf das Plateau ist allerdings für jüngere Kinder nicht geeignet.
In der Nähe: Festungsstadt Vire, Kanuverleih in Pont d'Ouilly.

Highlights

Hier bei Clecy säumt ein steil abfallender Höhenrücken das Flüsschen Orne und ermöglicht eine schöne Wanderrunde in einer malerischen Felslandschaft.

Wanderung: Vom Parkplatz aus gehen wir zuerst nach rechts zur großen Wiese mit dem **Startplatz der Gleitschirmflieger** ❶ oberhalb der Rochers de la Houle. Von hier oben haben wir eine superweite Aussicht über das Tal der Orne, die unter uns in großen Bögen durch Wiesen und Felder mäandriert.

Dann gehen wir zurück, am Parkplatz vorbei und halten uns beim nächsten Abzweig links. Nach einer Rechtskehre biegen wir am Ende der Leitplanke erneut links ab und folgen dem Fahrweg in den Wald.

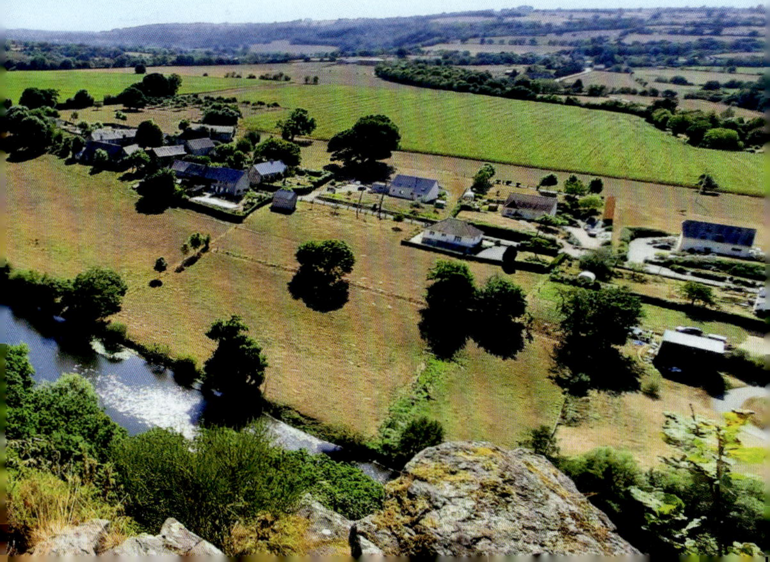

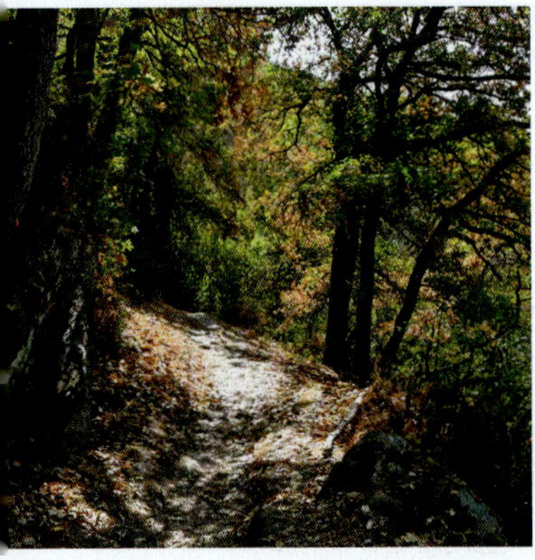

Kurz geht es steil abwärts (Vorsicht bei Nässe, der Weg ist lehmig und wird schnell rutschig). Dann steigen wir hinauf bis zu einer **Kreuzung**. Hier geht es links weiter, vorher lohnt aber unbedingt der kurze Aufstieg auf den **Felskegel Pain de Sucre** ❷.

Anschließend wandern wir kurz steil abwärts, um dann einem relativ schmalen Pfad entlang des steilen Hanges zu folgen. Lange sind wir so im Schatten der Bäume unterwegs, bis der Weg schließlich breiter wird und dann auf **Asphalt** ❸ trifft.

Wir biegen rechts ab und an der **Kirche** wieder rechts. Hinter der Unterführung der ehemaligen Eisenbahnlinie – heute ist sie ein Radweg – biegen wir links ab in die Straße zum **Campingplatz**. Gegenüber der Einfahrt geht es dann auf einer Schotterstraße links hinauf. Erneut unterqueren wir den **Radweg** ❹, biegen vor dem Feld rechts ab und gleich darauf wieder links. Von hier aus können wir zurückschauen auf die Felsen Rochers de la Houle und den Pain de Sucre.

Wir wandern aufwärts in den Wald und bei einer Verzweigung rechts. Der Weg ist weiß-rot markiert und führt uns auf eine **offene Felskuppe** ❺ mit Blick auf die Klippen und das große Viadukt im Tal, das heute nicht mehr Züge, sondern den Radweg trägt. Jetzt sind wir oberhalb der Rochers des Parcs zwischen Heide und niedrigen Eichen unterwegs. Immer wieder gibt die Vegetation den Blick nach rechts frei und Orientierungstafeln erklären die Aussicht.

Von links kommt der parallel verlaufende Reit- und Mountainbike-Weg ganz nahe. Das Gelände wird ebener und größere Bäume werfen Schatten. Schließlich werden die Wege zusammengeführt. Kurz vor dem Ende dieser schönen Passage öffnet sich rechts ein Schotterplateau mit 180-Grad-Aussicht.

Wir treffen auf ein Sträßchen ❻ und gehen links weiter. An der nächsten Kreuzung halten wir uns ebenfalls links. Auf Asphalt durchwandern wir ein Wiesental. Beim Stoppschild biegen wir links ab auf die **D122A** und gehen gleich wieder rechts in die *Route de la Sous Mont*, an deren Abzweig eine Bank mit Aussicht steht. Unser Sträßchen wird zum Schotterweg und dann zum heckengesäumten Weg am Hang, dem wir immer geradeaus folgen, bis wir auf einen Fahrweg treffen. Auf diesem laufen wir bis in den nächsten Weiler. Dort an der **Kreuzung** ❼ geht es rechts und steil aufwärts. Bei einem einsamen Haus beschreibt unser Sträßchen eine scharfe Linkskehre und wird zum weniger steilen, steinigen Fahrweg. Wir folgen ihm um zwei Rechtskurven bis zu einer **Straßenkehre** ❽. Hier führt der markierte »Circuit Pain de Sucre et Rochers des Parcs« nach links und auf Asphalt zum Parkplatz zurück. Wir wählen eine schönere, parallel verlaufende Strecke, gehen noch ein Stück geradeaus weiter und biegen beim nächsten Feldweg links ab. Mit weiter Aussicht nach Nordosten wandern wir immer geradeaus weiter, bis wir auf eine **Straßenkreuzung** mit fast 360-Grad-Rundumsicht treffen. Hier biegen wir links ab und gehen zurück zum Parkplatz.

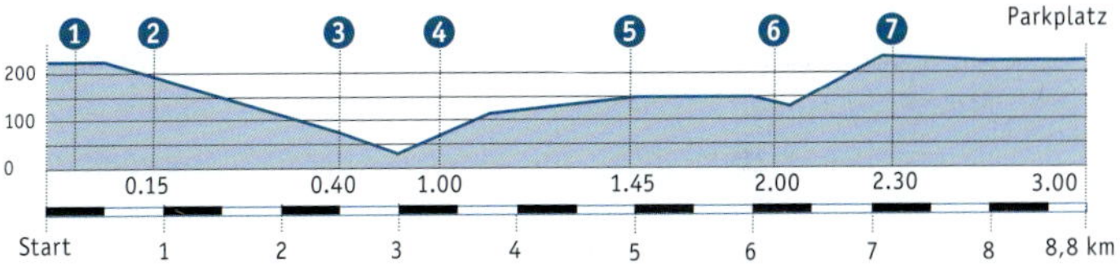

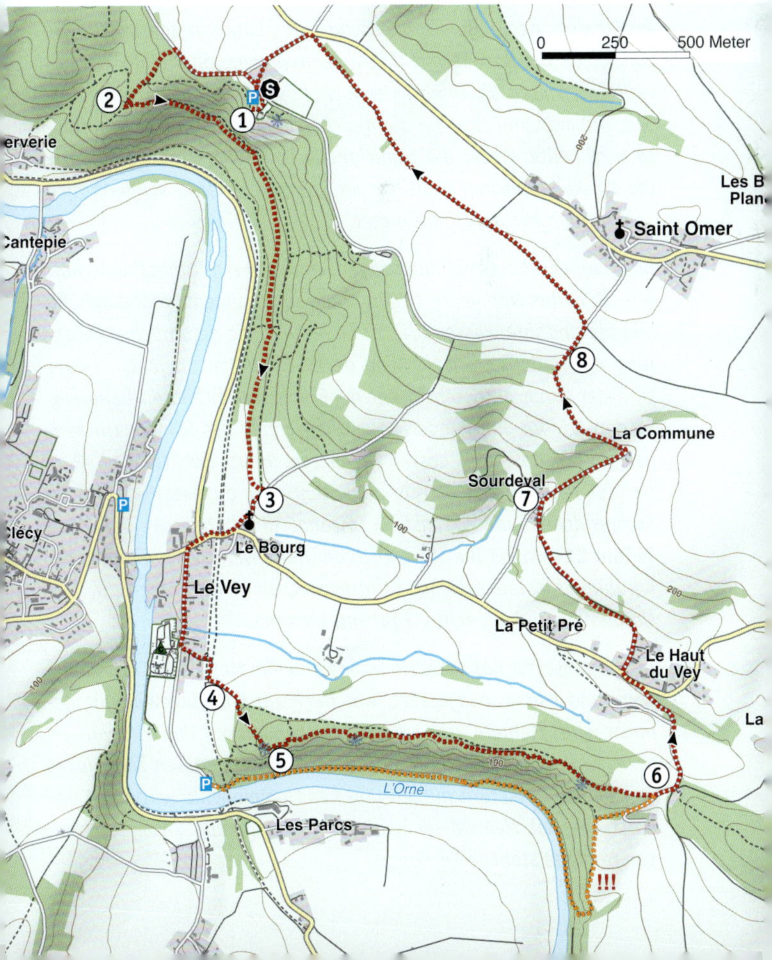

Halbinsel Cotentin – vom Cap de la Hague zum Mont-Saint-Michel

Zerklüftete Felsen fallen steil ab ins Meer, in Buchten verstecken sich geschützte Strände, auf den Plateaus trotzt die Heide den Winterstürmen – so präsentiert sich die Halbinsel Cotentin. Sie gehört zum Département La Manche, das sich aus der Cotentin-Halbinsel und dem südlich gelegenen Avranchin zusammensetzt.

An der Spitze der Halbinsel liegen die Felsen des Cap de La Hague. In der Vergangenheit war es ein wichtiger Orientierungspunkt für die Seefahrt, aber auch berüchtigt für raue See und starke Strömungen und Tiden, was die Navigation herausfordernd machte. Seine schroffen Felsen wurden etlichen Handelsschiffen zum Verhängnis. Zu den besonders beeindruckenden Naturorten auf der Halbinsel zählt auch die Spitze des Kaps Nez de Jouburg mit dramatischen Klippen, die zu den höchsten in Kontinentaleuropa gehören. **[› Tour 25]**

Im Landesinneren ist die Landschaft des Cotentin sanfter. Da ist zum einen die Bocage mit ihren kleinteiligen, von Wallhecken gesäumten Wiesen. Erschien es eine Weile sinnvoll, die Hecken zu roden, um größere Felder für die maschinelle Bearbeitung zu schaffen, so wird heute wieder die traditionelle Landschaftsform gefördert, die die Anbauflächen nicht nur vor Stürmen schützt, sondern auch Lebensraum für viele Tiere bietet.

Das südliche Cotentin durchzogen einmal weite Sumpflandschaften. Zu Zeiten Napoleons begann man sogar, einen Kanal durch die Sümpfe und ihre Wasserläufe zu bauen, um die gefährliche Umfahrung der Halbinsel um das Cap de La Hague zu umgehen. Heute wird der Canal du Cotentin nur noch von Freizeitbooten befahren. In den letzten Jahrhunderten wurden einige der Sümpfe trockengelegt, um das Land besser zu nutzen. Heute schützt der »Parc naturel régional des Marais du Cotentin et du Bessin« restliche Sumpfflächen und extensive, saisonal überflutete Weideflächen **[› Tour 21]***. In der Bucht westlich der Halbinsel steht außerdem der berühmte Klosterberg Mont-Saint-Michel, eines der Wahrzeichen der Normandie und ein echter Tourismusmagnet.*

Als Halbinsel ist das Cotentin in besonderem Maße den Kräften von Wind und Wasser ausgesetzt, was auch zur Energiegewinnung genutzt wird. Mehrere große Windparks wurden auf den Plateaus erbaut, Gezeitenkraftwerke könnten die Kraft des großen Tidenhubes von bis zu 15 Metern nutzen und bei Flammanville wird ein Kernkraftwerk mit Meerwasser gekühlt. Eine atomare Wiederaufarbeitungsanlage steht in La Hague.

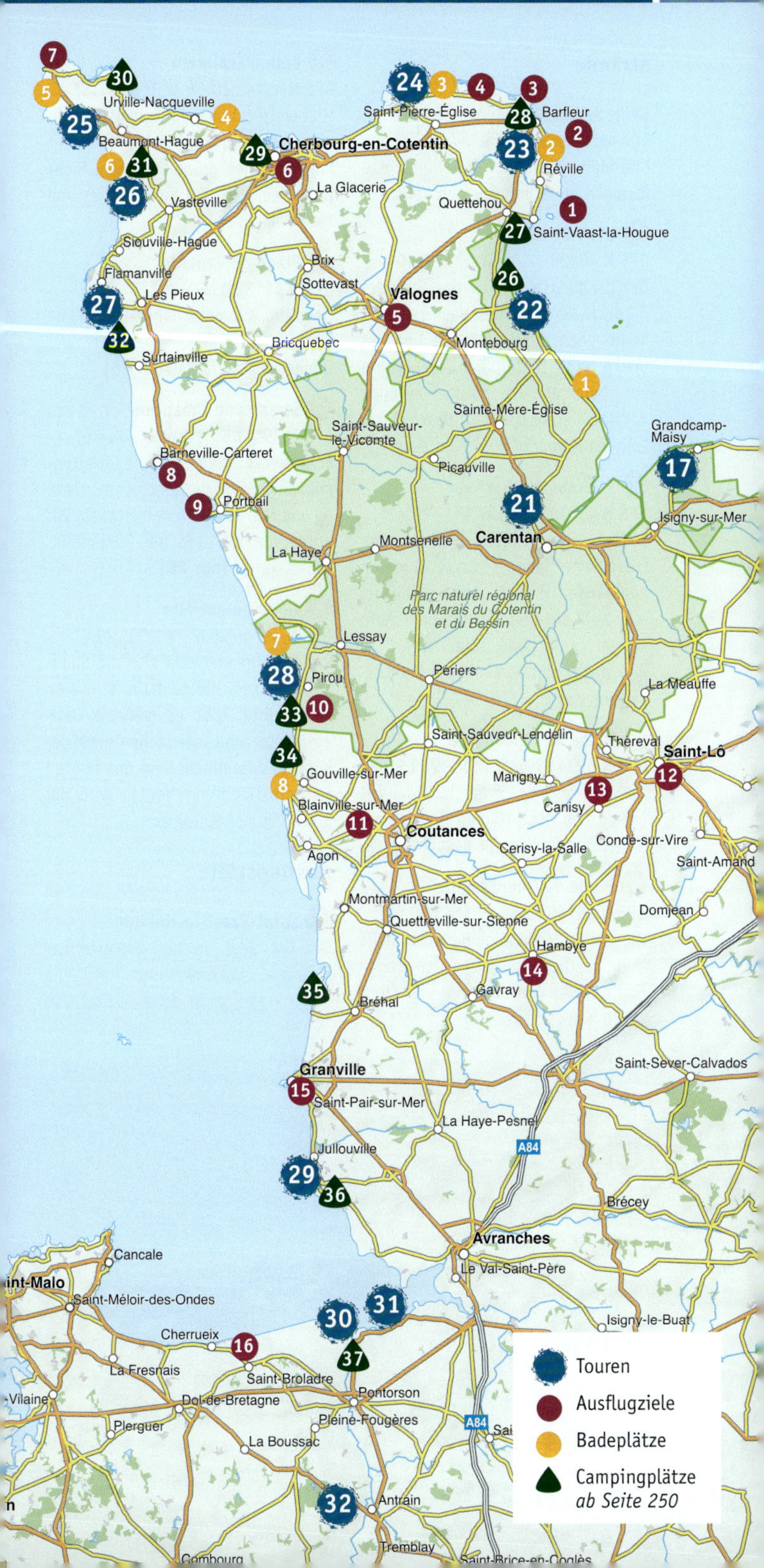
Urville-Nacqueville
Beaumont-Hague
Cherbourg-en-Cotentin
Saint-Pierre-Église
Barfleur
Réville
La Glacerie
Quettehou
Saint-Vaast-la-Hougue
Vasteville
Siouville-Hague
Flamanville
Les Pieux
Brix
Sottevast
Valognes
Montebourg
Bricquebec
Surtainville
Sainte-Mère-Église
Saint-Sauveur-le-Vicomte
Grandcamp-Maisy
Barneville-Carteret
Picauville
Portbail
Isigny-sur-Mer
Carentan
Montsenelle
La Haye
Parc naturel régional des Marais du Cotentin et du Bessin
Lessay
Periers
Pirou
La Meauffe
Saint-Sauveur-Lendelin
Thereval
Saint-Lô
Gouville-sur-Mer
Marigny
Canisy
Blainville-sur-Mer
Coutances
Cerisy-la-Salle
Condé-sur-Vire
Agon
Saint-Amand
Montmartin-sur-Mer
Quettreville-sur-Sienne
Domjean
Hambye
Gavray
Bréhal
Granville
Saint-Sever-Calvados
Saint-Pair-sur-Mer
La Haye-Pesnel
A84
Jullouville
Brécey
Avranches
Cancale
Le Val-Saint-Père
Saint-Méloir-des-Ondes
Isigny-le-Buat
Cherrueix
La Fresnais
Saint-Broladre
Pontorson
Dol-de-Bretagne
Pleine-Fougères
Plerguer
La Boussac
Antrain
Tremblay
Touren
Ausflugziele
Badeplätze
Campingplätze ab Seite 250

Strände

Beide Seiten des Cotentin werden von kilometerlangen, flach abfallenden Stränden gesäumt. Die Nordspitze dagegen endet mit felsigen Kaps.

1 Utah Beach

GPS N 49°26'37.0", W 1°12'35.0"
Der Landungsabschnitt des Strandes nördlich der Baie des Veys ist auch heute noch dünn besiedelt und der breite Sandstreifen am Meer völlig naturbelassen. Am nördlichen Ende der Bucht steht das *Utah Beach D-Day Landing Memorial* direkt am Meer.

2 Strände von Barfleur

GPS N 49°39'59.6", W 1°15'24.4"
Südlich von Barfleur reihen sich traumhafte langgestreckte Buchten aneinander. Hier ist meist nicht viel los, weil die Strände mit dem Auto schwer erreichbar sind. Wenn es Parkplätze gibt, sind sie nur klein. **[› Tour 23]**

3 Plage de la Mondrée

GPS N 49°41'39.8", W 1°26'39.9"
Die von felsigen Kaps geschützte Bucht öffnet sich nach Norden und ist nur in der Badesaison gut besucht.

4 Plage de Querqueville

GPS N 49°40'05.5", W 1°41'50.6"
Die weite, feinsandige Bucht schließt sich westlich an das gleichnamige Fort an, das den Vorhafen von Cherbourg begrenzt.

5 Baie d'Écalgrain

GPS N 49°41'28.5", W 1°56'07.6"
Hier erstreckt sich ein Traumstrand in einsamer Lage über einen Kilometer lang zwischen grünen Klippen. Richtung Meer geht der Sand in Kies und Felsbänke über.

6 Plage de Vauville

GPS N 49°38'05.0", W 1°51'00.9"
Der zehn Kilometer lange Sand-Kies-Strand liegt vor einer Sumpf- und Dünenlandschaft. **[› Tour 26]**

7 Strand von Créances

GPS N 49°11'50.9", W 1°36'17.5"
Er erstreckt sich weit in die Gezeitenmündung Havre de Saint-Germain-sur-Ay und fällt bei Ebbe weit trocken. Wir entdecken ihn und die Dünenlandschaft auf **[› Tour 28]**.

8 Gouville-sur-Mer

GPS N 49°05'56.6", W 1°36'29.4"
Vor dem Ort erstreckt sich ein Sandband bis zum Horizont. Im schmalen Dünengürtel gibt es mehrere Campingplätze und hier stehen auch dekorative Strandhäuschen mit bunten Dächern. Richtung Norden wird der Strand immer einsamer.

Ausflugsziele

1 Saint-Vaast-la-Hougue

Der Ort liegt an der Ostküste der Halbinsel Cotentin und hat eine lange Tradition in der Fischerei und

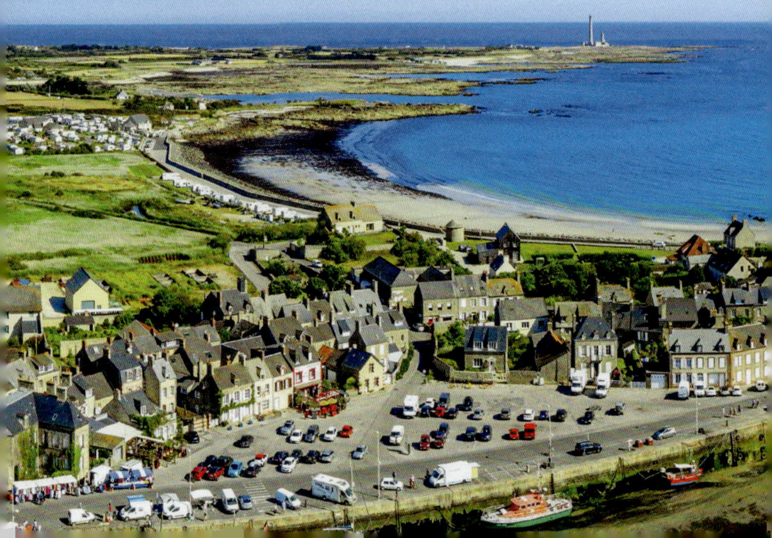

der Austernzucht. Dem großen Jachthafen sind weite Muschelbänke vorgelagert. In den Restaurants am Hafen werden auch frische Austern und Miesmuscheln serviert.

Durch seine strategische Lage am Ärmelkanal war Saint-Vaast-la-Hougue im Laufe der Jahrhunderte auch immer wieder Schauplatz militärischer Auseinandersetzungen. So beauftragte Ludwig XIV. seinen Militäringenieur Sébastien Le Prestre de Vauban Ende des 17. Jahrhunderts mit dem Bau der beiden imposanten Türme auf den Inselchen Tatihou und La Hougue. Sie waren mit Artillerie bestückt, um feindliche Schiffe abzuwehren und sollten den Hafen und die umliegenden Gewässer schützen. Heute sind sie Teil des UNESCO-Weltkulturerbes.

Auf der Île Tatihou können neben dem Vauban-Turm auch noch das Musée Maritime und ein botanischer Garten besichtigt werden. Zur Insel fahren Amphibienfahrzeuge. Nur bei passender Tide ist sie auch zu Fuß zu erreichen. Ebbe und Flut sind hier allerdings tückisch, sodass ihr euch vorher gut informieren müsst! Der zweite »Tour Vauban« im Fort auf einer südlichen Landzunge dient noch heute als Militärstützpunkt.

An der Südseite der Hafeneinfahrt befindet sich die Kapelle der Seeleute, die Chapelle des Marins. Sie markiert den Anfang des Steges »Grande Jetée«, der zum Leuchtturm führt.

2 Barfleur

Der Ort gehört zu den schönsten Dörfern Frankreichs. Am Hafenbecken stehen alte Natursteinhäuser, vor denen bunte Schiffe auf dem Wasser schaukeln oder auch im Schlick liegen. Begrenzt wird der Hafen von einem Pier und der Église Saint-Nicolas aus dem 17. Jahrhundert, die auf einem natürlichen Felsplateau steht. Im Mittelalter lebten hier bis zu 9.000 Menschen im und am Hafen von Fischerei, Schiffsbau und dem Personen- und Handelsverkehr durch die Segelschiffe, die nach England übersetzen.

Wer den schönen Ort in Ruhe auf sich wirken lassen möchte, findet rund um den Hafen eine größere Auswahl an Restaurants, die zu den klassischen französischen Essenszeiten mittags und abends geöffnet haben.

3 Phare de Gatteville

GPS N 49°41'39.7", W 1°16'02.2"
Obwohl die Klippen berüchtigt waren und 1120 beim Untergang des White Ship den englischen Thronfolger und einen Teil seiner Familie in den Tod rissen, wurde an der Ostspitze der Halbinsel Cotentin erst 1775 ein Leuchtturm gebaut. Um eine bessere Abdeckung der Küstenlinie zu erzielen,

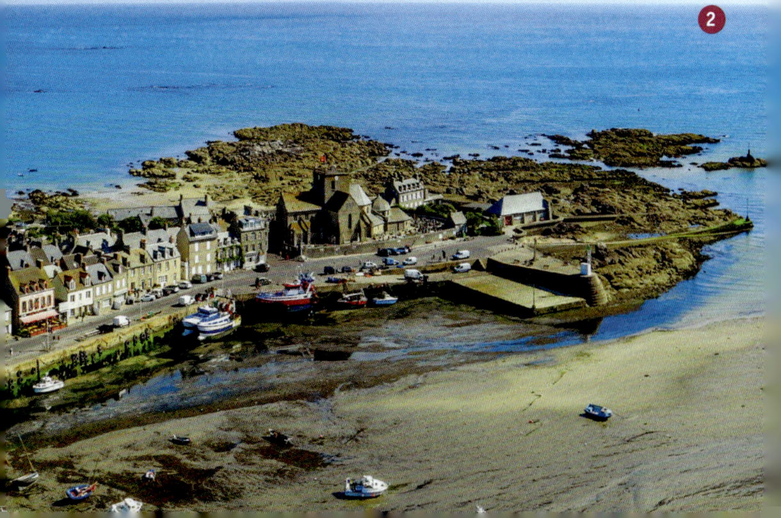

begann man 1829, 60 Meter entfernt vom alten Turm, mit dem Bau des 75 Meter hohen Phare de Gatteville. Er ist der zweithöchste Leuchtturm Frankreichs und kann besichtigt werden, wenn die Windstärken unter 50 Kilometer pro Stunde bleiben. Um auf die Aussichtsplattform zu gelangen, muss man 365 Stufen hinaufsteigen.
Geöffnet Februar bis Dezember, 10–12 und 14–18 Uhr, im Winter nur bis 16 bzw. 17 Uhr. €3, Kinder 5 bis 12 Jahre €1. phare-de-gatteville.fr

4 Batterie de Caqueret

GPS N 49°42'02.1", W 1°19'52.4"
Ein Ensemble aus mehreren Bunkern und Befestigungsbauten versinkt an einem einsamen Strandabschnitt langsam im Sand.

5 Valognes

Im 17. Jahrhundert war die Stadt ein bevorzugtes Domizil für den Adel und die gehobene Gesellschaft. Ihre prächtigen Herrenhäuser und eleganten Villen prägen heute noch das Stadtbild und haben Valognes den Beinamen »normannisches Versailles« eingebracht. Heute ist Valognes außerdem ein kulturelles Zentrum mit Museen, Kunstgalerien und vielen kulturellen Veranstaltungen. Besonders beliebt ist das Cidre-Museum, das sich der Geschichte und Herstellung des normannischen Traditionsgetränks widmet.
Geöffnet Mi bis So 14–18 Uhr, Juli und August täglich 11–18 Uhr, €4,50, bis 18 Jahre kostenlos.

6 Cherbourg

Die Stadt konnte lange für sich beanspruchen, den größten künstlichen Hafen der Welt zu haben. Sein Bau wurde schon im 18. Jahrhundert begonnen, um Kriegsschiffen eine sichere Rückzugsmöglichkeit zu bieten. Heute ist der neun Kilometer lange Vorhafen der zweitgrößte der Welt und schützt Cherbourg vor dem Wellengang und den starken Strömungen des Ärmelkanals. Rund um den Hafen gibt es einiges zu sehen.

Die Festung **Fort du Roule** steht südöstlich der historischen Hafenbecken auf einem Hügel und überragt die Stadt um 112 Meter. Sie wurde im 19. Jahrhundert erbaut, um die Stadt Cherbourg und ihren wichtigen militärischen und zivilen Hafen zu schützen. Von der Festung habt ihr einen tollen Panoramablick über die Dächer und den Hafen. Heute beherbergt es das Musée de la Libération (Befreiungsmuseum), das der Geschichte der Schlacht um Cherbourg im Zweiten Weltkrieg gewidmet ist.

Diagonal gegenüber auf der anderen Seite der Einfahrt zum historischen Hafenbecken steht die **Basilique Sainte-Trinité**, die als besonders schönes Beispiel gotischer Baukunst gilt. Im Inneren der Basilika befinden sich verschiedene Kunstwerke, darunter Skulpturen, Gemälde und vor allem die beeindruckenden Buntglasfenster.

Die **Cité de la Mer**, das bekannteste Museum der Stadt Cherbourg, befindet sich in einem ehemaligen Transatlantik-Passagierterminal, einem besonders schönen Gebäude im Stil des Art déco, und bietet Ausstellungen über die Unterwasserwelt, die Geschichte der Ozeanografie und die Erforschung der Tiefsee. Ein Highlight ist die Möglichkeit, das französische U-Boot »Le Redoutable« zu besichtigen, das größte für Besucher zugängliche U-Boot der Welt. Besonders spannend ist außerdem die Titanic-Ausstellung. Sie widmet sich der Geschichte des Schiffes, das 1912 auf seiner Jungfernfahrt unterging. Cherbourg war einer der letzten Häfen, den die Titanic anlief, bevor sie im Nordatlantik sank.
Ganzjährig geöffnet, die Zeiten variieren. Eintritt €19, Kinder 5 bis 17 Jahre €15. www.citedelamer.com

Die ungewöhnlichste Sehenswürdigkeit der Stadt Cherbourg ist ihre **Regenschirmmanufaktur** »Le Véritable Cherbourg«. Sie ist bekannt für ihre hochwertigen, handgefertigten Schirme und kann besichtigt werden.

Geöffnet ganzjährig Mo bis Sa 10–19 Uhr. Eintritt €5, Kinder 6–18 Jahre €3. parapluiedecherbourg.com

7 Cap de la Hague

GPS N 49°43'31.4", W 1°56'29.0"
Am nördlichsten Punkt des Cotentin strecken sich flache Felsklippen ins Wasser, dazwischen liegen Kiesbuchten. Das flache, windgepeitschte Land ist mit Wiesen bedeckt, die durch Steinmäuerchen unterteilt sind. Auf dem Land steht hier ein relativ niedriger Leuchtturm. Wichtiger für die Navigation ist der 48 Meter hohe Phare de la Goury, auch Phare de la Hague genannt, der auf einer kleinen Felseninsel gute 200 Meter vor dem Festland steht. Ein erster Leuchtturm wurde hier 1834 erbaut, der heutige Turm stammt aus dem Jahr 1950. Er ist aus Beton gefertigt, um den harten Wetterbedingungen an der Küste standzuhalten. Der letzte Leuchtturmwärter verließ den Turm im Mai 1990, seitdem wird dieser automatisch betrieben. Der Turm kann nicht besichtigt werden, ist aber ein sehr beliebtes Fotomotiv.

Schön ist auch der kurze Rundweg um die kleine **Felsspitze Cap de Goury**, die 1,5 Kilometer südlich des Cap de la Hague liegt und von dort entweder mit dem Auto (Parkplatz bei GPS N 49°42'56.6", W 1°56'46.2") oder über den Küstenweg erreichbar ist.

8 Barneville-Carteret

Der größte Badeort des Cotentin liegt an einer der vielen tief eingeschnittenen natürlichen Buchten der Gegend. Das Zentrum des Ortes ist der geschützt in einer Flussmündung liegende Jachthafen der »Havre Le Fleuve«, der zum Bummeln einlädt. Vorne am Meer zieht sich ein kilometerlanger Strand in beide Richtungen. Bei Ebbe fällt die Bucht komplett trocken und wird zu einer weiten Sandlandschaft.

Durch den Ort kann man zum Leuchtturm auf dem **Cap Carteret** weiterfahren. Er liegt am Ortsrand und es gibt dort einen Parkplatz (N 49°22'29.5", W 1°48'11.9"). Folgt ihr vom Leuchtturm dem Küstenweg in Richtung Norden, kommt ihr zur malerisch hoch über dem Strand stehenden Ruine der Kapelle »**Vieille Église Saint-Germain de Carteret**«. Zwischen Leuchtturm und Meer drückt sich auch noch das Steinhäuschen »Cabane Vauban« in die westlichen Klippen.

9 Côte des Havres

An einer etwa 70 Kilometer langen Küstenlinie nördlich von Granville liegen acht Naturhäfen, die vom Wechselspiel der Gezeiten und der einmündenden Flüsse geformt wurden. Die Häfen fallen bei Ebbe komplett trocken, füllen sich bei Flut

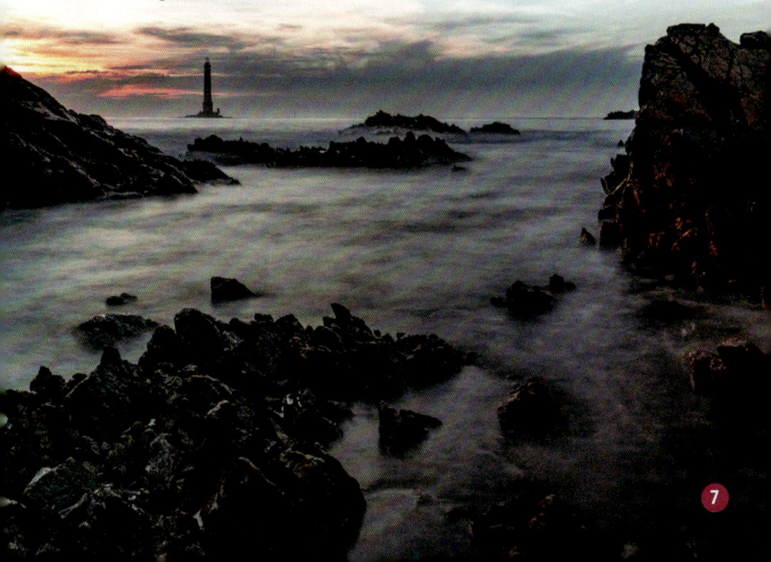

7

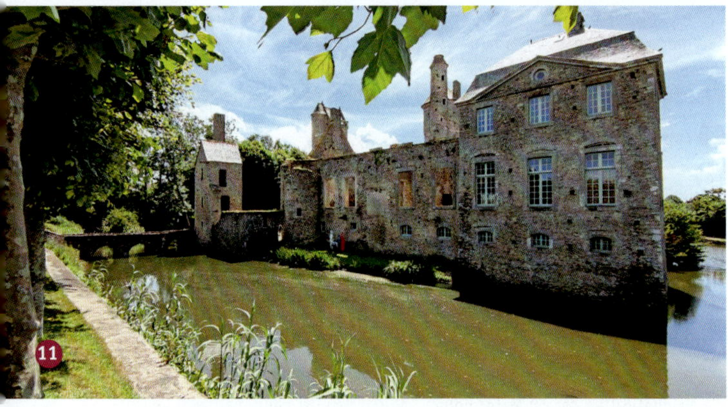

wieder mit Wasser und sind dabei in ständigem Wandel. Die Küstenlinie ist geprägt von niedrigen Dünen und von Salzwiesen an weiten, flachen Ufern. Durch die Gezeitenströmung zwischen Meer und Häfen ragen in diesem Teil der Küste lange sandige Landspitzen weit in die Buchten hinein. Der nördlichste »Havre« liegt beim Badeort Barneville-Carteret.

Auch der Ort **Portbail** mit Bogenbrücke, Schiffswrack und kleinem Fischerei- und Jachthafen wurde an einem der Naturhäfen erbaut. Einen ruhigen, einsamen »Havre« mit weitem Dünengürtel entdecken wir auf **[› Tour 28]** – den »Havre de Saint-Germain-sur-Ay«.

10 Château Fort de Pirou

GPS N 49°09'47.5", W 1°34'22.7"
Das Schloss wurde im 12. Jahrhundert auf einer künstlichen Insel im Sumpfland erbaut und im 17. Jahrhundert umgestaltet. Noch heute wirken die massiven, hohen Mauern beeindruckend! Um die Burg rankt sich eine der populärsten Legenden der Normandie. Während einer Belagerung durch die Normannen verwandelten sich der Herr von Pirou und seine Familie mithilfe eines Zauberbuchs in Wildgänse, um den Belagerern zu entkommen. Nachdem diese die Burg eingenommen hatten und feststellten, dass sie verlassen war, brannten sie das Gebäude nieder. Dabei verschwand auch das Zauberbuch. Die in Gänse verwandelte Familie konnte daher nicht in ihre menschliche Form zurückkehren. Seitdem kommen die Gänse jedes Jahr zurück zur Burgruine, in der Hoffnung, das Buch wiederzufinden, um den Zauber rückgängig zu machen.

Geöffnet April bis Dezember Mi bis So 10–12 und 14–18 Uhr, im Winter bis 17 Uhr, zu Ferienzeiten Mo bis So. €8, Schüler ab 7 Jahre €5–6,50, Familie €26. www.chateau-pirou.fr

11 Wasserburg Château Gratot

GPS N 49°04'05.1", W 1°29'23.7"
Wenige Gebäude der Burg aus dem 14. Jahrhundert sind restauriert, der Rest ist eine gut erhaltene und besonders malerische Ruine, die ihr auf eigene Faust erkunden könnt.

Ganzjährig geöffnet 10 – 19 Uhr. €5, Kinder 10 bis 17 Jahre €2. www.chateaugratot.com

12 Saint-Lô

Die alten Festungsmauern der Stadt thronen auf einer Kuppe über der Vire. Schon in gallo-römischer Zeit gab es hier einen Übergang über den Fluss. Im Zweiten Weltkrieg wurde der Ort fast völlig zerstört. Auf den Süd- und Westplateaus der Befestigungsanlagen führen Fußwege mit Aussicht entlang.

Zu den wichtigsten Sehenswürdigkeiten gehört das Gestüt Haras de Saint-Lô mit einer mehr als 200-jährigen Geschichte. Es wurde 1806 von Napoleon Bonaparte gegründet und gilt als bedeutendstes Nationalgestüt

Frankreichs. Die heutigen Gebäude wurden nach dem Zweiten Weltkrieg originalgetreu rekonstruiert. Es gibt hier ein Infozentrum mit kleiner Ausstellung, von dem aus auch Führungen über das Gelände angeboten werden.
www.polehippiquestlo.fr

13 Château de Canisy

GPS N 49°04'44.5", W 1°10'25.2"
Die mächtige Anlage mit zwei Flügeln stammt aus dem 16. Jahrhundert. Sie ist von einem weiten Park umgeben mit Teichen, Orangerie und Gewächshäusern. Die Burg befindet sich in Privatbesitz. Sie ist als Hotel und für Besichtigungen öffentlich zugänglich.
Geführte Tour €12, Kinder unter 10 Jahre frei. Vorbuchung erforderlich unter www.chateaudecanisy.com/visits.

14 Abbaye de Hambye

GPS N 48°55'19.9", W 1°15'56.0"
Erbaut im 12. Jahrhundert, gilt das Benediktinerkloster nach dem Mont-Saint-Michel als am besten erhaltene Abtei der Normandie. Die Ruine wurde umfangreich restauriert, sodass heute wichtige Gebäude erhalten sind. Nur der Kirchenkomplex blieb ohne Dächer. Ihr könnt aus dem Kirchenschiff direkt in den Himmel gucken, was dem alten Gemäuer eine ganz besondere Atmosphäre verleiht.
Geöffnet April bis Juni und September Mi bis Mo 10–12 und 14–18 Uhr, Juli, August täglich 10–18 Uhr, Oktober Mi bis Fr 14–17.30 Uhr. €6, Kinder 7 bis 18 Jahre €3, Familie €12–18. abbaye-hambye.manche.fr

15 Granville

Die Stadt liegt auf einem Felskap, auf dessen Südseite große Hafenbecken gebaut wurden. Im Mittelalter hatte sie eine wichtige militärische Schlüsselstellung. Die Oberstadt an der Nordseite der Felsspitze ist noch heute von mächtigen Befestigungsanlagen umgeben und es lohnt ein Bummel durch die mittelalterlichen Gassen. Im 19. Jahrhundert entwickelte sich Granville zu einem Seebad, obwohl hier die extremsten Gezeiten Europas herrschen. Die schönen Strände vor dem Ort verschwinden bei Flut komplett im Wasser. Einen Besuch wert ist der Garten am Musée Christian Dior, der in Granville geboren wurde. Das Gartencafé ist sehr einladend.

Von der Spitze des Kaps blickt man auf die **Îles Chausey**, zu denen Fährboote übersetzen. Ein ganz besonderer Ausflug ist eine Kajaktour in diesem Flachwasser-Archipel kleiner und kleinster Eilande. Kanus bekommt ihr bei kayak-granville-chausey.com.
www.tourisme-granville-terre-mer.com

Mont-Saint-Michel

Den berühmten Klosterberg beschreiben wir in unserer **[› Tour 31]**.

16 Picknick mit Blick auf den Mont-Saint-Michel

GPS N 48°36'26.2", W 1°40'01.8"
Die Strände rund um die »Chapelle Sainte-Anne-de-la-Grève« schließen an einen weiten Wattbereich an. Zum Schwimmen sind sie wegen des sehr flachen Wassers nicht ideal. Sie eignen sich aber zum Picknicken und Baden mit Blick über die Salzwiesen zum Mont-Saint-Michel. **[› Tour 30]**

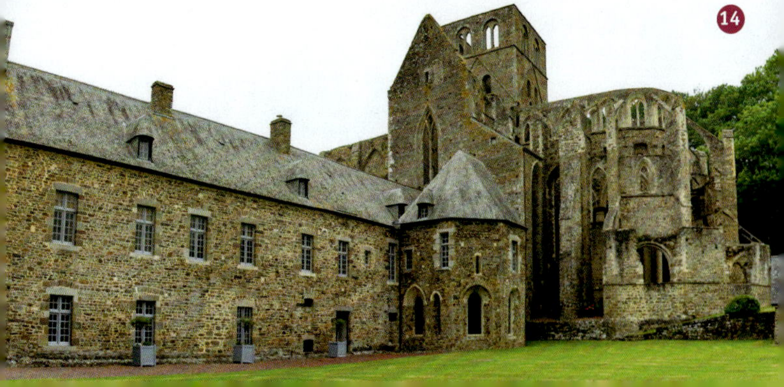
14

10 m

STRECKE 2,7 km

1 h

ab 4

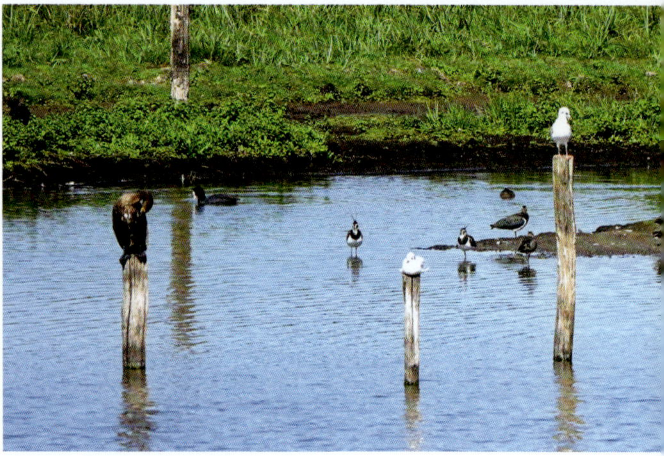

21 Marais du Cotentin

Auf Lehrpfaden durch ein Feuchtgebiet

Es ist eine beschauliche Landschaft, in die wir hier eintauchen. Weideflächen mit Busch- und Baumarealen, Kanäle, Röhricht und Sumpfseen, deren Tierwelt wir gut beobachten können. Die sorgfältig gestalteten Informationsstationen vermitteln darüber hinaus ein anschauliches Bild des früheren Cotentin.

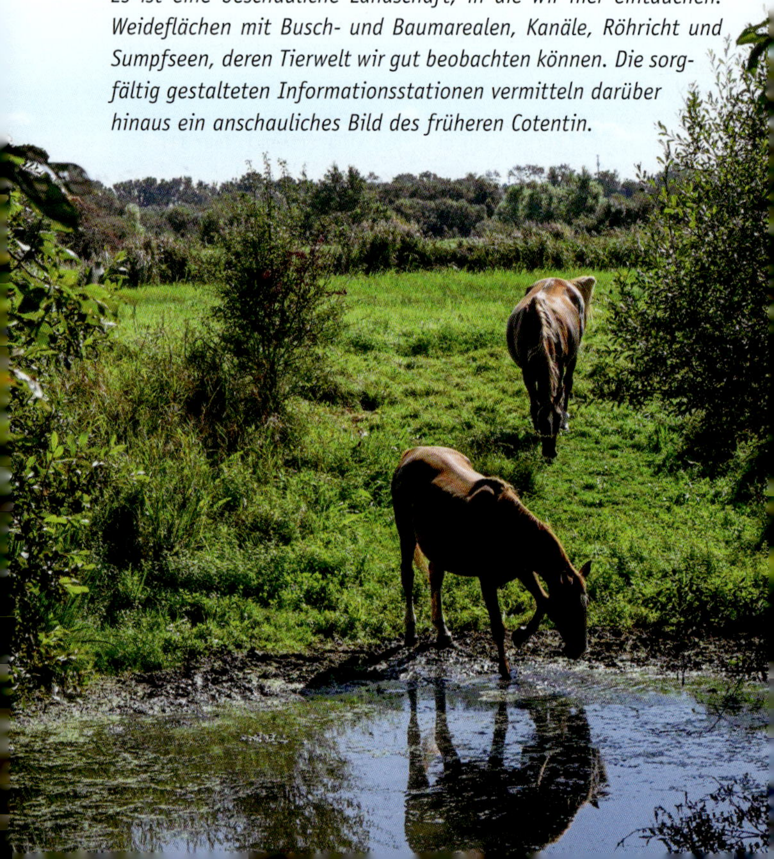

Wanderung: Von den markierten Wegen wählen wir zuerst den *Chemin des Sarcelles* und wandern zum großen Beobachtungshaus, dem **Grand Observatoire**. Für den Rückweg sind wir auf dem *Chemin des Phragmites des joncs* unterwegs.

Wir verlassen dazu den Parkplatz nach rechts und gehen sofort links über die Brücke über den Jourdan. Durch ein hübsches Gelände mit Obstbäumen und Picknicktischen erreichen wir die **Information im Maison du Parc**. Wir können uns hier eine Ausstellung ansehen, die zumindest teilweise auch ohne Französischkenntnisse verständlich ist. Nachdem wir unsern Eintritt für den Naturpark bezahlt haben, verlassen wir das Infozentrum und kommen in das große Freigelände.

Zuerst spazieren wir wieder über den Jourdan, einen Seitenkanal der Douve, der zum Entwässern der Feuchtgebiete angelegt wurde. Die folgende **Kreuzung** ① überqueren wir schräg links. Jetzt laufen wir

Highlights

Das Marais du Cotentin ist das größte Feuchtgebiet der Normandie. Es zeichnet sich aus durch eine reiche Vogelwelt und seine eng mit der Natur verbundene Kulturlandschaft. Hier rund um das Nationalparkzentrum können wir die unterschiedlichen Landschaftsformen des Marais und die Tiere, die dort leben, kennenlernen.

Parc naturel régional des Marais du Cotentin et du Bessin

Mitten durch die Halbinsel Cotentin erstreckte sich einst ein riesiges, von Wasserläufen durchzogenes Sumpfgebiet. Ein Teil der ursprünglichen Sümpfe und Feuchtgebiete wurde für die landwirtschaftliche Nutzung trockengelegt und ist heute geprägt von Heide- und Wallheckenlandschaft mit Viehhaltung. An der Ostküste der Halbinsel sind auch noch Salzwiesen und Salzsümpfe zu finden.

1991 wurde der Naturpark gegründet, um die verbliebenen Sümpfe zu schützen und zu bewahren. Von 150.000 Hektar Nationalparkfläche sind noch heute etwa ein Fünftel Feuchtgebiete. Diese sind nicht nur für ihre biologische Vielfalt von Bedeutung, sondern spielen auch eine wichtige Rolle im Wasserhaushalt der Region. Sie dienen als natürliche Wasserspeicher und bieten Schutz vor Überschwemmungen.

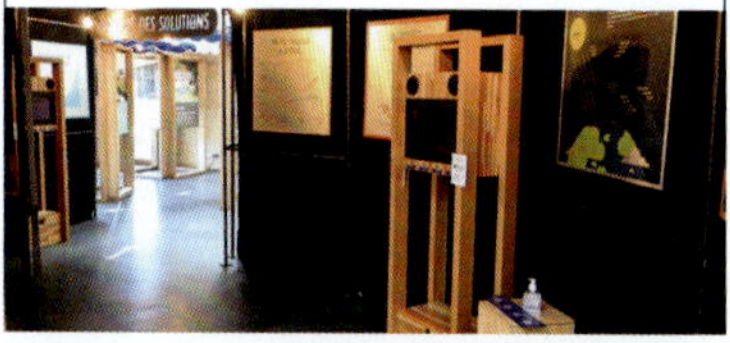

TOUREN-STECKBRIEF

Anfahrt: Von der N13 auf die D913 abbiegen und den Schildern in Richtung »Maison du Parc« folgen. Für Wohnmobile gibt es wenige Stellplätze entlang der kurzen Parallelstraße zur D974, dort nicht links zum Parkplatz, sondern rechts abbiegen.

GPS N 49°19‘13.3“, W 1°15‘54.6“

Maison du Parc: Ausstellung zum Lebensraum der Marais, geöffnet 10–13 Uhr und 14–18.30 Uhr, ab 10. Juli bis August 10–18.30 Uhr. Außerhalb der Saison nicht an allen Tagen geöffnet, Eintritt ins Infozentrum kostenlos. Zugang zum Außengelände mit den Lehrpfaden €5, bis 25 Jahre kostenlos.

Anspruch und Charakter: Kein Schatten. Gut ausgebaute, breite Fußwege.

Markierung: Es sind verschiedene Lehrpfade von zwei bis sechs Kilometern Länge beschildert.

Einkehr: Pizzeria Les Ponts d'Ouve auf der anderen Seite der Ouve.

In der Nähe: Utah Beach

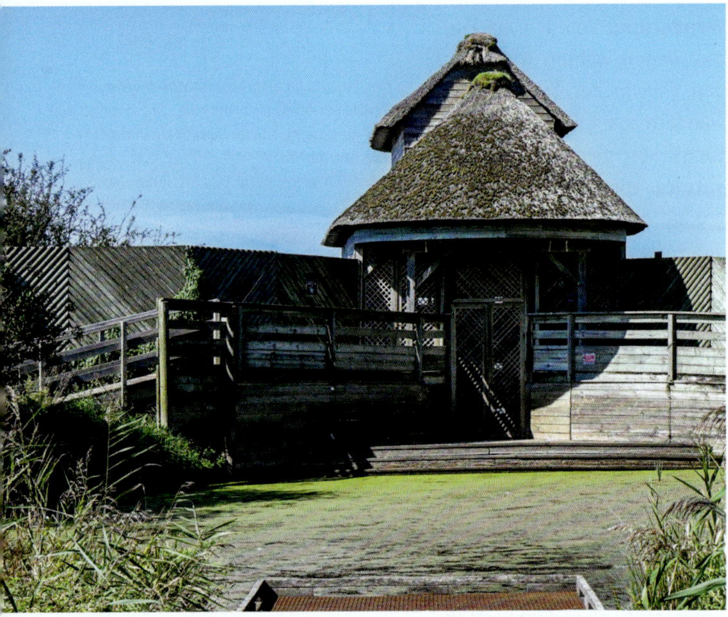

Mit dem Boot auf die Flüsse und Kanäle
Vor der Brücke führt nach links ein kurzer Weg hinunter zum Port Jourdan, einem Anlegeplatz mit Verleih von Elektrobooten. Mit den sicher auf dem Wasser liegenden Booten kann man ohne Boots-Führerschein still und leise über die Flüsse und Kanäle des Parks gleiten.
Verleih geöffnet Juli, August 9.30–18 Uhr, April bis Juni und September an Wochenenden und Ferientagen 9.30–18 Uhr. Boot mit fünf Sitzplätzen €39 pro Stunde, €69 für 2 Stunden.
Weitere Infos www.decouvertemarais.com

an einem weiteren Seitenkanal der Douve und an langen Reihen hoher Bäume entlang. Hier sind wir in der Weidelandschaft unterwegs, die die Menschen den riesigen Sümpfen abgerungen haben. Verschiedene Stationen am Weg stellen künstlerisch schön gestaltet die Aspekte dieses Lebensraumes dar. Die weite Landschaft wirkt ruhig und beschaulich.

Schließlich treffen wir auf eine **Verzweigung** ❷ und gehen geradeaus weiter. Der Kanal wird verwunschener und überwucherter und unser Weg bringt uns zu einem Teich vor dem Beobachtungshaus, auf den ein kurzer Steg führt. Das **Grand Observatoire** ❸ ist schön angelegt mit Reetdach und zwei Etagen, von denen wir direkt auf einen flachen Sumpfsee hinausblicken. Es gibt Holztafeln, auf denen die Tiere dargestellt sind, die man hier beobachten kann.

Von hier aus könnten wir weiterwandern auf dem *Chemin des Busards* (Bussardweg, gesamt 3,9 km), der mitten ins Röhricht hinter dem Observatorium führt, und auf den *Chemin des Hérons (Reiherweg,* gesamt 6,3 km*)*, der einmal um das Feuchtgebiet herum angelegt wurde.

Für unsere Tour gehen wir auf dem bekannten Weg zurück und biegen bei der nächsten **Verzweigung ❷** links ab auf den **Chemin des Phragmites**. Er führt ein Stück am Feuchtgebiet des Sees entlang. Beim nächsten Abzweig gehen wir rechts und sind jetzt auf einem heckengesäumten Feldweg unterwegs. Zuerst können wir rechts zu einem **»Mare« ❹**, einem Tümpel, gehen. Auf dessen Wasserfläche führt ein Steg. Wenn wir uns langsam nähern, sind hier oft Vögel zu entdecken.

Wir gehen auf unserem Feldweg weiter, von links kommt wieder der Jourdan und bleibt an unserer Seite, bis wir die **Verzweigung ❶** an der Brücke erreichen und zum Maison du Parc zurückgehen.

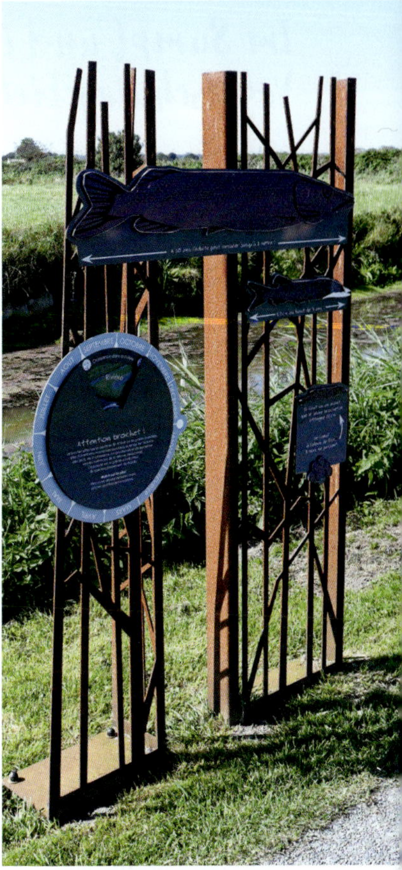

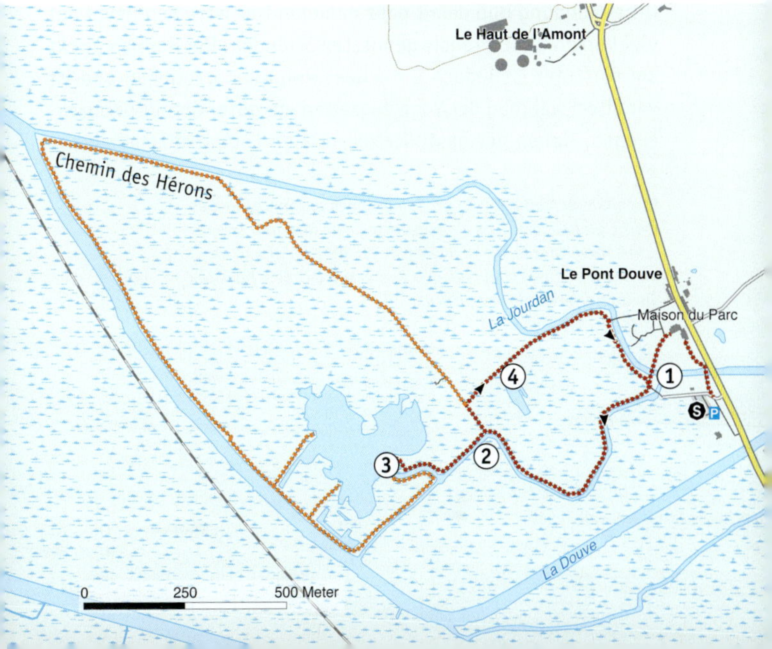

Im Sumpf und im Watt
Vogelschutzgebiete in der Normandie

Die Normandie ist im Küstenbereich relativ dicht besiedelt. Zwischen den Orten gibt es dort auch viele Schutzgebiete für Wasservögel. Grund sind die sehr unterschiedlichen Lebensräume am Wasser, die in der Normandie zu finden sind. Zu ihnen gehören sowohl Wattlandschaften und gezeitenabhängige Flussmündungen mit Salz- und Brackwasser als auch Süßwasserseen und Sumpfgebiete.

Als Wattlandschaften werden flach abfallende Küstenflächen bezeichnet, die bei Ebbe trockenfallen. Hier bietet sich ein reiches Futterangebot für viele Meeresvögel. Die **Bucht von Mont-Saint-Michel** ist eine solche Wattlandschaft, die seit einigen Jahren durch einen Staudamm vor der Verlandung geschützt wird **[› Tour 30]**. Sie wird gesäumt von weiten Salzwiesen, die mit ihren Würmern und Insekten ebenfalls ein idealer Rast- und Lebensraum für viele Vögel sind.

Ähnlich ist der Lebensraum in der **Baie de Veys** zwischen Grandcamp-Maisy und Utah Beach. Das Mündungsgebiet von Vire und Douve bietet Lebensraum für mehr als 50.000 Vögel, die sich hier auf ihren weiten Wanderzügen ausruhen oder ganzjährig bleiben **[› Tour 17]**. Außerdem lebt hier die zweitgrößte Robbenkolonie Frankreichs.

Die **Réserve Ornithologique du Gros Banc** erstreckt sich an der Orne-Mündung und damit ganz nahe bei touristischen Orten mit viel Verkehr und intensiv genutzten Stränden. Der Bereich direkt am Flussufer ist jedoch ein wildes Refugium geblieben und ist vor allem während der Vogelzugzeiten ein guter Ort für Beobachtungen. Neben der geschützten, großen Lagunenfläche sind es

Strandläufer sind meist in großen Gruppen unterwegs und es macht großen Spaß, sie zu beobachten. Mit rasanten Trippelschrittchen tanzen sie im Spülsaum der Wellen auf und ab, um Würmer, Insektenlarven und Krebstiere aus dem feuchten Sand im Uferbereich zu picken.

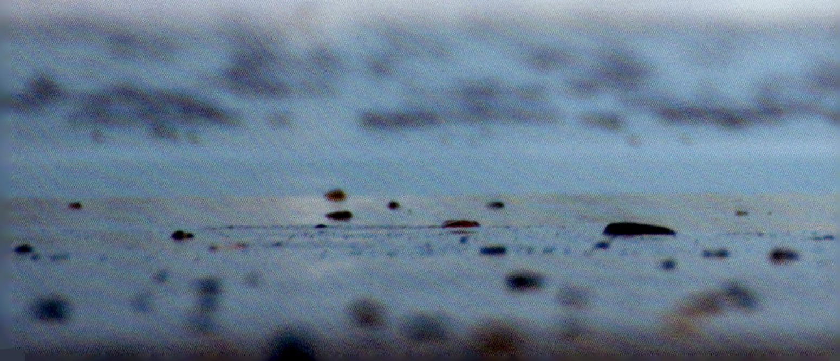

auch hier weite Schlickbereiche und Salzwiesen, die gefiederte Gäste anziehen **[› Tour 13]**. Je nach Jahreszeit können wir hier über 100 Vogelarten entdecken, darunter den hübschen Säbelschnäbler mit langem, nach oben gebogenem Schnabel, den schwarz-weißen Austernfischer mit rotem Schnabel, den Großen Brachvogel, die Rohrdommel, mehrere Regenpfeifer-Arten ebenso wie mehrere Reiher- und Spechtarten, viele Enten und unzählige, teils selten gewordene Meisen und Singvögel, Weißstorch, Fischadler und den schillernden Eisvogel.

Auch die **Havres an der Westküste des Cotentin** bieten einen Lebensraum zwischen Meer und Süßwasser. Diese flachen Flussmündungen unterliegen ebenfalls den Gezeiten und bieten mit ihren Salzwiesen ideale Lebensräume für viele Vögel. **[› Tour 28]**

In der Normandie gibt es aber auch Süßwasserseen und -sümpfe als Lebensraum für die entsprechenden Vogelgemeinschaften.

Im **Parc naturel régional des Marais du Cotentin et du Bessin**, dem größten zusammenhängen Sumpfgebiet der Normandie, werden Feuchtgebiete auf einer Fläche von 30.000 Hektar geschützt. **[› Tour 21]**

Die **Réserve naturelle de la Mare de Vauville** schützt flache Seen mit weitem Röhrichtbestand in einem wilden Dünengürtel. Hier gibt es auch Aussichtspunkte mit Häuschen, von denen ihr Vögel beobachten könnt. **[› Tour 26]**

Auch das Mündungsgebiet der Seine ist ein wichtiges Feuchtgebiet. In der **Réserve Naturelle de l'Estuaire de la Seine** könnt ihr Arten wie den Austernfischer, verschiedene Entenarten und auch rastende Zugvögel beobachten.

Welche Rolle die Normandie für die Vogelwelt spielt, zeigt ein Blick auf die Rote Liste der Vögel. Auf dieser sind 187 Arten gelistet, die in der Normandie ganzjährig leben. Als Rastplatz während ihres Vogelzugs oder zum Überwintern wird sie von 253 Arten der Roten Liste genutzt.

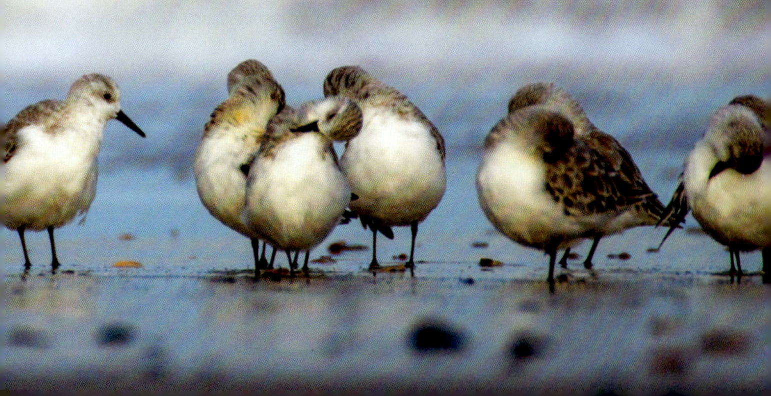

Diese Vogelarten könnt ihr in den Feuchtgebieten und auf den bei Ebbe trockenfallenden Wattflächen in der Normandie beobachten:

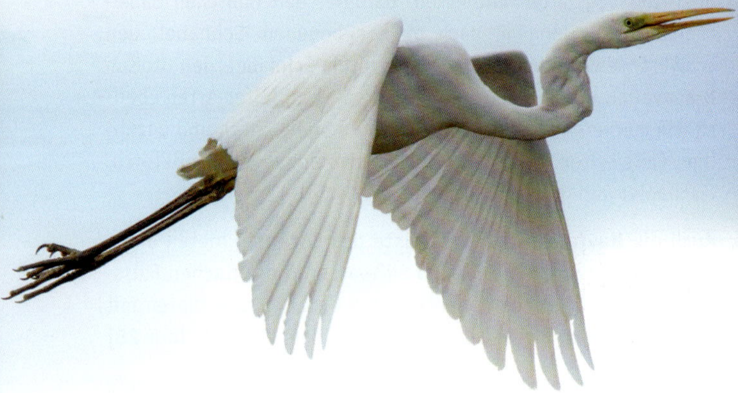

Silberreiher

Der große weiße Vogel mit dem gelben Schnabel und dunklen Beinen ist häufig in Feuchtgebieten zu sehen und schon von Weitem gut erkennbar. Meist steht er irgendwo im flachen Wasser und wartet darauf, dass ein Fisch vorbeischwimmt. Im Flug erkennt ihr einen Reiher ganz leicht an seinem aufgerollten Hals.

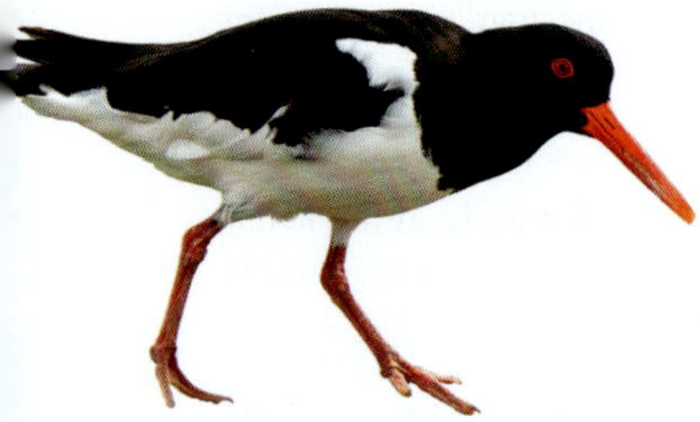

Austernfischer

Der Austernfischer ist vor allem im Watt zu finden und leicht zu identifizieren. Er hat schwarz-weißes Gefieder, rote Beine, einen langen, roten Schnabel und auch rote Augen. Er macht häufig durch seinen Ruf auf sich aufmerksam, der wie »kiwiep« klingt.

Steinwälzer

Der Steinwälzer ist ein gut 20 Zentimeter großer Schnepfenvogel, der unter den Steinen bei ablaufendem Wasser nach Nahrung sucht. Seinen Namen hat er bekommen, weil er die Steine am Spülsaum von Kiesstränden auf der Suche nach Futter an die Seite räumt.

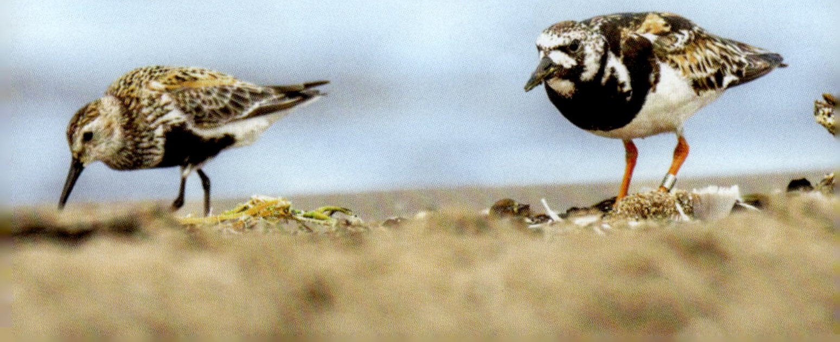

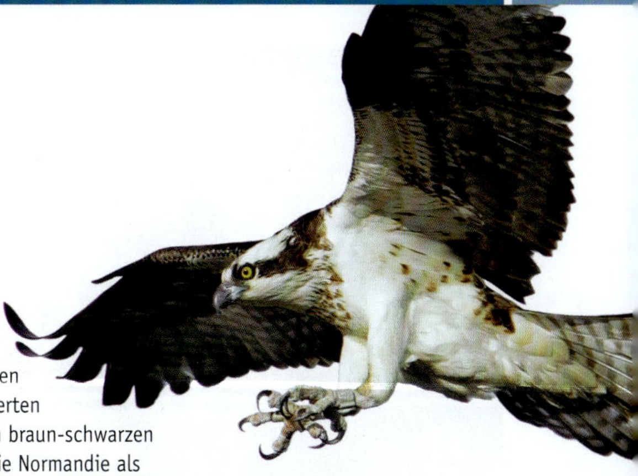

Der schlanke **Fischadler** mit seinen braun-weiß gemusterten Schwingen und dem braun-schwarzen Augenstreif nutzt die Normandie als Rastplatz während seiner jährlichen Migration von Nordeuropa ins südliche Afrika. Er ist in der Normandie also nur im Frühjahr und im Herbst zu beobachten. Der Fischadler ist auf ganz bestimmte Nahrung spezialisiert, denn er ernährt sich ausschließlich von lebendigen Fischen, die er im Sturzflug aus dem Wasser holt. Dabei taucht er ein ganzes Stück unter die Oberfläche. Ein jagender Fischadler steht rüttelnd wie ein Falke über dem Wasser, bis er einen Fisch entdeckt. Dann lässt er sich fallen.

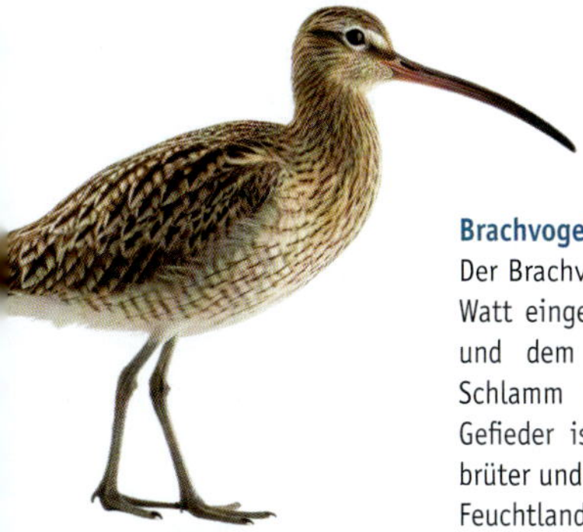

Brachvogel

Der Brachvogel ist perfekt auf das Leben im Watt eingestellt. Mit seinen langen Beinen und dem langen Schnabel kann er im Schlamm gut nach Futter suchen. Sein Gefieder ist eher bräunlich. Er ist Bodenbrüter und baut sein Nest auf Wiesen und im Feuchtland.

Wasserralle

Die grau-braune Wasserralle ist mittelgroß und lebt in Sümpfen und im Schilfgürtel an Seen und Flüssen. Sie ist sehr scheu und benötigt dichte Vegetation, um sich zu verstecken und zu nisten und ist oft in Gebieten zu finden, die regelmäßig überflutet werden. Sie ist eine Künstlerin der Tarnung und wirklich schwer zu entdecken. Ihre Anwesenheit verrät sie aber oft durch ihren markanten Ruf, der fast so klingt wie ein Schrei und der laut über dem Sumpf hallt.

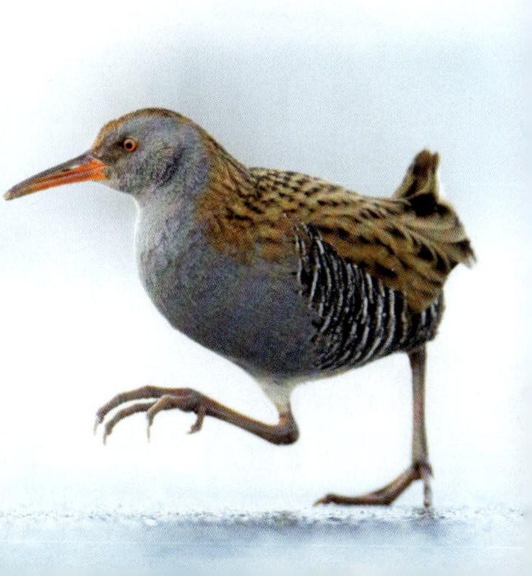

250 m

STRECKE 11,5 km

4 h

ab 12

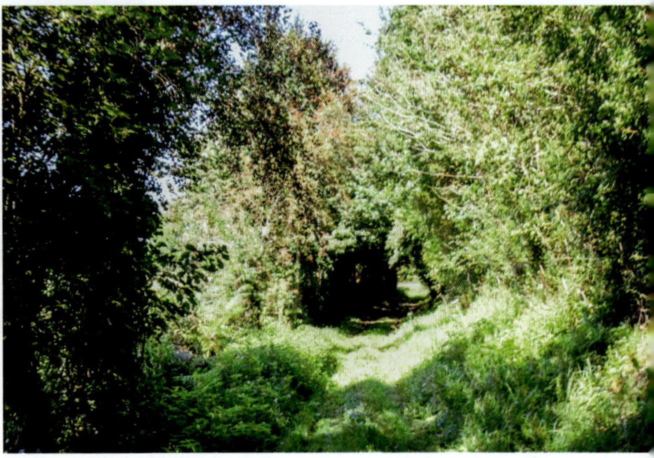

22 Im Tal der Sinope

Entdeckungen bei Quineville

Quineville Havre empfängt uns außerhalb der Hauptsaison als verschlafenes kleines Nest mit einem Museum zum Zweiten Weltkrieg. Dabei hat der Ort noch viel mehr zu bieten als den kleinen Freizeithafen im Mündungsbereich der Sinope und langgezogene Strände. Wir lassen uns überraschen von Entdeckungen im Tal des Flusses, Bauwerken aus verschiedenen Jahrhunderten, verwunschenen Verbindungswegen und einem Aussichtsplatz.

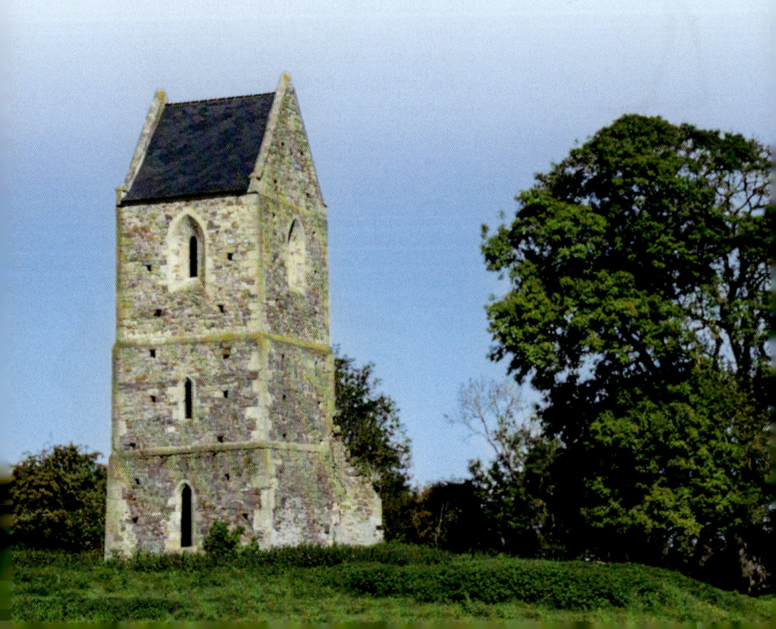

Wanderung: Wir starten nach links, gehen in den Ort hinein und biegen an der nächsten Kreuzung rechts ab. Beim Museum über den Zweiten Weltkrieg biegen wir vor dem Bistro links ab und laufen an der Kaimauer entlang. Wo sie aufhört, blicken wir rechts über einen flachen Dünenstreifen aufs Meer. Wir folgen der Straße um eine Linkskehre und am **Campingplatz** vorbei.

> **Highlights**
>
> *Wenn ihr die stimmungsvollen Ruinen alter Gemäuer mögt, werdet ihr auf dieser Wanderrunde gleich zweimal fündig: Ihr könnt hier die Ruine einer kleinen Kapelle erkunden und die Reste einer mittelalterlichen Turmhügelburg – und einen schönen Strand zum Relaxen gibt es unterwegs auch.*

Dahinter wandern wir auf einem Schotterplatz nach links in Richtung Hafenende, wo wir auf einem Fußweg den Damm und die Staumauer überqueren. Anschließend folgen wir der Straße nach rechts weiter und gehen am langgestreckten Naturhafen entlang, in dem viele kleine Freizeitboote liegen, bis wir am **Strand** ❶ stehen.

Wir biegen links ab auf den deutlichen Pfad, der parallel zum Strand durch die Dünen führt. Immer mit Blick aufs Meer wandern wir nach Norden, während sich links der Straße eine lange Reihe Ferienhäuser erstreckt. Die Festungsanlagen, die wir dabei vor uns auf den Inseln vor der Küste sehen, sind die beiden Tour Vauban, die Türme des Burgbaumeisters Vauban, bei Saint-Vaast-la-Hogue.

Unser Pfad führt auf den parallel verlaufenden Fahrweg und wir gehen in die gleiche Richtung weiter, bis wir auf eine **Asphaltstraße** ❷ treffen. Hier biegen wir links ab, verlassen die Küste und wandern zwischen Hecken und verwilderten Weiden in Richtung Le Bourg de Lestre.

TOUREN-STECKBRIEF

Anfahrt: Der Parkplatz befindet sich an der D42 Richtung Montebourg am südlichen Ortsausgang von Quineville Havre. **GPS N 49°30'50.0", W 1°17'23.2".** Am Hafen selbst dürfen nur Anlieger parken, es gibt dort aber auch einige schön gelegene Wohnmobilstellplätze. GPS N 49°31'07.1", W 1°17'24.3"

Anspruch und Charakter: Der Rundweg besteht aus einer bunten Mischung aus Pfaden, Fahrwegen und schmalen Sträßchen. Teilweise Schatten.

Markierung: Keine.

World War II Museum: Geöffnet 15–18 Uhr, Mai bis August bis 19 Uhr. €9, Kinder 6 bis 12 Jahre €6.

Einkehr: Bistro Plage de la Brèche gegenüber vom *World War II Museum*.

Mit Kindern: Wir können in Le Bourg de Lestre auf dem Kiesstreifen vor dem Gemeindehaus bei **GPS N 49°31'08.8", W 1°18'51.3"** parken. Von hier gehen wir zurück ins Dorf und besuchen zuerst die Chapelle Saint-Michel de Lestre. Dann folgen wir der Wegbeschreibung bis zur Mühle am Bach ❻. Kurz darauf überqueren wir die Landstraße und biegen an der Bachbrücke links ab, überqueren die Sinope und biegen rechts in den schon bekannten Verbindungsweg nach Le Bourg ein (5 km, 2 h).

In der Nähe: Utah Beach

Straße, an der sich ein altes **Mühlengebäude** 6 in Privatbesitz befindet.

Hier geht es rechts und relativ steil aufwärts. Bei der nächsten **Kreuzung** biegen wir dann links ab. Gesäumt von Hecken erreicht unser schmales Asphaltband die **Landstraße**, auf deren gegenüberliegender Seite wir leicht links versetzt weitergehen. Abwärts und immer geradeaus wandern wir wieder zur Sinope. Die **Brücke über den Bach** schon im Blick, biegen wir rechts ab auf einen Feldweg. Dieser führt steil hinauf zu einem weiteren der kleinen, kaum befahrenen Asphaltsträßchen.

Hier gehen wir zuerst nach rechts durch einen Hohlweg. Bei einem freien Platz führt ein gekiester Weg rechts durch ein Gatter zum **Belvédère de la Vallée de la Sinope** 7. Die früher weite Aussicht ist inzwischen leider etwas zugewachsen und das Gelände ist wenig gepflegt. Der Picknicktisch lädt aber immer noch zu einer Rast ein.

Von hier aus wandern wir zurück, folgen immer unserem Sträßchen, bis zur großen **Wegkreuzung** 8 mit Blick aufs Meer. Hier biegen wir rechts ab, treffen wenig später auf die befahrene D42 und gehen auf dem Bürgersteig links weiter.

Beim nächsten Abzweig nach rechts ist das Château de Quineville beschildert, heute ein Hotel-Restaurant. Ein kurzer Abstecher von 200 Metern bringt uns zum Schloss aus dem 18. Jahrhundert.

Zurück an der D42 sind es jetzt nur noch 600 Meter entlang der Straße bis zu unserem Parkplatz.

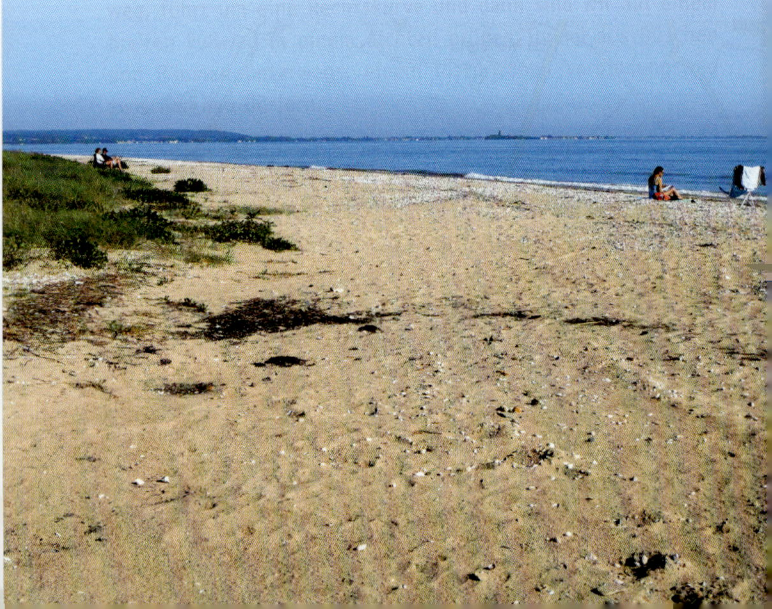

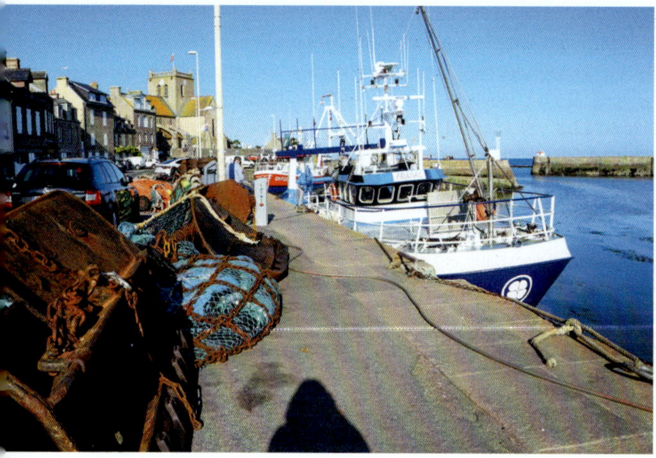

70 m

STRECKE 9 km

3 h

ab 10

Stille Runde bei Barfleur 23

Landleben und Strände beim Tourismushighlight

Barfleur gehört zu den schönsten Dörfern Frankreichs und ist mit seiner bunten Häuserfront entlang der Kaimauer eines der beliebtesten Tourismusziele des Cotentin. Wir durchstreifen die Landschaft südlich des Ortes, mit kleinteiligen Gemüsefeldern zwischen Dörfchen aus Natursteinhäusern. Am Meer locken weite Buchten mit schneeweißem Sand. Ganz in der Nähe des touristischen Rummels von Barfleur wirkt diese Tour ein wenig wie aus der Zeit gefallen und wie ein Blick in eine andere Welt.

Wanderung: Wir starten an der Kopfseite des Hafens und folgen dem Schild »Toutes Directions«. Anschließend biegen wir in das erste Sträßchen nach links ein in Richtung »Camping Indiana«. Bei der nächsten Kreuzung biegen wir rechts ab und laufen zwischen Bebauung, **Friedhof** und den ersten Feldern hindurch. Dem Sträßchen folgen wir immer geradeaus, im Vorort Les Roches wird es zum Fahrweg. Bei der **Verzweigung** **1** hinter den letzten Häusern halten wir uns links. Zu beiden Seiten umgeben uns jetzt Gemüsefelder. Verschiedenste Sorten werden hier angebaut, sie profitieren vom milden Klima der Normandie und dem ausreichenden Regen.

Bei einer **Kreuzung** mit einem kleinen Wegkreuz gehen wir leicht rechts versetzt geradeaus weiter. Wir sind jetzt am Dorfrand von Montfarville, treffen auf Asphalt und ignorieren alle Abzweige, bis wir die Ecke des **ummauerten Kirchhofs** erreichen. Der Glockenturm aus dem 13. Jahrhundert ist original erhalten und die

TOUREN-STECKBRIEF

Anfahrt: Im Zentrum von Barfleur gibt es einige Parkplätze am Hafen.
GPS N 49°40'13.8", W 1°15'48.3"
Anspruch und Charakter: Kein Schatten. Die erste Hälfte dieser Tour verläuft überwiegend auf schmalen Sträßchen und Feldwegen. An der Küste sind wir hinter dem langen Sandstrand auf teils sandigen Fußwegen und Pfaden unterwegs.
Markierung: Am Meer weiß-rot.
Einkehr: Viel Auswahl am Hafen von Barfleur. Tagsüber geöffnet haben Le Goeland an der Kopfseite und das Café de France an der nordöstlichen Seite.
Mit Kindern: Eine schöne Variante ist, die Wanderung rückwärts zu gehen bis zu den flachen Felsen von La Mare ❺, und von dort auf gleichem Weg zurückzulaufen (3,4 km, 1 h).
In der Nähe: Phare de Gatteville.

Kirche ist bekannt für ihre aufwendigen Deckengemälde aus dem Jahr 1880, die 18 Szenen aus dem Leben von Jesus zeigen.

Vor dem Kirchhof biegen wir links ab und gehen immer an der Mauer entlang nach rechts. Am hinteren Ende geht es links weiter in die Rue des Pailles, von der wir sofort rechts abbiegen. Hinter der **Mauer des letzten Gehöfts** ❷ biegen wir links ab auf einen etwas überwachsenen Feldweg.

Wieder sind wir zwischen Feldern unterwegs und erreichen die nächste **Straße** bei einigen großen Gewächshäusern. Wir wandern nach rechts und beim nächsten Abzweig nach links. In einer Linksbiegung laufen wir geradeaus auf einem Asphaltsträßchen außen an der Siedlung vorbei. Die nächste Querstraße überqueren wir geradeaus (leicht rechts versetzt). Vor uns liegt das **Hameau de la Mer** ❸, ein Weiler mit ein paar alten, großen Höfen. Wir folgen dem Rechtsbogen um eine Scheune und biegen vor der Mauer eines weiteren Gehöftes links ab.

Wenig später wird aus der Straße ein Fahrweg zwischen niedrigen Mauern. Vorbei an Hecken und Bäumen erreichen wir ein weiteres Sträßchen, das uns nach rechts Richtung Meer bringt, es riecht hier schon nach Salz und Tang. Kurz vor Erreichen der **Bucht von Landemer** steigt unser Asphaltweg leicht an. An der

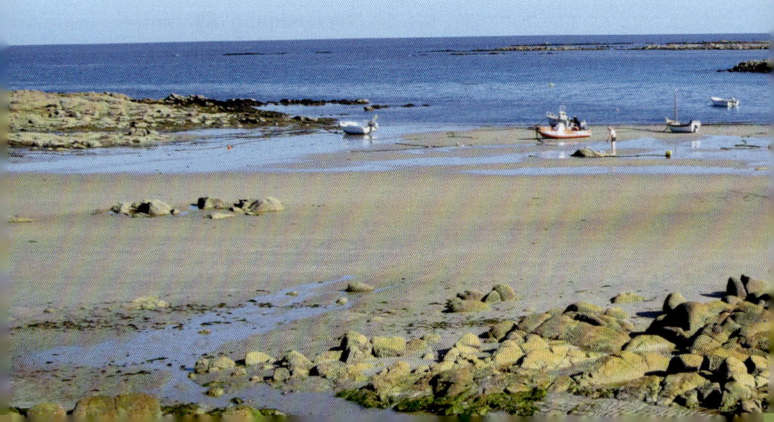

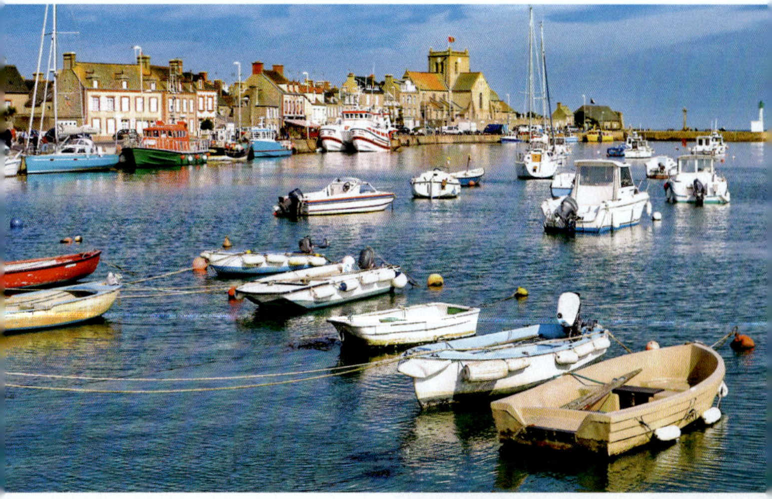

Kreuzung mit dem **Croix Odin** ❹ gehen weiter geradeaus in eine Sackgasse. Rechts endet die Bebauung und wir können über einen schmalen Strand in die halbrunde Bucht schauen.

Die Straße endet am **Sandstrand**. Von hier aus laufen wir links immer am Meer entlang zurück nach Barfleur. Mit Blick auf Strand und Meer führt ein Fahrweg am Rand der Dünen entlang. Die Orientierung ist jetzt einfach und wir genießen den Blick auf die langgestreckten Sandbuchten, die teilweise von niedrigen Felsen gerahmt werden. Wir treffen auf die kleine Ansiedlung **La Mare** ❺ und gehen am Ende des Parkplatzes rechts, um unseren Weg am Meer entlang fortzusetzen. Ab jetzt sind wir auf einem sandigen Pfad unterwegs. In der Ferne ragt der Phare de Gatteville in den Himmel, der mit 75 Metern Höhe der zweithöchste Leuchtturm Frankreichs ist.

Highlights

Das malerische Fischerdorf Barfleur gehört zu den schönsten Dörfern Frankreichs. Es verzaubert mit seinen Steinhäuschen aus grauem Granit, dem Hafen, in dem viele kleine Boote liegen, und den bildhübschen Sandstränden in der Umgebung.

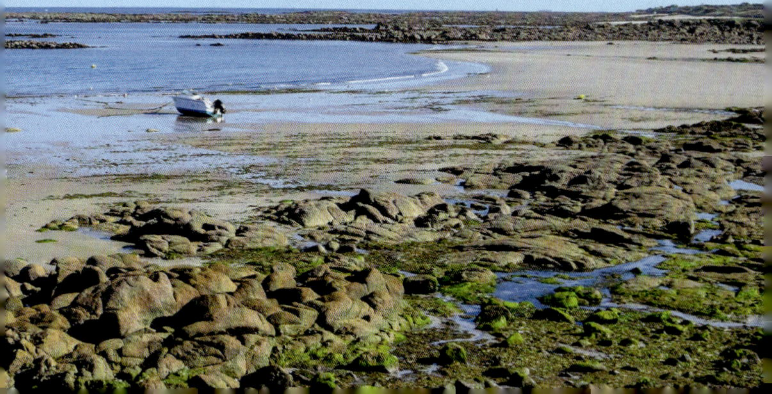

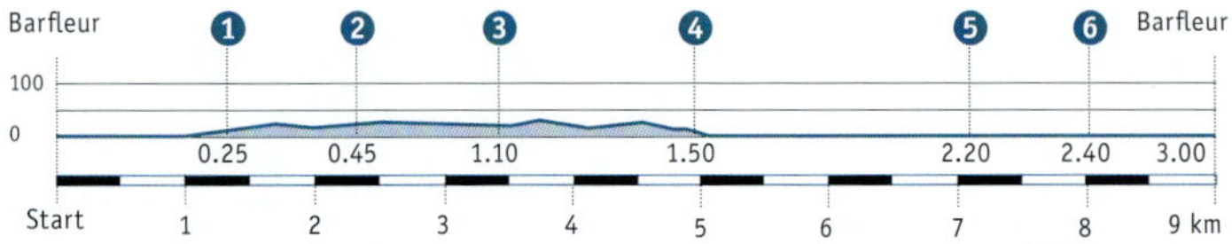

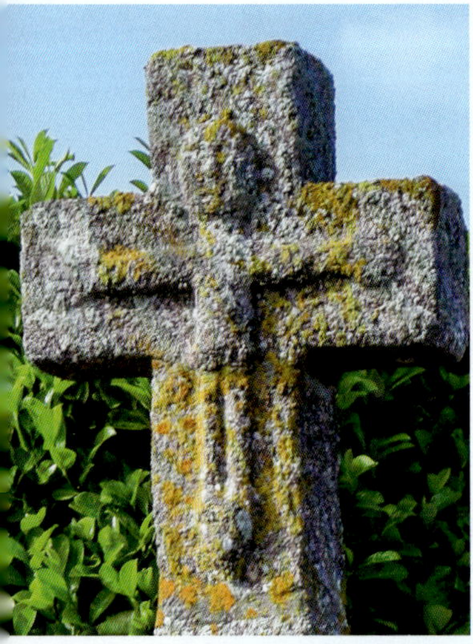

Nach der Überquerung eines weiteren Parkplatzes nähern wir uns Barfleur. Kurz vor dem Ort passieren wir einen mit Graffiti besprühten **Bunker 6**. Anschließend führt unser Weg vor einer Hecke nach links vom Meer weg. An seinem Ende überqueren wir die Straße geradeaus und schauen auf den Hafen von Barfleur. An Picknicktischen vorbei gehen wir zum Leuchtturm Phare du Cracko und weiter, bis wir auf Asphalt treffen. Wir folgen der Straße bis zur ersten **T-Kreuzung** und biegen nach rechts ab.

Kurz darauf wählen wir den Weg, der rechts an der hohen Hafenmauer entlang führt. An ihrem Ende haben wir wieder die Kopfseite des Hafens und unseren Ausgangspunkt erreicht.

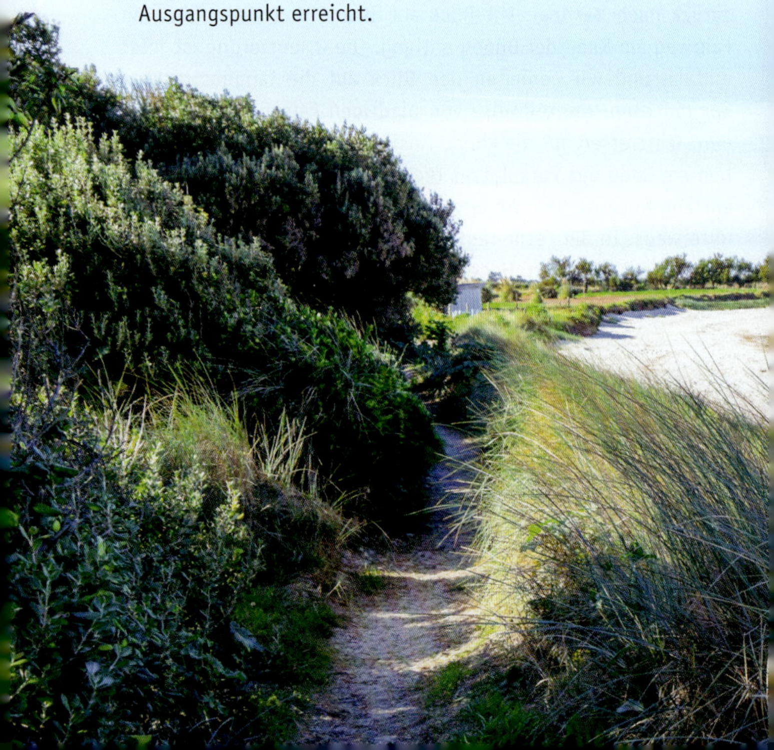

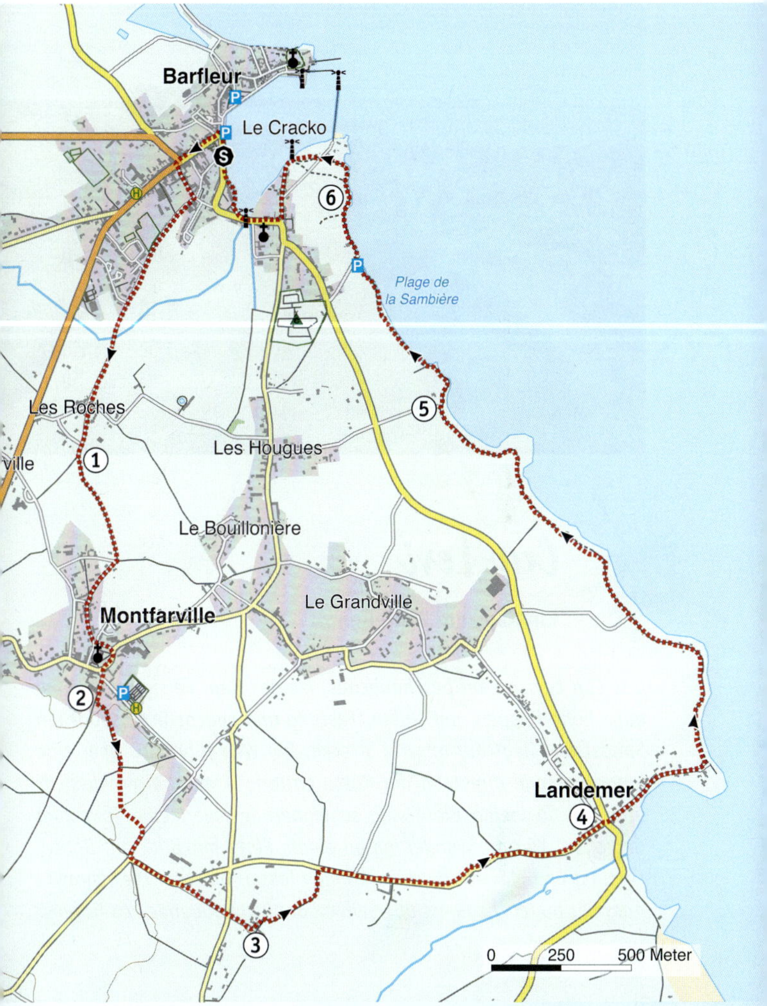
Barfleur
Le Cracko
Plage de
la Sambière
Les Roches
Les Hougues
ville
Le Bouillonière
Le Grandville
Montfarville
Landemer
0 250 500 Meter

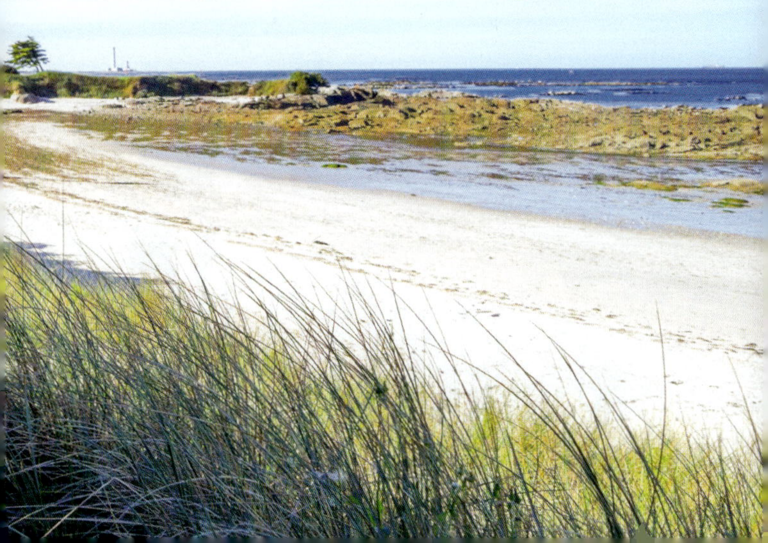

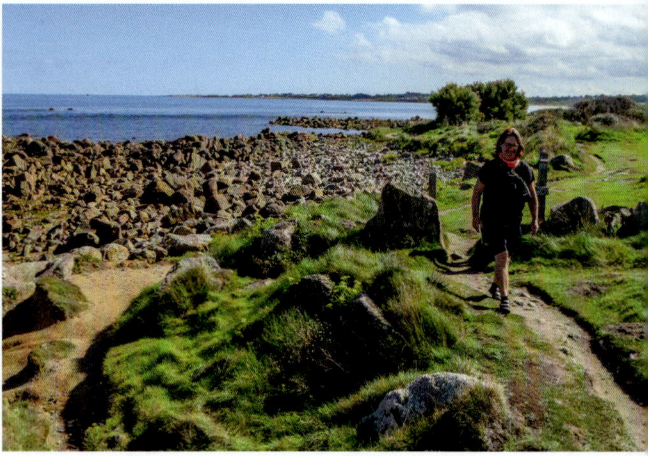

60 m

STRECKE 4,9 km

1 h 30

ab 6

24 Cap Levi

Ein Kap zum Genießen

Das Cap Levi ist ein beschauliches, kleines Kap. Felsig, aber ohne ganz hohe Klippen, mit Hafen, Festung und Leuchtturm, sogar ein Sandstrand liegt auf unserer Strecke. Der Weg führt uns über eine lange Passage direkt an der Küste entlang – mit weiter Aussicht über das in vielen Blautönen schimmernde Meer: eine Tour zum Genießen. Wer die Wanderung an einem Platz mit Blick auf Boote, Festung und Meer in Ruhe ausklingen lassen möchte: Die schönste Aussicht bietet die meist übersehene Bank am Südende des Hafens!

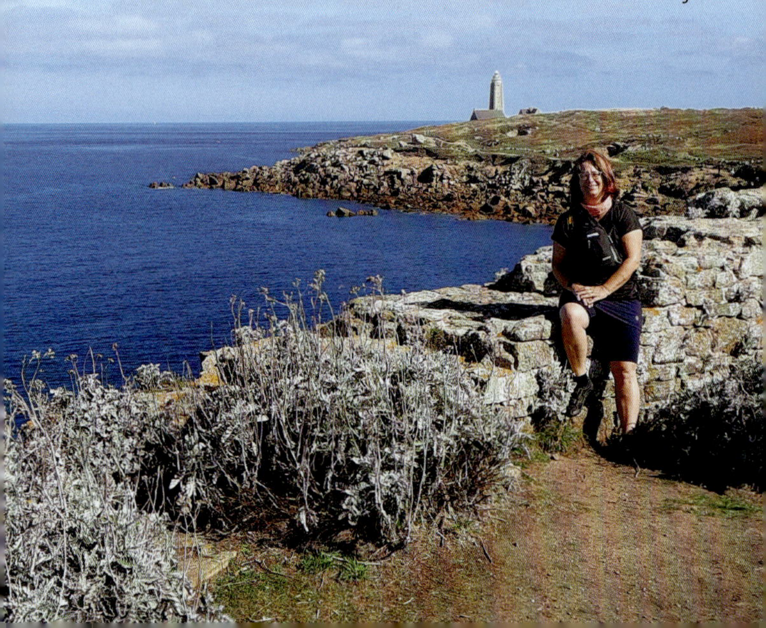

Wanderung: Vom Parkplatz aus wandern wir in Richtung Fort, das gut sichtbar auf einem Hügel nördlich von uns thront. Am Ende der Weide zu unserer linken Seite zweigt ein Fußweg in die Heide ab. Er führt mit schöner Aussicht oberhalb des niedrigen Felsufers um die Landspitze und um das Fort herum.

Highlights

Am Cap Levi findet ihr eine stille, malerische Küstenlandschaft, die mit Fort und Leuchtturm durchaus ihre Höhepunkte hat, ohne gleich die Massen anzuziehen. Wir mögen diesen Abschnitt der Küste, den ihr gut auf dem Küstenweg erkunden könnt.

Fort Levi

Am Anfang des 19. Jahrhunderts ließ Napoleon das Fort auf dem Cap Levi bauen, um seine Schiffe auf dem Weg nach Cherbourg zu schützen. Ab 1875 verlor es seine Funktion. 1939 kam das Fort in Privatbesitz. Heute beherbergt es ein ungewöhnliches Hotel.

Bei einem Durchgang in der Mauer verlassen wir die Küste und gehen nach rechts zum **Fort du Cap Levi** ❶. Die Aussicht von den alten Festungsmauern ist großartig. Wir betreten das Fort durch die 1866 ergänzten Räume der Soldaten, die Wachstuben. Im Inneren des von einer Festungsmauer umgebenen Geländes steht die ursprüngliche Wachstube von 1806. Sie ist hinten und seitlich von einer Stützmauer umgeben. Zwischen dieser und der Außenmauer wurde Erde aufgeschüttet als Böschung, um Schutz bei Artillerieeinschlägen zu geben. Nach Westen diente eine erhöhte Plattform als Standort für vier Kanonen. Auf der Ostseite gab es zwei vorgelagerte Bastionen, die teilweise noch erhalten sind.

Wir verlassen das Fort, gehen zurück zum Mauerdurchgang und biegen direkt davor rechts ab auf den weiß-rot markierten **Küstenweg**. Mit schöner Aussicht auf den Leuchtturm wandern wir oberhalb der niedrigen Felsküste entlang und unterhalb des **Phare du Cap Levi** vorbei ❷.

Wir bleiben weiter auf dem Küstenweg, kommen zum Parkplatz am Leuchtturm, der meistens von Wohnmobilen belegt ist, und wandern weiter am Wasser entlang. Schließlich erreichen wir den kleinen **Strand von Longs Camps** ❸. Er ist selten überlaufen und ein sehr angenehmer Ort für eine Rast.

TOUREN-STECKBRIEF

Anfahrt: An der D116 zwischen Cherbourg und Barfleur beschildert Richtung »Phare, Port Levi«, Parkplatz am Hafen. **GPS N 49°41'14.5", W 1°28'20.3"**
Anspruch und Charakter: Entlang der Küste gut zu gehende Fußwege ohne Steilabhänge, im Inland Asphalt und Fahrweg. Zugang zu Felsküste und Strand.
Markierung: Entlang der Küste weiß-rot.
Einkehr: Keine.
Mit Kindern: Um die Tour für jüngere Kinder zu kürzen, können wir wie beschrieben bis zum Leuchtturm ❷ gehen. Von dort spazieren wir entlang der Straße bis zum zweiten Abzweig nach rechts ❻ und folgen wieder der Beschreibung. (3 km, 1 h)
In der Nähe: Batterie de Caqueret.

Phare du Cap Levi
1858 wurde dieser Leuchtturm auf einer Anhöhe von 30 Metern über dem Meer gebaut. Er sollte die große Lücke zwischen den Leuchttürmen *Phare de la Hague* an der Westspitze und *Phare de Gatteville* an der Ostspitze der Cotentin-Halbinsel schließen. Nach der Zerstörung 1944 wurde der Leuchtturm wiederaufgebaut und ist jetzt mit 28 Metern Höhe drei Meter niedriger als der vorherige.

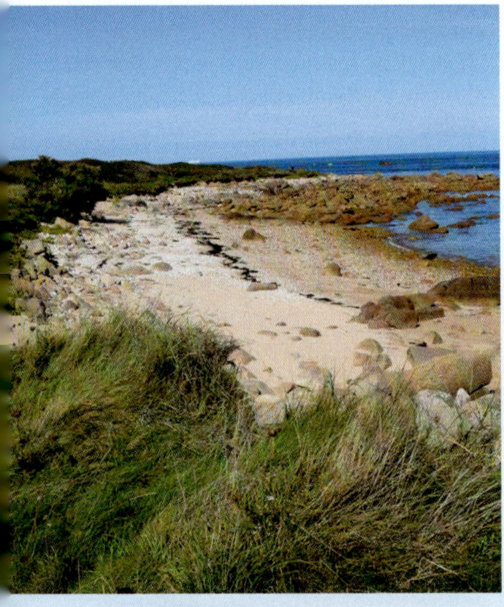

Noch ein kurzes Stück geht es an der reizvollen Küste entlang, dann treffen wir auf eine **T-Kreuzung** ❹. Wir gehen nach links und gelangen zwischen Felsen auf das Gelände eines kleinen Hafens, der unterhalb eines ehemaligen Steinbruchs liegt. Am Hafenbecken vorbei geht es auf einer schmalen Straße weiter. Sie führt aufwärts auf einen **Felsvorsprung** ❺ mit Blick auf den Strand *Plage de la Mondrée*. Hier biegen wir rechts ins Inland ab.

Beim nächsten Abzweig verlassen wir die Straße nach rechts und sind jetzt im Weiler Inglemare unterwegs. Wir folgen dem Sträßchen vorbei an Natursteinhäusern, Gärten und Hecken immer geradeaus, überqueren eine Kreuzung und wandern um eine 90-Grad-Rechtskurve. In der nächsten **Rechtskurve** ❻ wählen wir den breiten, von Hecken gesäumten Fahrweg geradeaus. Er bringt uns zur Zufahrtsstraße zum Fort, wo wir links abbiegen, um zurück zu Hafen und Parkplatz zu kommen.

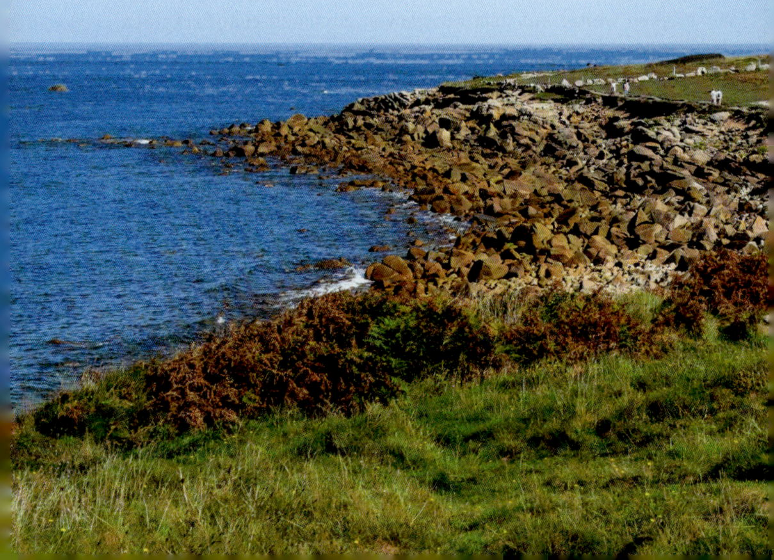

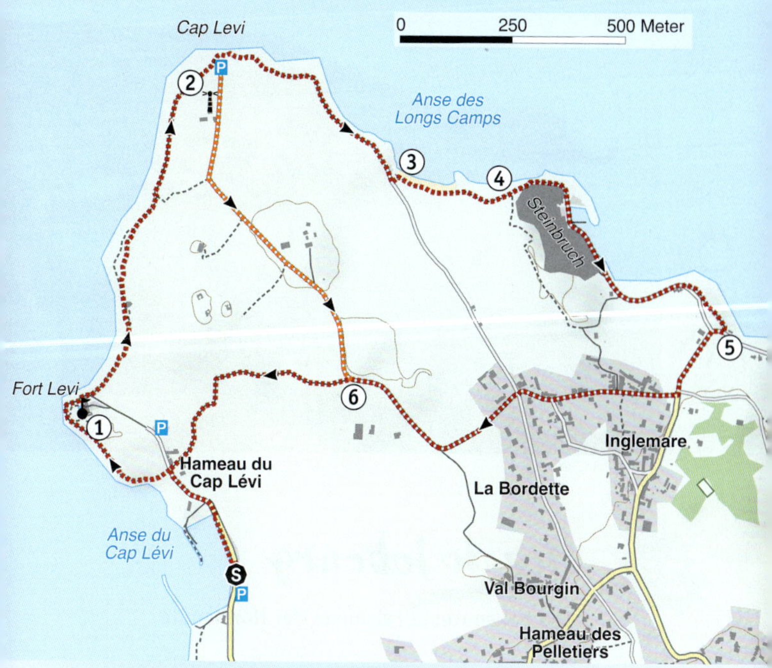
Cap Levi
0
250
500 Meter
Anse des
Longs Camps
Steinbruch
Fort Levi
Hameau du
Cap Lévi
Anse du
Cap Lévi
La Bordette
Inglemare
Val Bourgin
Hameau des
Pelletiers

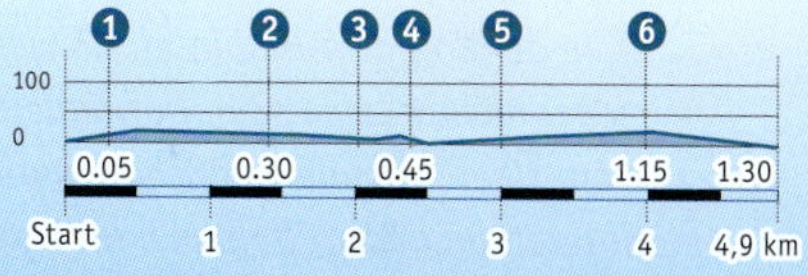
100
0
0.05
0.30
0.45
1.15
1.30
Start
1
2
3
4
4,9 km

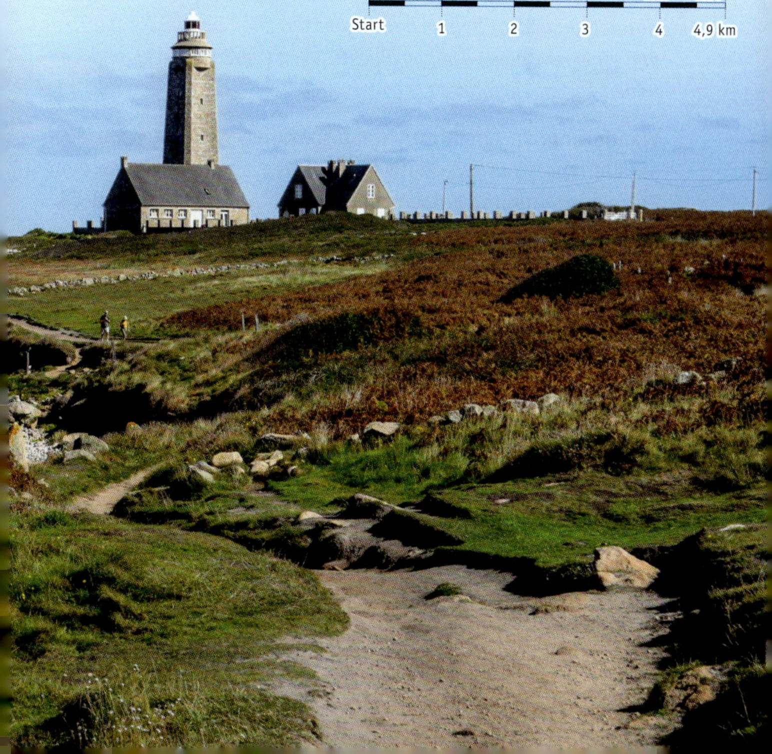

350 m

STRECKE

8,5 km

3 h

ab 10

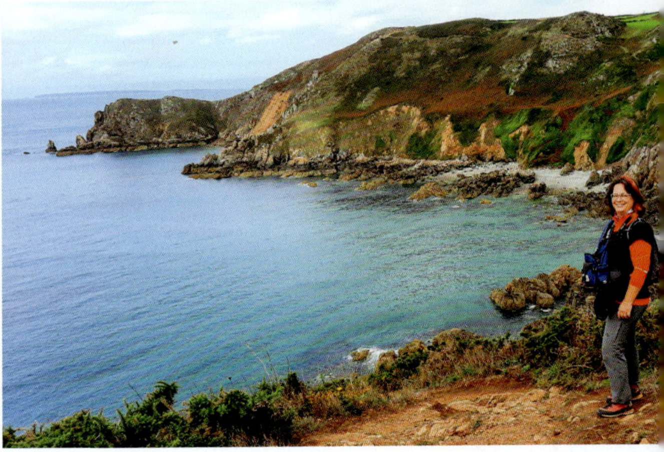

25 Nez de Jobourg

Die bekannteste Felsküste der Normandie

Mit dem Kap Nez de Jobourg erreichen wir eines der beliebtesten Ziele der Cotentin-Halbinsel. So werden wir auf unserer Wanderung sicher nicht alleine sein. Das ändert sich, wenn wir ins Inland kommen. Über schmale Sträßchen und Feldwege wandern wir zwischen Natursteinhäusern hindurch und ganz am Ende überrascht die Tour mit einer einsamen kleinen Bucht. Sie ist gut versteckt und von hohen Felsen eingerahmt.

Wanderung: In Anfahrtsrichtung spazieren wir weiter auf dem parallel zur Straße verlaufenden Fußweg und kommen so zum Restaurant **Auberge des Grottes** und zum **Aussichtsplateau** ❶, das von einem Mäuerchen gesäumt ist. Wir stehen jetzt 129 Meter

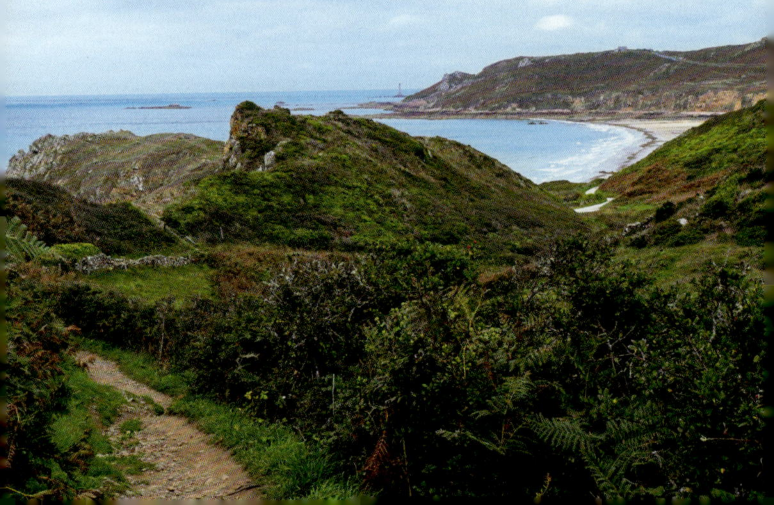

über dem Meer und auf dem dritthöchsten Kap der Normandie.

> **Highlights**
>
> ***Auf der Westseite der Cotentin-Halbinsel treffen wir mit dem Nez de Jobourg auf das erste der spektakulären und rauen Felsenkaps, die weiter westlich die Küste der Bretagne prägen. Der spannende Küstenweg gehört zu den landschaftlichen Highlights an der normannischen Küste.***

Wir gehen rechts an der Plattform vorbei und biegen an ihrem Ende links ab. Außen um das Plateau herum kommen wir zu einer Infotafel und zum Einstieg des weiß-rot markierten Küstenweges. Er ist grundsätzlich gut zu gehen, führt aber ständig auf und ab. Nach dem Umrunden der ersten Bucht stehen wir oberhalb des Kaps **Nez de Jobourg** ❷, einem lang ins Meer hinausragenden, mit Zinnen bewehrten Felsvorsprung. Er ist als Vogelschutzgebiet gesperrt und darf nicht betreten werden.

Wir folgen weiter unserem Weg am Hang und können dabei die felsige Küstenlinie und die schillernden Farben des Meeres bewundern. Bei klarem Wetter sind sogar die Kanalinseln zu sehen. An der Felsspitze **Pointe du Bec de l'Âne** ❸ scheint der Wanderweg abwärts und direkt ins Meer zu führen. Aber keine Sorge, ehe das passiert, geht es kurz rechts und dann nach links weiter.

Wieder folgt ein Abstieg in ein Seitental, wo wir ein Rinnsal überqueren und der Anstieg zur nächsten Felsspitze auf uns wartet. Hier biegt der Küstenweg vor einem Mäuerchen links ab und führt zur **Kreuzung** ❹ mit einem Fahrweg. Hier verlassen wir den Küstenweg nach links und wandern im einsamen Tal des Moncaneval aufwärts. Bei einer niedrigen Felswand geht der Untergrund in Asphalt über, führt um eine Linkskehre und durch die Felder zu einem Weiler aus wenigen Häusern und zur **Crêperie La Gravelette** ❺.

Wir biegen rechts ab und beim nächsten Abzweig links Richtung »Baie d'Ecalgrain«. Unser Sträßchen führt in Kehren zwischen Bruchsteinhäusern hindurch. Bei der nächsten Straßenverzweigung laufen wir links weiter durch den Weiler, ignorieren die

TOUREN-STECKBRIEF

Anfahrt: Von der D901 im Kreisverkehr südöstlich von Jobourg Richtung Nez de Jobourg abbiegen und der Beschilderung folgen. **N 49°40'38.9", W 1°56'17.3"**
Anspruch und Charakter: Wanderweg an der Küste. Fahrwege und Sträßchen im Inland. Zugang zum Meer bei der Anse du Cul Rond ❾. Kein Schatten.
Markierung: Entlang der Küste weiß-rot.
Einkehr: Crêperie La Gravelette, Auberge des Grottes.
Mit Kindern: Wer ans Meer möchte, sollte vom Aussichtspunkt direkt nach Norden zur Anse du Cul Rond wandern, der kurze Abstieg in die Bucht ist schmal und steil, erfordert aber keine Kletterei (Vorsicht, kann sich nach schweren Stürmen ändern).
In der Nähe: Cap de La Hague.

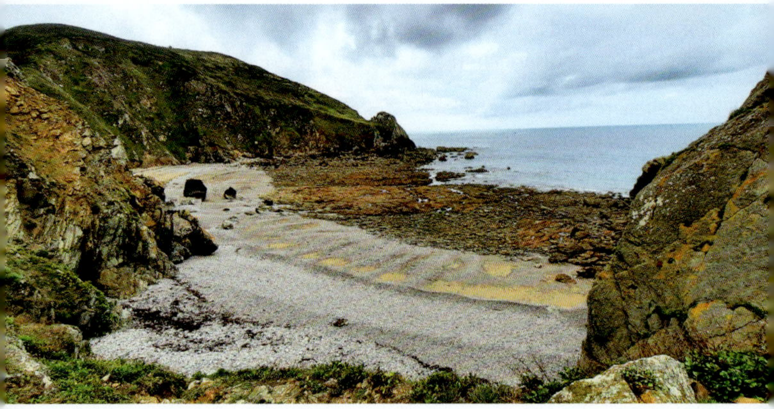

ersten zwei Abzweige nach rechts und kommen zu einer **Rechtskehre 6** (beschildert »Auderville«). Hier biegen wir links ab und sofort wieder rechts.

Wir verlassen den Ort, sind zwischen Viehweiden unterwegs und wählen bei der nächsten Verzweigung den Fahrweg nach rechts. Er führt links an großen Viehställen vorbei. Bei der anschließenden **Verzweigung 7** halten wir uns links.

Weiter geht es leicht aufwärts zwischen Weiden in Richtung Küste. Bei einer **Verzweigung 8** vor wildem Buschland gehen wir links, bei der nächsten mit Blick ins Tal nach rechts. Jetzt können wir auch bald wieder das Meer sehen. Wir folgen dem Hauptweg um eine Rechtskehre und blicken auf die Bucht von Ecalgrain mit saftigen Wiesen und langem Kies-Felsstrand.

Vor Erreichen des Strandes treffen wir auf ein **Asphaltsträßchen** und biegen scharf links ab. Es wird zum Fahrweg und führt auf die Felsen zu, die die **Anse du Cul Rond 9** abschirmen. Rechts finden sich Mauerreste in einem Überhang, die auf eine ehemalige Nutzung hinweisen, vielleicht als Notunterkunft für Hirten.

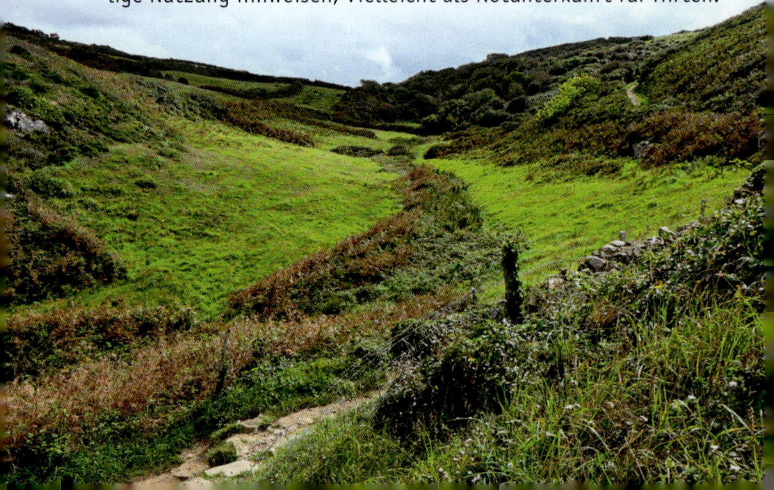

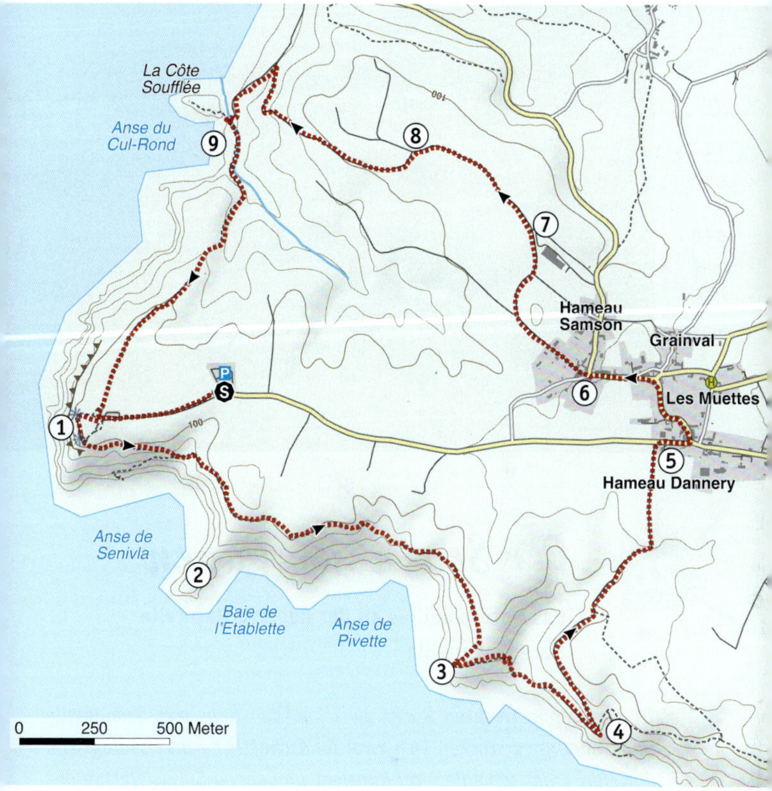

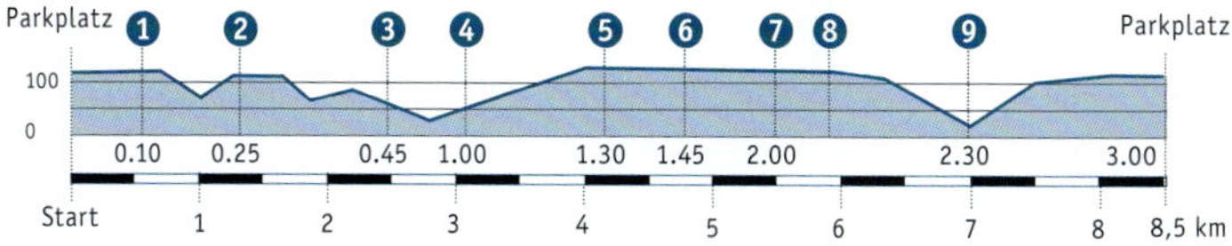

Wir überqueren einen **Bach** und können dann dem deutlichen Weg leicht rechts durch einen Einschnitt folgen. Von hier haben wir eine fantastische Sicht auf die enge Kiesbucht, die von hohen Klippen gesäumt ist. Ein schmaler, aber gut zu gehender Serpentinenpfad führt etwa 20 Meter hinunter zum Meer.

Zurück aus der Bucht biegen wir hinter den Klippen und vor dem Bach rechts ab auf den **weiß-roten Küstenweg**. Er führt aufwärts durch das einsame, wilde Tal des Ruisseau des Vaux. Immer von dichtem Grün umgeben steigen wir weiter hoch in Richtung Kap, zuerst noch vom Meer abgeschirmt durch den höheren Rand der Klippen, dann mit freiem Blick auf das Wasser. An einem Mäuerchen entlang geht es die letzten Meter hoch zum **Aussichtsplateau** und von dort auf bekanntem Weg zurück zum Parkplatz.

170 m

STRECKE 10,1 km

3 h 15

ab 10

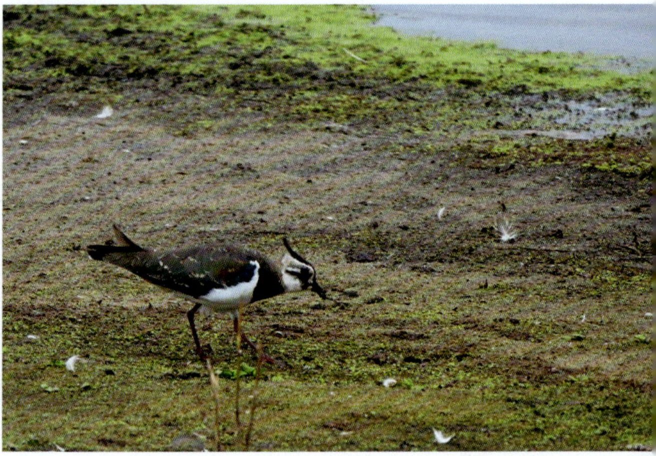

26 Der See in den Dünen

Das Naturparadies an der Réserve Naturelle Mare de Vauville

In der langgestreckten Bucht zwischen den Kaps von Flamanville und Jobourg verstecken sich zwei landschaftliche und ökologische Juwelen – der schmale, von Röhricht umgebene Süßwassersee des Naturreservates Vauville und das große Dünengebiet von Biville. Sie bieten Lebensraum für viele unterschiedliche Tier- und Pflanzenarten und sind von rauer Schönheit. Zahlreiche Pfade führen durch die sandige Landschaft und über die Dünen ans Meer zu einem endlos langen Sandstrand. Vom Strand aus kann man mit etwas Glück draußen im Meer Delfine entdecken.

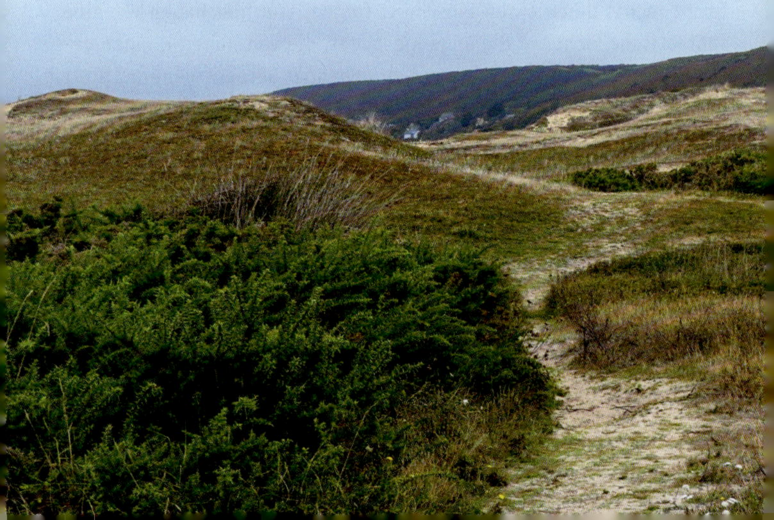

Wanderung: Vom Parkplatz folgen wir dem Sträßchen, das parallel zum Strand in Richtung Campingplatz führt. Wir gehen am Campinggelände und am Segelclub vorbei und treffen auf das **Gatter der Réserve Naturelle Mare de Vauville** ❶. Eine große Infotafel zeigt, welche Tiere hier am Strandsee leben.

Highlights

Ein langer einsamer Sandstrand liegt vor der ausgedehnten Dünenlandschaft von Biville und zwischen den Sandhügeln versteckt sich ein Strandsee: Diese wilde Naturlandschaft lässt sich nur zu Fuß entdecken und deshalb seid ihr in diesem kleinen Paradies oft ganz alleine unterwegs.

Unser breiter Fußweg verläuft zwischen einem Dünenkamm zur Rechten und hohem Schilfdickicht zur Linken, hinter dem sich der langgestreckte See verbirgt. Um die Tiere nicht zu stören, darf das Röhricht nicht betreten werden. Bei einer Verzweigung können wir einen kurzen **Abstecher auf die Dünen** ❷ machen und die Aussicht über den kilometerlangen Sand-Kies-Strand genießen.

Wir gehen immer geradeaus, bis wir zu einer **Kreuzung mit vier Wegen** kommen. Hier biegen wir zuerst links ab und beim nächs-

TOUREN-STECKBRIEF

Anfahrt: Bei der Fahrt auf der D318 durch Vauville biegen wir ab Richtung »Jardin Botanique/ Château et Jardin«. Der nächste Abzweig nach rechts führt zum Parkplatz am Meer.
GPS N 49°38'05.0", W 1°51'00.9"
Anspruch und Charakter: Bis ❹ wenig Höhenmeter, aber anstrengend wegen des teilweise sandigen Untergrundes. Anschließend Fahrwege und etwas Asphalt. Kein Schatten.
Markierung: Keine.
Einkehr: Bar und Restaurant in Vauville mit unregelmäßigen Öffnungszeiten.
Mit Kindern: Um die Tour zu kürzen, empfehlen wir, dem beschriebenen Weg bis zum Strand zu folgen, dann aber rechts abzubiegen und am Strand zurückzulaufen (3,5 km, 1 h 15).
In der Nähe: Barneville-Carteret.

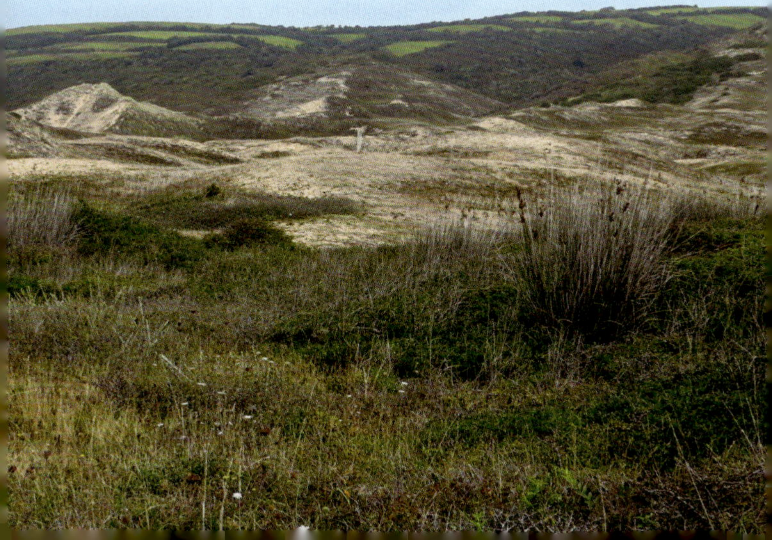

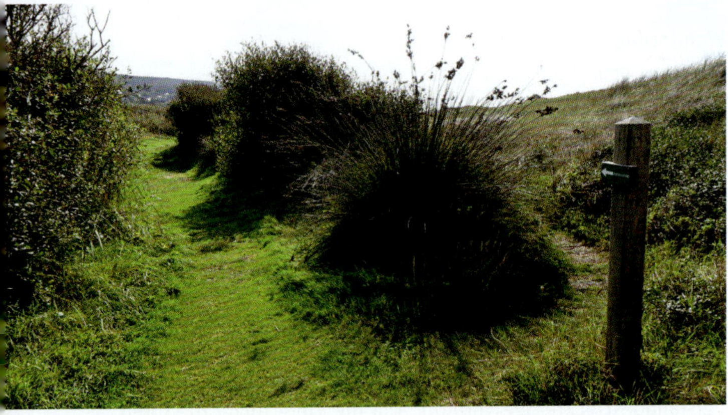

Réserve Naturelle Mare de Vauville
Das Reservat wurde 1976 auf einer Fläche von 60 Hektar als Naturschutzgebiet ausgewiesen. Es schützt einen zwei Kilometer langen flachen See, der durch einen schmalen Dünenkamm vom Meer getrennt ist. Der See enthält Süßwasser und bietet Lebensraum für verschiedenste Tiere. Im und am Wasser leben Vögel 180 unterschiedlicher Arten teilweise ganzjährig. Einige Vögel, wie zum Beispiel die Bekassine, finden im Schutzgebiet ihr Winterquartier. Der See ist außerdem Heimat für über 700 Insektenarten und eine Vielzahl von Amphibien, darunter gefährdete Molche. An seinen Ufern wachsen Orchideen.

ten Abzweig wieder links, um zu einem **Beobachtungsstand** ❸ zu kommen, von dem wir den See überblicken können.

Zurück vom Beobachtungsstand überqueren wir die Kreuzung geradeaus und gelangen über den Dünenkamm an den Strand. Zwischen den Kaps von Flamanville und Jobourg erstreckt sich ein fast zwölf Kilometer langer Sandstrand. Wir befinden uns jetzt etwa in der Mitte, und weil es hier keinen Zugang für Fahrzeuge gibt, können wir die Weite und die Brandung meist ganz in Ruhe genießen.

Wir setzen unsere Wanderung am Strand fort und gehen nach links in Richtung Süden. Hier überrascht die Vielfarbigkeit der Kiesel auf dem Sand. Links schirmt der Dünenkamm uns ab von allem, was dahinterliegt, rechts blicken wir weit übers Meer. Nach 800 Meter erreichen wir einen ersten großen, halb im Sand versunkenen **Bunker** ❹. Zum Ensemble gehören drei weitere halb versunkene Betonklötze. Wir wandern weiter am Strand entlang und auf eine größere Zahl an Bunkerruinen zu. Bereits vor diesen treffen wir auf einen breiten, sandigen Zugang, tief eingeschnitten in den Dünenkamm. Hier, an der **Plage de Biville** ❺, verlassen wir den Strand.

Vom dahinterliegenden **Parkplatz** aus folgen wir der Zufahrtsstraße Richtung Inland. Bei der nächsten Verzweigung mit Parkmöglichkeit biegen wir direkt am Anfang des Platzes links auf einen **Fußweg in die Dünen** ein. Er trifft wenig später auf den

Hauptweg. Diesem meist gut sichtbaren Fußweg folgen wir jetzt mitten durch die hügelige Dünenlandschaft. Bei einer deutlich erkennbaren **Kreuzung** erblicken wir rechts oben das **Calvaire des Dunes** ❻. Das Steinkreuz, zu dem ein steiler, sandiger Pfad hinauf führt, steht 100 Meter über dem Meer.

Wir gehen weiter geradeaus durch eine wilde, karge Landschaft. An einem Dünenhügel mit Sandmulden führt unser Weg an der

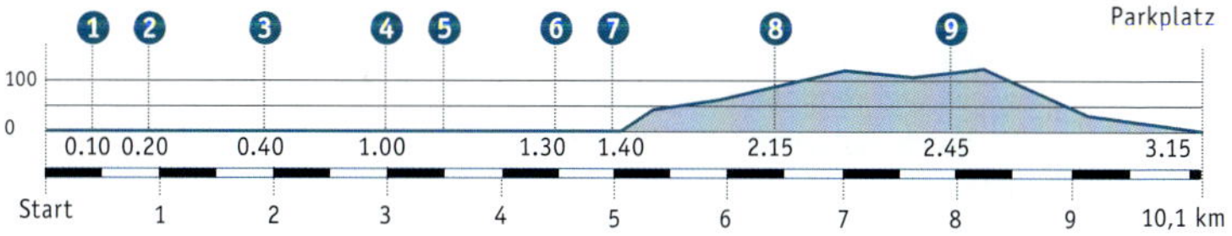

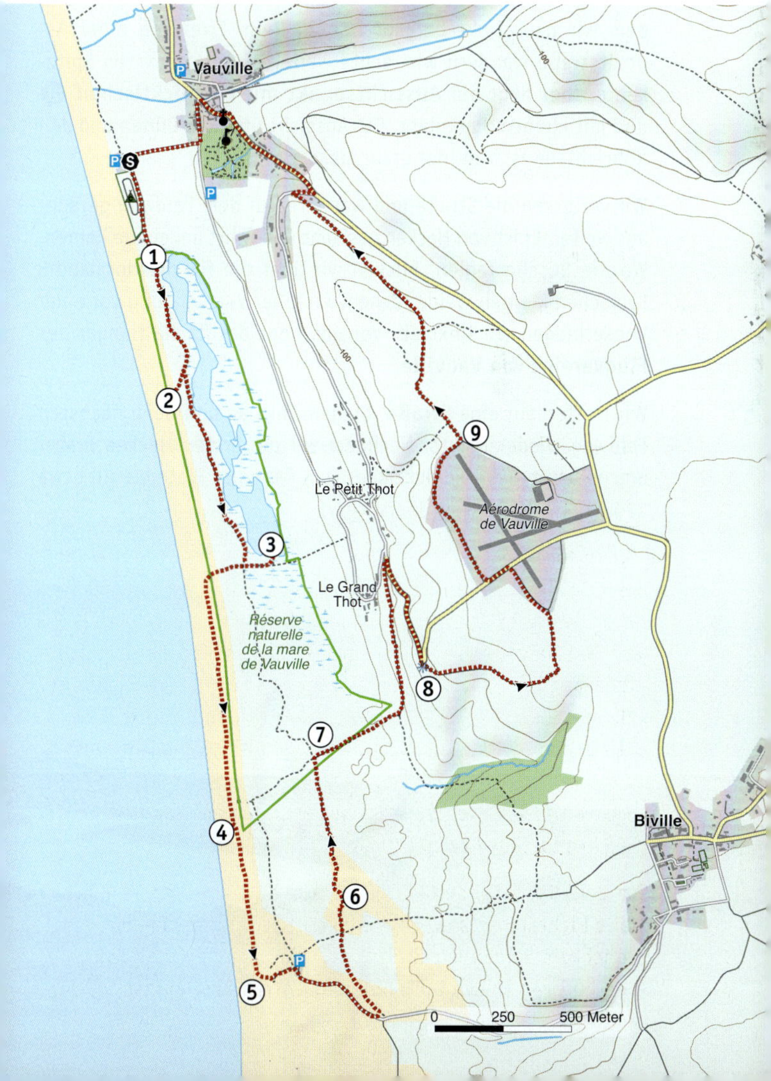

Dunes de Biville
Die Dünen von Biville entstanden am Ende der letzten Eiszeit vor etwa 10.000 Jahren. Der beständige Westwind wehte sie gegen das Festland und formte so diese faszinierende Landschaft. Von den Aussichtspunkten wirkt das Dünenfeld eher flach. Beim Durchqueren aber realisiert man seine Topografie mit den vielen, unregelmäßig angeordneten Hügeln. Dünen sind immer ein fragiler Lebensraum und benötigen eine Vegetationsdecke zur Stabilisation. **Bleibt bitte auf den Hauptwegen und vergrößert die Sandlöcher nicht durch Rutschen oder Wegtreten der Ränder!**

rechten Seite vorbei. In der Folge treffen wir auf eine Sandmulde, die wir auf der linken Seite umrunden, um dann in ursprünglicher Richtung weiterzulaufen, bis wir vor uns ein weißes Schild sehen. Dort befindet sich das **Gatter am südlichen Ende** ❼ des Naturreservates von Vauville.

Wir biegen vor dem Gatter rechts ab und laufen am Zaun entlang bergauf. Dieser Pfad führt uns hoch zu einem Fahrweg, dem wir nach links bergauf folgen. Beim Erreichen einer Asphaltstraße wandern wir rechts weiter bis zur nächsten Spitzkehre. Hier liegt ein **Aussichtspunkt mit Picknicktischen** ❽ und mit kleinem Parkplatz. Die Aussicht über die Dünen und den Röhrichtsee ist von hier grandios.

Wir verlassen die Straße und wandern auf dem Feldweg geradeaus weiter. Er ist von Hecken gesäumt und führt um einige Kehren. Wo die Büsche fehlen, blicken wir über die für die Normandie typischen kleinen Weideflächen. An einer Verzweigung vor einer Wiese biegen wir links ab. Vor uns liegt der flache Hangar des **Flugvereins von Vauville**.

Wir treffen auf eine **Straße**, biegen links ab und beim nächsten Feldweg wieder rechts. Nachdem wir die ersten Hecken hinter uns gelassen haben, blicken wir vom Rand des Plateaus auf etwa 125 Metern Höhe weit übers Meer!

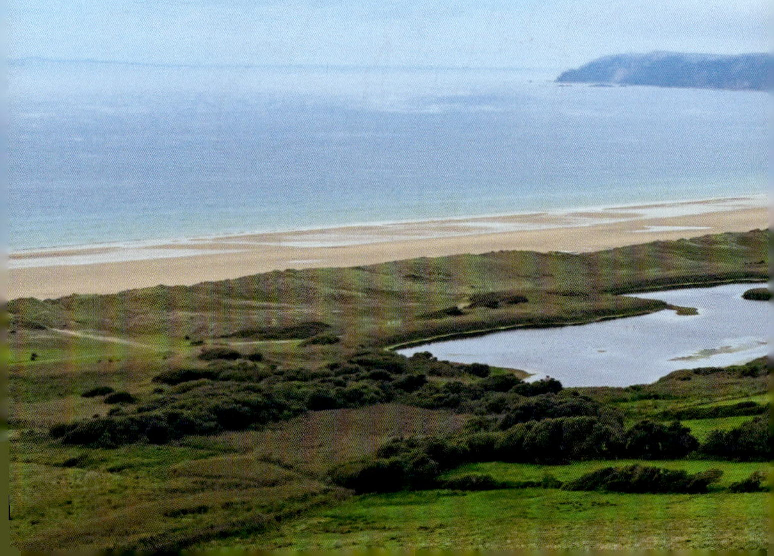

Mit dieser Aussicht gehen wir am Flugplatz vorbei beschwingt weiter. Der steinige Fahrweg führt uns um eine Kehre zu einem **Querweg** ❾. Hier biegen wir links ab und folgen jetzt immer dem Hauptweg. Er führt zwischen Feldern und Hecken hindurch und um eine 90-Grad-Rechtskurve. An einer Wegkreuzung gehen wir geradeaus weiter. Dann beginnen die »Landes«, wildes Land mit Stechginster, Farn, Wacholder und Brombeeren. Beim Abzweig am Anfang der Heideflächen halten wir uns links am Hang.

Jardin botanique de Vauville

Auf dem Gelände des Schlosses von Vauville schufen seine Besitzer Eric und Nicole Pellerin 1947 einen ungewöhnlichen botanischen Garten mit etwa 900 verschiedenen Pflanzenarten, die vor allem aus der südlichen Hemisphäre stammen. Im Garten steht auch das gut erhaltene Schloss von Vauville. Sein Bergfried stammt vermutlich aus dem 12. Jahrhundert, während der Haupttrakt im 17. Jahrhundert entstand und später noch einmal umgebaut wurde. Das Château de Vauville gilt als eines der schönsten Beispiele der befestigten Architektur im Cotentin und repräsentiert mit seinen dicken Steinmauern, den Giebelfenstern und breiten Kaminen den Renaissance-Stil der Region. Zum Anwesen gehört auch ein Taubenschlag aus dem Jahr 1732 mit mehr als tausend Nestern.

Geöffnet April bis September 14–18 Uhr, Juli, August bis 19 Uhr, Oktober wetterabhängig nur Sa, So 14–17 Uhr. €9,50, Kinder bis 18 Jahre frei. www.jardin-vauville.fr

Fast im Tal angelangt, treffen wir auf eine **Straße**. Wir biegen rechts ab und folgen an der nächsten Kreuzung der Durchgangsstraße nach links. Sie bringt uns nach **Vauville** mit seinen hübschen Steinhäuschen und vielen geschwungenen Metallstegen, die über die Regenabläufe der Straßen führen. An Château und Kirche vorbei kommen wir zu einem **Lavoir**, einem ehemaligen Waschplatz, der durch Aufstauen des Baches entstand. Dort biegen wir links ab und befinden uns jetzt auf der Zufahrt zum Parkplatz. Beim nächsten Abzweig geht es rechts zum Strand und auch zurück zu unserem Parkplatz.

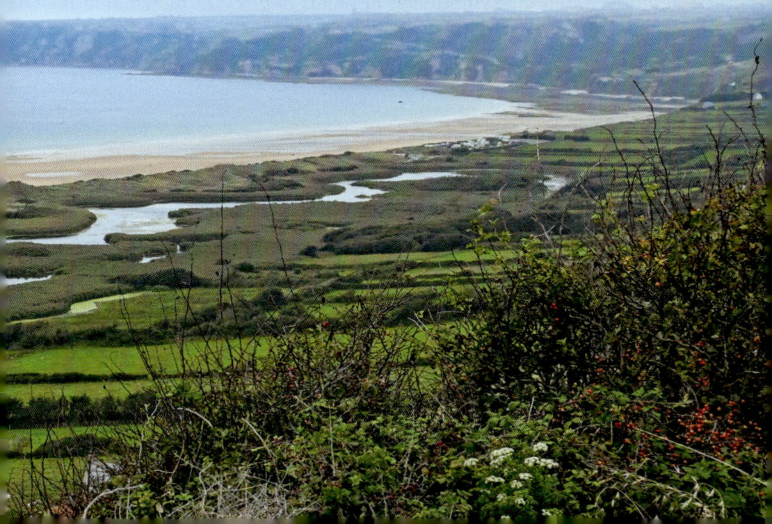

220 m

STRECKE 8,2 km

3 h

ab 10

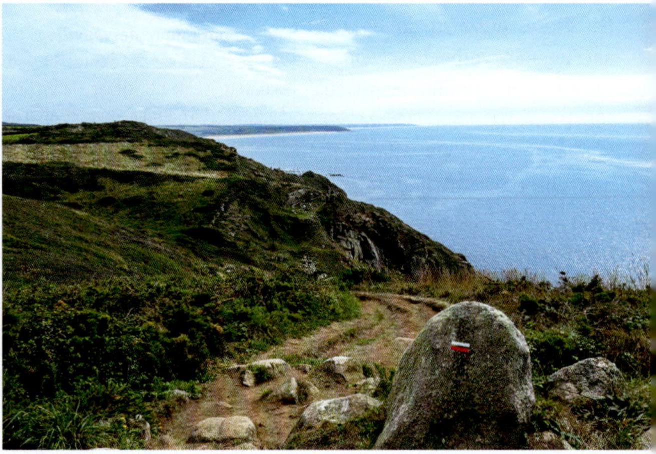

27 Cap de Flamanville

Wilde Klippen und alte Wälder

Hoch oben auf den schroffen Klippen des Cap de Flamanville haben wir einen weiten Ausblick über das Meer und durchwandern eine wilde, karge Heidelandschaft. Unser Rückweg führt durch eine ländliche Idylle mit kleinen Orten zwischen heckengesäumten Feldern und in den alten Wald des Schlosses Flamanville. Hier versteckt sich außerdem ein stiller Stausee. Auch das Schlossgelände können wir besichtigen, ehe wir am Ende noch einmal eine unvergleichliche Aussicht über das Meer genießen.

Wanderung: An der linken Seite des Parkplatzes führt der weiß-rot markierte Weitwanderweg GR 223 an der Küste entlang. Er ist mit einigen großen Steinen gesäumt und bietet gleich zum Beginn der Tour einen tollen Blick auf das Meer. In einem Bogen

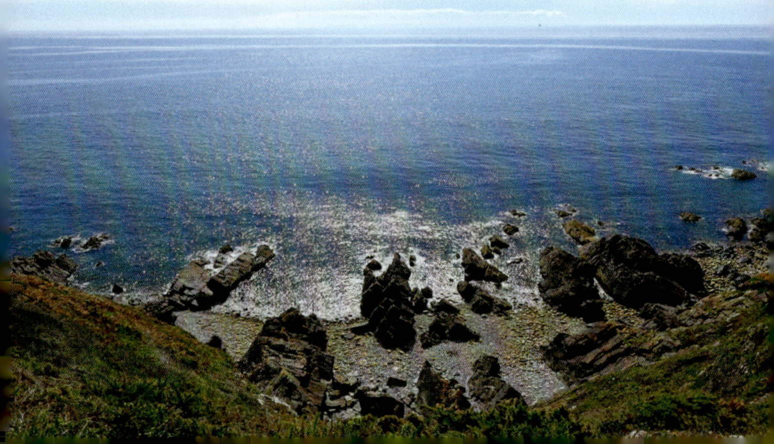

leitet er uns durch karge Vegetation. Es geht durch eine Senke und wieder hinauf zu einem **Fahrweg**. Ihm folgen wir nach rechts hinter einer Hecke, die die Aussicht aufs Meer verhindert. Wir ignorieren alle Abzweige, bis unser Weg an einem **Querweg** endet. Hier biegen wir rechts ab und erreichen kurz darauf ein kleines **Plateau über dem Meer** ❶ mit Picknickbänken. Mit einem 400 Meter langen Abstecher nach rechts können wir hier noch einen Blick auf den alten Steinbruch von Flamanville werfen. Unsere Route folgt hier aber dem weiß-roten markierten Fußweg nach links.

Highlights

Einen weiteren Abschnitt der wilden Steilküste an der Westseite der Halbinsel Cotentin könnt ihr bei Flamanville erleben. Hier geht es deutlich ruhiger zu als am Nez du Jobourg, der Blick aufs Meer ist aber nicht weniger beeindruckend.

Unser Pfad verläuft etwa auf halber Höhe am Hang und führt uns durch Stechginster und Farngestrüpp. In Richtung Süden können wir jetzt weit über die normannische Küste gucken. Im Meer vor uns liegt die *Passage de la Déroute*, was übersetzt so viel wie »Straße der Niederlage« bedeutet. Es handelt sich um die 40 bis 50 Kilometer breite Meeresstraße zwischen dem normannischen Festland und den Kanalinseln, deren starke Gezeitenströme und Winde zu unzähligen Schiffbrüchen führten.

Nur an wenigen Stellen führt der Pfad nahe an den fast senkrechten Abgrund heran, meistens verläuft er geschützt durch Vegetation im steilen Hang. Bei Ebbe erstrecken sich unter uns weite, schroffe Felsbänke. Dann folgt eine kurze Passage an

TOUREN-STECKBRIEF

Anfahrt: Im Kreisverkehr der D4 südlich von Flamanville auf die D23 Richtung »EDF CNPE« fahren, nächster Abzweig links, Parkplatz für vier bis fünf Autos.
GPS N 49°31'14.8", W 1°52'49.3"
Alternativ: Größerer Parkplatz vor dem Schloss, auch für Wohnmobile geeignet. GPS N 49°31'35.8", W 1°52'01.8"
Anspruch und Charakter: Am Meer überwiegend Pfade mit einem kurzen steinig-stufigen Abschnitt. Im Inland überwiegend Feld- und Forstwege. Schatten nur im Wald von Flamanville zwischen ❹ und ❻. Zugang zum Meer nur bei der kleinen, felsigen Bucht von La Percallerie zwischen ❷ und ❸ möglich.
Markierung: Entlang der Küste weiß-rot.
Einkehr: Restaurant Le Sémaphore, nur mittags und abends.
Mit Kindern: Wir starten wie beschrieben. Nach dem ersten Stück Pfad am Meer treffen wir auf einen Fahrweg, verlassen den weiß-roten GR und die Wanderbeschreibung, und gehen stattdessen geradeaus und am Ende links zur Straßenkehre. Auf der Straße wandern wir nach links weiter und in der nächsten Kehre geradeaus auf einen Feldweg, der als Privatweg gekennzeichnet ist, aber immer offen steht. Bei der nächsten Wegkreuzung biegen wir rechts ab, gehen zur Straße, dort links, erreichen das Schloss von hinten und betreten das Gelände durch den Hof. Der Rückweg erfolgt wie bei der Wanderung beschrieben.
In der Nähe: Barneville-Carteret.

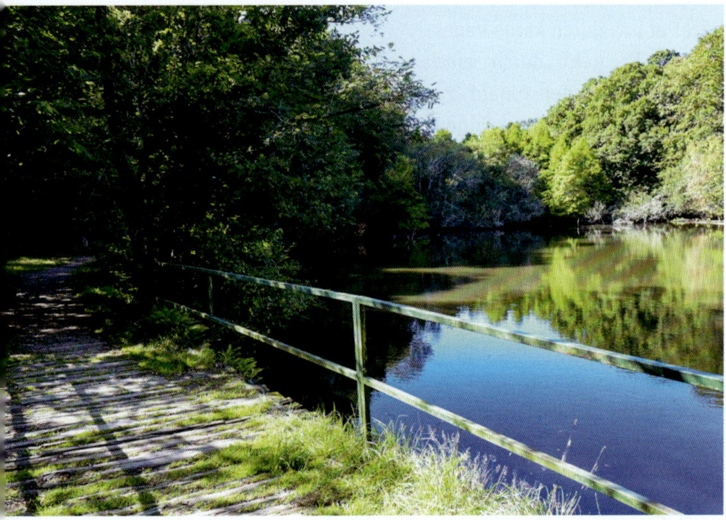

einem besonders felsigen Abhang, in dem der Weg gut markiert über einige natürliche Steinstufen aufwärts führt. Schon mit Blick auf den Ort **La Percallerie** geht es einige Zeit später einfacher und über befestigte Stufen wieder abwärts. Anschließend wandern wir zwischen niedriger Vegetation und treffen dann auf einen **Fahrweg** ❷. Er leitet vorbei an einer Steinmetzwerkstatt und wird zum Sträßchen. Ein Abzweig scharf rechts führt hinunter zu einer kleinen Felsenbucht, wir aber gehen geradeaus hoch zur **D517**. Dieser folgen wir nach rechts in den Ort.

Beim nächsten Abzweig folgen wir dem Asphaltweg rechts abwärts. Schon nach wenigen Schritten zweigt links ein betoniertes, **gelb markiertes Ministräßchen** ❸ ab. Wir folgen ihm links aufwärts und in einer Kehre zurück zur D517. Diese überqueren wir geradeaus und steigen das gegenüberliegende Sträßchen steil hinauf. Wir wandern zuerst durch ein Wohngebiet, dann durch einen Wald hinauf zur viel befahrenen **D4**, die wir vorsichtig überqueren. Auf der gegenüberliegenden Straßenseite folgen wir dem kurzen Pfad, der uns zur Kehre eines Fahrweges führt. Hier geht es auf dem von Hecken gesäumten Weg links und wir entfernen uns von der D4.

Bei der nächsten **Kreuzung mit einem Fahrweg** biegen wir links ab und gehen weiter aufwärts. Einen ersten Abzweig ignorieren wir, dann treffen auf eine größere **Wegkreuzung** ❹. Hier führt zwischen Mauerpfosten ein Weg nach rechts in den Wald und zu Picknickbänken.

Unter dichtem Blätterdach geht es jetzt, immer auf dem Hauptweg, in einigen Kehren bergab. So erreichen wir einen stillen,

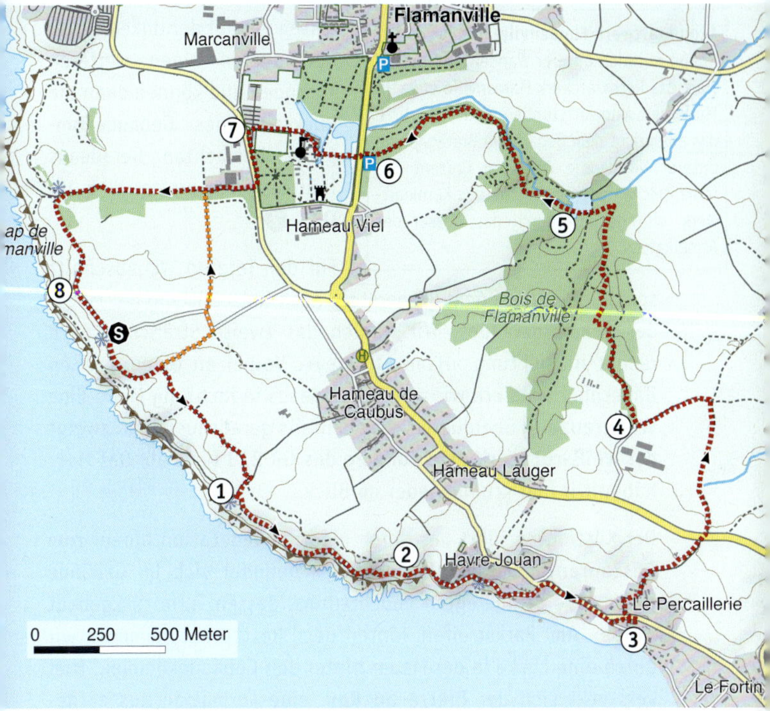

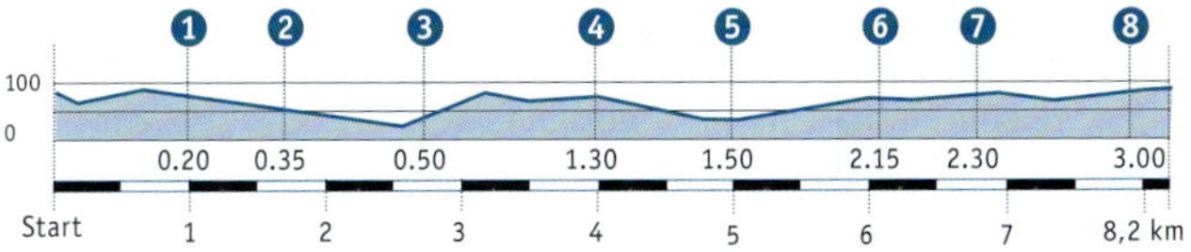

kleinen **Stausee ⑤** im Talgrund. Picknicktische laden zu einer Rast ein.

Château de Flamanville
Das Schloss wurde 1654 erbaut und besteht aus dem grauen Granit der Klippen von Flamanville. 1658 wurde das Schloss mit einem rauschenden Fest eingeweiht. Seit 1986 ist es in Besitz der Stadt Flamanville und wird für Veranstaltungen und Ausstellungen genutzt. Sein weitläufiger Park mit Dahliengarten und drei Teichen ist ganzjährig frei zugänglich und auch bei den Einheimischen als Freizeitgelände beliebt.

Weiter geht es am Seeufer entlang und auf einer Brücke über einen seitlichen Zufluss. Wieder halten wir uns auf dem Hauptweg, einem breiten Forstweg, der uns jetzt sanft ansteigend durch hohen Wald leitet. Er endet an der **Mauer mit verschlossenem Tor ⑥**, die den Parkplatz am Château de Flamanville begrenzt. Wir umgehen sie nach rechts auf einem Fußweg.

Auf dem Hauptweg spazieren wir durch den gepflegten Park auf das Schloss zu. Wir überqueren die **Brücke** vor den Gebäuden, biegen nach dem ersten Haus rechts ab und gehen durch einen hohen Torbogen in einen Hof mit Nebengebäuden. Diesen ver-

> **Atomkraftwerk Flamanville**
> Knapp nördlich unserer Wanderroute produziert das Kernkraftwerk Flamanville etwa 18 Milliarden Kilowattstunden Strom jährlich, das entspricht dem Bedarf von Bretagne und unterer Normandie und drei Prozent des französischen Energiebedarfs. Das Kernkraftwerk wird gekühlt durch das Wasser des Ärmelkanals.

lassen wir auf der linken Seite, durchqueren einen weiteren Torbogen und können dann die Rückseite des Gebäudekomplexes betrachten. Geradeaus führt uns ein breiter Weg zur **D23** ❼.

Für den letzten Wegabschnitt spazieren wir auf dem Bürgersteig nach links entlang der Mauer des Schlossgeländes. Wir wählen das zweite Sträßchen nach rechts in Richtung »Hameau Férey«. Vorbei an einem großen Bauernhof wandern wir immer geradeaus in Richtung Meer. Eine **Wegkreuzung** überqueren wir ebenfalls geradeaus, dann zweigt der **weiß-rot markierte Fußweg des GR 223** links ab. Das Meer haben wir hier schon wieder im Blick.

Der Küstenweg führt uns durch niedrige Vegetation hinauf zum **Restaurant Le Sémaphore** ❽. Es befindet sich im Gebäude eines 1970 stillgelegten Leuchtturms, dessen Turm rückgebaut wurde. Am Parkstreifen hinter dem Restaurant kommen wir durch eine Lücke in der Mauer hinter den Gebäudekomplex. Hier versteckt sich der **Pierre au Rey**, eine Formation aus aufgeschichteten Steinen, die auf den ersten Blick aussieht wie ein Dolmen. Die Steine bilden aber keine klassische Dolmenkammer. Sie weisen einige Felsritzungen auf, deren Alter unbekannt ist. Eine Hypothese ist, dass dieser Pseudodolmen auf der höchsten Klippe schon in der Frühzeit als Seezeichen diente. Alternativ könnte der Felsstapel aber auch natürlichen Ursprungs sein. Nachweislich gab es in der näheren Umgebung große Menhire, die jedoch bereits im 18. und 19. Jahrhundert zerstört wurden.

Anschließend gehen wir zur Straße zurück und folgen ihr noch knapp 200 Meter zum Parkplatz.

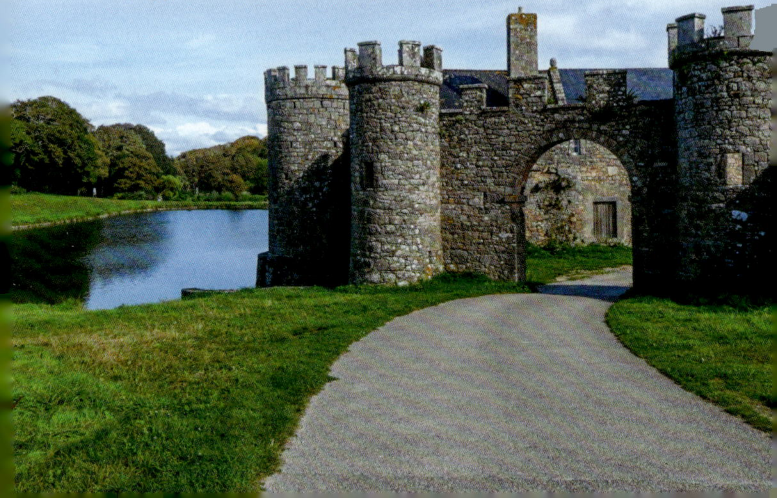

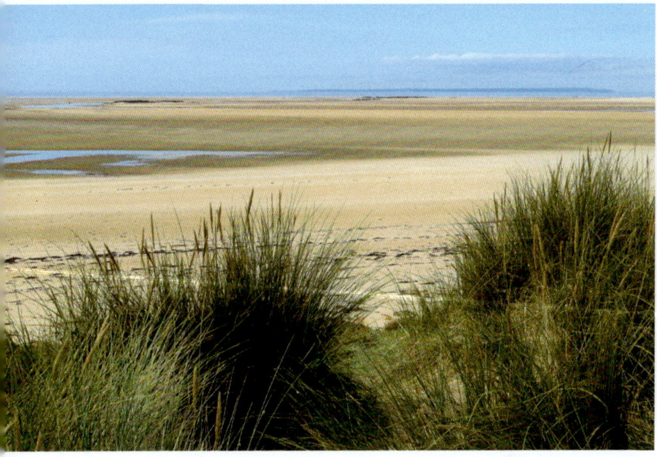

30 m

STRECKE 6,8 km

2 h 15

ab 8

Die Dünen von Créances

28

Durch Dünen und Heide zum größten Naturhafen der Westküste

Wer Stille und Weite liebt, ist hier richtig! Über den Heideflächen und der Dünenlandschaft ist meist nur das Rauschen des Windes zu hören, hier und da zwitschert auch mal ein Vogel. Von den erhöhten Aussichtspunkten wird noch deutlicher, wie ausgedehnt die Salzwiesen sind und wie groß die Sandflächen in der Flussmündung, die bei Ebbe trockenfallen. »Havres« nennt man diese ausgewaschenen Flussmündungen in der Normandie, weil sie auch oft als Naturhäfen genutzt wurden. Auf dieser Tour erleben wir diese außergewöhnliche Landschaftsform besonders intensiv.

Wanderung: Wir starten unsere Wanderung auf der Zufahrtstraße und gehen vom Meer weg und zurück Richtung Kreisverkehr. Beim zweiten Abzweig biegen wir links durch eine Schranke in

TOUREN-STECKBRIEF

Anfahrt: Am Kreisverkehr der D650 westlich von Créances in Richtung Créances-Plage fahren, dort befinden sich Parkplätze rechts und links direkt vor dem Strand.
GPS N 49°11'50.9", W 1°36'17.5"
Anspruch und Charakter: Auf der ersten Hälfte der Wanderung sind wir auf Fahrwegen unterwegs, der Rückweg verläuft überwiegend auf Pfaden, die nur an einzelnen Stellen sandig sind. Zugang zum Sandstrand. Kein Schatten.
Markierung: Auf dem Rückweg gelb.
Einkehr: Restaurant Les Mielles, geöffnet mittags und abends.
Mit Kindern: Für eine Wanderung mit kleineren Kindern bietet sich auch der 2,5 Kilometer lange Lehrpfad an der Spitze der Dünen an. Der Parkplatz ist nur über eine schmale Straße erreichbar. **GPS N 49°13'02.1", W 1°36'16.7"**.
In der Nähe: Château de Fort Pirou.

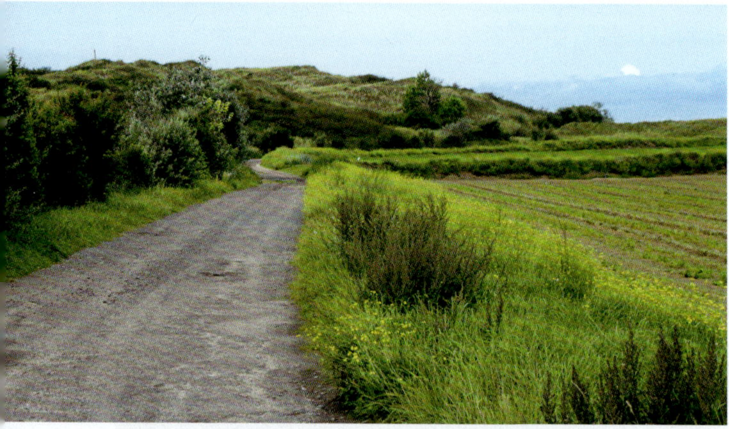

einen fein gekiesten Rad-Fußweg ein und folgen ihm in Richtung »bourg«. Er führt uns hinter den letzten Häusern um eine Rechtskurve und zu einem Sträßchen mit parallelem Rad-Fußweg, auf dem wir nach links gehen. Bei der nächsten Möglichkeit verlassen wir den Radweg nach links und biegen in einen **Feldweg 1** ein.

Der geschotterte Hauptweg beschreibt eine Rechtskurve und führt zwischen Feldern und Grünstreifen mit wilden Blumen hindurch in grasbewachsene Dünenhügel. Trotz der kleinen Felder, auf denen anspruchsloses Gemüse wie Lauch wächst, wirkt die Umgebung wild und weit. Wir folgen dem breiten Hauptweg rund zwei Kilometer durch die Dünen. Etwa auf halber Strecke macht er eine **S-Kurve 2**, erst rechts, dann wieder links. An seinem Ende treffen wir auf ein querverlaufendes Asphaltsträßchen und biegen links ab.

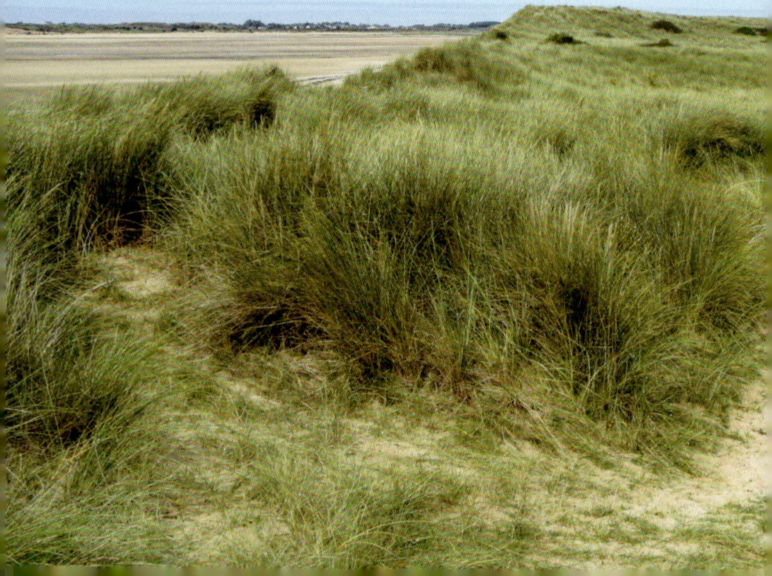

Vor uns liegt jetzt das **Mündungsgebiet des L'Ay**, das sich mit den Gezeiten verändert. Wir passieren einen kleinen Parkplatz – hier beginnt ein Dünenlehrpfad. Anschließend tauchen wir unter einer 2-Meter-Höhenschranke hindurch und kommen zum Ende der Straße. Hier steht eine Bank an einem idealen **Aussichtspunkt ❸**. Wir blicken über den fast 600 Hektar großen Mündungsbereich des l'Ay. Deutlich sehen wir in den Salzwiesen die tief ausgespülten Rinnen, in die die Flut hochdrückt. Wer das gegenüberliegende Ufer genau anschaut, kann das **Corps de Garde de Saint-Germain-sur-Ay** auf einem kleinen Felsvorsprung entdecken – es ist etwa 1,5 Kilometer Luftlinie entfernt. Erbaut wurde es im 17. Jahrhundert als Wachhaus für die Schiffe, die den Naturhafen nutzten. Hier starteten vor allem Transporte zu den Kanalinseln. Später wurde das Haus als Kapelle genutzt. Vom Aussichtspunkt führen Pfade in die Salzwiesen.

Highlights

Der Havre de Saint-Germain-sur-Ay ist der größte der acht Naturhäfen an der normannischen Westküste. Der Fluss l'Ay spülte hier den Küstensand ins Meer und schuf so eine riesige Fläche von Salzwiesen, die bei Flut teilweise überspült werden. Die Havres werden tatsächlich als Häfen genutzt, sind aber auch ideale Lebensräume für viele Vogel- und Amphibienarten, außerdem weiden hier Salzwiesenschafe.

Unser Weg, beschildert als Lehrpfad, zweigt am Ende des Schotterweges leicht links ab und führt durch einen Einschnitt in einem niedrigen Dünenkamm. Auf einem breiten Pfad laufen wir dann durch eine wilde Wiese bis zu den Dünen am Meer. Der Hauptweg bleibt hinter den Dünen. Um diese zu schützen, sollten wir hier nicht auf den Dünenkamm klettern!

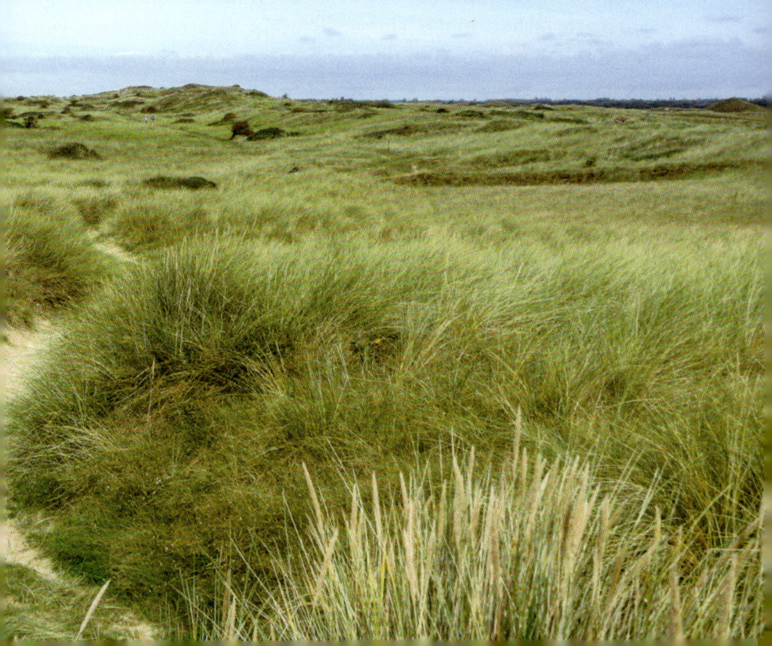

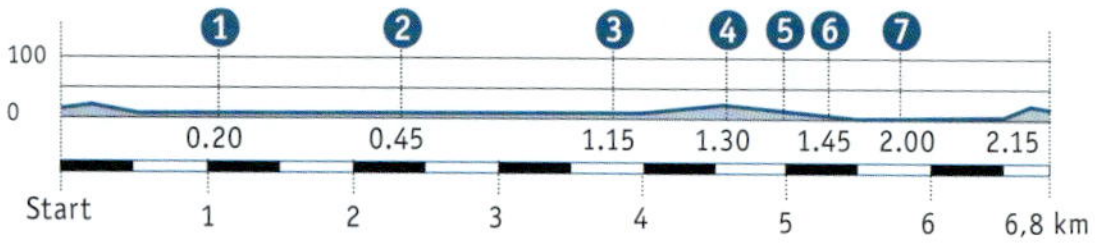

Wir folgen den Beschilderungen des Lehrpfades bis zu einer Verzweigung, wo es rechts zu einem weiteren **Aussichtspunkt** 4 auf dem höchsten Punkt der Dünen geht. Beschildert ist der Pfad mit »Pointe de Vue«. Von hier oben haben wir den perfekten Blick über den riesigen Mündungstrichter. Bei Ebbe sind hier weite Sandflächen zu sehen.

Wir wandern weiter auf unserem teilweise recht sandigen Pfad hinter den Dünen und verlassen am nächsten **Abzweig** 5 den Lehrpfad, der hier links in die Dünen führt, und folgen weiter dem Küstenweg.

Noch einmal führt der Hauptweg ganz nahe ans Meer und auf den jetzt niedrigeren Dünenkamm. Hier gibt es auch einen **Zugang zum Strand** 6.

Dann wandern wir durch ein flaches, wildes Tal, bis wir auf sandige Fahrspuren treffen. Unser gelb markierter Pfad verläuft etwa 300 Meter parallel zu ihnen, dann wird ein einziger Weg daraus. Wir folgen ihm, bis wir einen gut ausgebauten **Fahrweg** 7 erreichen und spazieren auf diesem weiter in Richtung Créances-Plage.

Kurz vor dem Ort ist ein Kiefernwäldchen auf den Dünen zu sehen. Wir folgen dem Fahrweg ohne abzubiegen, bis er rechts von einem gekiesten Rad-Fußweg begleitet wird. Auf diesem gehen wir nach rechts, hinter einigen Häusern vorbei und dann zur Straße. Hier biegen wir rechts ab und stehen kurz darauf wieder an unserem Parkplatz.

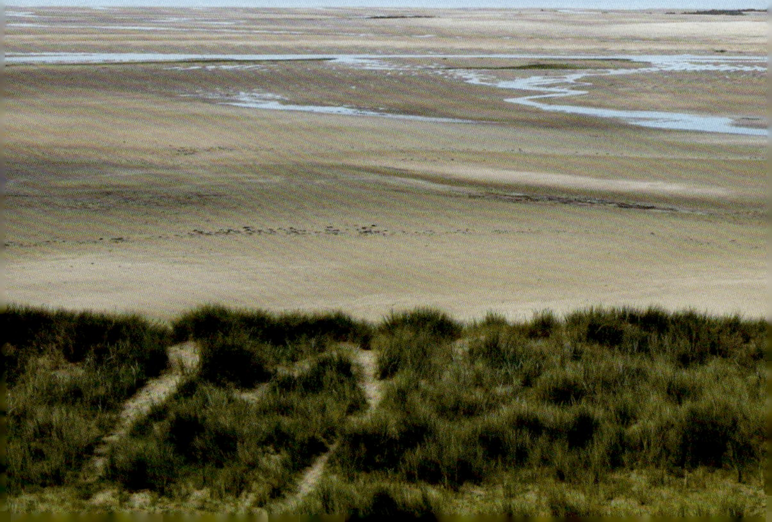

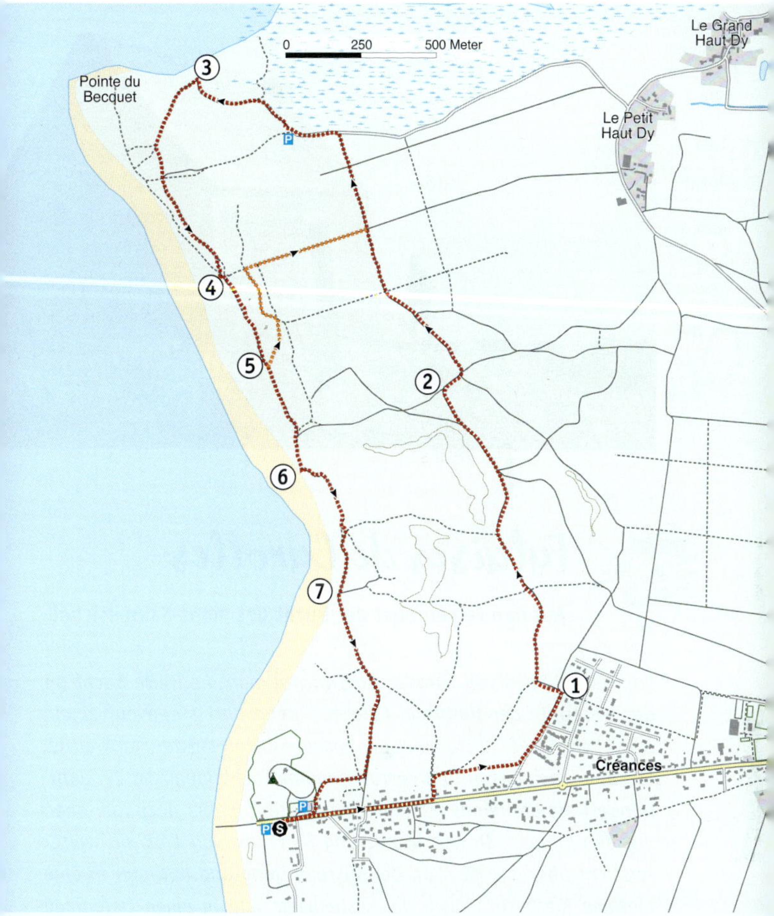
0 250 500 Meter
Le Grand Haut Dy
Pointe du Becquet
Le Petit Haut Dy
Créances
1
2
3
4
5
6
7

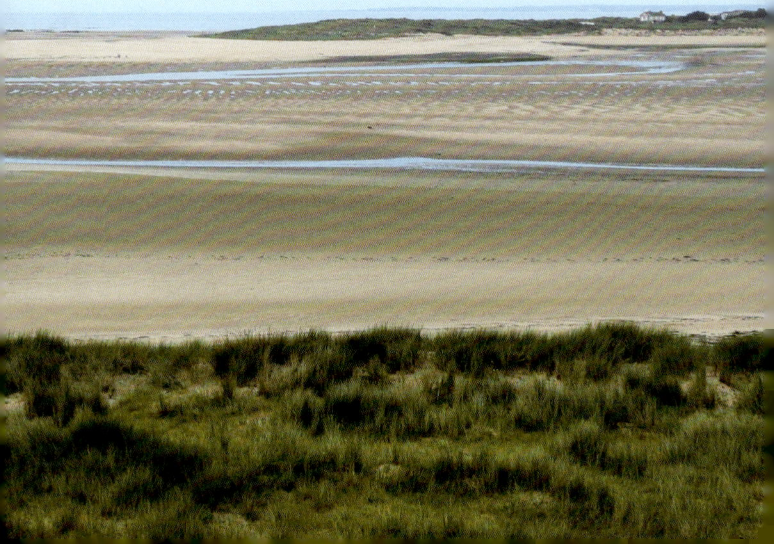

190 m

STRECKE

6,1 km

2 h

ab 6

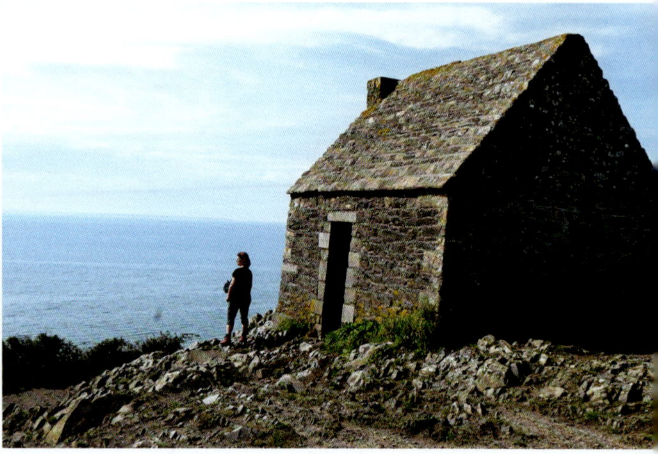

29 Falaises de Carolles

Auf den Felsen über der Bucht des Mont-Saint-Michel

Von den Klippen von Carolles überwachte man die weite Bucht an der Westseite der Halbinsel Cotentin, denn dort stand auf einem Inselchen vor der Küste eines der bedeutendsten Klöster Frankreichs. Für den Wachposten ließ Festungsbaumeister Vauban im 17. Jahrhundert ein Steinhaus erbauen. Dieses steht immer noch hier oben auf den Klippen. Unsere Wanderung führt uns von dort mit weiter Aussicht über das Meer an der Küste entlang und hinunter in eine einsame Kiesbucht, durch die Küstenheide und in einen tiefgrünen Wald. Mehr Abwechslung kann man sich für eine Tour kaum wünschen!

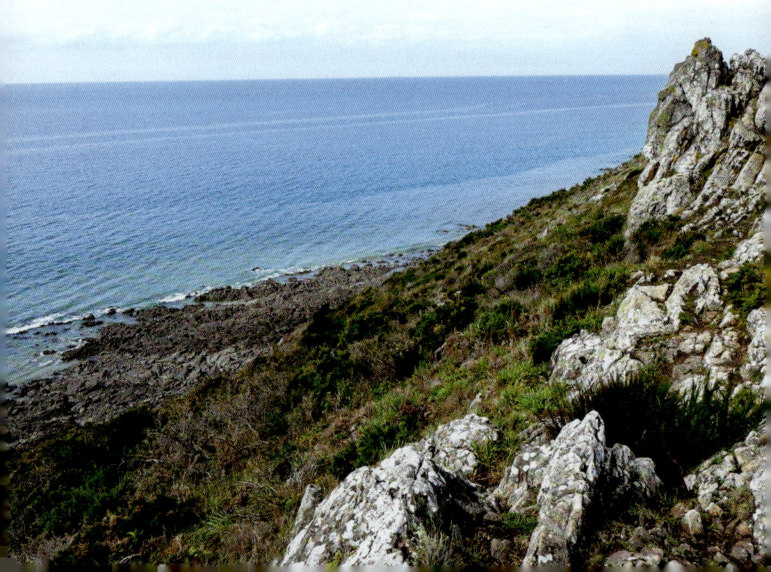

Wanderung: Vom Parkplatz gehen wir zurück auf die Zufahrtstraße und folgen ihr an einer Schranke vorbei in Richtung Norden. Wir wandern quer über eine Wiese, durch einen Waldstreifen und dann links in Richtung Meer. So erreichen wir das Felsplateau 68 Meter oberhalb der Bucht des Mont-Saint-Michel, auf der die **Cabane Vauban** ❶ thront. Vorsicht, der Steilhang zum Meer ist nur durch niedriges Gestrüpp gesichert. Das kleine Natursteinhaus mit einem aus Steinen gefügten Dach ließ der Festungsbauer Vauban im 17. Jahrhundert errichten als Wachposten für die Bucht des berühmten Klosterbergs. Entsprechend großartig ist die Sicht von hier über die Bucht und zum zehn Kilometer entfernten touristischen Highlight.

Highlights

Vom Wachposten hoch oben auf den Klippen von Carolles überblickt ihr die ganze Bucht und seht weit unter euch den berühmten Klosterberg Mont-Saint-Michel. Er steht seit 1862 unter Denkmalschutz und ist Teil des UNESCO-Welterbes.

An der Cabane biegen wir rechts ab auf den **Küstenweg**. Als gut ausgebauter Pfad führt er entlang der mit Stechginster und Heide bewachsenen Steilhänge über dem Meer. Vor uns blicken wir auf den **Rocher du Sard** ❷, auch Teufelsfelsen genannt, an dem unser Weg rechts vorbeiführt. Um die Felsen ranken sich Legenden, von denen eine erzählt, dass der Teufel bei einem Kampf mit Saint-Michel hier Zuflucht gesucht hat. Heute eignen sich die Felsen vortrefflich für eine Rast mit Blick auf das Meer.

Vor dem höchsten Felsen biegt unser Weg rechts ab und führt zumeist über Steinstufen hinunter ins Tal der Lude. Hier kommen wir mit einen kurzen Abstecher nach links zur kleinen, von hohen Felsen gerahmten **Kiesbucht »Port de Lude«** ❸.

TOUREN-STECKBRIEF

Anfahrt: An der D911 ist direkt südlich des Ortsausgangs von Carolles der Abzweig zum Parkplatz bei der Cabane Vauban beschildert (Zufahrt für größere Fahrzeuge nicht geeignet).
GPS N 48°44'34.6", W 1°33'53.6"
Wer ein größeres Wohnmobil fährt, muss sich einen Parkplatz in Carolles suchen, zum Beispiel an der Mairie (Rathaus) bei GPS N 48°45'02.6", W 1°33'28.6".

Anspruch und Charakter: Am Meer wandern wir auf gut begehbaren Fußwegen, im Inland führt die Route über Fußwege, einen Fahrradweg und im Ort über schmale Straßen. Wenig Schatten. Zugang zu einer Kiesbucht.

Markierung: Weiß-rot und gelb.

Einkehr: Restaurant und Bistrot am Strand von Carolles (Abstecher von Wegpunkt ❹), weitere Bars und Restaurants in Carolles, die aber nur zu klassischen Essenszeiten geöffnet haben.

Mit Kindern: Um die Strecke zu kürzen, folgen wir dem beschriebenen Weg bis zur Bucht der Lude und kehren dort wieder um. Die Strecke ist nirgendwo ausgesetzt, verläuft aber zwischen niedrigem Gestrüpp an einem steilen Abhang. Vorsicht an der Cabane Vauban und den Teufelsfelsen (2,7 km, 1 h).

In der Nähe: Granville.

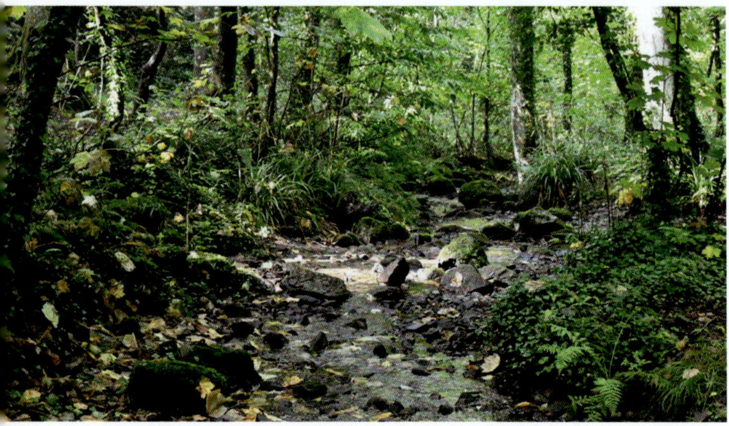

Zurück von der Bucht gehen wir am Abzweig zu den Teufelsfelsen geradeaus vorbei und folgen dem rechts von uns unter Büschen plätschernden Lude in seinem engen Tal aufwärts. Beim nächsten Abzweig folgen wir der weiß-roten Markierung nach links. Mit schönen Aussichten auf die Bucht steigen wir wieder auf die Höhe der Klippen hinauf.

Dann lassen wir die herbe Küstenheide hinter uns und wandern zwischen Büschen und Wiesen hindurch. Unser Weg führt hinter einem großen, typisch normannischen Fachwerkhaus hindurch und dahinter zwischen Hecken nach links. Kurz danach erreichen wir den **Aussichtspunkt La Croix Paqueray** ❹. Von hier aus schauen wir über den langen Sandstrand von Carolles, zu dem ein Pfad hinabführt. Es gibt eine Orientierungstafel und Bänke.

Wir steigen die breiten Stufen nach rechts zum Parkplatz hinauf, gehen an seinem Ende geradeaus weiter und biegen bei der nächsten Verzweigung schräg links ab. Der naturbelassene Weg ist weiß-rot markiert und führt an einem Mäuerchen entlang. Er wird zum Pfad, der uns durch schattenspendende Vegetation unterhalb von Grundstücksgrenzen leitet, bis wir eine kleine Lichtung erreichen. Hier biegen wir rechts und dann gleich wieder links ab. Wenig später führt der Pfad nach links über viele Stufen abwärts, zwischen Rhododendronbüschen hindurch und hinab ins Tal zur **D61**.

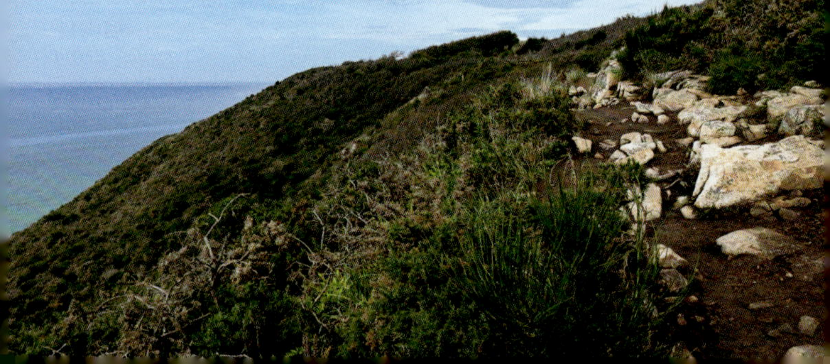

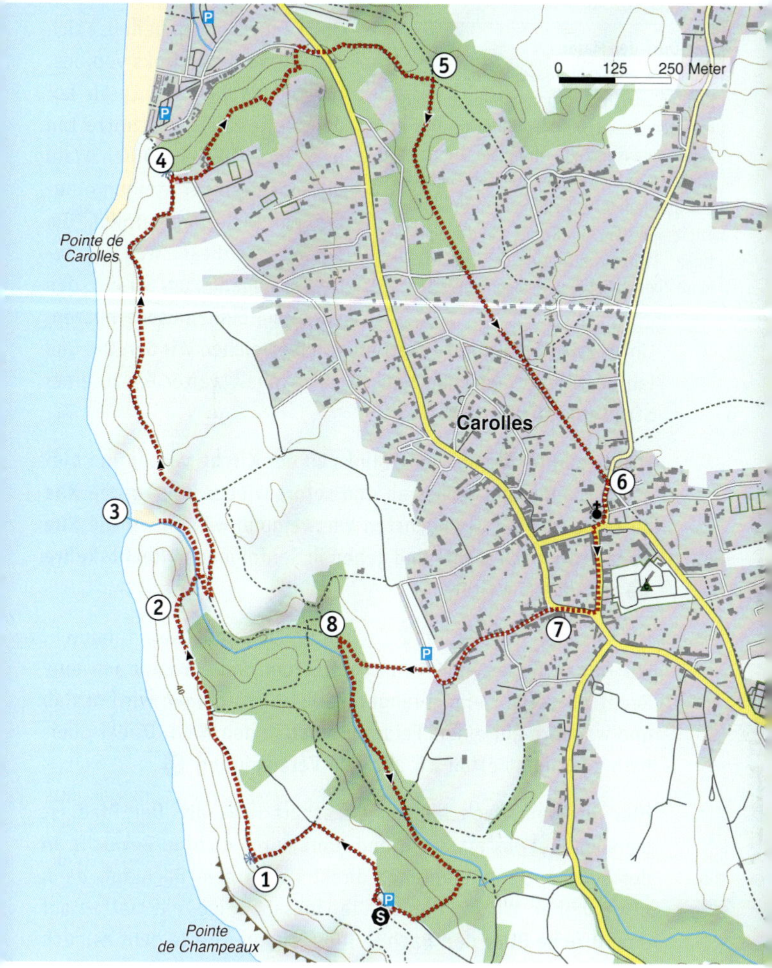

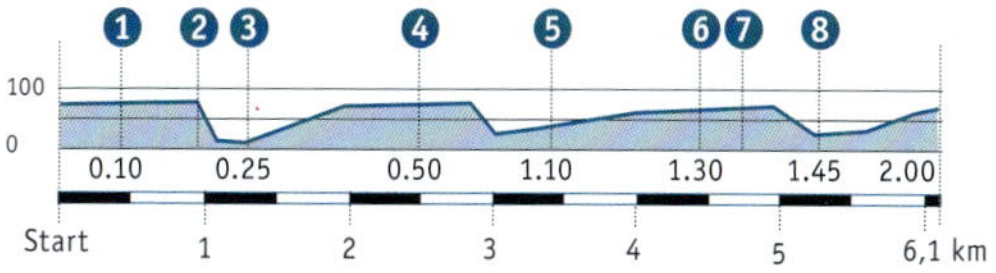

Wir gehen auf dem Bürgersteig nach rechts und erreichen die **T-Kreuzung** mit der größeren D911. Gegenüber führt unser Wanderweg in den Wald, zwei Zebrastreifen helfen bei der sicheren Überquerung der Straßen. Jetzt bleiben wir immer auf dem breiten, naturbelassenen Hauptweg oberhalb des Baches Le Crapeux. Wir sind im **Vallée des Peintres**, dem Tal der Maler. Der Weg führt nah an den Bach und vor uns blicken wir auf eine hohe Brücke zwischen den Bäumen, eine ehemalige **Eisenbahnbrücke** ❺. Hier wählen wir den Weg schräg rechts, der über einen kurzen Steg und einzelne Holzstufen hinauf zur Brücke führt.

Das Dorf der Maler
Immer wieder auf dieser Wanderung begegnen wir Informationstafeln, auf denen die Bedeutung von Carolles als Ort der Maler herausgestellt wird. Tatsächlich entwickelte es sich in der zweiten Hälfte des 19. Jahrhunderts zu einem Treffpunkt der impressionistischen Szene, die die einzigartigen Lichtverhältnisse der Bucht des Mont-Saint-Michel verewigen wollte.

Oben angekommen befindet sich die Brücke direkt links von uns. Wir biegen hier rechts ab auf den breiten, fein geschotterten Rad- und Fußweg. Durch Wald und mit geringer Steigung laufen wir Richtung Carolles. Im Sommer ist dieser Weg ein beliebter Zugang zum Strand, den vor allem Einheimische nutzen. Unter **zwei Straßenbrücken** hindurch erreichen wir den Ort und laufen zuletzt zwischen Hecken auf Asphalt weiter bis zu einer **Straßenkreuzung** ❻.

Wir biegen rechts ab, gehen links an der **Kirche** vorbei und biegen anschließend rechts ab und sofort wieder links in die **Rue de la Poste**. Bei der nächsten Verzweigung wählen wir die **Rue de la Croix** nach rechts und gehen in der folgenden **Rechtskehre** ❼ geradeaus weiter.

Die schmale Straße führt zwischen Bruchsteinhäusern hindurch. Wir folgen ihr an einem Abzweig vorbei und am Ende um eine Rechtskurve. Vor einem langen Parkstreifen biegen wir links ab und wandern auf einem Feldweg hinab in den Wald. Direkt oberhalb der Lude treffen wir auf eine **Verzweigung** ❽.

Hier vor dem Bach biegen wir scharf links ab. Der Pfad ist manchmal etwas matschig und führt durch dichten Bewuchs an der Lude entlang – anfangs direkt neben dem Bachlauf, dann etwas höher. Wir ignorieren alle Linksabzweige und treffen auf eine **Brücke über den Bach**. Auf der anderen Seite geht es nach links weiter und am Hang langsam aufwärts. Schließlich treffen wir auf einen Abzweig, an dem ein breiter, steiniger Weg steil rechts hoch in den Wald führt. Er bringt uns zur Zufahrtsstraße und zu unserem Parkplatz, der wenige Meter weiter rechts liegt.

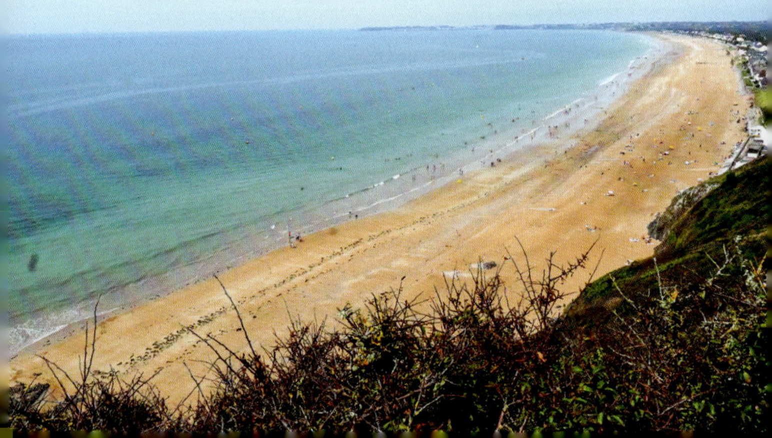

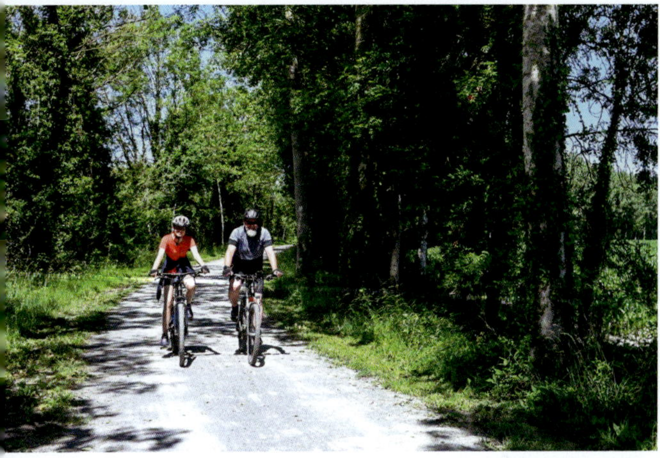

30 m

STRECKE 36 km

3 h

ab 12

Radtour am Mont-Saint-Michel

30

Alleen und weite Salzwiesen am berühmten Klosterberg

Auf dieser Radtour sind wir in direkter Nähe des großen touristischen Highlights unterwegs und können sogar eine der besten Aussichten auf den Klosterberg genießen, und doch ist der Charakter dieser Tour ganz anders als ein klassischer Besuch des Mont-Saint-Michel. Unter den hohen Bäumen des Digue de la Duchesse Anne und auf dem Damm zwischen Poldern und Salzwiesen erleben wir eine unbekannte und unerwartet stille Seite der Bucht.

TOUREN-STECKBRIEF

Anfahrt: Von der N176 zwischen Pontorson und Dol-de-Bretagne biegen wir ab auf die D89 Richtung Saint Broladre / Saint Marcan. Wir fahren durch Roz-sur-Couesnon und in zwei Serpentinen hinunter auf die Polderflächen. Dort folgen wir an der zweiten Kreuzung der Beschilderung links zum Parkplatz am Infozentrum *Maison des Polders*.

GPS N 48°35'43.3", W 1°35'25.0"

Fahrradverleih: Fahrräder können am *Maison des Polders* geliehen werden. Geöffnet April bis September, Mi bis So 10 – 13 und 14 – 18 Uhr.

Anspruch und Charakter: Überwiegend gut ausgebauter Fuß- und Radweg, wenig kleine Sträßchen. Schatten auf dem Digue de la Duchesse. Der holprige Fahrweg entlang der Salzwiesen zwischen ❸ und dem Abzweig nach ❺ kann ausgelassen werden. Die Strecke ist dem Wind relativ frei ausgesetzt.

Markierung: Der Radweg *Digue de la Duchesse* ist markiert und bei Straßenüberquerungen mit Schranken gesichert.

Einkehr: In den Orten am Couesnon südlich des Mont-Saint-Michel.

Mit Kindern: Die Tour lässt sich gut teilen. Die Radtour zur Chapelle Saint-Anne und zurück ist 14 Kilometer lang. Wer nur die Runde zum Mont-Saint-Michel fährt, ist knapp 22 Kilometer unterwegs.

Highlights

Der Blick über die Salzwiesen zum Mont-Saint-Michel ist eines der attraktivsten Fotomotive der Normandie. Wenn ihr Glück habt, laufen euch dabei auch noch ein paar Schafe ins Bild. Sie weiden hier, um das Gras der Salzwiesen kurzzuhalten.

Digue de la Duchesse Anne
Der Bau des Dammes geht auf das 11. und 12. Jahrhundert zurück. In den folgenden Jahrhunderten wurde der Deich erweitert und verstärkt. Ursprünglich grenzte er nur Muschelbänke und Sümpfe vom Meer ab. Mit der Zeit fielen diese Flächen trocken und konnten landwirtschaftlich genutzt werden. Vor einigen Jahren hat man dann auf dem Damm eine Voie Verte, einen Fahrradweg, eingerichtet.

Radtour: Vom Parkplatz aus fahren wir zurück zur letzten Kreuzung und biegen dort links ab. Wir rollen auf einen markante Reihe großer Bäume zu. Sie entpuppt sich als schöne alte Allee mit einem fein geschotterten **Rad- und Fußweg 1**. Hier biegen wir rechts ab.

Im Schatten der Bäume und mit dem Blick über die weite, flache Landschaft um uns herum rollen wir jetzt entspannt sechs Kilometer Richtung Osten. Hier sind wir am Südrand der Polder unterwegs. Polder sind ehemalige Sumpfflächen, die man mit Hilfe von Deichen und Entwässerungsgräben trockengelegt hat, um landwirtschaftlich nutzbare Flächen zu gewinnen. Unser Radweg verläuft auf so einem Deich, dem **Digue de la Duchesse Anne.** Mehrfach überqueren wir kleine Sträßchen, manchmal auch leicht versetzt, dabei ist der Radweg immer grün beschildert.

Schließlich endet dieser wundervolle Alleenweg an einer **T-Kreuzung 2**. Wir biegen rechts auf Asphalt ab und folgen dem

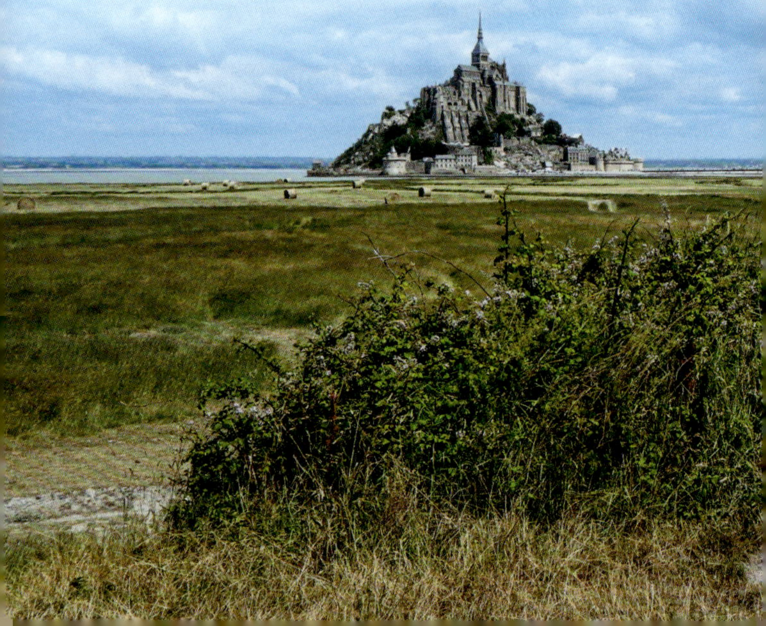

Sträßchen um eine Rechtskurve. Bei der nächsten Möglichkeit geht es links ab. Hier ist der »Mont-Saint-Michel« bereits beschildert. Bei der ersten Verzweigung folgen wir den Schildern geradeaus, bei der zweiten fahren wir nach links, überqueren den **Couesnon** auf einer schmalen Brücke und rollen dann links auf dem Uferweg in Richtung Meer.

Schließlich endet der Uferweg und wir strampeln auf einem kleinen Sträßchen geradeaus weiter. Vorbei an **La Grève** mit einer Autobrücke über den Couesnon und einigen Restaurants geht es weiter bis **La Caserne**. Auch in diesem Ort gibt es Restaurants, einen großen Fahrradparkplatz für den Besuch des Mont-Saint-Michel – und den Staudamm **Barrage du Mont-Saint-Michel** ❸ an der Mündung des Couesnon.

Barrage du Mont-Saint-Michel

Schon in den 1870ern wurde der Mont-Saint-Michel durch einen Straßendeich mit dem Festland verbunden. Außerdem wurde dabei der Couesnon gestaut, damit bei Flut kein Salzwasser in den Fluss hinaufsteigt und sein Wasser zur Bewässerung der landwirtschaftlichen Flächen nutzbar bleibt. Diese Eingriffe waren die Hauptgründe dafür, dass die Bucht des Mont-Saint-Michel immer weiter verlandete. Ab 1990 wurde das Projekt »Restauration du charactère maritime du Mont-Saint-Michel«, Wiederherstellung des maritimen Charakters, ins Leben gerufen.

Von 2006 bis 2009 baute man das neue Stauwerk mit Fischaufstiegshilfen und Aussichtsbalkon. Hier wird bei Flut das Wasser im Couesnon gestaut und bei Ebbe mit wesentlich höherem Durchfluss entlassen, als dies ohne Damm der Fall wäre. Außerdem wird das abfließende Wasser durch eine Steinschüttung geteilt, sodass es den Berg auf beiden Seiten umspült. So soll die Strömung des Couesnon Sedimentablagerungen aus der Bucht tragen.

2014 wurde außerdem die neue Brücke zum Klosterberg eingeweiht. Sie ersetzt den alten Damm und steht auf Stelzen, um den Wasserdurchfluss zu ermöglichen.

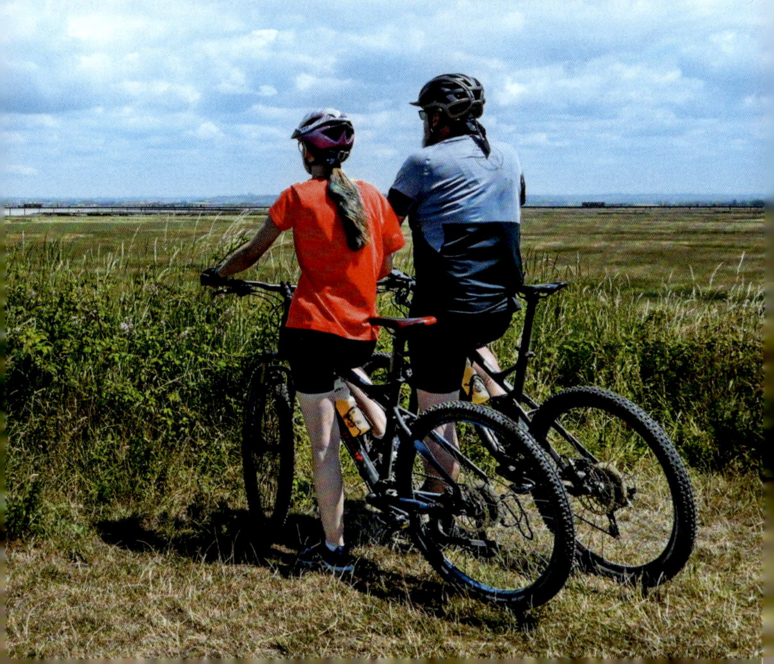

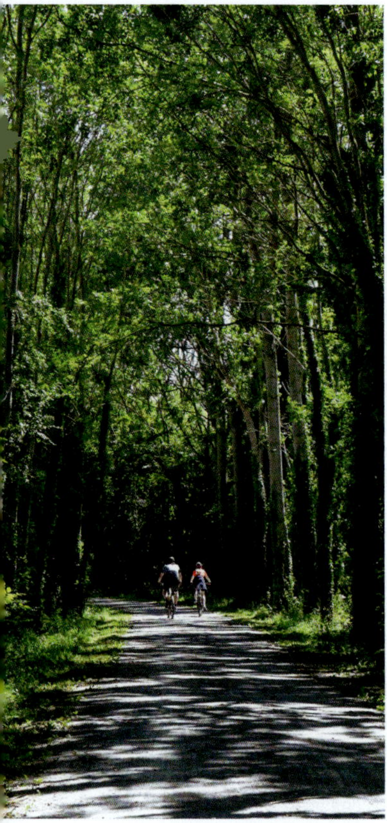

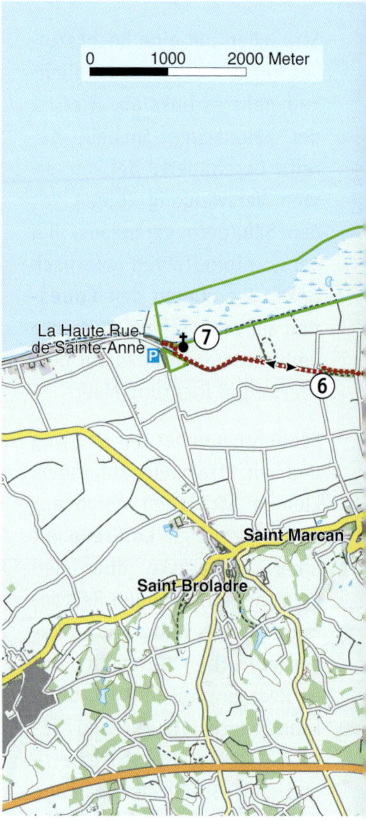

Wir überqueren den Fluss auf dem Damm, der mit einer Holzplattform ausgestattet ist, von der wir perfekte Aussicht auf den Klosterberg haben. Wer von hier auf den Mont-Saint-Michel möchte, muss sein Fahrrad auf dem Fahrradparkplatz abstellen und zu Fuß weitergehen. [› Tour 31]

Unsere Radtour setzen wir auf der anderen Seite des Staudamms nach rechts fort. Am Ende des Asphalts geht es geradeaus weiter durch ein Gatter auf den Damm, der Weg ist weiß-rot markiert. Auf dem holprigen Wiesenweg rollen wir einen Kilometer bis zur vordersten Kante. Hier stehen wir nur einen Kilometer vom Klosterberg entfernt, sind meist alleine und blicken über wilde Salzwiesen auf die Bucht, das ist unsere liebste Aussicht 4!

Wem diese Strecke zu holprig war, sollte jetzt auf gleichem Weg zurückfahren und die wunderschöne Allee einfach in Gegenrichtung noch einmal genießen.

Wer der jetzt folgenden Beschreibung folgt, muss sich auf weitere fünf Kilometer auf einem holprigen, grasbewachsenen Fahr-

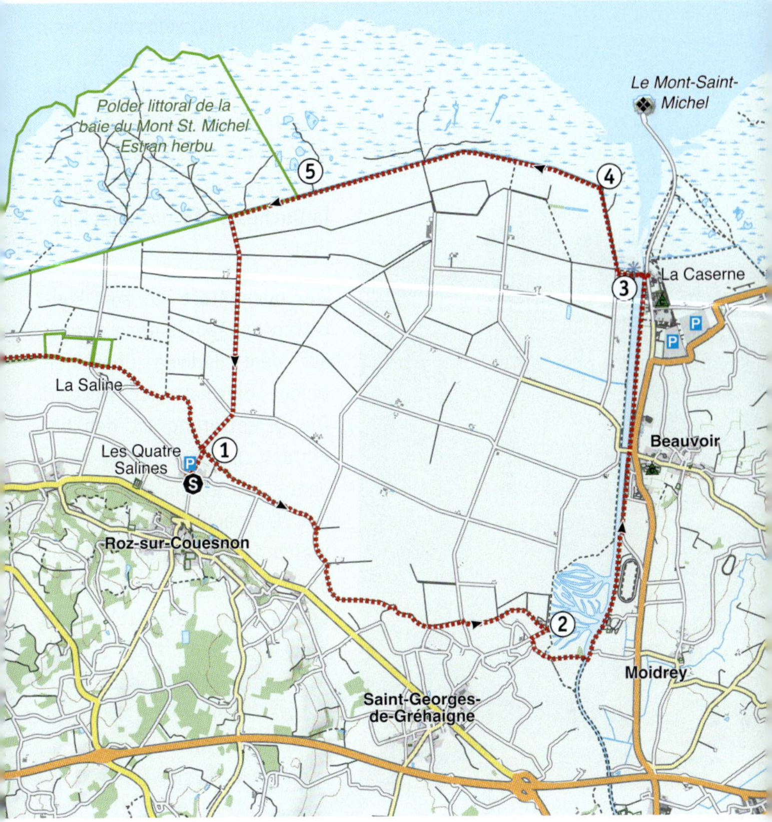

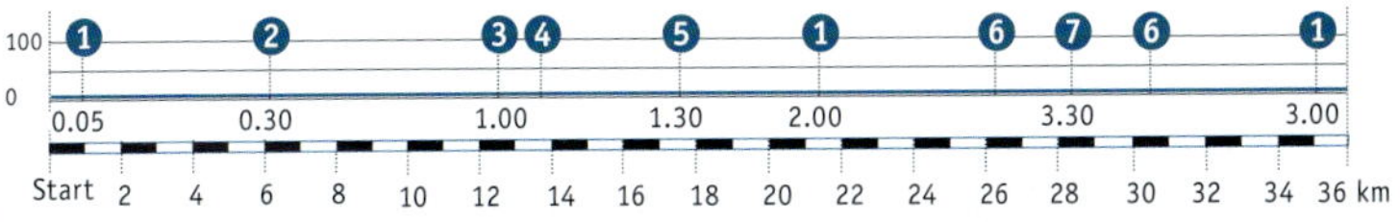

weg einstellen. Belohnt werden wir mit weiten Aussichten über Felder und Salzwiesen und dem Gefühl, alleine hier am Rande der Bucht unterwegs zu sein. Die Wegführung ist einfach: Wir folgen immer dem Damm zwischen Feldern und Salzwiesen, genießen den Geruch von Salz und Jod, den weiten Himmel, die unverstellte Aussicht. Dabei sollten wir immer wieder mal zurückblicken auf den Klosterberg, der wie unwirklich am Ende des Weges aufragt.

Wenn wir rechts in den Salzwiesen einen Hügel mit einem einsamen Baum passieren, haben wir die **Bergerie du Mont** ❺ erreicht. Der Hügel ist tatsächlich ein kleines Schäferhaus. Spätestens hier können wir auch meistens Schafe in den Salzwiesen entdecken.

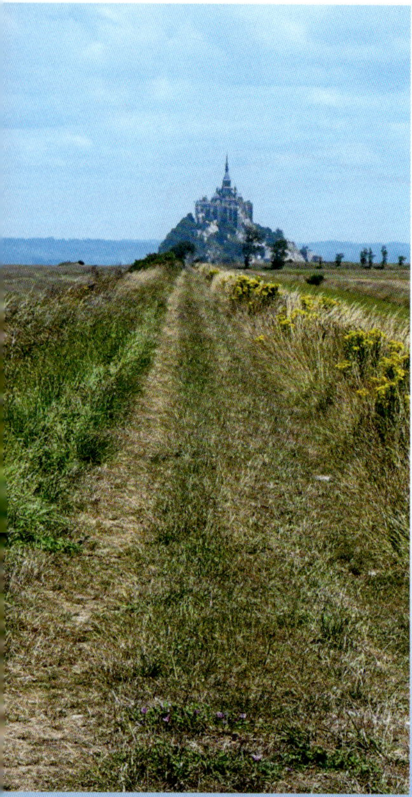

Der nächste Abzweig vom Damm, westlich der Bergerie, ist asphaltiert und wir biegen links ab. Unser Asphaltband führt uns immer geradeaus durch die Felder zurück zur **Digue de la Duchesse** ❶ und zum Parkplatz.

Wer noch Kraft hat zum Weiterfahren, radelt noch einmal auf dem Radweg über den Damm, diesmal nach Westen. Die Orientierung ist denkbar einfach. Es geht immer geradeaus. Vor einem Haus knickt der Weg nach links ab. An der gleich darauf folgenden **Kreuzung** ❻ biegen wir rechts ab und radeln auf Asphalt in Richtung »Saint Malo et Polder Sainte Anne«. Schon nach der nächsten Hofzufahrt geht es auf dem für Fahrzeuge gesperrten Radweg weiter.

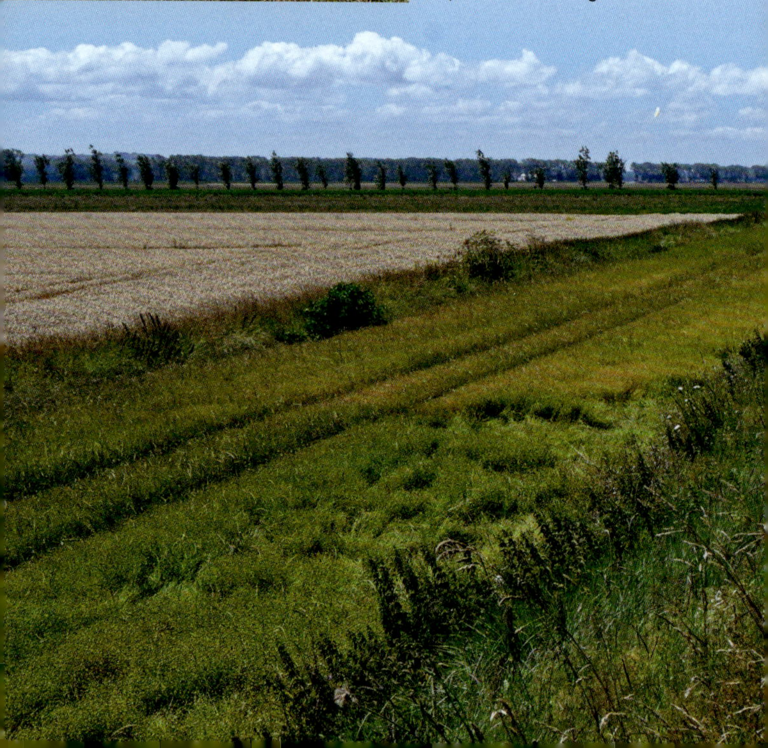

So rollen wir geradewegs auf die beiden kleinen Teiche bei der **Chapelle Sainte-Anne-de-la-Grève** 7 zu. Die Kapelle steht rechts auf dem Deich direkt oberhalb der Salzwiesen. Sie wurde im 11. Jahrhundert erbaut, um die hochwassergefährdeten Polder unter den Schutz der heiligen Anna zu stellen, was nicht immer erfolgreich war. 1684 wurde sie nach einer Sturmflut wieder aufgebaut. Es gibt zwar keine Picknickbänke, aber auch die großen Steine am Rand des Deiches bei der Kapelle können als Rastplatz dienen.

Von hier aus radeln wir auf bekanntem Weg durch die Allee zurück.

Salzwiesenschafe

Salzwiesen sind ein ganz besonderer Lebensraum. Sie entstehen in Gebieten zwischen dem Meer und dem Land oder einem Deich, die regelmäßig, aber nicht ständig vom Meerwasser überflutet werden. Diese Überflutungen bringen Sedimente und Schwebstoffe mit, die nach und nach zu einer Schlickschicht anwachsen. Auf dieser Schicht siedeln sich spezielle Pflanzen an, die an das salzhaltige Milieu angepasst sind, wie beispielsweise der Queller.

Schafe, die auf diesen Wiesen weiden, müssen ebenfalls an deren Bedingungen angepasst sein. Die Pflanzen in den Salzwiesen, die oft hohe Salzkonzentrationen aufweisen, bilden die Hauptnahrungsquelle für die Schafe. Salzwiesen sind für viele Pflanzen- und Tierarten ein wichtiger Lebensraum und spielen auch eine bedeutende Rolle im Küstenschutz, indem sie als natürliche Wellenbrecher dienen und den Landzuwachs unterstützen. Die Beweidung durch die genügsamen Schafe ist daher nicht nur eine Form der Landwirtschaft, sondern auch ein Beitrag zum Naturschutz und zur Landschaftspflege in Küstengebieten.

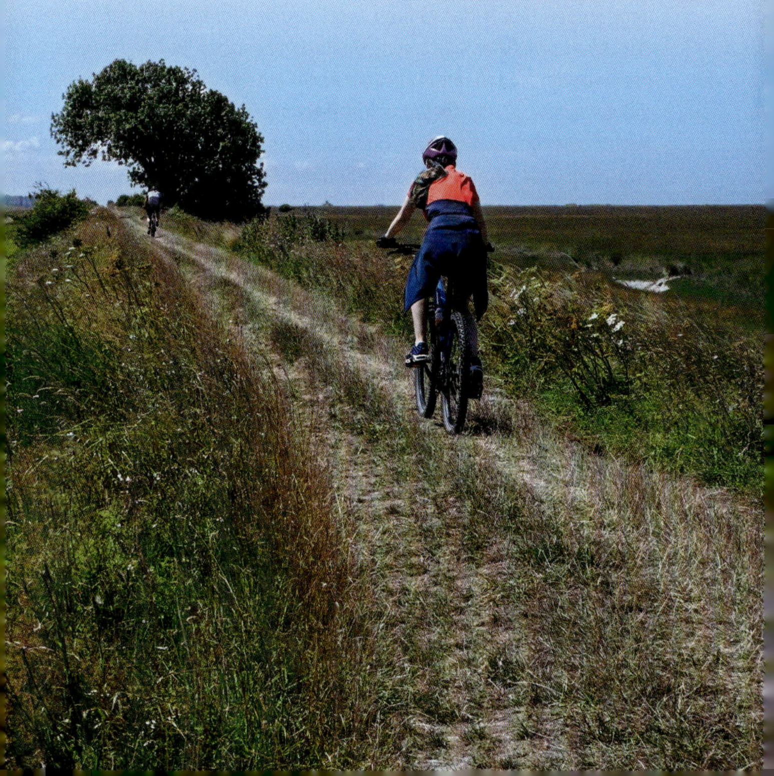

4–5 h

ab 8

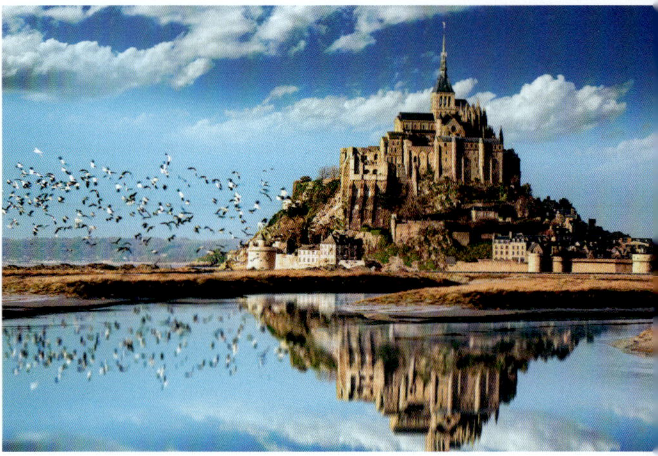

31 Mont-Saint-Michel

Wie eine Fata Morgana über der Bucht

Wenn sich der Himmel im auflaufenden Wasser spiegelt, wirkt der kleine, spitze Berg in der flachen Bucht von Mont-Saint-Michel fast wie eine Fata Morgana. Seine Festungsmauern wachsen direkt aus dem grauen Granit der kleinen Insel in den Himmel. Mit der Spitze des Kirchturms der trutzigen Klosterkirche oben auf dem Felsen überragt der Mont-Saint-Michel die Bucht um 157 Meter. In Frankreich gilt er neben der Kathedrale Notre-Dame in Paris als wichtigstes Nationalheiligtum. Er gehört außerdem zum UNESCO-Weltkulturerbe und zieht jedes Jahr etwa 3,5 Millionen Menschen an.

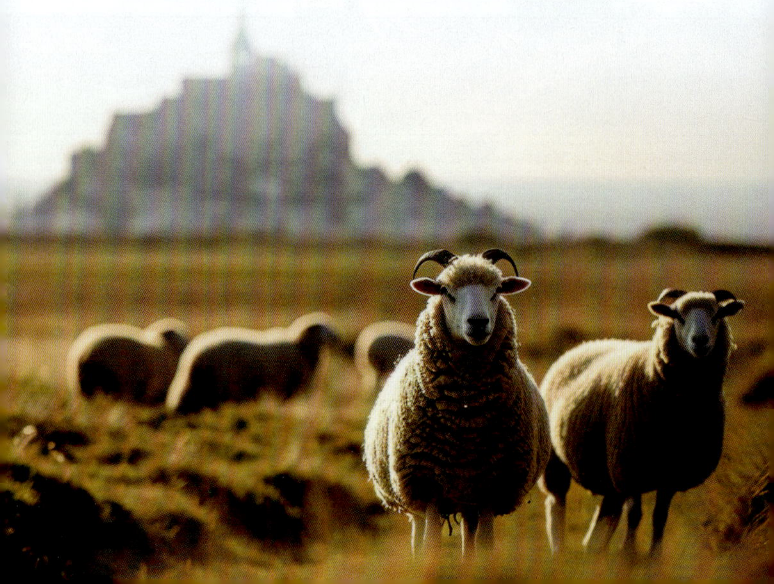

TOUREN-STECKBRIEF

Anfahrt: In 2,5 Kilometern Entfernung zum Klosterberg wurden 4.000 Parkplätze gebaut, von denen kostenlose Shuttlebusse zum Mont-Saint-Michel fahren: **N 48°36'29.4", W 1°30'29.5"**. Die Parkgebühren variieren mit der Saison: bis 3 Stunden €8 – 17, 3 bis 6 Stunden €10 – 21, bis 24 Stunden €12 – 25, Aufpreis für Wohnmobile. Fahrräder können kostenlos geparkt werden. Von Oktober bis Ende April und vor 10 und nach 18 Uhr dürft ihr den Damm auch mit dem Fahrrad befahren.

Öffnungszeiten und Eintrittspreis: Geöffnet Mai bis August 9 – 19 Uhr, September bis April 9.30 – 18 Uhr. Eintritt €11, Schüler und Studenten bis 25 Jahre kostenlos.

Einkehr: Auf dem Weg durch das Dorf zu Füßen des Klosters gibt es reichlich Auswahl an Restaurants und Souvenirgeschäften, die allerdings alle eher teuer und überlaufen sind.

Praktische Tipps: Plant eine Besichtigung am besten zu den Randzeiten, also möglichst früh oder spät. Am meisten besucht ist das Kloster zwischen 11 und 16 Uhr. Für die Besichtigung inklusive Fußweg oder Shuttle zum Klosterberg müsst ihr etwa 4 bis 5 Stunden rechnen. Die Gassen hoch zum Kloster sind gepflastert und es gibt viele Stufen. Tragt also am besten feste Schuhe.
Tickets für die Abtei können online reserviert werden unter: reservation.ot-montsaintmichel.com.

Die Insel Mont-Saint-Michel ist fast kreisförmig mit einem Durchmesser von 250 Metern. Sie wird durch einen Granitfelsen gebildet, der die Bucht bis zu 78 Meter überragt. Nur bei Flut wird der Klosterberg zur Insel. Die meiste Zeit bedecken weite Sandbänke die Bucht.

Highlights

Nicht nur seine Lage macht das Kloster auf dem Mont-Saint-Michel so berühmt, der Klosterberg hat auch eine bewegte Geschichte. Nach der Französischen Revolution, in der alle Klöster aufgelöst wurden, machte Napoleon aus dem Ensemble ein Gefängnis.

Die Geschichte dieses ungewöhnlichen Klosters nimmt im Jahr 708 ihren Anfang, als der Bischof von Avranches eine Vision teilt, in der ihn der Erzengel Michael auffordert, hier eine Kirche für ihn zu bauen. Schnell zieht die Kapelle in ungewöhnlicher Lage Pilger an. Vierhundert Jahre später beginnen Benediktinermönche, unterstützt durch die Spenden der Pilgernden, mit dem Bau eines umfangreichen Klosterkomplexes auf den Grundmauern der einfachen Kirche – anfangs im Stil der Romanik.

Die Abteikirche oben auf dem Berg hat ein mächtiges romanisches Hauptschiff aus dem 11. und 12. Jahrhundert. Um 966 fand hier die Hochzeit des normannischen Herzogs Richard II. mit Judith de Bretagne statt. Die älteste der drei Krypten unterhalb der Kirche stammt wahrscheinlich noch aus karolingischer Zeit, ist also noch einmal 200 Jahre älter. Nach der Brandschatzung durch bretonische Truppen im Jahr 1204 wurden Kirche und Anbauten während der folgenden drei Jahrhunderte restauriert, neu gebaut und ergänzt. Der Chor im Flamboyant-Stil stammt aus dem 14. Jahrhundert. Ihre endgültige Höhe erhielt die Kirche

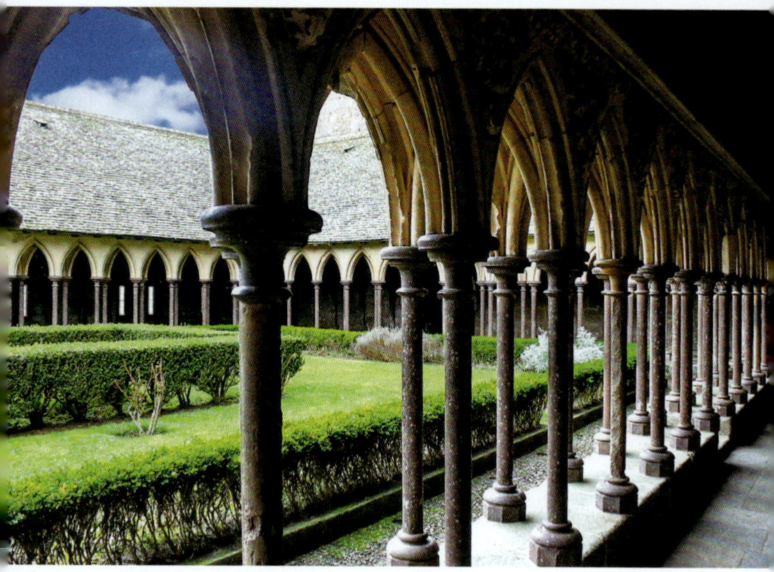

mit Turm und Turmspitze, gekrönt von einer Statue des Heiligen Michael, aber erst im 19. Jahrhundert.

Ab 1228 wurde das heute auf dem Berg stehende Kloster *La Merveille* aus Granitsteinen gebaut. Seine Gebäude sind in drei Ebenen verschachtelt und rund um den Granitfelsen gruppiert. La Merveille, das Wunder, ist bekannt für seine hoch entwickelte Architektur, welche die steile Lage am Mont-Saint-Michel geschickt nutzt.

Auf der untersten Ebene befinden sich die Almosensäle und die Vorratskammern des Klosters. Das mittlere Stockwerk beherbergt einen Wandelsaal, den vierschiffigen Rittersaal, einen Gästesaal und eine Regenwasserzisterne. Auf der oberen Ebene neben der Kirche sind der Kreuzgang, das Refektorium (Speisesaal) mit seinen hohen, schmalen Fenstern und einer Küche sowie das Dormitorium, der Schlafsaal der Mönche, untergebracht.

Zwischen den neueren Bauten der zweiten Ebene befindet sich auch Notre-Dame-sous-Terre, die alte Klosterkirche aus dem 10. Jahrhundert, die zugeschüttet und erst im 19. Jahrhundert wiederentdeckt wurde. Neben weiteren Kapellen und Krypten ist hier außerdem das Tretrad für den Schrägaufzug zu finden, der es im Mittelalter überhaupt erst ermöglichte, Baumaterial, Werkzeug und Mobiliar auf die Spitze des Granitkegels zu befördern.

Als es rund um den Klosterberg während des Hundertjährigen Krieges (1337 – 1453) zu Kämpfen zwischen Frankreich und England kommt, werden zum Schutz des Klosters die mächtigen Befestigungsanlagen gebaut, auf deren Mauern man heute rund um den Berg laufen kann.

Ab dem 15. Jahrhundert übernimmt weltliche Herrschaft die Leitung auf dem Mont-Saint-Michel. Die Zahl der Pilgerreisen geht zurück und damit auch die Einnahmen. Man beginnt damit, die leeren Klosterräume als Gefängniszellen zu vermieten. Besonders berüchtigt ist dabei ein Eisenkäfig, der von der Decke hängt. Es gibt aber auch komfortable Zellen für finanzkräftige Gefangene. Während der Französischen Revolution (1789 – 1799) wird die Abtei dann verstaatlicht und bis 1863 als Gefängnis genutzt.

Nachdem sich viele Prominente, darunter Victor Hugo, dafür einsetzen, dass dieses Wunder des Mittelalters geschützt wird, beginnen in den 1870ern umfangreiche Restaurierungsarbeiten. Mit dem Bau eines Dammes wird zudem der Tourismus gefördert. 1979 wird der Mont-Saint-Michel dann als »UNESCO-Weltkulturerbe« ausgezeichnet. Seit 1966, der Tausendjahrfeier der Benediktiner-Abtei, leben auch wieder Mönche und Nonnen auf der Klosterinsel. Sie gehören den Gemeinschaften von Jerusalem an. Die gesamte Anlage ist aber weiterhin in staatlicher Hand.

Durch den Damm wurde die Bucht immer trockener. Heute führt eine Brücke auf Stelzen zum Klosterberg. Das Staudammprojekt, das ebenfalls der Verlandung entgegenwirken soll, lernen wir bei **[› Tour 30]** kennen. Außerdem erleben wir dort den Klosterberg und seine Bucht aus einer weniger bekannten Perspektive.

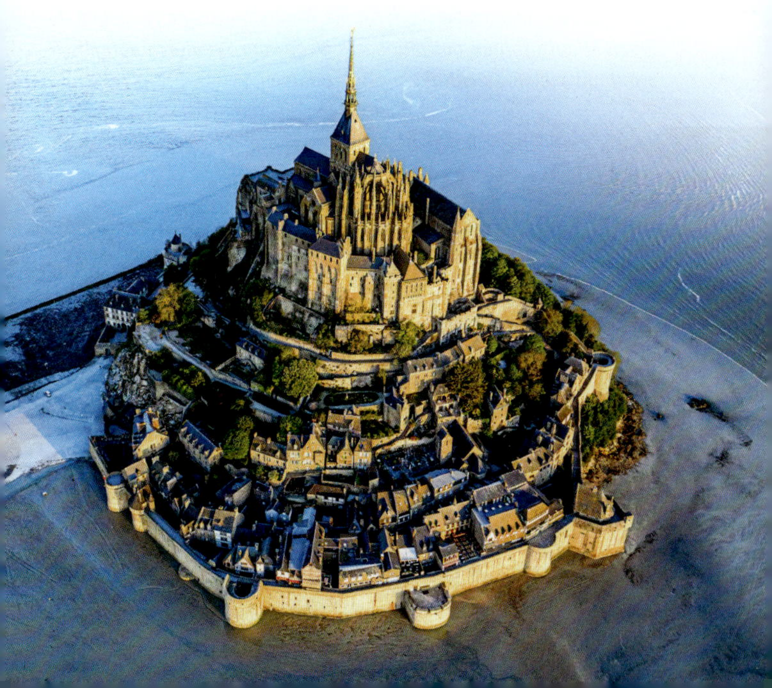

85 m

STRECKE 8,5 km

2 h 45

ab 8

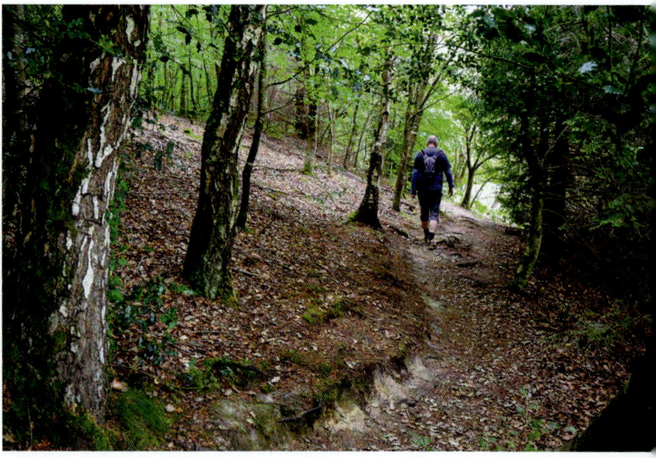

32 Fôret de Villecartier

Ein stiller Wald mit Geschichte

Wenn wir stehen bleiben, ist es still. Vielleicht rauschen die Blätter im Wind, singen Vögel in den Baumkronen. Aber ansonsten hören wir keinen Ton im großen Wald von Villecartier. Er erstreckt sich über die gewaltige Fläche von 1.000 Hektar und war einst ein Teil des weitläufigen königlichen Jagdreviers. Später wurde er zu einem wichtigen Standort für die französische Résistance, denn der dichte Wald bot ein ideales Versteck für die Widerstandskämpfer gegen die Nazis. Heute führen gut markierte Wege vom See durch den Mischwald mit vielen ehrwürdigen alten Bäumen.

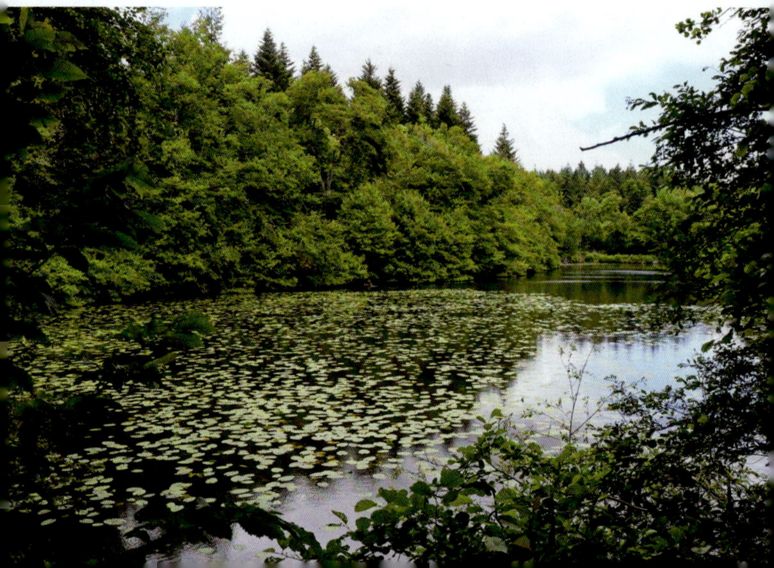

Wanderung: Vom Parkplatz starten wir in Richtung See, überqueren bei der Infotheke des Kletterwaldes eine Brücke nach rechts und kommen am Restaurant vorbei. Noch vor dem **Port Miniature** biegen wir rechts ab. Der Weg ist mit einem rotem Punkt markiert. Wir wandern auf einem breiten Fußweg am Hang entlang und ignorieren alle Abzweige. Zu unserer Rechten liegt der Teich **Étang de Ruffien**, der romantisch mit Seerosen bedeckt ist.

Highlights

Der ausgedehnte Wald von Villecartier ist ein beliebtes Naherholungsgebiet. Zwischen großen alten Bäumen versteckt sich hier ein See, an dessen Ufer die Stationen eines Hochseilgartens zwischen den Bäumen schaukeln. Vom Miniatur-Hafen könnt ihr außerdem mit einer kleinen Fähre, einem Mississippi-Dampfer oder einem Feuerlöschboot über den See fahren.

Unser Weg wird schmaler und ist von Wurzeln durchzogen. Wir queren einen sandigen Wasserlauf und folgen dann einem Bach, dem Hauptzulauf des Sees, talaufwärts. Hier haben sich große **Granitbrocken im Bachbett** ❶ gesammelt, die das Bachtal wie verwunschen wirken lassen. Um solche Plätze ranken sich in Normandie und Bretagne oft alte Legenden, in denen Kobolde und Feen eine wichtige Rolle spielen.

Wir wandern jetzt zwischen den hohen, gerade Baumstämmen eines schönen alten Buchenwaldes. Bald treffen wir auf einen **Fahrweg** und biegen rechts ab. Kurz danach erreichen wir eine **T-Kreuzung** ❷ und gehen auf einem Forstweg nach links weiter.

Schon wenig später verlassen wir den Forstweg schräg rechts. Unser Pfad schlängelt sich parallel durch den Wald und führt uns zu einer großen **Kreuzung** ❸, dem **Carrefour Mauny**. Wir überqueren den Asphalt geradeaus und wählen den Pfad zwischen der asphaltierten Route Forestière de Nouas und der geschotterten Route Forestière de la Chauffetais.

TOUREN-STECKBRIEF

Anfahrt: Die D155 zwischen Dol-de-Bretagne und Fougères führt durch den Fôret de Vilecartier. Der Abzweig zum Parkplatz ist mit zwei großen Schildern versehen: »Récrénature«.

GPS N 48°29'06.5", W 1°33'59.7"

Anspruch und Charakter: Forstwege und Pfade. Viel Schatten.

Markierung: Zuerst roter Punkt des Circuit de la Croix de Montagne, dann weißer Punkt des Rundweges *Circuit des Petits Monuments*.

Mit Kindern: Am See ist ein *Sentier de découverte* (Lehrpfad) ausgeschildert mit einem weißen Blatt-Männchen auf grünem Grund. Er startet wie unser Weg und biegt am Fahrweg vor der T-Kreuzung ❷ links ab. (3 km, 1 h).

Port Miniature: Verleih von ungewöhnlichen Elektrobooten. Geöffnet von April bis September an den Wochenenden von 14–18 Uhr und in den Schulferien täglich von 11 bis 18 Uhr.

Hochseilgarten: Von Mai bis Anfang September täglich geöffnet 9–18 Uhr, 4 Stunden €25, Kinder €10–15. www.les-bretons-perches.bzh

Bei einem Häuschen trifft unser Pfad wieder auf den asphaltierten Forstweg. Hier geht es nach rechts weiter. Wenig später zweigt ein **Pfad nach links** ❹ ab zwischen Farn und niedrigem Buchenwald. Wir folgen ihm in ein Gebiet mit nachwachsendem Wald, Farnwiesen und einzelnen hohen Buchen.

Wir kreuzen eine kleine Schneise und erreichen einen geschotterten **Fahrweg**. Hier biegen wir rechts ab und wenige Meter weiter links auf einen Fußweg zwischen Brombeergestrüpp. Bei der kurz darauf folgenden **Verzweigung** ❺ gehen wir rechts und sind jetzt auf dem **weiß markierten Pfad**. Er leitet uns über eine Hochfläche mit nachwachsendem Wald.

Wir überqueren die **D91** geradeaus und sind jetzt wieder unter dem Schatten spendenden Blätterdach eines jungen Waldes unterwegs. Matschige Stellen sind mit Baumscheiben ausgelegt. Bei einem **Monument mit Bank** ❻ bietet sich eine Rast im Schatten an. Vor dem Monument macht unser Weg eine scharfe Linksbiegung und wir halten uns auf dem Pfad ganz links.

Nach der Überquerung einer weiteren Schotterstraße kommen wir zu einer alten **Tränke mit Bank** ❼. Beim nächsten Abzweig halten wir uns rechts, wandern zwischen Farn und niedrigen Bäumen und queren den Bachlauf im Talgrund über **zwei breite Stege**. Dann treffen wir auf eine beschilderte Verzweigung ❽ und biegen links ab Richtung »P«.

Die **D91** überqueren wir wieder geradeaus und wandern abwärts. Über eine Brücke wechseln wir die Bachseite. Dann folgt eine weitere Brücke, nach der wir **La Borne Milliare** ❾ passieren, eine Granit-Stele aus römischer Zeit. Sie fungierte vermutlich als Wegweiser an einer Wegkreuzung, die sich hier früher befand. Hier queren wir wieder den Bach und wandern durch eine Farn-

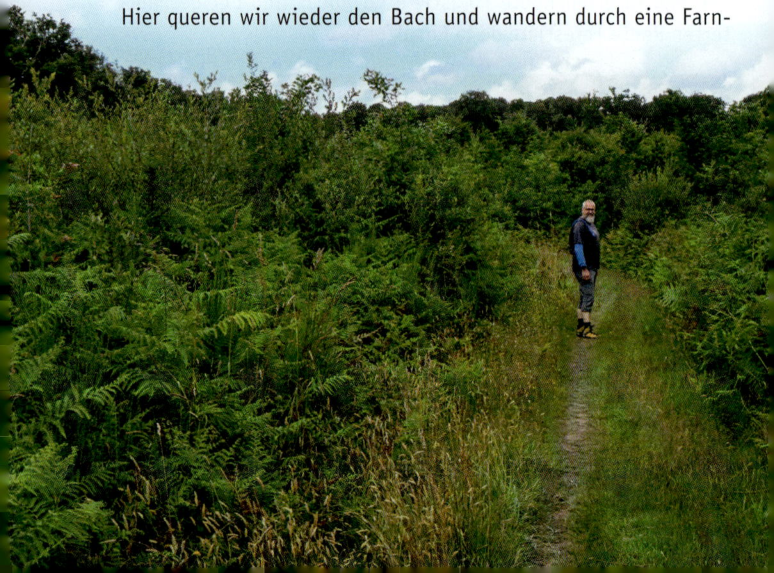

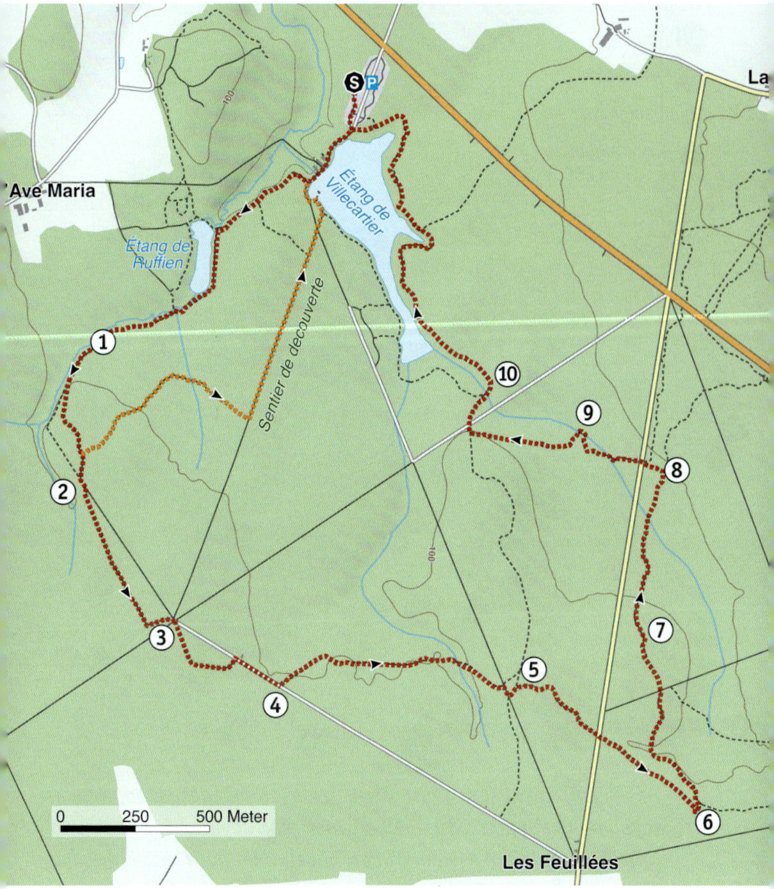

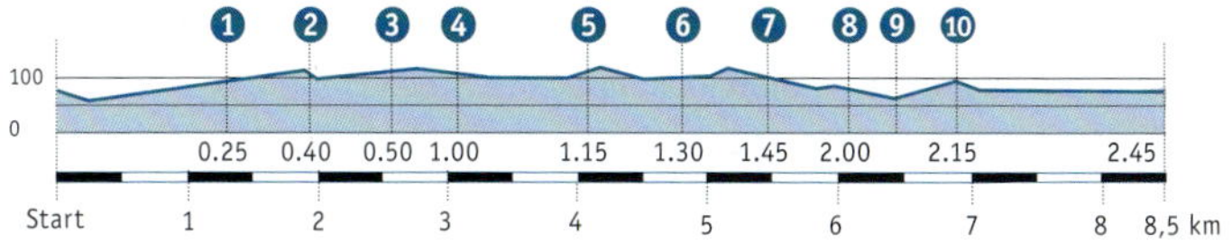

fläche aufwärts. Oben an einer **T-Kreuzung** gehen wir rechts und überqueren direkt im Anschluss eine Forststraße.

Bei der nächsten Verzweigung gehen wir geradeaus über die **Brücke** ⑩ und folgen dem Weg um eine Linkskehre zurück zum See. Wir wandern eine Weile am See entlang, dann führt unser Weg nach rechts um einen kleinen Taleinschnitt herum. Anschließend geht es geradeaus weiter. Hier befindet sich der Kletterwald »Les Bretons Perchés«, dessen Stationen wir in den Bäumen sehen können. Beim Kletterpark geht es dann rechts und unter Seilen und schaukelnden Brettern hindurch. Bei einem Baum mit einem interessanten, 30 Meter hohen Einstieg in einen der Kletterparcours wenden wir uns nach links und laufen zurück zum Parkplatz.

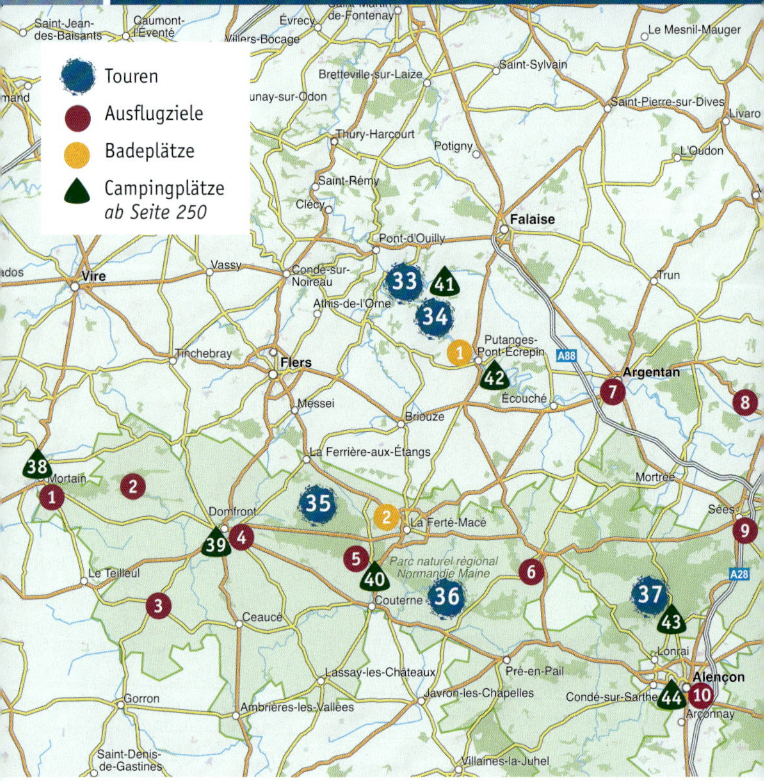

Das Département Orne präsentiert sich unaufgeregt und ohne spektakuläre Highlights. Wir erleben hier eine idyllische Natur- und Nutzlandschaft mit vielen grünen Hügeln und ganz viel Ruhe und Abgeschiedenheit. Seinen Namen erhielt das Gebiet vom gleichnamigen Fluss. Dieser entspringt im Süden des Départements in Aunou-sur-Orne, windet sich durch die Hügel und die felsigen Täler der normannischen Schweiz und mündet nach nur 170 Kilometern bei Ouistreham in den Ärmelkanal. Das Departement Orne lässt sich landschaftlich grob dreiteilen:

Die **Bocage-Ornais** liegt im Westen und zeigt die typische Landschaft mit kleinen Wiesen und Feldern, die von Wallhecken gesäumt sind. Durch die Lage auf dem Armorikanischen Massiv gibt es außerdem beeindruckende Felsformationen und Wasserfälle.

Im Gebiet der **Terres d'Argentan**, das im nördlichen Zentrum von Orne liegt, dominieren die Milchviehhaltung sowie der Anbau von Äpfeln. Charakteristisch für diese Gegend ist die Herstellung von Camembert und Cidre, beides sind typische Produkte der Normandie und weit verbreitet in dieser Region.

Im **Pays du Perche** im Südosten von Orne prägen hügelige Landschaften mit naturbelassenen, kleinteiligen Weideflächen, alten

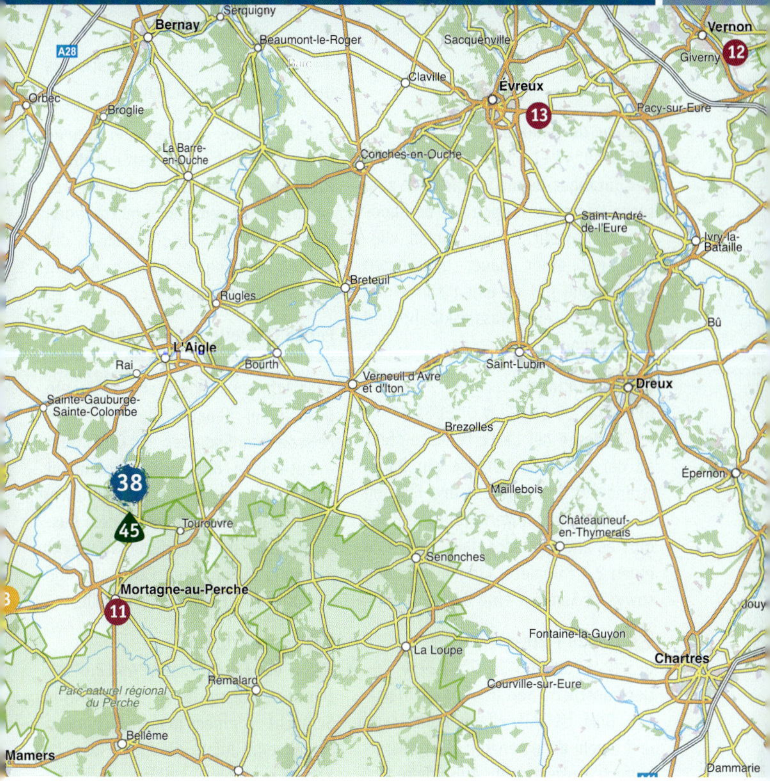

Wäldern und Feuchtgebieten das Bild. Diese Gegend liegt geologisch in der fruchtbaren Ebene des Pariser Beckens. Hier sind große Bauernhöfe mit langer Geschichte zu finden. Der Name »Perche« leitet sich vom lateinischen »Pertica« ab, was auf die großen Bäume in den Jahrhunderte alten Wäldern hinweist. Die Region ist auch die Heimat der Percheron-Pferde. Percherons sind kräftige Zugpferde, die als Kutschpferde und für landwirtschaftliche Arbeiten gezüchtet wurden. Viele von ihnen sind Schimmel.

Fast der ganze Süden des Départements steht unter Naturschutz. Hier liegen zwei große Regionalparks. Der **Parc Regional du Perche** wurde 1998 gegründet und hat eine Fläche von 182.000 Hektar **[› Tour 38]**. Nach Osten reicht er bis in das Département Eure-et-Loir hinein. Der Park ist bekannt für seine bemerkenswerten Buchen- und Eichenwälder. In seinem Logo sind ein Percheron und ein großer Baum dargestellt. Der zweite regionale Naturpark heißt **Normandie-Maine** und erstreckt sich über das Département hinaus nach Süden. Er befindet sich im Bereich des Übergangs vom Armorikanischen Massiv zum Pariser Becken. Die beiden großen Wälder Forêt Domaniale des Andaines und Forêt Domaniale d'Écouves liegen in diesem Naturpark **[› Tour 35 bis 37]**.

Baden

1 Lac de Rabodanges

GPS N 48°47'11.5", W 0°17'16.2"
Bei Putanges-le-Lac ist die Orne zum sechs Kilometer langen Lac de Rabodanges gestaut. Neben einem kleinen, mit einer Mauer begrenzten Badestrand gibt es einen Kanu- und SUP-Verleih, eine Wasserskibahn und Ausflugsboote.

2 Ferté Plage

GPS N 48°35'22.3", W 0°21'59.4"
Am Badesee bei La Ferté-Macé steht an der »Base de Loisirs« ein Badestrand mit Sonnenwiese und Flächen für Ballspiele zur Verfügung. Am See gibt es auch einen Kajakverleih und einen 2,4 Kilometer langen Rundweg sowie im Sommer eine Bar.

3 Lac du Mêle-sur-Sarthe

GPS N 48°30'38.5", E 0°21'27.4"
Der künstliche See beim gleichnamigen Dorf ist mit einem Badestrand und einem abgegrenzten Flachwasserbereich ausgestattet. Außerdem gibt es einen Tretbootverleih, einen Spiel- und Picknickplatz, eine Minigolfanlage und die Möglichkeit zu Angeln.

Ausflugsziele

1 Les Cascades de Mortain

GPS N 48°39'21.1", W 0°56'35.8"
In Mortain-Bocage gibt es gleich mehrere spannende, aber nur wenig bekannte Attraktionen. Bei den Wasserfällen von Mortain sprudeln die beiden Bäche Cance und Cançon über die Klippen des Armorikanischen Massivs. Die **Grand Cascade de Mortain** hat eine Höhe von 25 Metern und fließt über mehrere Felsstufen. Damit ist sie einer der höchsten Wasserfälle im Nordwesten Frankreichs. Ein kurzer Fußweg führt gegenüber vom Parkplatz zur Cascade. Der Weg ist beschildert.

La Petite Cascade des Cançon

GPS N 48°38'55.1", W 0°56'41.6"
Der kleinere Wasserfall liegt nicht weit entfernt an der Westseite des Ortes in einer engen Schlucht.

An der Straße oberhalb der Grande Cascade thront das Kloster **Abbaye Blanche** aus dem 12. Jahrhundert. Es ist aus Granit gemauert und trägt den Namen »Weiße Abtei« wegen der weißen Kleidung der Nonnen. Aktuell wird die Abtei renoviert.

Petite Chapelle Saint-Michel

GPS N 48°38'48.8", W 0°55'57.8"
Sehr lohnenswert ist außerdem ein Besuch der Kapelle, die auf einem Felssporn im Südosten des Ortes liegt – zusammen mit einem Monument zur Erinnerung an die 30th Infantry Division der US-Army und einem Aussichtspunkt mit grandioser Weitsicht Richtung Süden. Vom Parkplatz sind es 400 Meter Fußweg zur Kapelle.

2 Fossé Arthour

GPS N 48°37'15.6", W 0°45'12.6"
Der »Felsgraben des Arthur« ist eine Schlucht in einem langen, schmalen Höhenzug, durch die der Fluss La Sonce in vielen kleinen Kaskaden plätschert. Nach Osten erhebt sich eine beeindruckende Felswand, an der auch Kletterrouten markiert sind. Ein beschilderter Weg führt hinauf zum Calvaire du Roc mit grandioser Aussicht. Auf der Nordseite des Grabens liegt ein stiller See im Wald, den man auf einem Fußweg umrunden kann. Eine beliebte Legende erzählt, dass König Arthur hier seine geheime Liebe, eine Fee, traf und von den Wassern am Fuß der Schlucht verschlungen wurde.

3 La Table au Diable

GPS N 48°30'39.2", W 0°46'12.7"
Der 12,5 Meter lange Gangdolmen mit dem klangvollen Namen »Tisch des Teufels« steht in Passais südlich von Domfront. Das Monument aus der Steinzeit wird aus zwei langen Reihen von Tragsteinen gebildet, von denen ein Teil noch Deckplatten trägt. Das neolithische Bauwerk ist über 4000 Jahre alt.

4 Domfront

Das Dorf Domfront thront in malerischer Lage auf einem Hügel über dem Varenne-Tal. Überragt wird der Ort von der Ruine des Château de Domfront, einer wehrhaften Festung aus dem 11. Jahrhundert. Von dieser sind unter anderem Reste des mächtigen Donjon (Bergfriedes) erhalten sowie die Grundmauern der Kirche. Das Office du Tourisme befindet sich zu Füßen der Burg, die Altstadt mit ihren historischen Fachwerkhäusern erstreckt sich von dort an der Mairie vorbei bis zur Kirche Saint-Julien.
Das Schloss ist von 10–18 Uhr geöffnet.

5 Bagnoles de l'Orne

GPS N 48°33'03.9", W 0°25'19.7"
Der Kurort am Rande des Forêt d'Andaines hat eine lange Geschichte. Sein 26°C warmes Thermalwasser zog schon im 19. Jahrhundert Erholungssuchende an. Die Thermalbäder von Bagnoles werden heute vor allem zur Behandlung von Venenerkrankungen und Rheuma empfohlen.
bagnolesdelorne.de

Der Ort gruppiert sich um einen kleinen Stausee der Vée. Hier am See stehen auch noch einige schöne alte Bauten aus der Belle Époque und im Stil des Art déco zwischen den modernen Kurhäusern – zum Beispiel das Casino direkt am See, das Hotel Le Roc au Chien sowie das alte Badehaus »Hôtel des Thermes«, das zwischen dem See und dem Schloss zu finden ist.

Das Schloss von Bagnoles stammt aus dem 19. Jahrhundert, ist also ein vergleichsweise modernes Bauwerk. Es wurde im Stil der Neorenaissance erbaut, welche die symmetrischen Formen und reich verzierten Fassaden der Renaissance nachahmt, um einen Kontrast zu den pragmatischeren Gebäuden des frühen Industriezeitalters zu setzen. Im Château de la Roche-Bagnoles, auch Château Goupil genannt, befindet sich heute das Rathaus. Davor kann man durch einen großen Park schlendern und den Blick über die Fontaine zum Schloss genießen.

6 Château de Carrouges

GPS N 48°33'40.6", W 0°09'14.3"
Die Burg von Carrouges wurde zwischen dem 14. und dem 16. Jahrhundert auf den Grundmauern einer mittelalterlichen Höhenburg erbaut, die die Südgrenze des normannischen Territoriums sicherte. Das trutzige Wasserschloss kombiniert Elemente mittelalterlicher Festungsarchitektur mit denen der Renaissance und des klassischen Stils. Seine markante rote Backsteinfassade, verziert mit Schieferdächern und Türmchen, sorgt für eine besonders ungewöhnliche Optik. In den gut erhaltenen Innenräumen ist eine umfangreiche Sammlung historischer Möbel und Kunstwerke zu sehen. Dem Schloss angegliedert ist ein zehn Hektar großer Park mit Torbau, Kirche und Nutzgarten.
Geöffnet Januar bis Dezember 10–12.30 und 14–17 Uhr, Mai bis August bis 18 Uhr, Park geöffnet ohne Mittagspause. €6, bis 18 Jahre kostenlos. www.chateau-carrouges.fr

7 Argentan

Der Ort Argentan, am Zusammenfluss von Orne und Ure gelegen, ist berühmt für seine Spitzenmanufaktur. Die Arbeiten werden in der Maison des Dentelles ausgestellt.

Zur Besichtigung des Ortes startet ihr am besten im Zentrum an der Église Saint Germain. Die Kirche stammt aus dem 15. bis 18. Jahrhundert und ist bekannt für ihre schönen Buntglasfenster und die reich verzierte Fassade. Am großen Platz vor der Kirche ist auch die Chapelle Saint-Nicolas zu finden, die ehemalige Burgkapelle, in der sich heute das Tourismusbüro befindet. Dahinter steht das trutzige Château des Ducs, der Herzogspalast aus dem 14. Jahrhundert mit seinen drei ungleichen Wehrtürmen. Heute ist er der Sitz des Gerichts von Argentan. Reste eines mächtigen Bergfriedes und der Stadtbefestigung sind gegenüber hinter dem schmucken Haus der Post zu entdecken. Wenn ihr euch für Kunst interessiert, lohnt auch ein Blick in das *Musée Fernand Léger und André Mare*. Es zeigt Werke der beiden Künstler, die in Argentan geboren sind. Am Stadtrand ist außerdem eine Pferderennbahn zu finden, auf der regelmäßig Rennen ausgetragen werden.

8 Haras du Pin

GPS N 48°44'22.8", E 0°08'45.0"
Das Gestüt *Haras du Pin* ist das älteste und renommierteste Nationalgestüt Frankreichs. Hier werden Sport- und Rennpferde verschiedener Rassen gezüchtet. Gebaut wurde das Gestüt auf Anordnung des Sonnenkönigs Ludwig XIV. und es ist fast so prächtig wie seine Schlösser. Aufgabe des Komplexes war ursprünglich die Zucht von Pferden für die Kavallerie. Wer die Anlage betritt, versteht sofort den Beinamen »Versailles der Pferde«. Heute ist das Haras du Pin nicht nur eine Institution im französischen Pferdesport, sondern auch eine beliebte Tourismusattraktion. Es gibt Führungen über das Gelände, Turniere und regelmäßige Pferde-Shows.
Mo bis So 10–18 Uhr, vorherige Ticketbuchung empfohlen. Juni bis September an wechselnden Tagen um 15 Uhr im Innenhof Pferdeshow mit Musik (Termine auf der Website). Besuch in den Sommermonaten geführt oder frei ab €9, Show €12, Kombiticket €19,50.
www.haras-national-du-pin.com

9 Sées

Als ehemalige Bischofsstadt weist Sées einen reichen Schatz an Bauwerken auf. Überragt wird die Stadt von der gotischen Kathedrale Notre-Dame, die 1310 geweiht wurde. Benachbart ist die schlichte Chapelle Canoniale aus dem 13. Jahrhundert zu sehen, die wie eine hohe Markthalle wirkt, weil sie im 18. Jahrhundert um einen überdachten Gang auf Holzständern erweitert wurde. Der ehemalige Bischofspalast liegt auf der anderen Seite der Kathedrale hinter dem Chor. Der prächtige, neoklassizistische Bau aus dem 18. Jahrhundert wird heute von der Verwaltung des Départements genutzt.

Der Rundweg *Parcours historique* beginnt bei der Chapelle Canoniale und führt vorbei an Kathedrale und Bischofssitz durch den Park, an der Orne entlang und zu weiteren Sehenswürdigkeiten, wie dem Glockenturm und den Arkaden der ehemaligen Burgkapelle auf dem Platz einer mittelalterlichen Motte, der runden, ehemaligen Getreidehalle aus den 1830ern sowie dem großen Waschhaus.

10 Alençon

Alençon ist Hauptstadt und größte Stadt des Départements. In der »ancienne Cité des Ducs«, der ehemaligen Stadt der Herzöge, sind zahlreiche historische Gebäude zu finden. Berühmt ist außerdem der »Point d'Alençon«, eine besonders feine, kunstvoll gefertigte Spitze mit detailreichen Mustern. Heute wird diese traditionelle Technik nur noch von wenigen Menschen beherrscht und weitergegeben und sie zählt zum immateriellen Welterbe der UNESCO.

Die bekanntesten historischen Gebäude der Stadt sind das Château des Ducs und die gotische Basilika Notre-Dame aus dem 15. Jahrhundert mit ihrem aufwendig verzierten Portal im Flamboyant-Stil. Am Platz neben der Kirche steht das Maison Ozé, ein mächtiger Familiensitz aus dem 15. Jahrhundert, der heute die Tourismusinformation beherbergt.

Entlang der Grand Rue kommt man von der Basilika in das Viertel Saint-Léonard, in dem viele mittelalterliche Häuser erhalten sind und kleine Geschäfte und Restaurants auf Gäste warten.

Nördlich dieses Viertels sind zwei weitere Highlights zu finden: Die Halle aux Blé, die runde Getreidehalle von 1819, gehört zu den Wahrzeichen der Stadt. Außerdem könnt ihr hier das bereits erwähnte Schloss der

Herzöge (Château des Ducs) aus dem 14. und 15. Jahrhundert mit seinen zwei mächtigen Türmen besichtigen.

Als weiteres Highlight gilt das Geburtshaus der Heiligen Therese von Lisieux (Parken am Château, GPS N 48°25'48.3" E 0°04'59.8").

11 Mortagne-au-Perche

Mortagne-au-Perche war im Mittelalter die Hauptstadt der Grafschaft Perche und zählt heute zu den schönsten Dörfern Frankreichs. Rund um die Kirche Église Notre-Dame begegnet man auf den Kopfsteinpflaster-Gässchen überall der Geschichte.

Neben der Kirche steht die Port Saint-Denis, ein überbauter Toreingang und einziger Rest des Forts Toussaint aus dem 12. und 13. Jahrhundert. Wer hier hindurch zum Place du Tribunal schlendert, wird weitere alte Gemäuer entdecken. Die Crypte St.-André, eine beeindruckende gotische Krypta von 1203 und letzter Rest der Stiftskirche, liegt an der Rue du Fort auf der Rückseite des Gebäudes des Entsorgungsunternehmens SMIRTOM du Perche Ornais.

Einen Block nach Westen an den Places de la République und du Général de Gaulle schlägt das Herz des Örtchens mit Restaurants und Cafés. Hier steht auch der alte Kornspeicher aus dem Jahr 1822. Heute beherbergt er unter anderem ein Kino mit einem spannenden Museum zur Geschichte der Lichtbilddarstellung und erste Geräte zum Zeigen von bewegten Bildern.

12 Haus von Claude Monet

GPS N 49°04'26.1", E 1°31'48.5"
In Giverny verwaltet eine Stiftung die »Maison et Jardins de Claude Monet«, den früheren Wohnort des Impressionisten Claude Monet. Er lebte dort von 1883 bis zu seinem Tod 1926. Eines seiner liebsten Motive, den mit einer Brücke überspannten Seerosenteich, ließ Monet hier anlegen. Die Alleen, die von langen Reihen blühender Stauden gesäumt sind, waren ebenfalls ein Thema seiner Werke.
Geöffnet April bis Oktober, 9.30–18 Uhr. €13, Kinder ab 7 Jahre €8,50. Eine Reservierung wird empfohlen unter giverny.org.

Benachbart liegt das **Musée des Impressionnismes**, das wechselnde Ausstellungen zeigt.
Geöffnet an Wochenenden und Ferientagen 10–18 Uhr, Eintritt €13, unter 18 Jahre frei. www.mdig.fr.

13 Thermen von Gisacum

GPS N 49°00'03.7", E 1°13'47.2"
Gisacum war ein gallo-römischer Ort, der vom ersten bis zum dritten Jahrhundert bewohnt war. Der Ortsname geht auf den Gott Gisacus zurück, der in einem der drei Tempel verehrt wurde, deren Reste man bei den Ausgrabungen Le Vieil-Évreux gefunden hat. 2002 wurde dann die »Site archéologique de Gisacum« eröffnet, ein 2,5 Hektar großer archäologischer Garten, in dem die Grundmauern der Thermen zu sehen sind. Auf Schautafeln findet man erklärende Hinweise, eine zusätzliche Info-Broschüre gibt es im Interpretationszentrum.

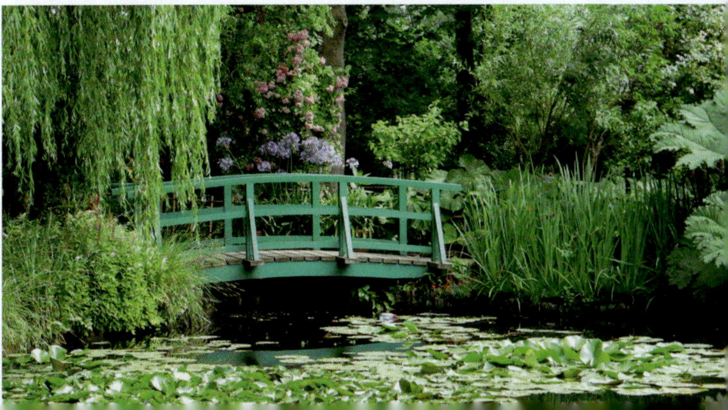

200 m

STRECKE 9 km

3 h 30

ab 10

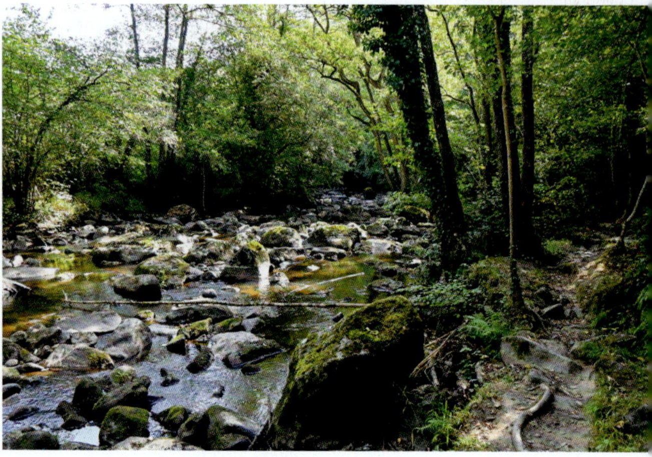

33 Gorges de la Rouvre

Vom Aussichtspunkt Roche d'Oëtre hinab in die Schlucht der Rouvre

Die 118 Meter hohen Felsen der Roche d'Oëtre sind einer der besten Aussichtspunkte der Normannischen Schweiz. Der Blick reicht vom Felsplateau weit über die grün bewaldeten Hügel und schroffen Schluchten. Wegen dieser gigantischen Aussicht gilt die Roche d'Oëtre als eines der »Must Dos« bei einer Reise durch die Region und ist meist gut besucht. Ganz schnell aber lassen wir die Leute hinter uns, wenn wir steil hinunter in das Tal der Rouvre klettern, die durch ein Bachbett mit vielen Felsblöcken sprudelt. Unser Rückweg führt durch Weiler mit alten Steinhäusern wieder hinauf zu den Felsen mit Aussicht.

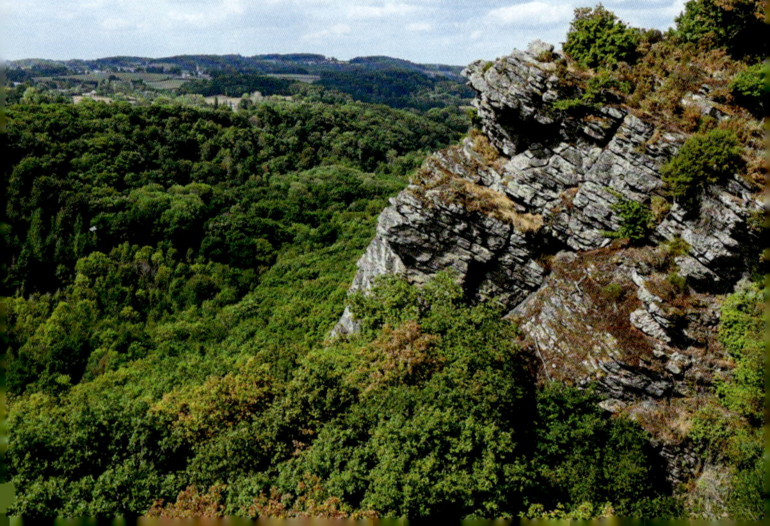

Wanderung: Wir gehen Richtung Infozentrum und zwischen Boutique und Restaurant hindurch zu den Felsklippen, die sich direkt hinter dem Gebäudekomplex befinden.

> **Highlights**
>
> *Die Roche d'Oëtre, eine hohe Klippe aus Glimmerschiefer und Granit, bietet einen atemberaubenden Blick über das Rouvre-Tal. Auch ihre ungewöhnlichen, durch Erosion geformten Felsen machen den Aussichtspunkt zu einem besonderen Ort.*

Nachdem wir die Aussicht bewundert haben, laufen wir zu den Gebäuden zurück und vor der Boutique nach links. Hier ist der **Sentier du Granite** beschildert, dem wir folgen.

Wir kommen an zwei weiteren Aussichtspunkten vorbei, von denen die hohe Steilwand der Roche d'Oëtre gut zu sehen ist. Beim **dritten Abzweig** biegen wir links ab und wandern über einen gut ausgebauten Fußweg mit vielen Kehren und ungezählten Stufen steil hinab ins Tal. Vor dem Bach La Rouvre treffen wir auf eine **beschilderte Kreuzung** ❶ und biegen links ab.

Für die nächsten fast vier Kilometer folgen wir jetzt auf einem naturbelassenen Pfad immer dem Wasserlauf. Es geht über Wurzeln und Steine, zwischen Felsen hindurch. Wir wandern unter einem grünen Blätterdach und immer begleitet vom Plätschern rechts neben uns. Einen abzweigenden Fahrweg lassen wir links liegen. In einem Bereich des Baches haben sich viele dicke Felsbrocken gesammelt, »Chaos de Granite« nennt man solche Stellen hier in Nordfrankreich. Schließlich erreichen wir einen betonierten Fahrweg, auf dem wir weitergehen zum **Maison du Paysage** ❷ mit Café und Picknicktischen.

Wir gehen am Café vorbei, kommen wieder zum Bach und wandern auf einem breiten Schotterfahrweg bis zu einer **Straße**. Wir

TOUREN-STECKBRIEF

Anfahrt: Von der D43 von Landigou in Richtung Pont-d'Ouilly fahren und in Rouvrou den Schildern »La Roche d'Oëtre« nach rechts folgen. Nach 2,5 Kilometern führt rechts ein Abzweig zum Parkplatz vor dem großen Infozentrum.
GPS N 48°49'45.9", W 0°22'53.9"
Anspruch und Charakter: Vor allem Pfade und Hohlwege, teils steinig und mit Wurzeln. Knöchelhohe Schuhe sind sinnvoll. Teilweise Schatten.
Markierung: Die grünen Tafeln des Sentier du Granite.
Infozentrum und Boutique: Geöffnet 10–17 Uhr.

Einkehr: Maison du Paysage, Café, Mo bis Fr 11–12.30 und 13.30–17 Uhr, Restaurant-Café Le Caillou an der Roche d'Oëtre, Di bis So 11–20.30 Uhr, So bis 18 Uhr.
Mit Kindern: Am schönsten ist es, die Wanderung wie beschrieben zur Rouvre hinunterzulaufen mit Spielpause am Bach und auf gleichem Weg wieder hoch. Der Rückanstieg mit über 90 Höhenmetern ist gut ausgebaut, teilweise aber sehr steil (1,3 km, 45 min).
In der Nähe: Argentan.

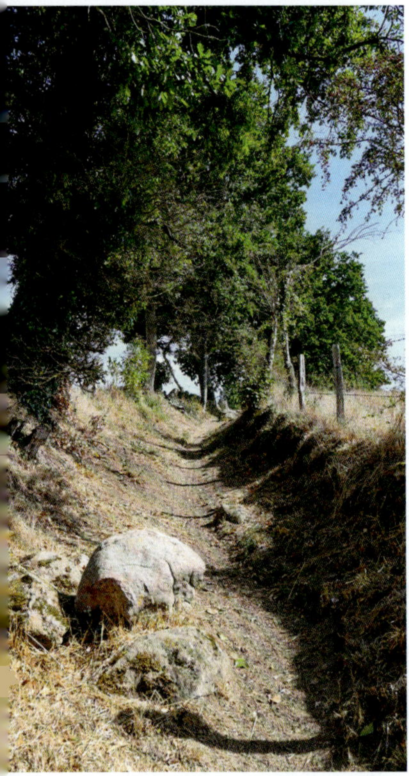

überqueren sie, wandern auf der anderen Seite in Richtung Parkplatz und direkt hinter einer Hecke links aufwärts. Bei der ersten **Verzweigung** biegen wir rechts in einen Hohlweg ab, bei der folgenden **T-Kreuzung** ❸ geht es nach links.

Wir treffen auf ein Sträßchen, gehen links, bei der nächsten, größeren Straße rechts und dann gleich wieder links auf den ersten asphaltierten Abzweig. Unterhalb der **Chapelle des Corday** wählen wir den Fußweg schräg rechts hoch, laufen um die Kapelle herum und auf Asphalt geradeaus. Wir treffen wieder auf die Durchgangsstraße und folgen ihr vorbei an Natursteinhäusern, einem Gedenkstein und dem Rathaus mit Picknickplatz.

Noch vor dem Ortsende biegen wir links in eine **schmale Gasse** ❹ ein, die zwischen einem Haus und einer hohen Mauer verläuft. An der nächsten **Verzweigung** geht es nach rechts weiter und ein schattiger Hohlweg bringt uns zu einer **Straße**. Dieser folgen wir nach links und verlassen sie bei der ersten Gelegenheit wieder, indem wir hinter einem **Natursteinhaus** nach rechts abbiegen.

Am Ende des Asphalts geht es geradeaus auf Schotter weiter mit Blick auf die umliegenden Bergkämme. Wo wir wieder auf Asphalt treffen, biegen wir links ab in den Wald und wenig später hinter Grundstücken noch mal links in einen **steinigen, ansteigenden Hohlweg** ❺.

Jetzt geht es lange immer geradeaus weiter, auf Asphalt durch einen Weiler und an einem Reithof vorbei, anschließend wieder in einen Hohlweg, der erst weiter aufwärts und dann steil und steinig abwärts in den Wald führt. Schließlich umrundet unser Weg eine große Pferdeweide auf drei Seiten und trifft im **Weiler Oëtre** ❻ auf Asphalt. Hier geht es noch einmal nach rechts.

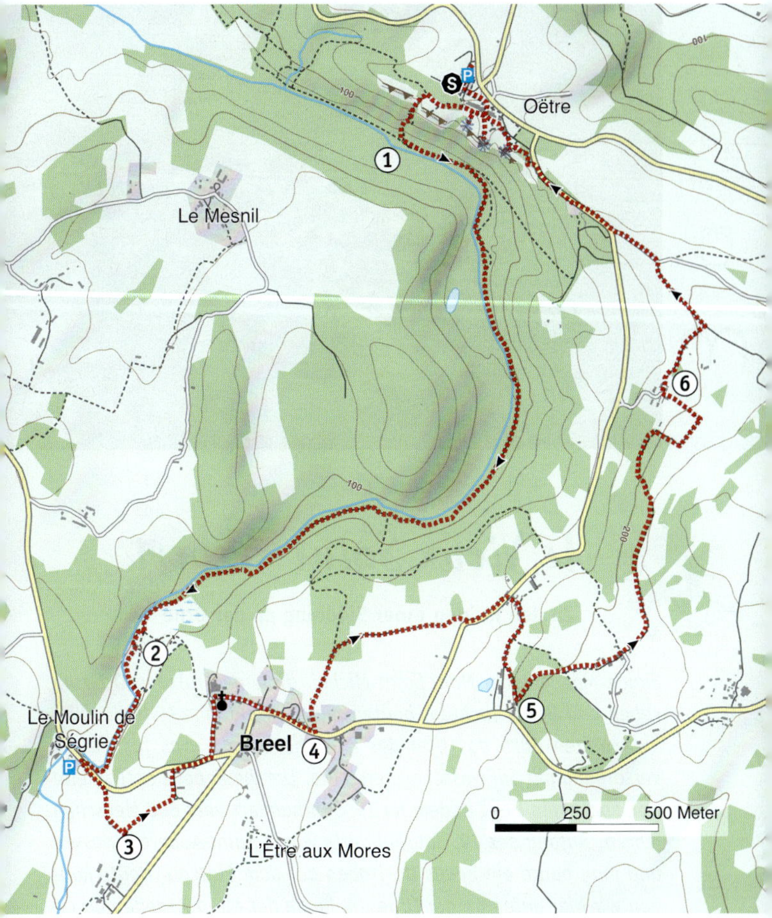

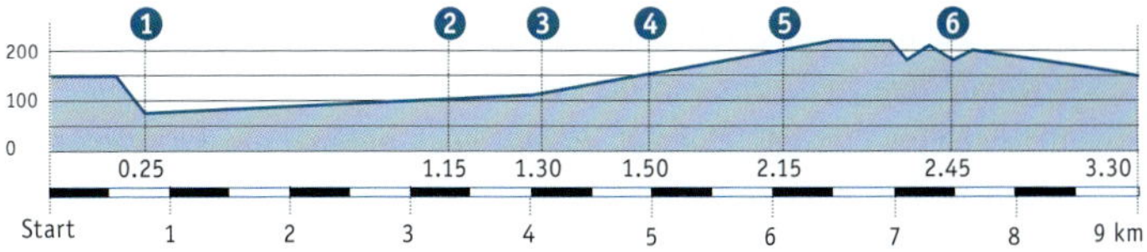

Bei der **T-Kreuzung** mit einem geschotterten Fahrweg biegen wir links ab und folgen wenig später einem Asphaltweg nach links.

Wir treffen auf eine **Straßenkehre** und folgen der ruhigen Nebenstraße nach rechts. Kurz vor Erreichen der Durchgangsstraße biegen wir vor einigen Picknickbänken links ab. Es geht vorbei am Kletterpark in Richtung Restaurant. Auf dem Weg dorthin warten links noch zwei weitere Aussichtspunkte mit Blick auf die Felswand. Dann spazieren wir am Restaurant und am Infozentrum vorbei zurück zum Parkplatz.

150 m

STRECKE 3,8 km

1 h 30

ab 4

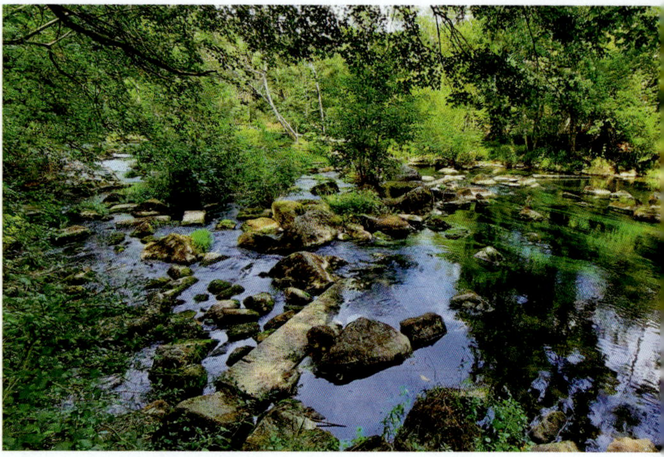

34 Le Vieux Saint-Aubert

Zu den Ruinen einer Siedlung an der Orne

Einige Mönche vom Mont-Saint-Michel, die einen ruhigen Ort zum Leben und Beten suchten, bauten hier im Wald eine erste Kapelle. Sie wählten dazu das Ufer des Flüsschens Orne, was für sie die Versorgung mit Süßwasser sicherstellte. Um die Kapelle entwickelte sich später ein Dorf, in dem im 19. Jahrhundert über 600 Menschen lebten. Anfang des 19. Jahrhunderts wurde Saint-Aubert verlassen und man baute ein neues Dorf oben auf dem Plateau. Heute können wir hier unten an der Orne die Ruine der alten Kapelle und einer Mühle erkunden, und dazu die Grundmauern einiger Häuser – das ist alles, was von der Ansiedlung geblieben ist. Eine kurze Wanderung führt uns von der neuen Siedlung auf dem Plateau hinunter ins einsame Flusstal. Nehmt euch einfach ein Picknick mit und genießt ein wenig die Stille und die besondere Stimmung in der alten Siedlung hier unten am Bach.

TOUREN-STECKBRIEF

Anfahrt: Im Weiler Saint-Aubert-sur-Orne biegen wir an der Kirche Richtung Osten auf ein schmales Sträßchen ab, passieren ein Gehöft und erreichen beim nächsten Weiler einen kleinen Schotterplatz auf der rechten Seite sowie die Möglichkeit, wenige Autos am Straßenrand zu parken.
GPS N 48°47'10.0", W 0°18'41.8"

Anspruch und Charakter: Einfache, aber steile Wege hinunter in das enge Tal.
Markierung: Keine.
Mit Kindern: Die kurze Wanderung ist auch für Kinder spannend. Sie können hier die alte Siedlung erkunden und am Bach spielen. Picknick nicht vergessen!
In der Nähe: Argentan.

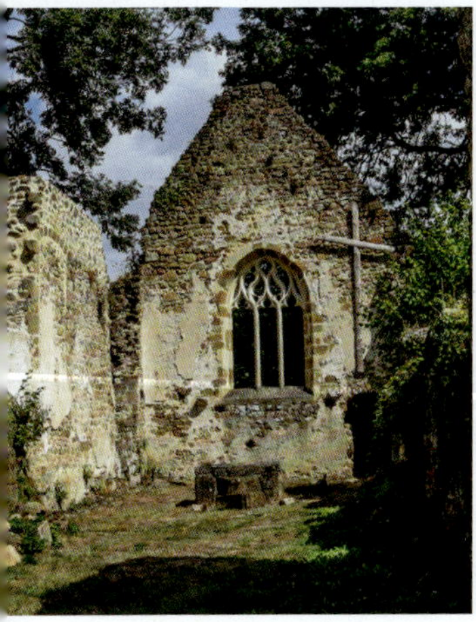

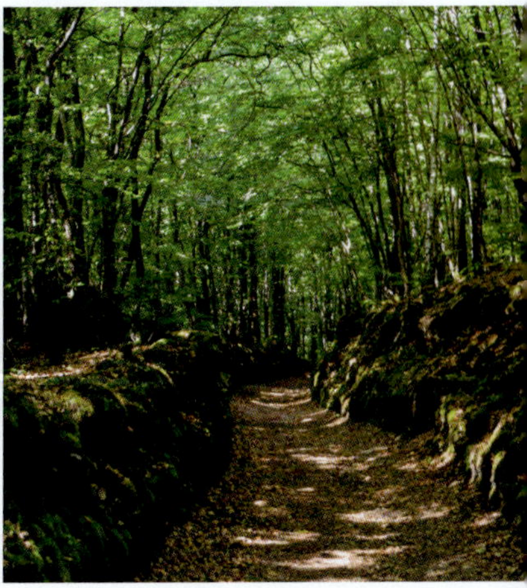

Wanderung: Gegenüber vom Parkplatz führt ein weiß-rot markierter Hohlweg ins Tal. Diesem folgen wir. Zwischen moosbewachsenen, niedrigen Mäuerchen wandern wir abwärts. Wir folgen immer dem Hauptweg und sind schließlich völlig von Wald umgeben.

Highlights

In aufgegebenen Dörfern wie Vieux-Saint-Aubert könnt ihr gut beobachten, wie sich die Natur die Orte der Menschen zurückholt, wenn sie verlassen werden. Hier unten am Fluss stehen nur noch Ruinen und doch faszinieren diese mit den kleinen Geschichten, die sie erzählen, wenn ihr genau hinseht.

Der Weg führt um eine **scharfe Linkskehre ❶** und wir erreichen verwilderte Wiesen mitten im Wald. Rechts steht die **Ruine der Kapelle ❷ mit Picknickbänken**. Wir folgen dem Weg weiter, kommen an einem **Brunnenhaus** vorbei und erreichen eine T-Kreuzung. Hier geht es nach rechts zu einer **Mühle an der Orne ❸**, die in Privatbesitz ist, ebenso wie der Steg über den Fluss. An der vom Fluss abgewandten Seite sehen wir noch den Mühlgraben und Reste des alten Mühlrades. Rechts im Wald können wir hier völlig überwucherte Ruinen entdecken.

Wir wandern zurück bis ersten **Wegkehre ❶**. Hier biegen wir diesmal links ab. Schnell wird der Weg zum Pfad am Hang. Um eine Linkskehre wandern wir durch den Wald und wieder hinunter zur Orne. Hier erwarten uns die **Pfosten einer ehemaligen Brücke** und auf der gegenüberliegen Flussseite eine **Mühlenruine ❹**. Auf den Felsen am Fluss findet sich ein ruhiges Plätzchen für ein Picknick im Schatten.

Dann wandern wir auf bekanntem Weg zurück zur **Kreuzung ❶**, biegen links ab und steigen durch den Wald wieder hinauf zum Parkplatz.

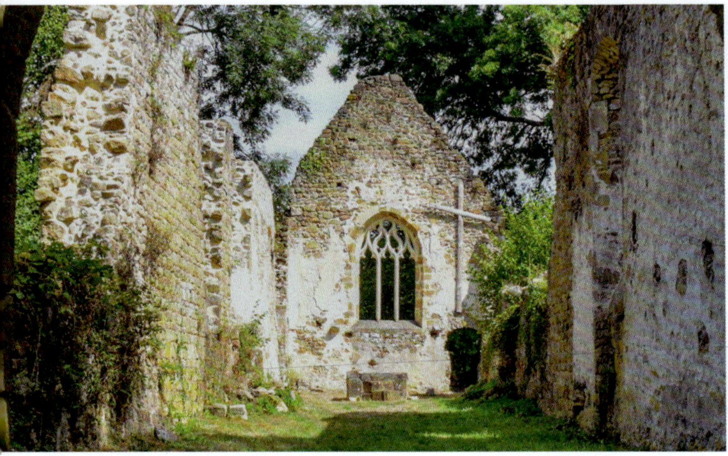

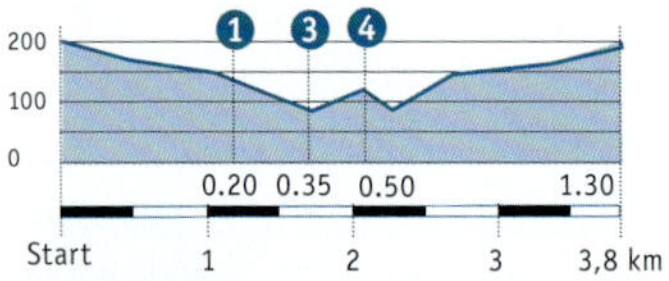

In der Ruine der alten Kapelle von Vieux-Saint-Aubert lassen sich spannende Details entdecken.

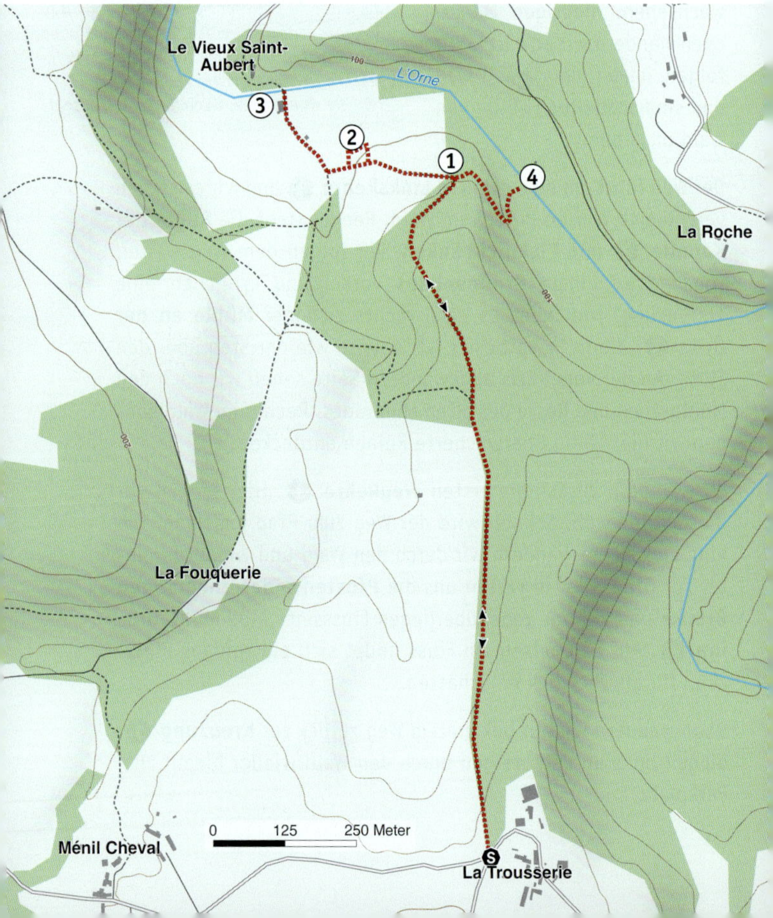

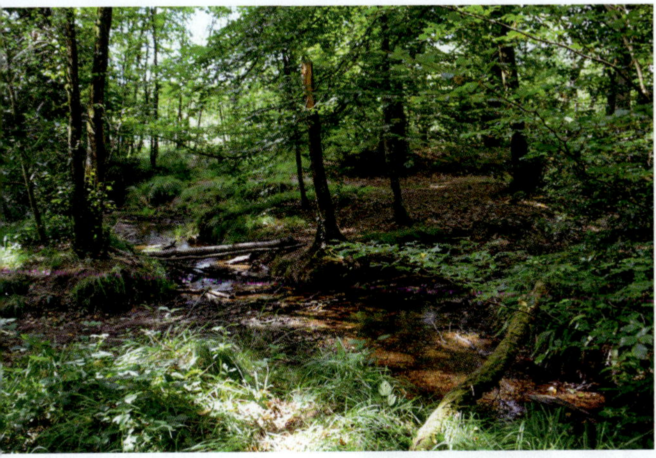

120 m

STRECKE 9,4 km

3 h

ab 10

Fôret des Andaines

35

Auf Forstwegen und Pfaden durch einen alten Wald

Diese Wanderung führt durch einen schönen Mischwald mit vielen alten Kiefern, Buchen, Eichen und Birken. Wir wechseln zwischen gut ausgebauten Forstwegen und Waldpfaden, kommen an ein Arboretum mit Bäumen aus aller Welt und auch an einen stillen See. Eine schöne Runde zum Ausspannen und Abschalten!

Wanderung: Wir folgen dem Zufahrtsweg am Parkplatz vorbei und dann um eine Rechtskehre in den Wald Richtung Carrefour la Petite Étoile. Links von uns liegt das **Arboretum de l'Étoile des Andaines ❶**, in das zwei Eingänge hineinführen. Hier hat man 1947 begonnen, viele unterschiedliche Baumarten zu pflanzen. Heute wachsen hier etwa 60 verschiedene Laub- und Nadelbäume. Der einfache Rundweg durch das Gelände ist etwa 1,5 Kilometer lang.

TOUREN-STECKBRIEF

Anfahrt: Der Parkplatz liegt an der D908 zwischen Domfront und La-Ferté-Macé an der Kreuzung mit der D218. Nach dem Abbiegen in Richtung La Sauvagère liegt er gleich links an der Straße.
GPS N 48°35'17.1", W 0°29'24.4"
Anspruch und Charakter: Breite Forstwege und Pfade, zwischen ❹ und ❺ erwartet euch ein etwas abenteuerlicher Trampelpfad.

Markierung: Keine.
Mit Kindern: Wir können auf der wenig befahrenen Straße D 218 Richtung La Sauvagère gut einen Kilometer laufen, an zwei Linksabzweigen vorbei und bis zur ersten deutlichen Kreuzung. Hier biegen wir rechts ab, weiß-rot markiert, Richtung ❼ und ab da der Wanderbeschreibung zurückfolgen (3,2 km, 1 h).
In der Nähe: Domfront.

Highlights

Der Wald von Andaines gehört zu den Resten der großen Wälder der Normandie. Sein artenreicher Mischwald mit vielen alten Buchen, Eichen und Kiefern bietet ein besonders vielfältiges Ökosystem und ist das richtige Ziel, wenn ihr auch die ländliche und naturbelassene Seite der Normandie erkunden möchtet.

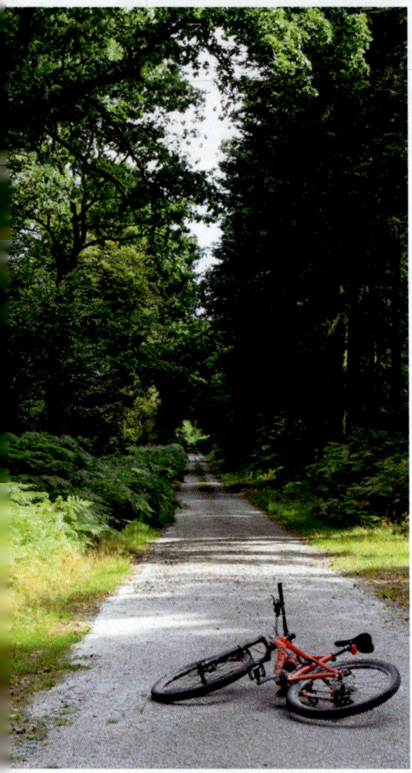

An der Kreuzung **Carrefour du Petit Rocher** biegen wir schräg links ab auf den geschotterten Fahrweg. Erst wandern wir leicht aufwärts, dann geht es abwärts und links im Tal sehen wir den **Roche aux Loups** ❷, den Felsen der Wölfe.

An der nächsten **T-Kreuzung** mit einem breiten Forstweg biegen wir rechts ab und gehen auf einer löchrigen Asphaltdecke weiter. Die Wegekreuzung **La Petite Étoile mit Picknicktisch** überqueren wir geradeaus. Jetzt auf Schotter geht es zuerst hoch und dann hinunter in das Tal des **Baches Vivier**. Direkt nach seiner Überquerung auf einem **Damm** ❸ biegen wir schräg rechts ab auf einen naturbelassenen Fahrweg.

Der Weg wird zu einem malerischen Waldpfad und führt zu Picknicktischen an den **Étangs de l'Ermitage** ❹. Wir biegen auf Asphalt nach links ab und dann direkt am Ende des Sees nach rechts auf »Trail 2/7«, der am Wasser entlang führt.

Hier sind wir auf einem schmalen, aber deutlichen Pfad im Wald unterwegs. Wir queren drei Zuläufe – matschige, mit Stöcken ausgelegte Rinnen. Dann wandern wir wieder am Uferdamm entlang und queren einen Ablauf des Sees. Nach einer weiteren matschigen Stelle mit Stöcken und einer Linksbiegung mit leichtem Anstieg treffen wir auf eine **T-Kreuzung** ❺ mit der Schneise eines Fahrweges.

Hier biegen wir links ab auf einen Pfad, der mit »Trail 10/12« beschildert ist. Gut 300 Meter weiter geht es wieder rechts auf den weiß-rot markierten Weg. Wir treffen erneut auf eine **T-Kreuzung** ❻ mit einem Fahrweg und gehen rechts. Unser Weg wird breiter und zum geschotterten Forstweg und führt uns zur Straße hinab.

Hier gehen wir rechts und an der ersten Wegkreuzung biegen wir links in den Wald ab. Der Schotterweg ist weiß-rot markiert. Wir wählen nach einer flachen Senke den ersten Abzweig nach rechts 7. Er ist gelb markiert und als »Trail 2/7« beschildert.

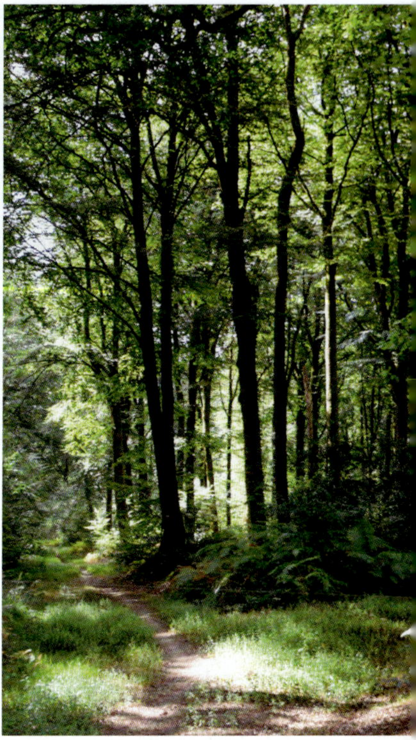

Unser schmaler Pfad führt jetzt durch einen jungen Wald mit vielen Büschen. Einen kleinen Bach queren wir auf Zweigen und Brettern und folgen dabei den Trail-Markierungen, bis wir wieder auf eine breite **Schneise** 8 treffen. Den Markierungen folgend biegen wir links ab und treffen nach 300 Metern auf einen geschotterten Fahrweg, der uns nach rechts zum Parkplatz bringt.

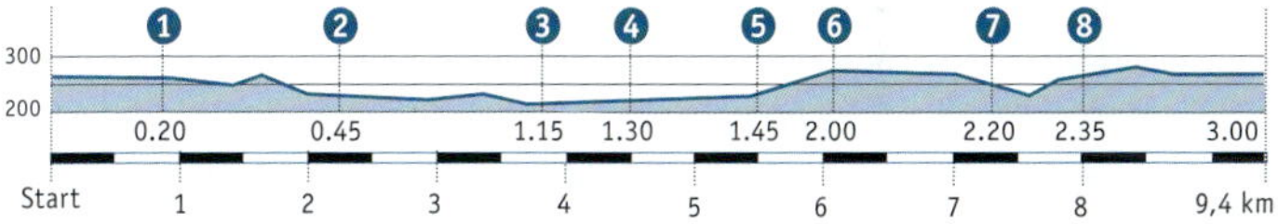

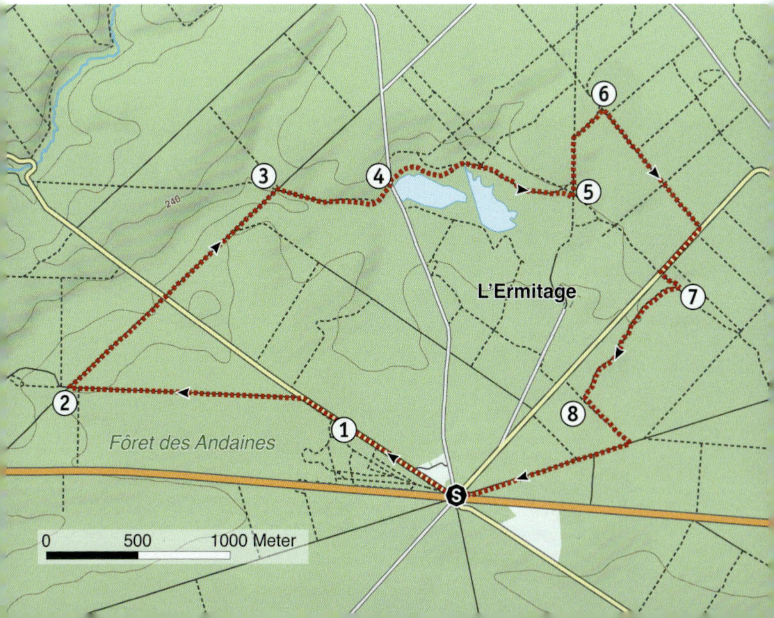

200 m

STRECKE

4,8 km

2 h

ab 6

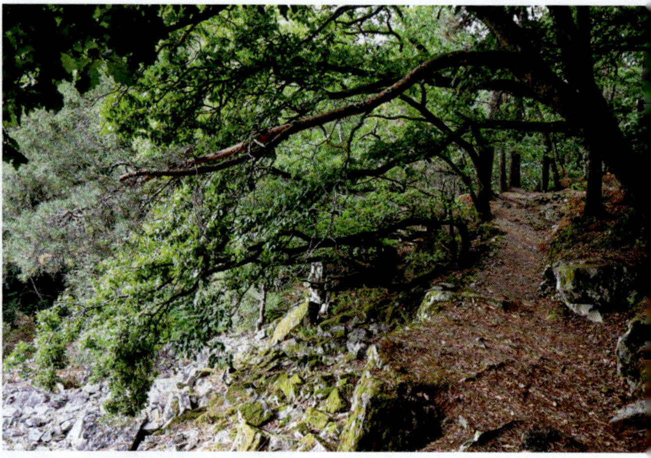

36 Gorges de Villiers

Entdeckungen rund um eine spannende Schlucht

Diese kleine, wilde Schlucht ist ein Juwel der südlichen Normandie! Ablaufendens Wasser hat hier bei Villiers einen tiefen Graben in den Fels des Armorikanischen Massivs gefressen. Am Boden der Schlucht sprudelt zwischen den hohen Felswänden des tief eingeschnittenen Tales der Bach »La Gourbe«. Wir erkunden Felsen, Wald und Heide, entdecken eine Feengrotte, eine ungewöhnliche Quelle und eine alte Kapelle und genießen weite Aussichten über das Land.

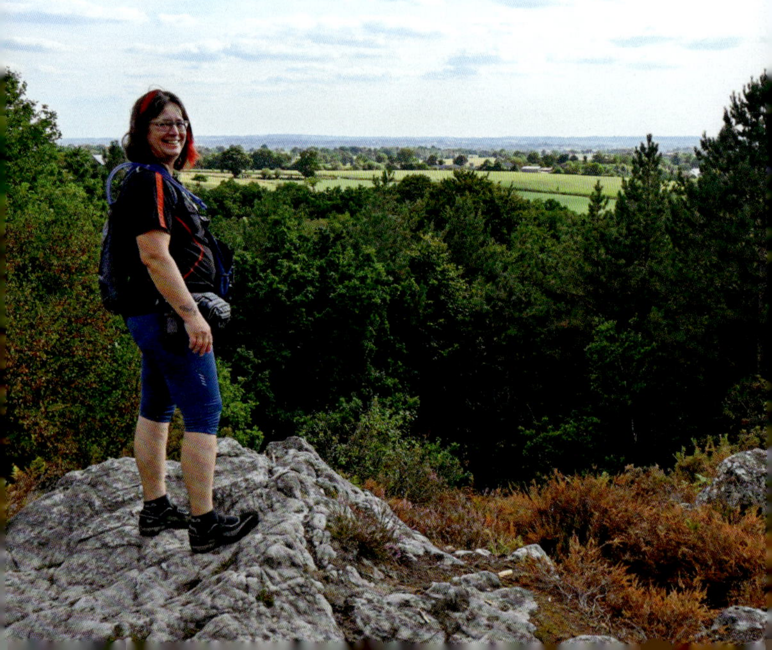

Highlights

Das Armorikanische Massiv ist Teil eines uralten Gebirgssystems. Für die Geologie und das Verständnis der Entwicklung unseres Planeten ist es von großer Bedeutung. Wir als Outdoor-Fans schätzen die Region dagegen besonders für ihre abwechslungsreiche Landschaft.

Wanderung: Der Weg beginnt am unteren Ende des Parkplatzes neben den Infotafeln. Wir folgen dem Weg durch den Durchgang im Zaun, im Schatten der Bäume warten hier Picknicktische. Von dort geht es rechts einige Stufen hinauf zu einer Verzweigung. Unser Weg führt hier rechts weiter, wir gehen aber zuerst wenige Schritte nach links, um zu einem Aussichtspunkt zu kommen und einen ersten Blick in die Schlucht zu werfen. Dann wandern wir rechts weiter – auf Waldboden und entlang einer Natursteinmauer.

Bei einer **Verzweigung** wählen wir den schmalen Weg nach links in Richtung **Grotte de la Fee Gisèle** ❶. Er ist felsig, aber nicht ausgesetzt, führt in einen alten Felssturz und an den Felswänden entlang, in denen sich die Grotte verbirgt. Hinter der Grotte trifft er dann wieder auf den Hauptweg.

Hier wandern wir links runter ins Tal, an einer T-Kreuzung links und überqueren die **Brücke über die Gourbe**. Laufen wir hier wenige Schritte nach links, kommen wir zu einer **warmen Quelle** ❷. Taucht ihr die Hände hinein, wartet eine Überraschung. Das Wasser hat ganzjährig eine Temperatur von 15 Grad, fühlt sich im Sommer also eher frisch an. Im Bereich um die Quelle hat man neben römischen Münzen auch bearbeiteten Feuerstein gefunden. Es sieht also so aus, als hätten die Menschen diesen Ort schon früh zu schätzen gewusst.

Jetzt überqueren wir die Brücke und biegen auf der anderen Seite rechts ab Richtung »Chapelle«, wandern immer am Bach entlang und genießen das Plätschern des Wassers und das Zwitschern der Vögel.

TOUREN-STECKBRIEF

Anfahrt: Von der D976 zwischen Couterne und Neuilly-le-Vendin folgen wir der Beschilderung auf die D554 und weiter bis zu den Gorges de Villiers.
GPS N 48°31'34.0", W 0°20'18.4"
Anspruch und Charakter: Teilweise steil und auf Pfaden, viel Schatten. Der Weg kann bei anhaltendem Regen an einzelnen Stellen rutschig sein.
Markierung: Keine.
Einkehr: Keine.

Mit Kindern: Um die Runde zu kürzen, wandern wir wie beschrieben bis zur Brücke und zum Wegpunkt ❷ und folgen dann dem Weg am Bach entlang zur Brücke an Wegpunkt ❼. Von hier geht es wieder hinauf zum Parkplatz. So bekommt ihr eine kleine Runde mit Spielmöglichkeiten am Bach, spannenden Wegen und einem kurzen steilen Anstieg (1,5 km, 45 min).
In der Nähe: Sées.

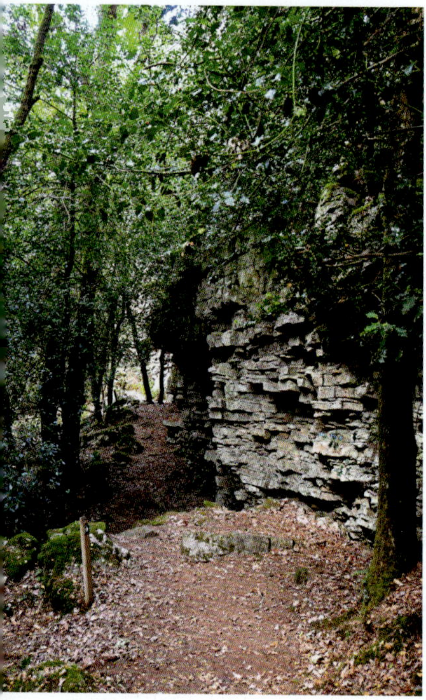

Unser Weg führt vom Bach weg, durch eine Farnlichtung und dann an einem Abzweig vorbei zur **Kapelle Saint-Antoine** ❸ mit Picknickplatz. Es ist nachgewiesen, dass hier schon im 13. Jahrhundert eine Kapelle stand, die jedoch während der Französischen Revolution zerstört wurde. Mitte des 19. Jahrhunderts hat man sie hier wieder aufgebaut.

Wir verlassen diesen stillen Ort im Wald, biegen am Picknickplatz rechts ab und steigen auf einem ausgewaschenen Fahrweg in den Wald hinauf. Bei einer Verzweigung halten wir uns links auf dem weiß-rot markierten Weg und wandern einen Hohlweg hinauf, der zum Pfad in einem farnbestandenen Kiefernwald wird. An einer **T-Kreuzung** halten wir uns links und treffen dann nach weiteren 100 Metern auf eine breite **Schneise** ❹ und biegen links ab. Der Weg ist weiß-rot markiert. Es geht abwärts und am tiefsten Punkt biegen wir wieder links ab, beschildert sind hier die »Gorges de Villiers«.

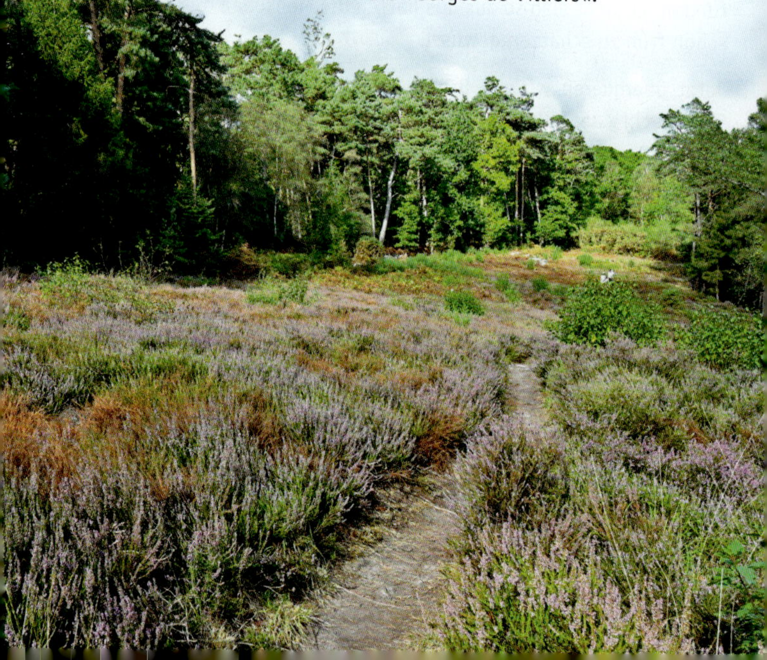

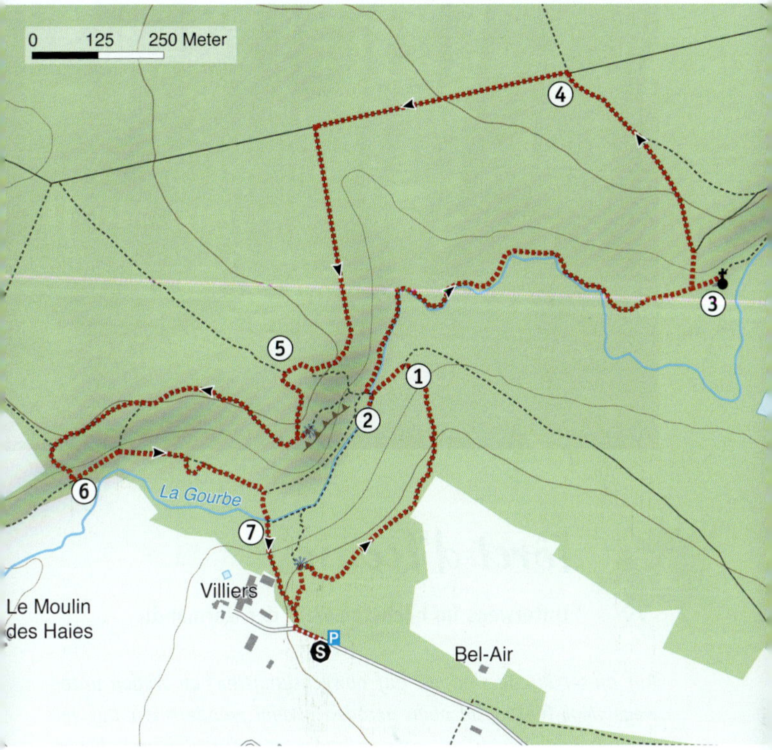

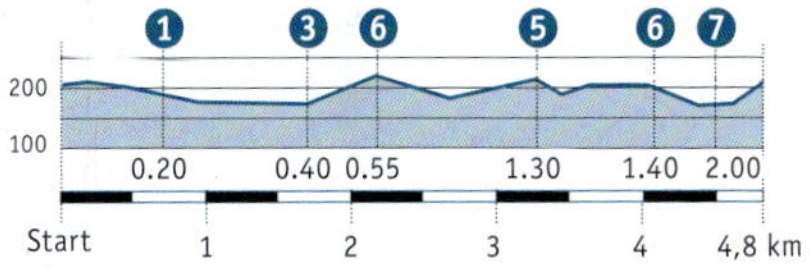

Wir laufen jetzt aufwärts, halten geradeaus auf die Schlucht zu und gehen an ihrem Rand ein Stück nach rechts, bis wir an einer **T-Kreuzung** ❺ stehen. Wir folgen dem Weg nach links und wandern wieder zum Rand der Schlucht und zu einem Aussichtspunkt. Gegenüber ist ein Geröllfeld zu sehen, rechts gucken wir weit über die Heide. Hier halten wir uns rechts und wandern durch eine Heidefläche mit Stechginster und Farn.

Am Ende des letzten Heidefeldes biegen wir links ab in den Wald und steigen an einem Geländer entlang wieder zum Bach hinunter. Vor einem Zaun geht es links, dann treffen wir auf einen **Fahrweg kurz oberhalb des Talgrundes** ❻, dem wir nach links folgen. Bei einer Verzweigung führen nach rechts Stege über eine Sumpfwiese und wieder auf den Hauptweg zurück.

Beim nächsten **Abzweig** wandern wir rechts zu einer **Brücke** ❼. Auf der anderen Seite gibt es einen Zugang zum Bach. Von hier aus kraxeln wir hinauf zum Parkplatz. Der Anstieg ist kurz und knackig und wir gucken dabei auf die Felswände der Schlucht.

290 m

STRECKE 12 km

4 h

ab 12

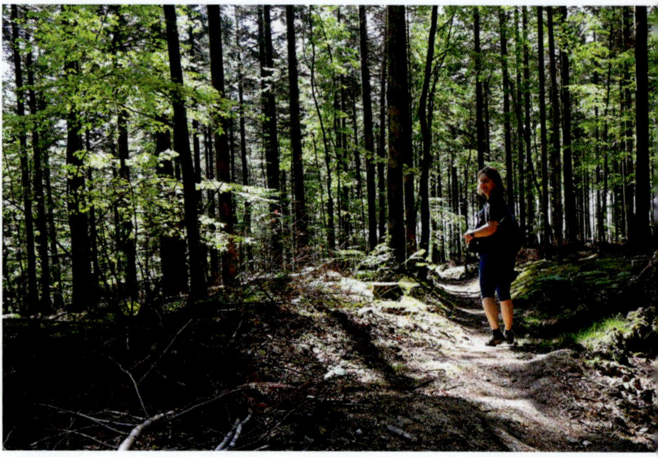

37 Fôret d'Ecouves

Unterwegs im höchsten Wald der Normandie

Auf dieser Runde sind wir auf abwechslungsreichen Wegen unterwegs. Mal führen sie eben geradeaus, mal wandern wir auf verwunschenen und verschlungenen Pfaden oder durch einen Hohlweg. Die Aussicht von den Rochers du Vignage und Picknickmöglichkeiten am Trimm-Dich-Weg runden unseren Ausflug in die Natur im Landesinneren der Normandie ab.

Wanderung: Vom Parkplatz spazieren wir zurück zur Infotafel an der Durchgangsstraße. Hier beginnt unser Weg auf Holzstegen. Über uns ragen Felsen der Rochers du Vignage steil über die

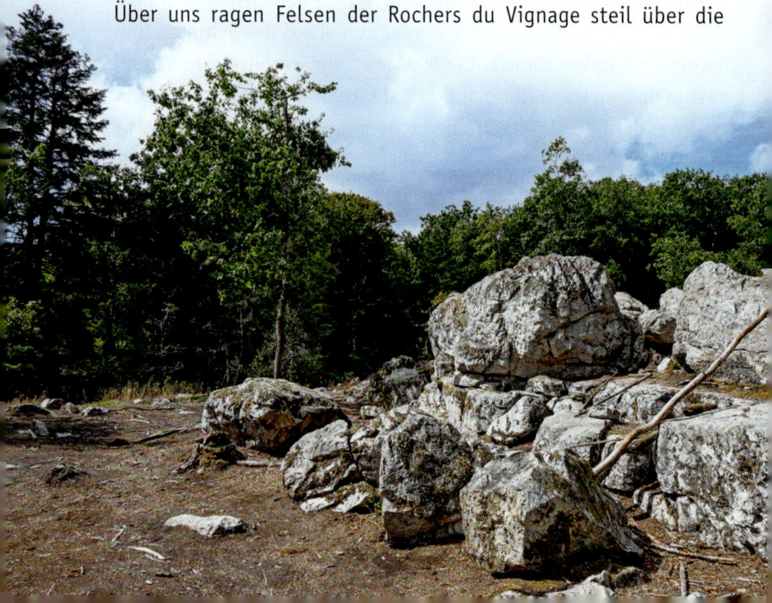

Baumwipfel. Wir halten uns links der Felsen und wählen hier einen der Pfade, die am Fuß der Felsen entlangführen. Nach einem kurzen, steilen Anstieg liegt rechts ein **erstes Felsplateau** mit Ausblick. Zurück auf dem Pfad steigen wir weiter hinauf und halten uns dabei immer leicht unterhalb des Felskammes. Bei einem Holztipi führt ein Pfad auf ein **zweites Felsplateau** ❶. Es ist mit Flechten, Moosen und Heide bewachsen und ermöglicht eine weite Aussicht.

Highlights

Der Wald von Ecouves gehört zum größten zusammenhängenden Waldgebiet Nordfrankreichs und ist überwiegend ein Laubwald. Bekannt ist er außerdem für seinen großen Bestand an Rotwild und Rehen. Mit dem 413 Meter hohen Signal d'Ecouves ist hier auch der höchste Berg der Normandie zu finden.

Vorbei an einem dritten Plateau und Felsen zur Linken wandern wir geradeaus. Wir sind jetzt oben auf dem Grat, sodass der Weg weniger steil ist, und wandern durch den Wald. Wir ignorieren alle Abzweige und treffen nach insgesamt 2,4 Kilometern auf eine große **Kreuzung** ❷ mit einem geschnitzten Baumstamm, dem Séquoia sculpté.

Wir wählen den geschotterten Forstweg links neben der Skulptur, die **Route Forestière des Arcis,** und folgen ihm für die nächsten 1,5 Kilometer. Wo von links ein guter Fahrweg aus dem Tal kommt, biegen wir schräg rechts ab auf Fahrspuren, die am Hang hoch führen. Wir folgen ihnen um eine Rechtskehre. Dann treffen wir auf eine **Kreuzung** ❸, biegen rechts ab und wandern im Fichtenwald immer weiter aufwärts, ohne abzubiegen.

Erst wenn wir auf eine Schotterstraße treffen, gehen wir nach links zur Kreuzung **Carrefour de Croix Madame** ❹. Hier markiert ein großes weißes Kreuz den höchsten Punkt unserer Wanderung. Mit 410 Metern Höhe ist das Croix Madame sogar der zweithöchste Punkt der Normandie nach dem Signal d'Ecouves. Über die Schneise der Straße, die wir hier kreuzen, haben wir nach rechts und links weite Aussicht.

TOUREN-STECKBRIEF

Anfahrt: Wir fahren von Alençon auf der D26 Richtung Fôret d'Ecouves. Nach der Einfahrt in den Wald geht es die erste Straße rechts in Richtung »Necropole de Gateys«. Dort können wir sofort links auf dem langen Schotterstreifen parken.
GPS N 48°30'38.0", E 0°03'45.0"
Anspruch und Charakter: Überwiegend Forstwege. Bis ❷ und zwischen ❻ und ❼ Pfade, wobei der zweite, etwas abenteuerliche Abschnitt umgangen werden kann. Viel Schatten.
Markierung: Keine.
Einkehr: Keine.
Mit Kindern: Spannender als eine ausgedehnte Waldwanderung ist für Kids die Runde auf dem Trimm-Dich-Pfad, der beim Parkplatz bei ❼ beginnt und das Felsplateau umrundet. Auf dem Plateau gibt es außerdem viele Felsen zum Klettern (1,4 km).
In der Nähe: Alençon.

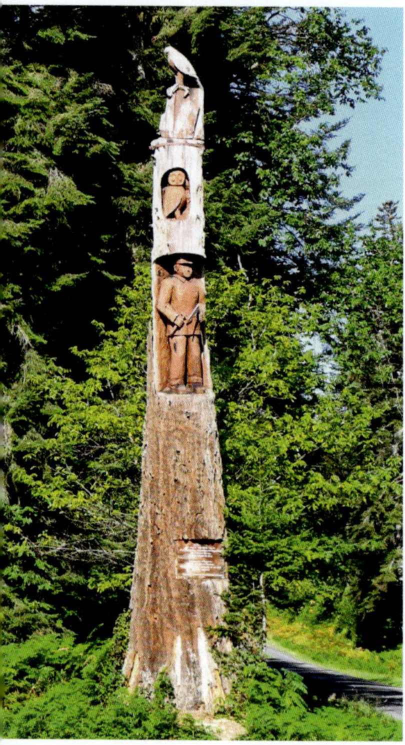

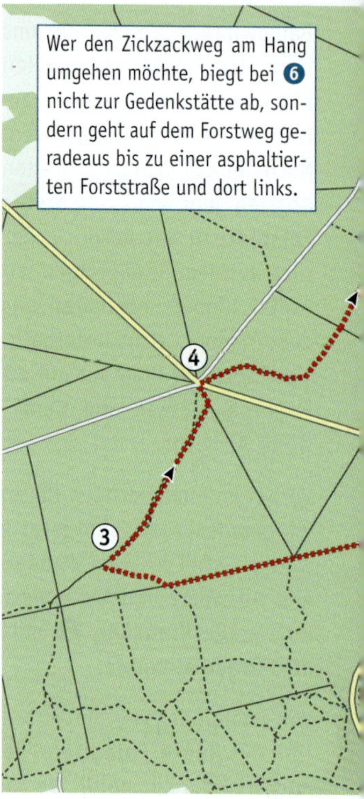

Wir folgen an der Kreuzung dem zwischen der Straße und einem Forstweg schräg rechts abzweigenden Fußweg in den Wald, er ist beschildert mit **»Trail 5«**. Hier wartet auch eine Picknickbank im Schatten. Auf weichem Waldboden wandern wir durch den Nadelwald und kommen zum Waldrand, wo wir weit über ein Gebiet mit jungem, nachwachsendem Wald blicken können. Zwei breitere Wege überqueren wir geradeaus, wobei es beim zweiten etwas rechts versetzt weitergeht. In kleinen Bögen wandern wir jetzt abwärts bis zur Kreuzung mit einem **Forstweg** **5**. Hier gehen wir geradeaus und bergab. Der zweite Abzweig nach rechts führt uns zu einer kleinen **Gedenkstätte** **6**. Dort biegen wir wieder rechts ab auf den Trail 5.

Trail 5 ist ein spannender Weg am Hang, der hauptsächlich von Trailrunnern genutzt wird. Er führt uns am Hang leicht aufwärts, überquert Fahrspuren und wechselt dann in den von zwei Wällen gesäumten Weg links. An seinem Ende geht es nach rechts und in einen weiteren Hohlweg links runter. Es folgen aberwitzig enge Kehren in wunderschöner, wilder Umgebung unter dem hohem Dach des Waldes. Bei einem tiefen Einschnitt geht es links weiter – hier ist eine Abkürzung nach rechts möglich. Bei einem **orangen Stein** gehen wir geradeaus weiter und kommen schließ-

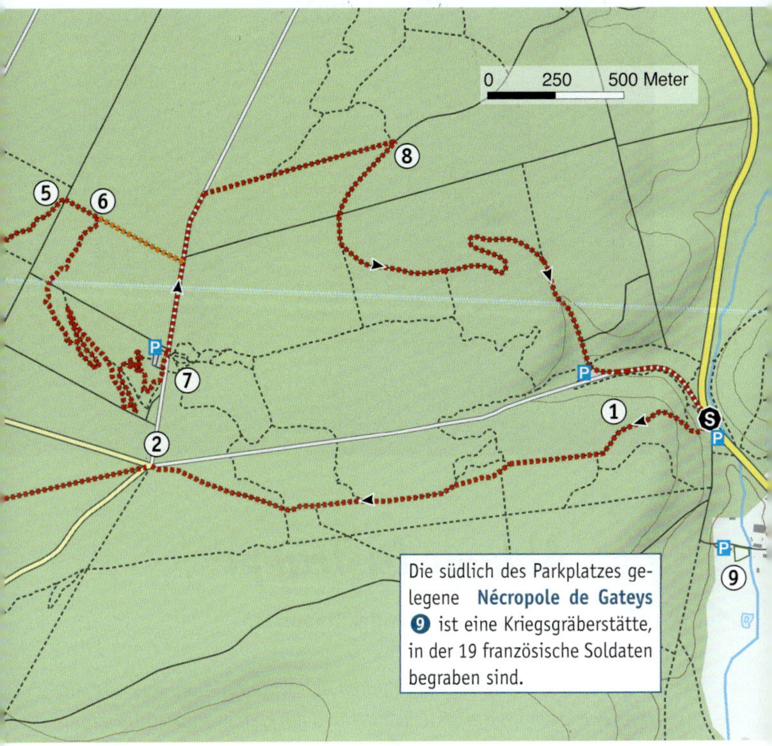

Die südlich des Parkplatzes gelegene **Nécropole de Gateys** ❾ ist eine Kriegsgräberstätte, in der 19 französische Soldaten begraben sind.

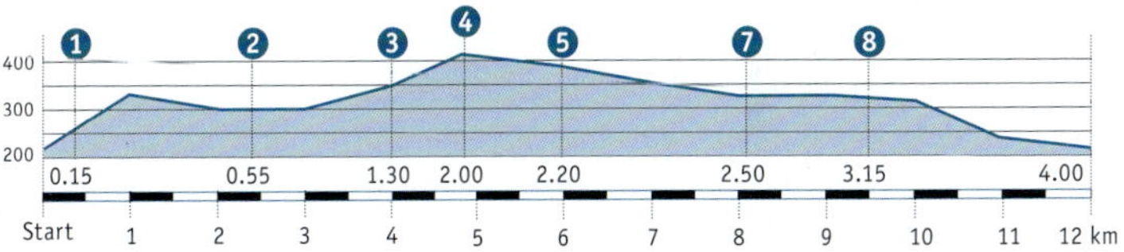

lich auf einen etwas breiteren, eingeschnittenen Waldweg. Die Straße schon in Hörweite, geht es nochmals links einen Hohlweg hoch. Wir verlassen diesen an einer steinigen Stelle, kreuzen einen Fahrweg und wandern die letzten Serpentinen zur Straße hinunter. Hier befindet sich ein **Parkplatz** und gegenüber im Wald stehen **Picknickbänke** ❼. Dort beginnt auch ein Trimm-Dich-Weg, der ein großes, freies Felsplateau umrundet.

Wir wandern auf Asphalt nach links und passieren eine erste Kreuzung, an der auch der Forstweg von der Gedenkstätte herabkommt. Dann folgt eine sanfte Rechtskurve. Dahinter biegen wir auf einen leicht eingewachsenen Forstweg schräg rechts ab. Diesem folgen wir immer geradeaus bis zu einer **Wegkreuzung** ❽. Hier biegen wir scharf rechts auf den geschotterten, breiten Fahrweg ab. Dieser führt in einem langen Bogen und zwei Kehren hinunter zur **Straße**. Jetzt geht es auf Asphalt nach links zur D 26, dort rechts und nach wenigen Schritten rechts zum Parkplatz.

80 m

STRECKE 5,2 km

2 h

ab 6

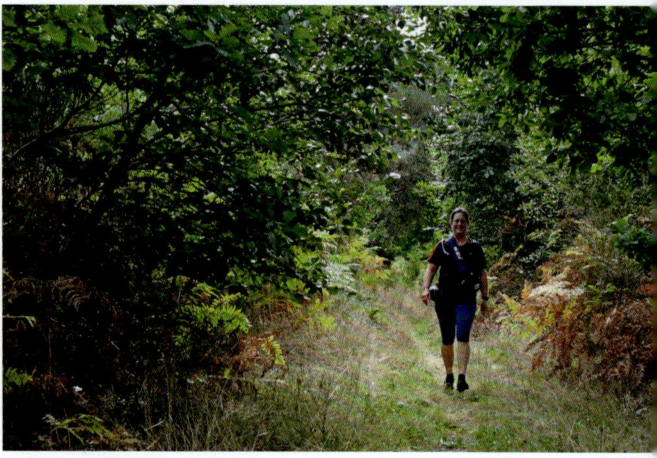

38 Abbaye la Trappe

Am ersten Kloster der Trappisten

Abenteuerliche Pfade führen durch den Wald rund um das alte Kloster, für die wir wasserfeste Schuhe und ein klein wenig Orientierungssinn mitbringen sollten. Stille und Rückzug – dafür steht nicht nur die Abtei, an der wir starten, auch hier im Wald werden wir sie finden. Auf dieser Runde begegnen uns vor allem die Geräusche und Gerüche des Waldes – das Rauschen der Blätter im Wind, der Aufschrei eines empörten Eichelhähers, der alle Tiere im Wald vor den Eindringlingen warnt, und das Zwitschern der Vögel.

Wanderung: Wir starten unsere Wanderung vom Parkplatz nach links und entfernen uns auf einer schönen Platanenallee von der Abtei bis zu einem kleinen Stausee. Weiter geht es links über den Staudamm. Dahinter wechseln wir nach rechts auf den **Parcours Sportif** ❶, den Trimm-Dich-Pfad, und folgen ihm bis zum zugehörigen Parkplatz und zur Straße.

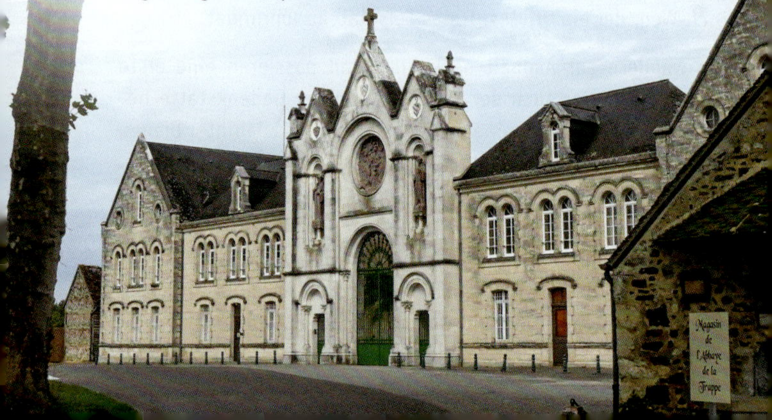

Auf der anderen Seite der D930 folgen wir einem Pfad geradeaus in den Wald. Er führt zwischen Fichten und jungen Kiefern bergauf. Auf einer großen **Freifläche** ❷ geht es leicht links versetzt geradeaus weiter, jetzt in einem jungen Mischwald.

Bei der nächsten **T-Kreuzung** biegen wir links ab auf einen Pfad, der durch die Schneise eines ehemaligen Forstweges verläuft. Wir wandern immer geradeaus in diesem einsamen Abschnitt des Waldes, vorbei an einem **Tümpel**. Wo der Hauptweg schließlich rechts abzweigt, gehen wir auf einem etwas zugewachsenen Pfad geradeaus. Bei der nächsten Wegkreuzung biegen wir links ab, folgen dem deutlichen Pfad um eine Rechtskehre, wobei wir zwei Linksabzweige ignorieren, und kommen zur **Straße** ❸.

Wir überqueren sie bei einem Parkplatz und wählen etwa in dessen Mitte den Pfad, der in den Wald führt. Wir laufen an zwei Kuhlen vorbei und biegen an einer **Verzweigung** links ab. Es geht leicht bergauf und wir kommen zu einigen Birken, die am Zaun der Statue **Notre-Dame de la Confiance** ❹ wachsen. Wenn wir hier ein kleines Stück nach links gehen, können wir einen Blick auf die Statue werfen.

Highlights

Die Abtei von La Trappe liegt abgeschieden in den Wäldern im Süden der Normandie. Sie hat eine lange Tradition als Ort des Rückzugs und der Stille. Im 19. Jahrhundert suchten hier auch bekannte Persönlichkeiten Zeit zur Besinnung – unter ihnen der französische König Louis-Phillippe I. Auch heute werden im Kloster noch Gäste aufgenommen, die ein Retreat machen möchten.

Die Abbaye de la Trappe

Das Kloster wurde 1122 gegründet und schloss sich 1147 den Zisterziensern an. Es gilt als Namensgeberin für den Orden der Trappisten, einer Reformbewegung innerhalb des Zisterzienserordens, die sich durch eine besonders strenge Einhaltung der Ordensregeln auszeichnet. Ihr Lebensstil ist geprägt von Askese, Zurückgezogenheit und einem Fokus auf spirituelle Entwicklung. Die Trappisten widmen sich dem Gebet und der Arbeit, die oft in landwirtschaftlichen oder handwerklichen Tätigkeiten besteht.

Das Gebäude der Abtei wurde mehrfach in seiner Geschichte zerstört. Zu den ältesten Gebäudeteilen gehört der Trakt für die Gäste, er stammt noch aus dem Mittelalter, und das Haus des Abts aus dem 17. Jahrhundert. Alle weiteren Gebäude wurden im 19. Jahrhundert im neugotischen Stil errichtet. In der Abtei lebt heute noch eine aktive Klostergemeinschaft. Sie kann nicht besichtigt werden, aber die Stundengebete sind frei zugänglich und es gibt einen Klosterladen.

TOUREN-STECKBRIEF

Anfahrt: Von Soligny-la-Trappe den Schildern zur Abtei folgen.
GPS N 48°38'08.3", E 0°34'27.0"
Anspruch und Charakter: Forstwege und Pfade, etwas abenteuerlich und teilweise matschig rund um die Statue Notre-Dame de la Confiance ❹.
Markierung: Keine.

Einkehr: Keine.
Mit Kindern: Mit kleinen Kids kann auch ein Ausflug von der Abtei zum Trimm-Dich-Pfad ❶ und zurück genügen. Leider kommt man nur im Bereich des Dammes an den See.
In der Nähe: Mortagne-au-Perche.

Wir gehen zurück, am Zaun geradeaus und biegen beim zweiten Pfad rechts ab. Durch Heide laufen wir am Hang leicht abwärts. Wieder treffen wir auf eine **T-Kreuzung** und gehen links recht steil abwärts ins Tal. Beim nächsten Querweg **5** biegen wir ebenfalls links ab, hier weist ein Schild den Weg zurück zur Abtei Notre-Dame de la Trappe.

Hier unten im Tal ist es dunkel und feucht, an einigen matschigen Stellen helfen Paletten bei der Überquerung oder wir weichen auf den rechts verlaufenden Parallelweg aus. Dann wird der Weg wieder trocken, verbreitert sich und führt über eine **Holzbrücke**.

Wir folgen dem Hauptweg durch den Wald und ignorieren alle Abzweige. An einem **einmündenden Forstweg** **6** mit Schranke gehen wir links weiter. Schließlich lichtet sich der Wald und wir erreichen die **Straße** **7**. Wir biegen links ab und wandern an den Nebengebäuden der alten Abtei vorbei und zurück zum Parkplatz.

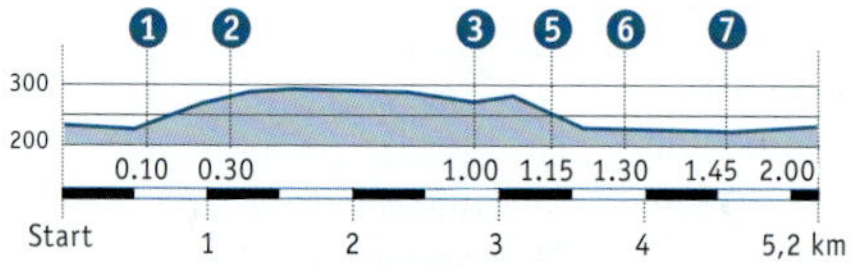

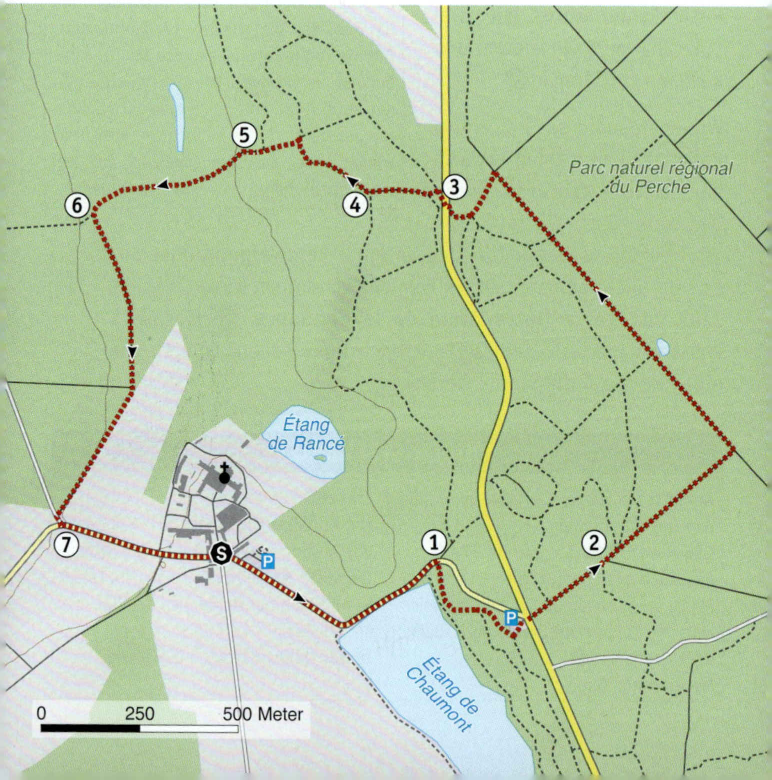

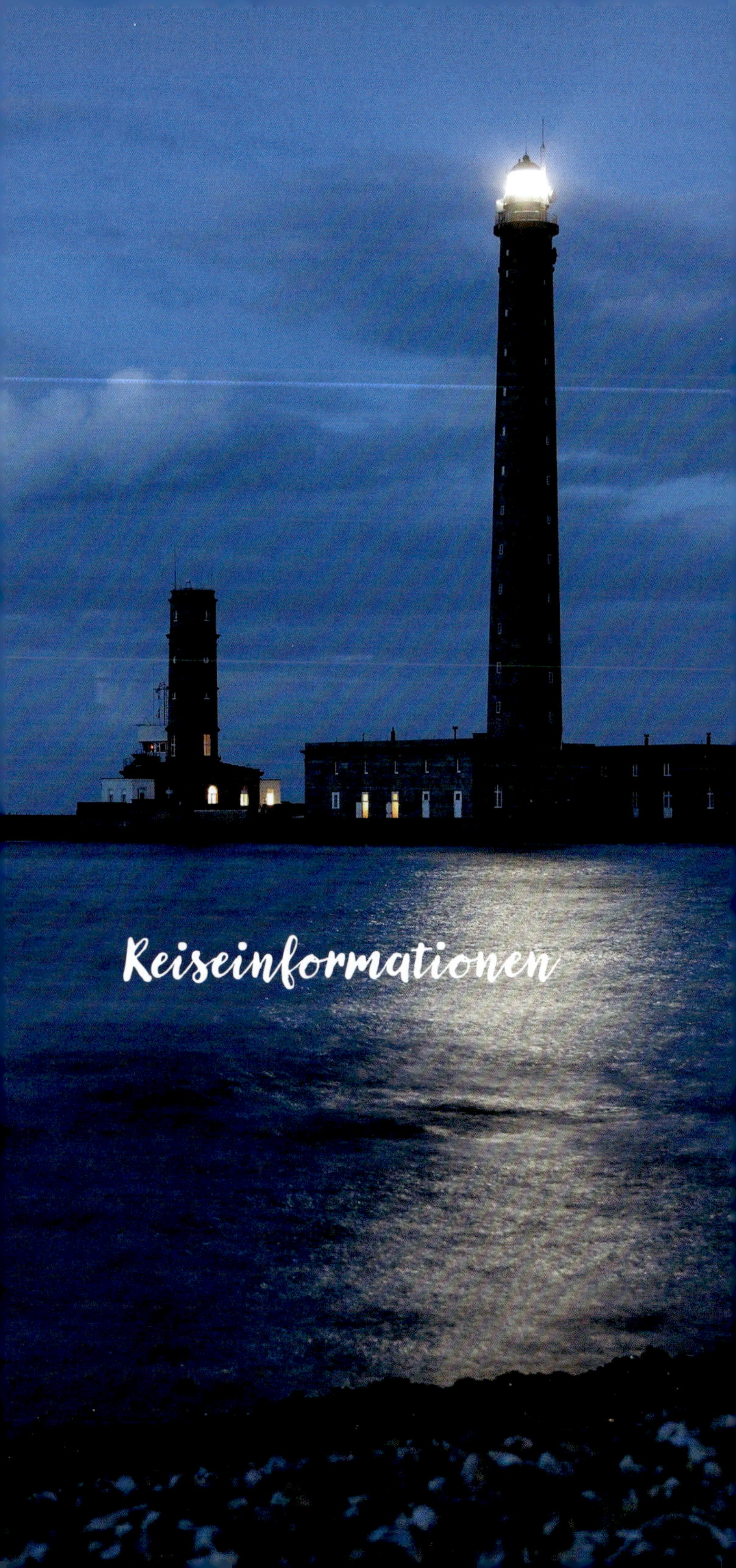
Reiseinformationen

Anreise

Neben ihrer landschaftlichen Vielfalt und ihrem angenehmen Klima macht die vergleichsweise kurze Anreise die Normandie zu einem entspannten Urlaubsziel.

Aus dem Westen Deutschlands ist die östliche Normandie in etwa fünf Stunden erreichbar. Wer auf die wundervolle Cotentinhalbinsel weiterreisen möchte, ist gute acht Stunden unterwegs. Paris sollte bei der Anreise, wenn möglich, weiträumig umfahren werden, da sich hier regelmäßig der Verkehr staut.

Autobahnmaut

Bei der Anreise werden auf französischen Autobahnen Mautgebühren fällig, die an Mautstationen bar oder mit Kreditkarte zu bezahlen sind. Die Durchfahrten der Mautbrücken sind gekennzeichnet mit einem grünen Pfeil, Kartensymbol oder Münzsymbol. An allen diesen Durchfahrten kann mit Kreditkarte oder bar bezahlt werden, jedoch nicht mit einer EC-Karte. Ein rotes »X« markiert eine geschlossene Durchfahrt. Die Durchfahrten mit einem orangefarbenen »t« sind für Fahrzeuge, die bei einem automatischen Télépéage-System angemeldet sind. Am einfachsten und schnellsten ist die Zahlung mit Kreditkarte.

Neu sind Stationen, welche die Maut anhand der Kennzeichen ermitteln, sie heißen »péage en flux libre«, Free-Flow-Mautstationen. Aktuell betrifft dies nur die A79, die nicht auf der Anreiseroute liegt. Weil das System voraussichtlich in den nächsten Jahren ausgeweitet wird, erklären wir kurz, wie es funktioniert: Bei der Durchfahrt wird nur noch das Kennzeichen gescannt. Die Maut muss anschließend an Zahlungsterminals auf Raststätten beglichen werden oder innerhalb von 72 Stunden online (paiement.aliae.com). Vorsicht: Bei Nichtbezahlen innerhalb der 72 Stunden wird eine pauschale Säumnisgebühr von € 90 aufgeschlagen!

Wer aus der Mitte oder dem Norden Deutschlands anreist, kann ein ganzes Stück durch Belgien fahren, wo Autobahnfahrten kostenlos sind. Für die verbliebene Strecke bis Rouen ist dann mit etwa € 20 Mautgebühren zu rechnen. Für ein kleineres Wohnmobil bis 3,5 Tonnen und bis drei Meter Höhe (classe 2) sind es etwa 50 Prozent mehr. Über die Internetseite www.autoroutes.fr können die Preise für die wichtigsten Strecken abgerufen werden.

Außerdem ist auch die Befahrung der Pont de Normandie kostenpflichtig, welche die Mündung der Seine überspannt. Aktuell sind es € 5,80 für PKW und € 6,70 für Wohnmobile bis 3,5 Tonnen. Wer die Pont de

Tancerville etwas weiter östlich wählt, zahlt etwa halb so hohe Gebühren.

Mit Zug und Bus

Die **Anreise mit dem Zug** erfolgt über Paris. Dort muss dann zur Weiterfahrt innerhalb von Frankreich meist der Bahnhof gewechselt werden. In Paris gibt es sechs davon, die in allen Himmelsrichtungen rund um die Stadt verteilt liegen. Züge aus Deutschland kommen an der Gare de l'Est oder der Gare du Nord an. Die Züge in die Normandie starten vom Bahnhof Saint-Lazare. Aktuell werden unter anderem angefahren: Dieppe, Le Havre, Fécamp, Deauville, Caen, Bayeux und Cherbourg. Vom Bahnhof Montparnasse gibt es Verbindungen nach Alençon und zum Mont-Saint-Michel.

Eine weitere preisgünstige Alternative ist die Anreise mit dem Bus. Flixbus fährt über Paris unter anderem nach Fécamp, Le Havre, Honfleur, Rouen und Caen.

Reisen und Ökologie?

Reisen fasziniert: Eine andere Kultur, unbekannte Landschaften, Blicke über den Tellerrand. Besuche bei unseren Nachbarn haben Europa nach dem Zweiten Weltkrieg wieder zusammenwachsen lassen und bauen auch heute Vorurteile ab und das Gefühl von Gemeinsamkeiten auf.

Ökologisch am besten wäre es sicher, zu Hause zu bleiben, wo es auch Schönes zu entdecken gibt. Wer jedoch die positiven Effekte des Reisens genießen will oder einfach seiner Faszination verfallen ist, kann dabei nur schwer auf Transportmittel verzichten.

Klimaschutz hat jedoch viele Aspekte, von denen der Transport im Urlaub nur einen Teil ausmacht. Ein großer Teil der CO2-Emissionen beim Reisen entstehen außerdem durch die An- und Abreise. Um die Umwelt zu schonen, können wir uns für Ziele entscheiden, die nicht allzu weit weg liegen und außerdem eher wenige lange Reisen machen als viele ganz kurze. Auch die Wahl des Verkehrsmittels hat natürlich einen Einfluss auf die CO2-Bilanz einer Reise. Folgende Treibhausgase verursachen die gängigen Verkehrsmittel pro Person: PKW 100 g/km (bei zwei Reisenden), PKW 50 g/km (bei vier Reisenden), Fernbus und Bahn 30 bis 50 g/km je nach Auslastung des Fahrzeugs. Spitzenreiter bleibt das Flugzeug mit einem CO2-Footprint von 200 bis 350 Gramm pro Person und Kilometer. Diese Zahlen stammen aus einer Berechnung des VCD, des Verkehrsclubs Deutschland e.V, und aus einer aktuellen Studie des Umweltbundesamtes.

Autofahren in der Normandie

Die Normandie ist gut angebunden durch die westwärts verlaufenden Autobahnen A28/29 und A13, die Le Havre und Rouen passieren und von dort Richtung Westen vorbei an Caen zum Mont-Saint-Michel verlaufen. Über die Halbinsel Cotentin führen die autobahnähnlich ausgebauten Straßen N13 und N174 nach Cherbourg. Alle anderen Orte der Normandie sind mit National- und Landstraßen gut zu erreichen. Wer in der Nähe der Küste bleibt, muss vor allem an der Alabasterküste und der Cote Fleurie im Sommer mit stärkerem Andrang rechnen. Im Inland dagegen bleibt es auch in der Hauptsaison ruhig.

In Frankreich gelten folgende Geschwindigkeitsbegrenzungen: 50 km/h in geschlossenen Ortschaften, 80 km/h außerhalb von Ortschaften, 110 km/h auf Schnellstraßen, 130 km/h auf Autobahnen.

Die Promillegrenze liegt bei 0,5 Promille. Nach dem Führerscheinerwerb gelten in den ersten drei Jahren stärkere Einschränkungen. Das allgegenwärtige Straßenschild »Rappel« bedeutet so viel wie »Erinnerung, Mahnung«, dass man sich zum Beispiel an die Geschwindigkeitsvorschriften halten soll. Ein Halteverbot wird durch einen gelben durchgehenden Streifen am Fahrbahnrand signalisiert. Ist der Streifen unterbrochen, bedeutet er Parkverbot.

Kinder gehören auch in Frankreich auf die Rücksitze und in geeignete Kindersitze. Die Region verfügt über ein gutes Netz an Tankstellen. Am günstigsten tankt ihr bei den großen Supermarktketten, wie zum Beispiel Carrefour, Intermarché oder Super U.

Die gängigen Kraftstoffe heißen »sans plomb 98« (Super plus bleifrei), »sans plomb 95« (Super bleifrei), SP95 E10 (Bio-Sprit), »diesel« oder »gazole« (Diesel). Autogas (LPG) gibt es zurzeit an etwa 1700 Tankstellen. Es heißt hier »GPL« (Gaz de pétrole liquéfié).

Crit'Air Umweltplakette

Da das System der Umweltzonen in Frankreich ausgeweitet wird und die Bestellung einer Fahrzeugplakette völlig unkompliziert ist, empfehlen wir unbedingt, das rechtzeitig zu erledigen. Die Plakette kann nur online in Frankreich beantragt werden und wird per Post zugestellt.

Das geht kostengünstig direkt beim französischen Verkehrsministerium unter www.certificat-air.gouv.fr. Die Seite lässt sich auf Deutsch umstellen. Die Plakette kostet dort gute drei Euro zuzüglich Porto. Auf der Green-Zones-Website und bei einigen anderen Vermittlungen kann man die Plakette ebenfalls bestellen, zahlt dann aber fast 30 Euro für die gleiche Leistung.

Vor allem in den französischen Großstädten gibt es permanente Umweltzonen (ZCR) und temporäre Umweltzonen (ZPA), in die nur mit Umweltplakette eingefahren werden darf.

Für unser Reisegebiet sind aktuell die komplette Ringautobahn A 86 rund um Paris sowie Rouen betroffen.

Außerdem werden bei Bedarf temporäre Umweltzonen ausgerufen, die teilweise ganze Départements betreffen und in diesen auch die Autobahnen. Die Einfahrt in diese Zonen wird dann beschränkt, wenn die Luftverschmutzung kritische Werte überschreitet – also erwartungsgemäß zu den Ferienzeiten im Sommer. Temporäre Fahrverbote werden vor Ort nicht angezeigt. Informieren kann man sich über den Verkehrsfunk, über die Website des Verkehrsministeriums oder mit der App »Green-zones.eu«.

Das Verbot gilt auch für ausländische Fahrzeuge ohne Umweltplakette, und zwar auch dann, wenn das Fahrzeug laut deutscher Plakette die Voraussetzungen für die Einfahrt in die Zone erfüllt. Die Bußgelder beginnen bei €68. Die französische Plakette ist in Stufe eins bis fünf unterteilt.

Anders als bei uns tragen die saubersten Fahrzeuge eine Plakette mit der Klasse eins.

Bei Fahrverboten werden zuerst die Fahrzeuge ohne Plakette und dann die Schadstoffklassen vier und fünf vom Verkehr ausgeschlossen. Bleiben die Werte schlecht, können weitere Schadstoffklassen folgen.

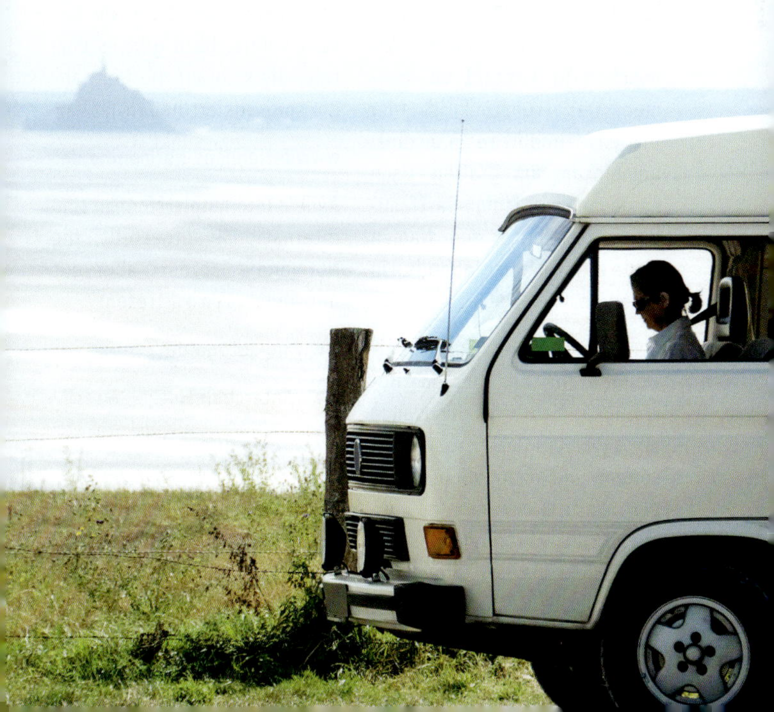

Unterkunft und Übernachtung

In der Normandie gibt es vom Hotel über Ferienwohnungen bis zum Campingplatz Unterkünfte in jeder Preis- und Komfortklasse.

Vom Hotel zum Gästehaus

Hotels gibt es in den meisten größeren Orten der Normandie. Die gängigen Preise für ein Mittelklassehotel liegen zwischen 80 und 120 Euro für ein Doppelzimmer. Wie überall in Frankreich üblich, ist das Frühstück nicht im Übernachtungspreis inbegriffen und wird mit sechs bis zwölf Euro pro Person extra berechnet. Zusätzlich gibt es im ländlichen Raum Privatunterkünfte, die als Chambres d'hôtes bezeichnet werden und in etwa dem englischen Bed and Breakfast entsprechen. Ein Chambre d'hôtes bietet nicht den Service eines Hotels, ist aber eine gute Möglichkeit, auch mit Einheimischen in Kontakt zu kommen. Das Frühstück ist hier inklusive und wird manchmal gemeinsam am großen Tisch eingenommen. Einige Gastfamilien bieten unter dem Namen Table d'hôtes auch abends ein Essen an.

Zur Auswahl von Hotels verwendet ihr am besten Buchungsportale, die euch auch mit aktuellen Rezensionen versorgen und dazu noch anzeigen, wo in eurer Nähe zu welchem Preis ein Zimmer zu haben ist. So aktuell können wir hier im Buch gar nicht sein. Es gibt dabei durchaus Alternativen zum Marktführer booking.com:

Aus eigener Erfahrung wissen wir, dass Expedia.de einen sehr guten Service bietet, der auch in Tests wesentlich besser abschneidet.

Bei den Portalen bedandbreakfast.eu, chambres-hotes.fr und airbnb.de bekommt ihr einen ähnlichen Service, um private Unterkünfte zu finden.

Im Sommer ist die rechtzeitige Buchung auf jeden Fall sinnvoll.

Eine Ferienwohnung suchen

Auch Ferienwohnungen und Appartements bucht ihr am besten online. Dazu gibt es Portale, die sich auf die Normandie spezialisiert haben, etwa:

www.ferienhaus-normandie.de.

Andere Internetplattformen sind international aufgestellt, die Normandie ist dort aber gut mit Angeboten vertreten:

www.hometogo.de

www.interchalet.de

www.fewo-direkt.de

www.casamundo.de

www.airbnb.de

Unter dem Begriff »hébergement« veröffentlichen auch die Tourismusinformationen auf ihren Internetseiten Unterkünfte in ihrem Gebiet.

Tourismusinformationen

Tourismusinformationen gibt es in den meisten etwas größeren Orten. Sie werden geführt von den überregionalen Tourismusabteilungen der Départements.

Seine-Maritime Attractivité
28 Rue Raymond Aron
76824 Mont-Saint-Aignan
Tel. +33 (0)2 3512 1010.
www.seine-maritime-tourisme.com

Calvados Attractivité
8 Rue Renoir, 14054 Caen France
Tel. +33 (0)2 3127 9030
www.calvados-tourisme.com

Office de Tourisme du Cotentin
56 Quai de Caligny
50100 Cherbourg-en-Cotentin
Tel. +33 (0)8 0532 0200.
www.encotentin.fr

La Maison des Loisirs et de la Découverte
Côte Ouest Centre Manche
Bureau de Lessay
11 Place Saint Cloud 50430 Lessay
Tel. + 33 (0)2 3345 1434.
www.tourisme-cocm.fr

Conseil départemental de l'Orne
27 Boulevard de Strasbourg
61017 Alençon
Tel. +33 (0)2 3328 8871.
www.ornetourisme.com

Office de Tourisme Seine Eure
10 Rue du Maréchal Foch
27400 Louviers
Tel. +33 (0)2 32 40 04 41.
www.tourisme-seine-eure.com

Campingplätze

Das Campingplatzangebot der Normandie ist umfangreich. In den touristisch geprägten Regionen der Alabasterküste und Cote Fleurie überwiegen private Plätze mit unterschiedlicher Ausstattung. Vor allem auf der Coteninhalbinsel gibt es noch die preisgünstigen »Camping Municipal«. Sie sind einfach ausgestattet, werden von den Gemeinden betrieben und befinden sich teilweise direkt hinter einem schmalen Dünenstreifen am Meer.

Private Plätze bieten teilweise etwas mehr Ausstattung, wie zum Beispiel einen kleinen Pool. Große Plätze mit Animation, Pool und Wasserspielplätzen gibt es nur sporadisch. Sie gehören oft zu größeren Campingplatzketten. Viele Campingplätze vermieten auch Holzhäuser oder Zelte als einfache feste Unterkünfte.

Die meisten Campingplätze bieten auch eine Waschmaschine. Zumindest in der Hauptsaison gibt es einen morgendlichen Baguette-Service. WiFi dagegen muss bei Bedarf meist relativ teuer dazu gebucht werden. Auch die Ver- und Entsorgung für Wohnmobile ist nicht überall möglich.

Im Juli und August sollten Plätze an der Küste reserviert werden. Wenn man nur eine Nacht bleiben will und am frühen Nachmittag anreist, hat

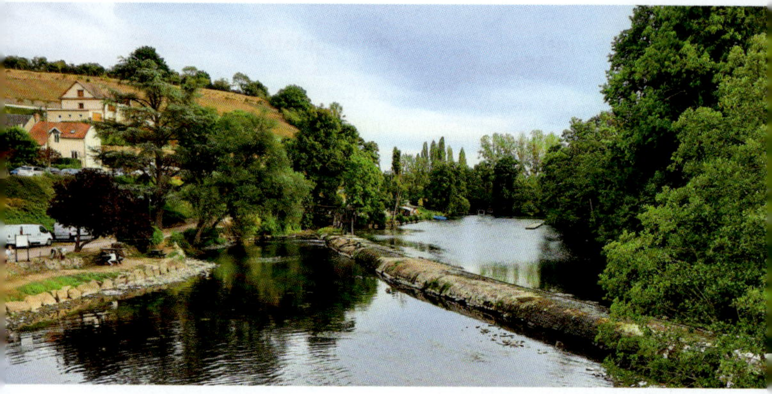

man eventuell auch ohne Reservierung die Chance, einen Stellplatz zu bekommen. Animation in unangenehmer Lautstärke ist relativ selten. Insgesamt sind die Preise für Campingplätze eher moderat.

Im Folgenden haben wir eine Auswahl eher naturnaher Campingplätze für alle vier Regionen für euch zusammengestellt. Die Plätze liegen in der Nähe unserer Tourenvorschläge. Es gibt darüber hinaus aber viele weitere Campingplätze. Wenn ihr für einen bestimmten Ort einen Platz sucht, hilft die Suche auf Google Maps, wo die meisten verzeichnet sind. Auch die Suche unter »hébergement« (Unterkunft) bei der Tourismusinformation des jeweiligen Ortes kann helfen.

Unser gerundeter Vergleichspreis enthält einen Stellplatz für zwei Personen. Die Gebühr für Strom und Kurtaxe, Taxe de Séjour (20–50 Cent pro erwachsene Person), kommt noch hinzu.

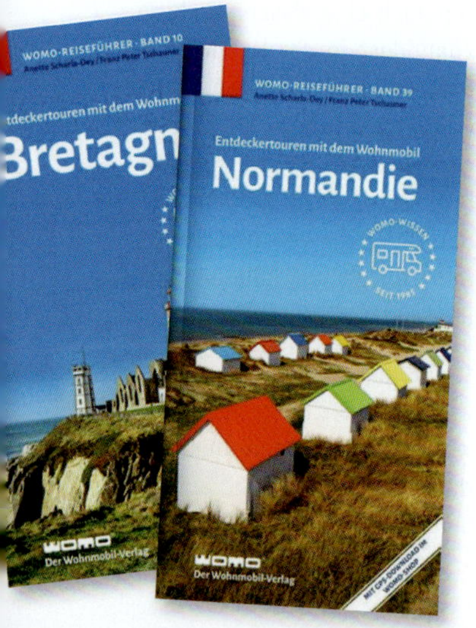

Reisen mit dem Wohnmobil

Zusätzlich zur guten Auswahl an Campingplätzen gibt es in der Normandie auch viele offizielle Stellplätze, die häufig von Gemeinden zur Verfügung gestellt werden. Umfangreiche ergänzende Infos speziell für eine Reise mit Wohnmobil oder Campervan findet ihr in der aktuellen Auflage des Reiseführers **»Entdeckertouren mit dem Wohnmobil: Normandie«** von Anette Scharla-Dey und Franz-Peter Tschauner, erschienen im WOMO-Verlag.

ISBN 978-3-86903-398-3, € 26.

Ostküste und Boucles de la Seine

1 Camping Municipal Parc du Château

Allée du Bastion, 76260 Eu,
Tel. +33 (0)2 3586 2004.
Der Campingplatz im Grünen hinter dem Schloss von Eu ist mit Hecken parzelliert und hat viel alten Baumbestand. Die Sanitäranlagen sind einfach, aber ausreichend und sauber. Bei der Anfahrt nicht direkt am Schloss entlangfahren, sondern an der ehemaligen Bar Brasserie du Telephone im schmalen Eckhaus scharf links (vom Schloss kommend) bzw. rechts (von Norden kommend) abbiegen, dann die nächste rechts.
Geöffnet Juni bis Oktober.
Stellplatz inkl. 2 Personen €14–15, Strom €6,50.

2 Camping le Mont Joli Bois***

29 Rue de la Plage, 76910 Criel-sur-Mer,
Tel. +33 (0)2 3550 8119.
camping-lemontjolibois.com
Ruhiger Campingplatz im Grünen mit heckengesäumten Stellplätzen, kleinen Hütten und Wohnmobilplätzen auf einer großen Asphaltfläche. Ältere, aber saubere Sanitäranlagen. Mietunterkünfte und schöner Spielplatz. Zum Strand ein Kilometer.
Geöffnet April bis Oktober.
Stellplatz inkl. 2 Personen €22–26 inkl. Strom.

3 Camping Des 2 Rivières***

Rd 154, 76880 Martigny,
Tel. +33 (0)2 35 85 60 82.
www.camping-2-rivieres.com
Ruhiger Platz an den Seen der Varenne. Die meisten Stellplätze liegen direkt am Wasser, einige sind sogar von zwei Seiten von Wasser gesäumt. Untergrund Gras, mit Hecken parzelliert. Von den äußeren Plätzen sind die Sanitäranlagen weit entfernt, da man einmal um den See laufen muss. Es gibt außerdem Mietunterkünfte und einen schönen Spielplatz. Mit dem Fahrrad erreicht ihr auf Radwegen in 30 Minuten den Hafen und den Strand von Dieppe.
Geöffnet April bis September.
Stellplatz inkl. 2 Personen €18–21, mit Strom €24–27.

4 Camping Sainte Claire***

19 Rue Grande Flandres 76270, Neufchâtel-en-Bray,
Tel. +33 (0)2 3593 0393.
camping-sainteclaire.com
Campingplatz am ruhigen Ortsrand auf einer von Bäumen gerahmten Wiesenfläche. Die großen Stellplätze sind mit Hecken gesäumt und zum Bach Béthune abgezäunt. Im Sommer gibt es auch eine Brasserie. Außerdem stehen 22 seperate Wohnmobilstellplätze zur Verfügung.
Geöffnet April bis Mitte Oktober.
Stellplatz inkl. 2 Personen €18, mit Strom €23. Wohnmobilstellplätze ganzjährig €14.

5 Camping Les Mouettes***

Avenue Jean Moulin,
76980 Veules-les-Roses,
Tel. +33 (0)2 3597 6198,
vacances-seasonova.com
Der Platz liegt etwas oberhalb der romantischen Kleinstadt Veules-les-Roses. Die meisten Stellplätze haben Grasboden und sind mit Hecken unterteilt. Es gibt ein Schwimmbecken mit zusammenschiebbarer Überdachung, einen Spielplatz, einen Fahrradverleih und auch Mietunterkünfte.
Geöffnet April bis September.
Stellplatz inkl. 2 Personen mit Strom €11–33.

6 Camping Municipal Veulettes-sur-Mer ***

8 Rue de Greenock,
76450 Veulettes-sur-Mer,
Tel. +33 (0)2 3597 5344.
campingveulettes.business.site
Großer Campingplatz in zentraler Lage im Tal des kleinen Dorfes. Ihr steht auf einer Wiese, die durch Hecken unterteilt ist. Die Sanitäranlagen sind einfach, aber sehr sauber. Sehr freundlicher Empfang und hilfsbereites Team. Zum Strand läuft man 400 Meter.
Geöffnet April bis Mitte Oktober.
Stellplatz inkl. 2 Personen €17, Strom €5.

7 Camping Huttopia les Falaises***

130 Rue du Camping, 76540 Saint-Pierre-en-Port, Tel. +33 (0)2 373529 5158. europe.huttopia.com

Der große Campingplatz mit überdachtem Schwimmbecken und Pool liegt am Hang oberhalb der beliebten kleinen Bucht von Saint-Pierre. Es gibt hier viele Mietunterkünfte, aber auch einige Stellplätze. Bar mit Brötchenservice, Fahrradverleih, Spielplatz. 800 Meter zum Strand.

Geöffnet Ende März bis Anfang November. Stellplatz inkl. 2 Personen €20–40, in der Hauptsaison Mindestaufenthalt 2 Nächte.

8 Camping Bel Air Village de Reneville***

Chemin de Nesmonds, 76400 Fécamp, Tel. +33 (0)2 3528 2097. campingdereneville.com

Der Platz liegt im Zentrum der Stadt Fécamp zwischen Hafen und Strand. Durch die Lage am Hang hat man von den meisten Plätzen Blick aufs Meer. Allerdings sind viele der Stellplätze eher klein und die Sanitäranlagen relativ einfach und etwas älter, aber sauber. Der Platz wurde in schmalen Terrassen in den steilen Hang gebaut. Für große Fahrzeuge ist sowohl die Anfahrt eng als auch die Zufahrt zu den unteren Stellplätzen nicht zu bewerkstelligen. Zum Strand je nach Stellplatz 300 Meter, zum Hafen 1,1 Kilometer.

Geöffnet April bis Oktober. Stellplatz mit Strom inkl. 2 Personen €32.

9 Camping Le Rivage***

Rue André Toutain, 76111 Yport, Tel. +33 (0)2 35 27 33 78. www.camping-lerivage.com

Ein Campingplatz in Traumlage: Die Stellplätze befinden sich auf langen Terrassen am Hang mit Blick über Yport, das Meer und von den nördlichen Plätzen auch auf die Klippen. Einfache Sanitäranlagen, die Stellplätze sind vor allem auf der obersten Etage sehr eng. Zum Meer sind es 300 Meter, es geht dabei aber steil hinunter.

Geöffnet Ende März bis Mitte Oktober, Stellplatz mit Strom inkl. 2 Personen €24–30.

10 Camping Abijune***

2 Impasse Domaine Fillastre, 76790 Le Tilleul, Tel. +33 (0)2 2743 4291. www.camping-abijune.com

Campingplatz in grüner Lage auf dem Plateau, 3,5 Kilometer vom Strand von Étretat entfernt. Die Stellplätze sind mit Hecken und Bäumen unterteilt. Kleiner, teilweise überdachter Pool. Es werden auch Holz-Bungalows vermietet.

Geöffnet April bis September. Stellplatz mit Strom inkl. 2 Personen €26–33.

11 Camping Municipal Du Parc

65 Rue Victor Hugo, 76940 Arelaune-en-Seine, Tel. +33 (0)2 3537 1204.

Einfacher Campingplatz mit großen Wiesenstellplätzen, mit Hecken unterteilt und von Bäumen gerahmt. 150 Meter zum Seineufer. Einfache Sanitäranlagen. Bezahlt wird hier per Automat.

Geöffnet Ende März bis Mitte September. Stellplatz mit Strom inkl. 2 Personen €26–33.

Aire de Camping-Car Arelaune

Für Wohnmobile gibt es Stellplätze auf einem Wiesenstreifen direkt am Seineufer in 300 Metern Entfernung zum Campingplatz. Hier befindet sich auch eine Station für die Ver- und Entsorgung. Die Stromanschlüsse funktionierten bei unserem Besuch nicht.

Stellplatz inkl. 2 Personen €8.

12 Camping du Lac

4 Route du Manoir, 76480 Le Mesnil-sous-Jumièges, Tel. +33 (0)2 3213 3005. www.campinglacjumieges.fr

Campingplatz im Grünen mit Hecken und Bäumen in 600 Metern Entfernung zum Badestrand am See von Jumièges – Le Mesnil. Große Stellplätze mit Hecken und teilweise auch

Bäumen. Einige Mietunterkünfte. In direkter Umgebung gibt es Hüpfburgen, Kletterwald, Sportanlagen, Golf und SUP-Verleih.
Geöffnet Mitte April bis Mitte Oktober.
Stellplatz mit Strom inkl. 2 Personen €19–21.

13 Camping de la Forêt****

582 Rue Mainberte, 76480 Jumièges, Tel. +33 (0)2 3537 9343.
www.campinglaforet.com
Campingplatz in ruhiger Lage am Ortsrand und Stellplätze mit Grasboden, Hecken und Bäumen. Schwimmbad mit zusammenschiebbarem Dach und kleiner Spielplatz. Mietunterkünfte. 20 Kilometer bis Rouen.
Geöffnet April bis Oktober.
Stellplatz inkl. 2 Personen €22–31.

14 Camp Eure**

Quai Maréchal Foch,
27340 Pont-de-l'Arche,
Tel. +33 (0)2 3523 0671.
www.pontdelarche.fr
Campinggelände in sehr schöner Lage an der Mündung der Eure in die Seine, die Sanitäranlagen sind jedoch renovierungsbedürftig. Es gibt außerdem ein gute Busverbindung nach Rouen. Man kann hier angeln, aber nicht baden.
Geöffnet April bis Oktober.
Stellplatz inkl. 2 Personen €16.

15 Camping Saint Paul***

2 Route Saint-Paul,
27480 Lyons-la-Forêt,
Tel. +33 (0)2 3249 4202.
www.campingsaintpaul.fr
Der Platz liegt schön und ruhig im Grünen bei den Sportplätzen, die Stellplätze sind mit Hecken und einzelnen Bäumen parzelliert. Es stehen auch eine Snack-Bar und kleiner Spielplatz zur Verfügung. Einzelne Mietunterkünfte. 900 Meter bis in den Ortskern von Lyons-la-Forêt.
Geöffnet April bis Anfang Oktober.
Stellplatz inkl. 2 Personen €18–21, Strom €5.

Calvados

16 Camping Du Phare**

Boulevard Charles V, 14600 Honfleur, Tel. +33 (0)2 3189 1026.
www.normandie-sur-mer.fr
Ruhig gelegener Platz im Grünen, umgeben von Bäumen und parzelliert mit Hecken. Es gibt auch einen kleinen Spielplatz nur 500 Meter vom historischen Hafenbecken von Honfleur entfernt. Auf 750 Metern Fußweg kommt ihr bis zum Deich und zum Strand. Die Sanitäranlagen sind einfach, aber funktional. Nicht alle Plätze verfügen über einen Stromanschluss.
Geöffnet April bis September.
Stellplatz inkl. 2 Personen €17–19, Strom €6.

17 Camping de la Mer

81 Route de Cabourg,
14810 Merville-Franceville-Plage,
Tel. +33 (0)2 3124 1603
Große Wiesenfläche weitgehend ohne Parzellierung, mit direktem Zugang zum langen Sandstrand. Direkt oberhalb der Dünen gibt es eine betonierte Stellfläche für Wohnmobile mit Blick auf Strand und Meer. Saubere Sanitäranlagen im Container. In der Hauptsaison wenig Privatsphäre durch fehlende Hecken.
Geöffnet Anfang März bis September.
Stellplatz mit Strom inkl. 2 Personen €24–26.

18 Camping Le Point du Jour

75 Route de Cabourg,
14810 Merville-Franceville-Plage,
Tel. +33 (0)2 3124 2334.
vacances-seasonova.com
Sehr gepflegter Platz mit ansprechenden Sanitäranlagen und Schwimmbecken mit Schiebedach. Viele Mietunterkünfte. Die Stellplätze sind mit Hecken parzelliert und es gibt auch einen Spielplatz. Direkter Zugang zum Meer und zu einem Sandstrand.
Geöffnet April bis Mitte Oktober.
Stellplatz ohne Strom inkl. 2 Personen €29–47. In der Hauptsaison nur für mindestens 7 Nächte reservierbar.

19 Oasis Camping
Rue Anatole France, 14780 Lion-sur-Mer, Tel. +33 (0)2 3197 2136, www.normandie-sur-mer.fr
Sehr einfacher Platz mit großen Stellplätzen, aber nur teilweise mit Hecken parzelliert. Er grenzt an die kaum befahrene Strandpromenade und hat direkten Zugang zum Meer und zum Strand. Von den vordersten Stellplätzen habt ihr auch einen guten Blick aufs Meer. Die Sanitäranlagen sind alt und nicht gut gepflegt.
Geöffnet April bis Oktober.
Stellplatz Wohnmobil mit Strom inkl. 2 Personen €24–27. Stellplatz Zelt/ Caravan ohne Strom inkl. 2 Personen €16,50–22, Strom €3–6.

20 Camping Municipal Canadian Scottish**
Route d'Arromanches, 14470 Graye-sur-Mer, Tel. +33 (0)2 3137 4523, campingcanadianscottish.jimdofree.com
Einfacher Campingplatz auf einem Wiesengelände am Strandabschnitt Juno Beach. Er liegt direkt an der Düne und etwas abseits des Ortes. Die Plätze sind parzelliert mit Hecken und Markern. Schlichte, aber saubere Sanitäranlagen. Kleiner Spielplatz und gut 100 Meter zum Strand. 1,3 Kilometer zum Ort Courseulles-sur-Mer. Dort gibt es Restaurants und mehrere Freizeithafenbecken, die auf der Westseite von Flussschleifen der Seulles umfasst werden. Zwischen Häfen und Meer liegt das Centre Juno Beach mit Museum und Gedenkstätte.
Geöffnet Mitte April bis Anfang Oktober. Stellplatz inkl. 2 Personen €15–16. Wohnmobil inkl. 2 Personen €11,30–12,30, Strom €6,90.

21 Camping Municipal des Bords de l'Aure de Bayeux***
Boulevard d'Eindhoven, 14400 Bayeux, Tel. +33 (0)2 3192 0843. www.camping-bayeux.fr
Großer Platz mit teilweise asphaltierten Stellplätzen und viel Wiese, parzelliert mit Hecken und Bäumen. Saubere Sanitäranlagen und kleiner Spielplatz. Es gibt auch einzelne Mietunterkünfte. Tagsüber etwas laut durch die Lage an der Umgehungsstraße. Dafür gute Anbindung an die Landungsstrände und Caen. »Um die Ecke« gibt es ein Schwimmbad. Eine gute Viertelstunde Fußmarsch (1 km) ist es ins Zentrum von Bayeux.
Geöffnet April bis Anfang November. Stellplatz inkl. 2 Personen €18–20, Strom €4,60.

22 Camping Le Pont du Hable
7 Pont du Hable, 14450 Grandcamp-Maisy, Tel. +33 (0)2 3122 6231, www.campinglepontduhable.fr
Sehr einfacher Campingplatz in ruhiger Lage auf einem Wiesengelände, der sich am Ufer des Baches Véret entlangzieht. Der Platz befindet sich außerdem direkt am Meer an einem groben Sand-Kiesstrand. Hecken schirmen ihn ab in Richtung Bach und zu den umliegenden Feldern. Sanitäranlagen sehr einfach, aber sauber und gut. Im Sommer wird ein Pool aufgestellt.
Geöffnet nach E-Mail-Anfrage. Stellplatz inkl. 2 Personen €17. Strom €5,40.

23 Camping Municipal de Vire
Route de Maisoncelles, 14500 Vire-Normandie, Tel. +33 (0)2 3166 2790.
Kleiner, schmaler und langgestreckter Campingplatz im Grünen am Südrand der Stadt. Die Vire plätschert unterhalb. Eine Treppe bietet Zugang zu einem Schotterplatz am Bach.
Geöffnet Mai bis Mitte September. Stellplatz mit Strom inkl. 2 Personen €11.

24 Camping Du Traspy***
Rue du Pont Benoît, 14220 Le Hom, Tel. +33 (0)2 3129 9086. campingdutraspy.com
Ruhiger Platz am Ortsrand von Le Hom im Grünen und mit zentraler Lage in der Normannischen Schweiz. Die Stellplätze sind überwiegend mit Hecken parzelliert. Im Sommer gibt es Snack-Bar und Pizzeria. Einfache Sanitäranlagen. Mietunterkünfte.
Geöffnet April bis September. Stellplatz inkl. 2 Personen €17–19, Strom €5.

25 Camping des Rochers du Parc

8 Route du Viaduc, La Cour, 14570 Le Vey, Tel. +33 (0)2 3169 7036. www.camping-normandie-clecy.eu
Gepflegter Platz mit Restaurant-Bar und kleinem Spezialitäten-Geschäft direkt am Ufer der Orne. Von den Plätzen am Fluss schaut man auf das gegenüberliegende, abends erleuchtete Ufer. Der Platz ist sehr grün mit blühenden Hecken und Bäumen. Sehr gepflegte Sanitäranlagen. Sport- und Spielplatz. Hier startet unsere Tour 20.
Geöffnet April bis September. Stellplatz inkl. 2 Personen €19–24, Strom €4,50–5.

Die Halbinsel Cotentin

26 Camping Municipal La Sinope

10 Rue du Port Sinope, 50310 Quinéville, Tel. +33 (0)2 3321 0738. camping-quineville.fr
Der Platz liegt am Rand des verschlafenen Ortes in einer Schleife des natürlichen Hafenbeckens. Die Plätze sind mit Hecken parzelliert. Kleiner Spielplatz in den Dünen, 100 Meter zum Meer und 400 Meter zum World-War-II-Museum. Mietunterkünfte.
Geöffnet April bis September. Stellplatz inkl. 2 Personen €16–18, Strom €4,50.

27 La Gallouette****

10B Rue de la Gallouette, 50550 Saint-Vaast-la-Hougue, Tel. +33 (0)2 3354 2057. www.camping-lagallouette.fr
Großer Campingplatz mit vielen Mietunterkünften. Die Stellplätze sind mit Hecken parzelliert. Pool und Kinderbecken, großer Spielplatz und Snack-Bar. Mietunterkünfte. Der Platz liegt an einer Bucht, die jedoch keine Strand-, sondern überwiegend Schlickflächen aufweist.
Geöffnet April bis September. Stellplatz mit Strom inkl. 2 Personen €41–52.

28 Camping La Ferme du Bord de Mer

43 Rue du Val de Saire, 50760 Gatteville-le-Phare, Tel. +33 (0)6 86 03 51 37. www.camping-gatteville.fr
Sehr ruhige Lage an der kleinen sandig-felsigen Bucht von Crabec. Einige der vordersten Stellplätze haben Blick auf die Bucht. Die Sanitäranlagen sind okay und es gibt einen Spielplatz. 1,2 Kilometer zum Hafen von Barfleur. Mietunterkünfte.
Lage und Aussicht haben uns besser gefallen als beim Camping Municipal La Blanche Nef, der oberhalb einer Deichmauer 500 Meter von Barfleur entfernt angelegt ist.
Geöffnet Mai bis September.
Im Winter Stellplätze für Wohnmobile mit Strom und V/E, aber ohne Sanitäranlagen. Stellplatz mit Strom inkl. 2 Personen €18.

29 Camping Municipal La Saline**

Rue Bourgeois, 50120 Cherbourg-en-Cotentin.
Kleiner Campingplatz am Westrand des Hafens. Von der Bucht mit Strand und dem Parc de la Saline mit Spielplatz getrennt nur durch die vielbefahrene, vierspurige D 901 (Unterführung). Mietunterkünfte. Für einen Stadtcampingplatz sehr grün mit Gras und Bäumen, parzelliert mit Hecken. Zu den touristischen Highlights der Stadt sind es etwa 4 Kilometer – zum Beispiel mit der Buslinie 5.
Geöffnet ganzjährig. Stellplatz inkl. 2 Personen €13, Strom €6.

30 Camping du Hâble**

4 Route de la Hague, 50440 La Hague, Tel. +33 (0)2 3352 8615. campingduhable.lahague.com
Einfacher Campingplatz, parzelliert mit Hecken, in einem kleinen, unaufgeregten Ort. Gut 400 Meter zum natürlichen Hafenbecken mit Kiesstrand und Café du Port sowie einem Restaurant.
Geöffnet April bis Anfang November. Stellplatz mit Strom inkl. 2 Personen €14.

31 Camping Municipal de Vauville

La Plage de Vauville, 50440 La Hague, Tel. +33 (9)2 3352 6469.
Einfacher Campingplatz direkt am Meer. Saubere Sanitäranlagen, aber Anzahl im Sommer zu niedrig. Einfaches Wiesengelände, teilweise mit Hecken parzelliert. Direkt hinter einem

wenige Meter breiten Dünenstreifen wartet ein unendlich langer Kiesstrand, von dem aus man abends zuschauen kann, wie die Sonne ins Meer fällt. Außerdem haben wir hier abends eine Gruppe Delphine durchziehen sehen.
Geöffnet Juni bis September. Stellplatz mit Strom inkl. 2 Personen € 18.

32 Camping Les Mielles***

80 Route des Laguettes, 50270 Surtainville, Tel. +33 (0)2 3304 3104. www.campinglesmielles-surtainville.fr
Liegt direkt hinter der Düne am langen Sandstrand Plage de Surtainville. Ordentlich parzelliert mit Hecken, keine Bäume. Saubere Sanitäranlagen und Spielplatz. Pizzaautomat fußläufig erreichbar. Ansonsten vor allem ruhig. Mietunterkünfte.
Geöffnet Juni bis September. Stellplatz mit Strom inkl. 2 Personen € 18–23.

33 Camping Municipal Le Clos Marin

43 Rue des Bergeronnettes, 50770 Pirou, Tel. +33 (0)2 3346 3036, www.ville-pirou.fr/le-camping.htm
Großer, ruhiger Platz auf einem Wiesengelände. Die Stellplätze sind überwiegend mit Hecken parzelliert. Direkter Zugang zum langen Sandstrand. Nach Süden schließen sich die Dünen von Pirou an mit vorgelagerten Austernbänken. Kleiner Pool und Spielplatz. Mietunterkünfte. Ins Zentrum des Urlaubsortes Pirou mit ein paar Restaurants sind es 800 Meter. Direkt vor dem Campingplatz werden Jetski-Touren angeboten.
Geöffnet April bis Oktober. Stellplatz mit Strom inkl. 2 Personen € 16–19, Strom € 5.

34 Camping Municipal Le Sénéquet

76 Rue du Beau Rivage, 50560 Gouville-sur-Mer, Tel. +33 (0)2 3347 8437. camping-le-senequet.fr
Großer Platz mit vielen Mietunterkünften und einem Bereich mit Stellplätzen. Direkt am Meer gelegen hinter dem Dünenkamm und einer schmalen Straße. Die Plätze sind mit Hecken parzelliert. Im Sommer gibt es Muscheln und Pommes Frites sowie Kinderanimation und Abendprogramm. 800 Meter ins »Zentrum« des kleinen Badeortes mit Strandrestaurant und Schwimmbecken.
Geöffnet April bis Oktober. Stellplatz mit Strom inkl. 2 Personen € 20 (20% Rabatt bis Mitte Juni und ab September), Strom € 6.

35 Camping de la Vanlée***

Rue des Gabions, 50290 Bréhal, Tel. +33 (0)2 3361 6380. www.camping-vanlee.fr
Großer Campingplatz auf einer Wiesenfläche ohne Hecken, in Kreisen rund um das zentrale Sanitärgebäude mit Pool und Spielplatz angelegt. Der Platz liegt außerorts in den Dünen hinter einem endlos langen Sandstrand. Viele Mietunterkünfte.
Geöffnet April bis Oktober. Stellplatz mit Strom inkl. 2 Personen € 8 – 24, Strom € 5.

36 Camping Municipal de Saint-Jean-le-Thomas**

Plage de Pignochet, 50530 Saint-Jean-le-Thomas, Tel. +33 (0)2 3348 8402.
Campingplatz mit vielen Mietunterkünften und kleiner Camperecke nahe am Ausgang. Von dort sind es wenige Meter zu den Picknickbänken auf der Düne mit Blick auf die Bucht von Mont-Saint-Michel, den Klosterberg und den Sonnenuntergang. Vorgelagerter Sandstrand und Wattflächen.
Geöffnet Mitte März bis Mitte November. Stellplatz mit/ohne Strom inkl. 2 Personen € 18–22.

37 Camping du Mont Saint-Michel

8 Route du Mont Saint-Michel, 50170 Le Mont-Saint-Michel, Tel. +33 (0)2 3360 2210. www.camping-montsaintmichel.com
Kleine, grüne Oase mitten im großen Tourismustrubel. Der Platz liegt direkt nördlich der Parkplätze für den Mont-Saint-Michel. Er ist mit Hecken parzelliert und mit Bäumen bestanden. Eine Reservierung ist vor allem in der Saison dringend empfohlen.
Geöffnet April bis Anfang November. Stellplatz inkl. 2 Personen € 22–26, Strom € 5. Südlich liegen ein weiterer, teurerer Campingplatz und ein großer Wohnmobilstellplatz.

Die Naturparks von Orne

38 Camping Municipal Les Cascades Mortain

4 Place du Château, 50140 Mortain-Bocage.

Der kleine Campingplatz liegt direkt am Stadtrand, aber trotzdem im Grünen, auf einem Plateau oberhalb des Cancon. Hier startet die Wanderung zur Petite Cascade.

Geöffnet Mai bis Oktober. Stellplatz mit Strom inkl. 2 Personen €12.

39 Camping Municipal de Domfront en Poiraie**

Rue du Champ Passais, 61700 Domfront en Poiraie, Tel. +33 (0)2 3337 3766. camping-municipal-domfront.jimdofree.com

Kleiner, gemütlicher Platz 800 Meter südlich des historischen Zentrums am Ortsrand. Grüne Anlage mit Bäumen und Hecken, kleiner Spielplatz.

Geöffnet April bis September. Stellplatz mit Strom inkl. 2 Personen €12. Außerhalb gibt es einen Wohnmobilstellplatz.

40 Camping Municipal de la Vée

11 Avenue du Président René Coty, 61140 Bagnoles de l'Orne Normandie, Tel. +33 (0)2 3337 8745. www.campingbagnolesdelorne.com

Gepflegter, großer Campingplatz am südlichen Ortsrand. Die Stellplätze sind mit Hecken und Bäumen parzelliert. Snack-Bar auf dem Platz.

Geöffnet März bis Anfang November. Stellplatz mit Strom inkl. 2 Pers. €11.

41 Camping de la Rouvre**

Rouvrou, 8 Chemin du Cul de Rouvre, 61430 Ménil-Hubert-sur-Orne, Tel. +33 (0)2 3364 8240. www.larouvre.fr

Kleiner Platz in ganz ruhiger Lage im Grünen am Ufer der Rouvre, mit Zugang zum Bachufer. Gepflegte Sanitäranlagen, Frühstücks- und Pizzaservice, Spielplatz. Es werden auch Mobilheime vermietet.

Geöffnet April bis September. Stellplatz inkl. 2 Personen €16–19, Strom €4,90.

42 Camping Municipal Val d'Orne

229 Chemin du Friche, 61210 Putanges-le-Lac, Tel. +33 (0)6 6912 8098.

Einfacher Platz mit Bäumen und Hecken um jeden Stellplatz. Bei den Sportplätzen am Ufer der Orne gelegen. Alte, aber saubere Sanitäranlagen. Gute 500 Meter sind es ins Zentrum des Dorfes mit Bäcker, Cafés und Restaurants.

Geöffnet April bis September. Stellplatz inkl. 2 Personen €10–12, Strom €6.

43 Aux Prés d'Ecouves

La Commune des Noyers, 61250 Écouves, Tel. +33 (0)7 4527 3809. www.auxpresdecouves.fr

Sehr schönes Wiesengelände in superruhiger Lage an den Hängen des Forêt d'Écouves, parzelliert mit dicken Hecken. Von den südöstlichen Plätzen Blick über die bewaldeten Hänge mit echter »Bergluft«. Liebevoll gepflegt, sehr saubere Sanitäranlagen, Spielplatz.

Geöffnet Mai bis September. Stellplatz ohne Strom inkl. 2 Personen €14.

44 Camping de Gueramé

65 Rue de Guerame, 61000 Alençon, Tel. +33 (0)2 3326 3495.

Im Grünen gelegen am Bach Sarthe. Große Stellplätze, parzelliert mit Hecken und Bäumen. Sehr einfache, aber saubere Sanitäranlagen. Ideale Lage für eine Besichtigung von Alençon, 1,5 Kilometer ins Zentrum und bis zur Basilika.

Geöffnet Mai bis September. Stellplatz inkl. 2 Personen €14, Strom €5.

45 Les Chalets du Perche

Route de la Galopinière, 61380 Soligny-la-Trappe, Tel. +33 (0)2 3324 1315. www.leschaletsduperche.fr

Kleiner Platz am südlichen Ortsrand von Soligny-la-Trappe. Die Stellplätze sind mit Hecken parzelliert. Außerdem gibt es hier Chalets zum Mieten. Gut 400 Meter zu einem Proxy-Market sowie zum Restaurant und zur Bar.

Geöffnet April bis Oktober. Stellplatz ohne Strom inkl. 2 Personen €13.

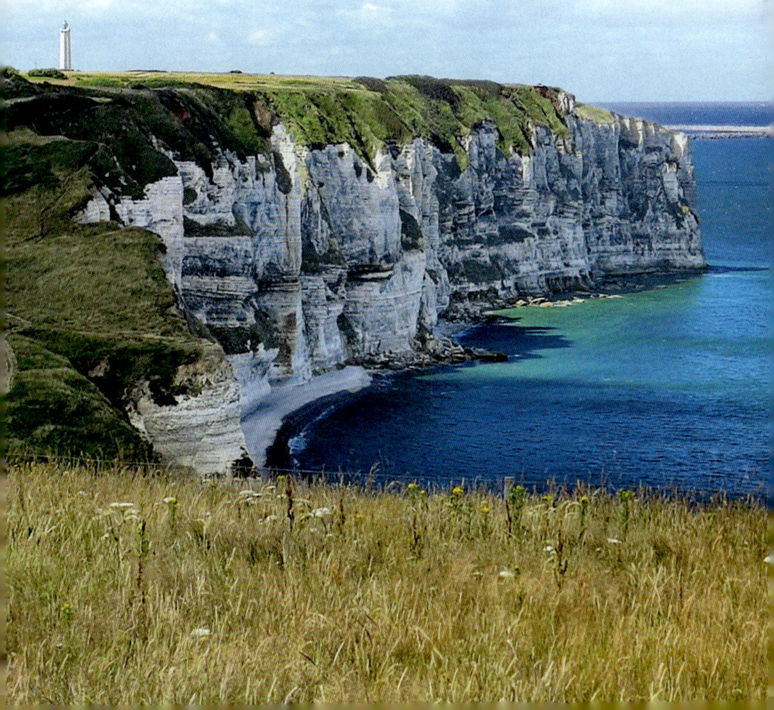

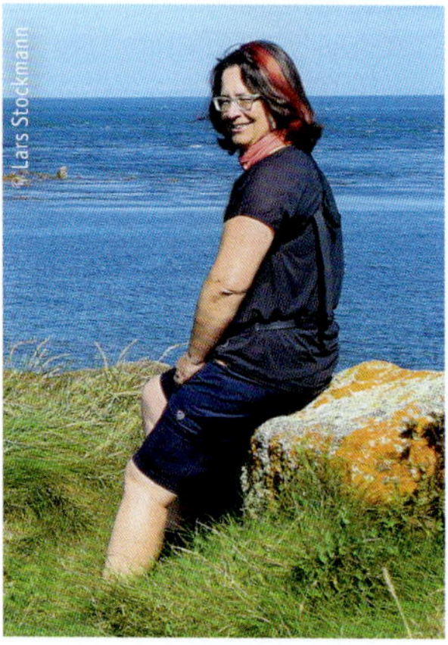

Regina Stockmann

Die Chemie-Ingenieurin und Reisebuch-Autorin liebt das Wandern, Mountainbiken und das Reisen mit dem Campervan.

»Frankreich mit seinen abwechslungsreichen Landschaften, den vielen hübschen Orten und seiner entspannten Lebensart ist schon lange eines unserer liebsten Reiseziele. Deswegen freue ich mich besonders – nach Bretagne, Provence und Cevennen – noch eine weitere Region dieses wundervollen Landes für euch zu erkunden und in diesem Buch vorzustellen. Der weite Blick über Klippen und Salzwiesen aufs Meer, die langen Strände und die Stille in den ausgedehnten Wäldern haben mir in der Normandie ganz besonders gefallen.«

Und das hier ist die zweite Hälfte des Stockmann-Teams: Reginas Mann Lars und ihre Tochter Joana sind auf vielen Fotos zu sehen und tragen auch selbst gerne das eine oder andere Foto bei.

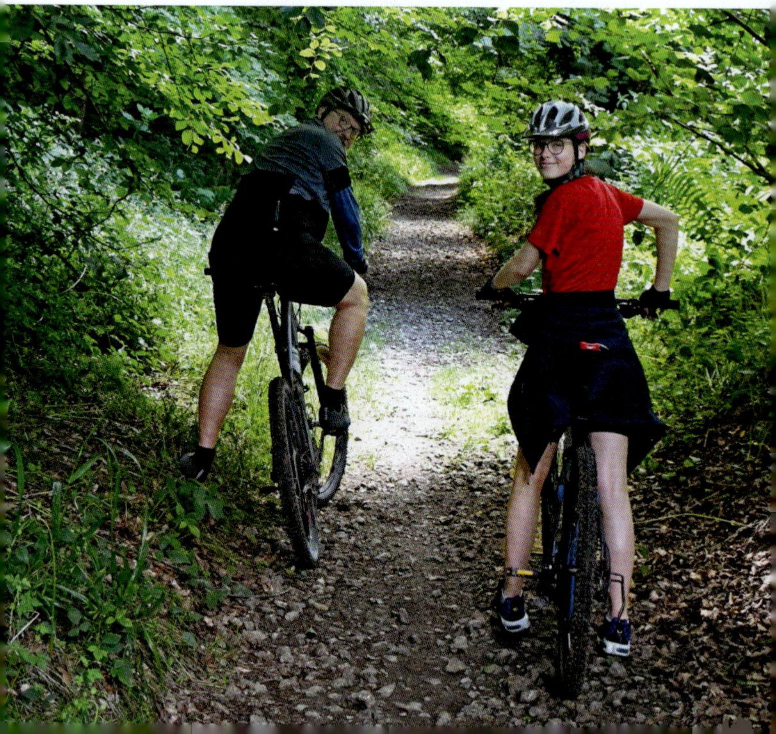

1. Auflage 2024
Naturzeit Reiseverlag e.K.
82288 Kottgeisering
www.naturzeit-verlag.de
info@naturzeit-verlag.de

FSC www.fsc.org MIX Papier | Fördert gute Waldnutzung FSC® C089473

Vertrieb: GeoCenter, 70794 Filderstadt

Lektorat: Stefanie Holtkamp, Lena Marie Hahn

Satz und Gestaltung: Stefanie Holtkamp, Naturzeit Reiseverlag

Druck: Beltz Grafische Betriebe GmbH, 99947 Bad Langensalza

Kartographie: Jonathan Holtkamp

Kartenbasis: OpenStreetMap (www.openstreetmap.org) Mitwirkende, CC-BY-SA (www.creativecommons.org).
Geländemodell: IGN RGE ALTI Version 2.0, 2014 (geoservices.ign.fr/rgealti)

GPS-Daten: GPX524NR534

Bildnachweis:

Covermotiv: Stefanie Holtkamp

Bildagentur AdobeStock: Innentitel ©egon999, Seite 4, 148 ©Earth Pixel LLC., Seite 5 ©jovannig, Seite 6 ©eyewave, Seite 8 ©guitou60, Seite 9 JPC-PROD, Seite 10, 21, f11photo, Seite 12 Friedberg , Seite 15 ©jorisvo, Seite 17 ©o1559kip , Seite 26+27, 64+65 ©egon999, Seite 32 ©traveller70, Seite 33 ©guitou60, Seite 35 ©Lukas Uhler, Seite 36 ©rh2010, Seite 37 ©Valerie2000, Seite 40 ©Marta P., Seite 75 ©Simone, Seite 88 ©PUNTOSTUDIOFOTO Lda, Seite 89 ©Gerhard1302, Seite 90+91 ©Florent, Seite 93 ©Enrico Della Pietra, Seite 99 ©rh2010, Seite 110 oben ©Philippe Bosseboeuf, Seite 112 ©Vincent Besse, Seite 117, 11 ©Eberhard, Seite 127 ©Massimo Santi, Seite 151 ©florianjam, Seite 153 ©Tom, Seite 158+159 ©FotoCrusher, Seite 160 (Reiher) ©Marlene, (Austernfischer ©Philippe, (Steinwälzer) ©Hubert Schwarz, Seite 161 (Brachvogel) ©Artimas, (Wasserralle) ©Jiří Fejkl, Seite 169 oben ©Christian Musat, Seite 208 oben ©PUNTOSTUDIOFOTO Lda, Seite 208 unten ©2rogan, Seite 210 ©nicknick_ko, Seite 211 ©Ilya Shimanskiy, Seite 221 ©shorty25, Seite 243 ©Jürgen Humbert, Seite 24 ©Marc.

Stefanie Holtkamp: Seite 3, Seite 13, Seite 22+23, Seite 24, Seite 30+31, Seite 34, Seite 72, Seite 73, Seite 124 oben, Seite 128, Seite 152, Seite 249

Andrea Bergmann: Seite 19, 86+87

Alle weiteren Fotos: Regina Stockmann, Lars Stockmann, Joana Stockmann

ISBN 978-3-944378-53-4

Naturzeit mit Kindern: Wander- und Entdeckertouren für Familien

Breite Wanderwege finden Kinder gähnend langweilig. Pirscht man dagegen auf schmalen Pfaden durch Wald und Wiesen, riecht das Ganze gleich nach Abenteuer und wird viel spannender. Gibt es dann noch Pausenplätze, an denen man Tiere beobachten, am Wasser spielen und klettern kann, dazu ein Picknick oder ein richtiges Lagerfeuer, wird Wandern auch für Kinder interessant.

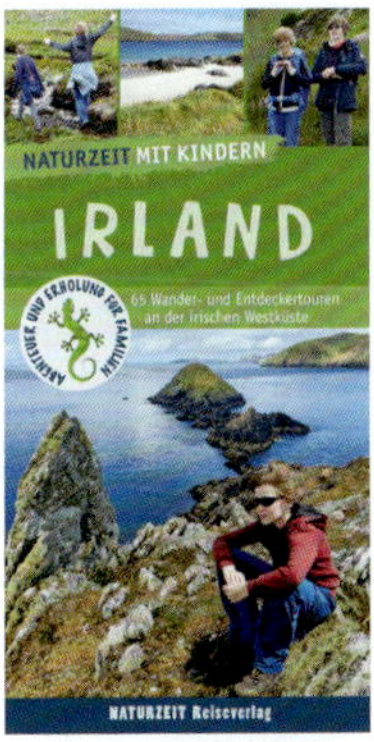

ISBN 978-3-944378-43-5
2. Auflage 2024, **€ 22**

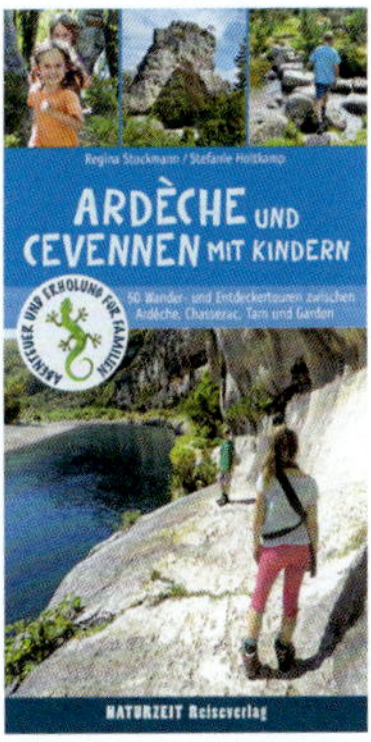

ISBN 978-3-944378-19-0
1. Auflage 2019, **€ 17,90**

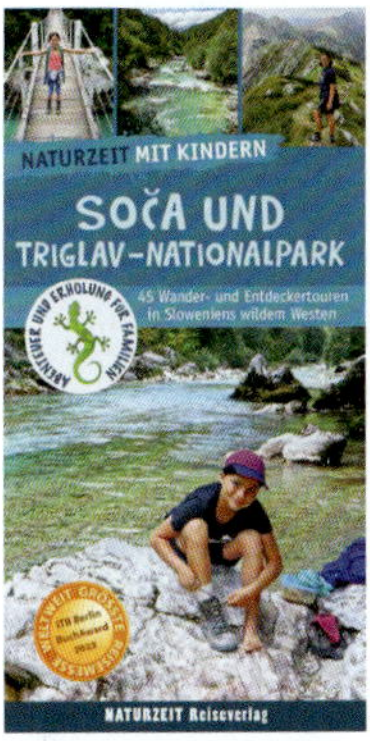

ISBN 978-3-944378-34-3
1. Auflage 2022, **€ 20**

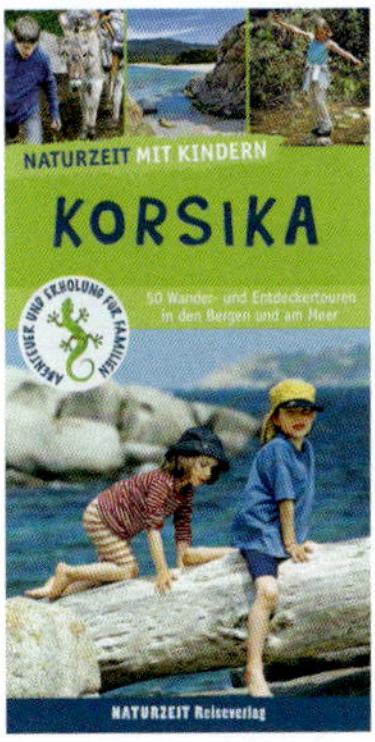

ISBN 978-3-944378-42-8
7. Auflage 2022, **€ 20**

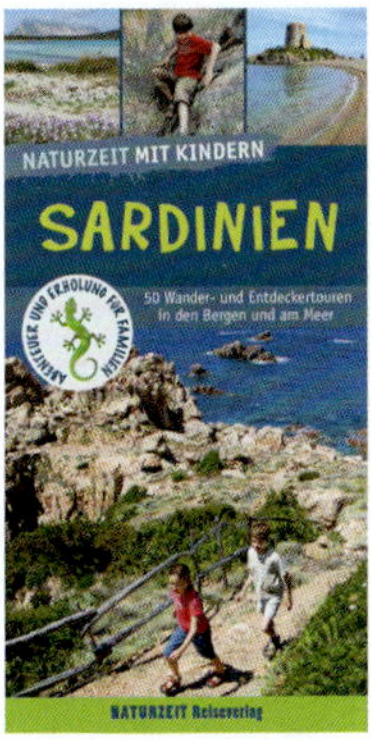

ISBN 978-3-944378-40-4
5. Auflage 2022, **€ 22**

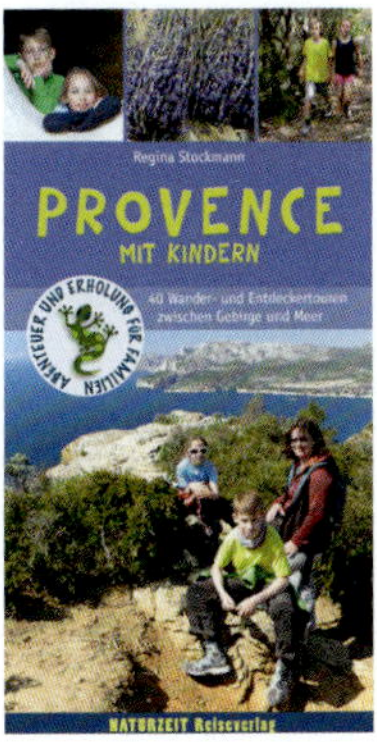

ISBN 978-3-944378-11-4
1. Auflage 2020, **€ 16,90**

Viele weitere Titel der Reihe »Naturzeit mit Kindern« unter

www.naturzeit-verlag.de

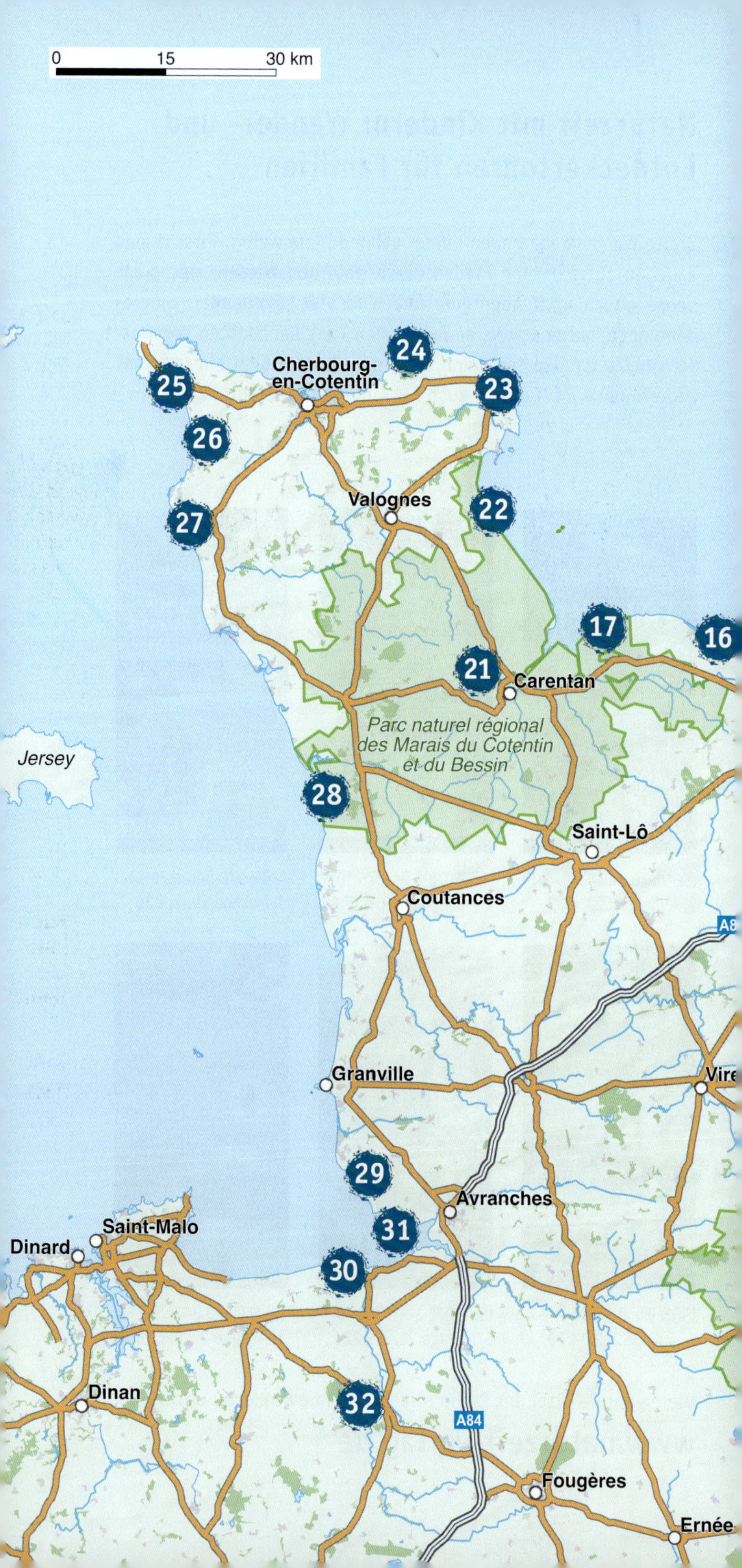

0
15
30 km
24
25
Cherbourg-en-Cotentin
23
26
Valognes
22
27
17
16
21
Carentan
Parc naturel régional des Marais du Cotentin et du Bessin
Jersey
28
Saint-Lô
Coutances
Granville
29
Avranches
31
Saint-Malo
Dinard
30
Dinan
32
A84
Fougères
Ernée